2024

湖北调查年鉴

Hubei Survey Yearbook

国家统计局湖北调查总队　编

Survey Office of the National Bureau of Statistics in Hubei

关注“湖北调查”

中国统计出版社
China Statistics Press

图书在版编目（CIP）数据

湖北调查年鉴. 2024 = Hubei Survey Yearbook 2024 : 汉英对照 / 国家统计局湖北调查总队编. 北京 : 中国统计出版社, 2024. 7. -- ISBN 978-7-5230-0454-8

Ⅰ. C832.63-54

中国国家版本馆 CIP 数据核字第 2024YQ4792 号

湖北调查年鉴 2024

作　　者/国家统计局湖北调查总队
责任编辑/张　洁
封面设计/李雪燕
出版发行/中国统计出版社有限公司
通信地址/北京市丰台区西三环南路甲 6 号　邮政编码/100073
发行电话/邮购（010）63376909　书店（010）68783171
网　　址/http://www.zgtjcbs.com/
印　　刷/河北鑫兆源印刷有限公司
经　　销/新华书店
开　　本/890mm×1240mm　1/16
字　　数/580 千字
印　　张/18.25
版　　别/2024 年 7 月第 1 版
版　　次/2024 年 7 月第 1 次印刷
定　　价/380.00 元

《湖北调查年鉴 2024》
编委会和编辑人员

编 委 会

编辑人员

Hubei Survey Yearbook 2024
Editorial Board and Editorial Staff

Ⅰ. Editorial Board

Ⅱ. Editorial Staff

编者说明

一、《湖北调查年鉴 2024》是国家统计局湖北调查总队独立编辑出版的资料性年刊。本年鉴主要收录了 2023 年全省农业、人民生活和价格等方面的各项统计调查数据，以及全国和各省（自治区、直辖市）重要历史年份主要统计调查数据。

二、本年鉴统计调查数据分为 5 个篇章，即：1．综合；2．农业调查；3．人民生活；4．价格调查；5．全国及各省（自治区、直辖市）主要指标。为方便读者使用，各篇章末附有主要统计指标解释。

三、国家统计局从 2012 年起，进行城乡住户一体化改革，城镇居民人均可支配收入和农村居民人均可支配收入指标的计算口径和范围均发生了变化。本年鉴涉及的范围为城镇常住居民人均可支配收入和农村常住居民人均可支配收入，与改革前的年份的指标数据存在一定程度不可比的情况，使用时务请斟酌。

四、本年鉴农业调查数据中，部分年份数据为根据第三次全国农业普查资料修订数据。

五、本年鉴所使用的度量衡单位均采用国际统一标准计量单位，并统一使用最新颁布实施的产品目录。

六、本年鉴所涉及的全国性统计数据均未包括香港、澳门特别行政区和台湾省数据。

七、本年鉴中部分统计调查数据合计数或相对数由于单位取舍不同而产生的计算误差，均未做机械调整。

八、符号使用说明：年鉴各表中的“空格”表示该项统计指标数据不足本表最小单位数、数据不详或无该项数据；“#”表示其中的主要项；“*”或“①”表示本表下有注解。

Editor's Notes

Ⅰ. *Hubei Survey Yearbook 2024* is an annual statistical publication compiled by Survey Office of National Bureau of Statistics in Hubei, which reflects comprehensively the rural, urban of Hubei province. It covers data in 2023 and key statistical data in recent years and some historically important years at the national level and the local levels of province, autonomous region and municipality directly under the Central Government.

Ⅱ. The Yearbook contains 5 chapters: 1. General Survey; 2. Rural Survey; 3. People's Living Conditions; 4. Price Survey; 5. Main Statistics of Provinces (Autonomous Regions, Municipalities) in the Whole Country. Explanatory Notes on Main Statistical Indicators is attached to the end of each chapter to help the readers to use the statistical data in this book.

Ⅲ. Since 2012, the calculation of the size and scope of the urban residents per capita disposable income and rural residents per capita disposable income have changed because of the reform of urban and rural residents integration by the National Bureau of Statistics. Indexes and data of the urban residents per capita disposable income and rural residents per capita disposable income are incomparable with the data before the reform. Please consider about it before use.

Ⅳ. In the agricultural survey data of this yearbook, part of the year data are revised according to the third national agricultural census data.

Ⅴ. The units of measurement used in this yearbook are internationally standard measurement units, and newly published and implemented Product Categories are uniformly used.

Ⅵ. The national data in this book do not include those of the Hong Kong Special Administrative Region, the Macao Special Administrative Region and Taiwan Province.

Ⅶ. Statistical discrepancies on totals and relative figures due to rounding are not adjusted in the Yearbook.

Ⅷ. Notations used in the yearbook: "blank space" indicates that the figure is not large enough to be measured with the smallest unit in the table, or data are unknown, or are not available; "#" indicates a major breakdown of the total; and "*" or "①" indicates footnotes at the end of the table.

目　　录

Contents

一、综　　合

Chapter 1　General Survey

二、农业调查

Chapter 2　Rural Survey

三、人民生活
Chapter 3 People's Living Conditions

四、价格调查
Chapter 4 Price Survey

五、全国及各省（自治区、直辖市）主要指标
Chapter 5 Main Statistics of Provinces (Autonomous Regions, Municipalities) in the Whole Country

一 综　合

Chapter 1

General Survey

资料整理：孙胜男　宫　雪

湖北省2023年国民经济和社会发展统计公报

湖北省统计局　国家统计局湖北调查总队

2023年是全面贯彻党的二十大精神的开局之年，也是三年新冠疫情防控转段后加快恢复发展的重要一年。全省上下坚持以习近平新时代中国特色社会主义思想为指导，坚决贯彻落实党中央、国务院决策部署，坚持稳中求进工作总基调，完整、准确、全面贯彻新发展理念，扎实做好强信心、稳增长、防风险、推改革、惠民生各项工作，全省经济运行持续回升向好，市场需求加快恢复，生产供给稳步增加，民生保障有力有效，建设全国构建新发展格局先行区迈出坚实步伐。

一、综合

初步核算，2023年全省生产总值为55803.63亿元，按可比价格计算，比上年增长6.0%。其中，第一产业增加值5073.38亿元，增长4.1%；第二产业增加值20215.50亿元，增长4.9%；第三产业增加值30514.74亿元，增长7.0%。三次产业结构由2022年的9.5∶37.5∶53.0调整为9.1∶36.2∶54.7。在第三产业中，交通运输仓储和邮政业、批发和零售业、住宿和餐饮业、金融业、房地产业、其他服务业增加值增速分别为17.3%、9.8%、8.9%、3.6%、-1.6%、7.8%。人均地区生产总值为95538元，按可比价格计算，比上年增长5.9%。

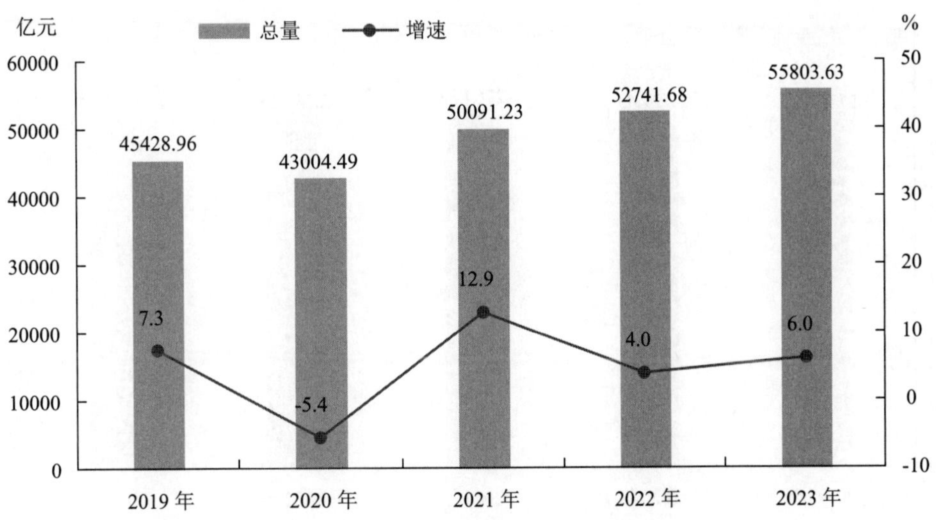

图1　2019—2023年全省生产总值及其增速

全年居民消费价格比上年上涨0.1%。其中，城市上涨0.2%，农村下降0.1%。分类别看，交通通信价格下降2.5%，其他用品及服务价格上涨2.9%，教育文化娱乐价格上涨1.8%，食品烟酒价格下降0.1%，生活用品及服务价格上涨0.2%，居住价格上涨0.4%，衣着价格上涨1.3%，医疗保健价格上涨0.5%。工业生产者出厂价格下降2.6%，工业生产者购进价格下降4.1%。

全年新登记经营主体160.63万户，比上年增长11.9%。全省经营主体达到834.88万户，增长13.3%。

全年城镇新增就业92.88万人，超额完成全年目标任务。城镇调查失业率平均值为5.4%，比上年下降0.2个百分点。

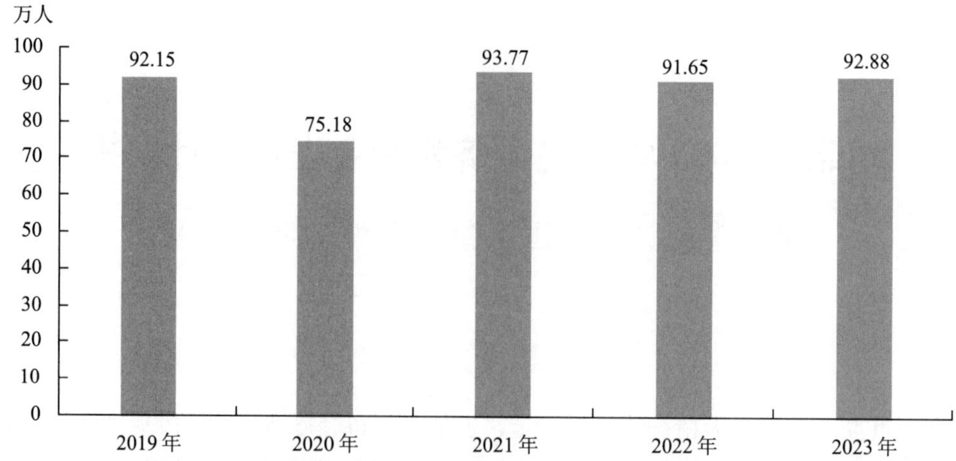

图2　2019—2023年全省城镇新增就业人数

二、农业

全年全省农林牧渔业增加值5447.91亿元，比上年增长4.3%。

全年粮食种植面积4706.97千公顷，比上年增加18.01千公顷。其中，稻谷种植面积2274.16千公顷，增加10.20千公顷；小麦种植面积1038.39千公顷，增加7.13千公顷；玉米种植面积765.30千公顷，减少10.52千公顷；大豆种植面积242.23千公顷，增加12.36千公顷。

全年粮食产量2777.04万吨，比上年增长1.3%。谷物产量2618.61万吨，增产1.0%。其中，稻谷产量1880.42万吨，增产0.8%；小麦产量410.42万吨，增产1.2%；玉米产量318.20万吨，增产1.9%。大豆产量42.81万吨，增产21.0%。

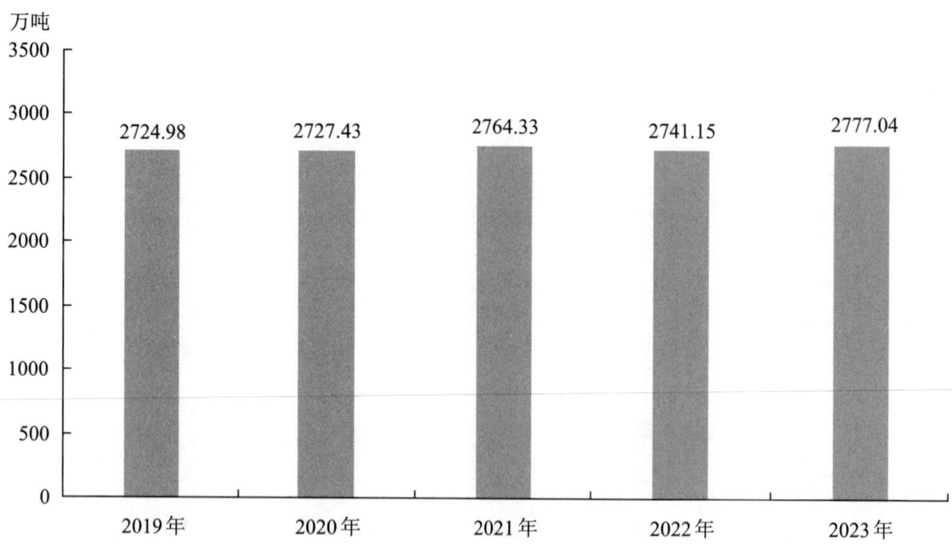

图3　2019—2023年全省粮食产量

全年油料产量394.87万吨，比上年增长5.5%；茶叶产量44.86万吨，增长6.8%；园林水果产量820.65万吨，增长6.2%；蔬菜及食用菌产量4502.71万吨，增长2.2%。

全年猪牛羊禽肉产量457.12万吨，比上年增长3.8%。其中，猪肉产量347.25万吨，增长4.7%；牛肉产量17.19万吨，增长5.7%；羊肉产量10.52万吨，下降0.1%；禽肉产量82.17万吨，增长0.1%；禽蛋产量216.25万吨，增长4.0%。年末生猪存栏2595.30万头，比上年末增长1.7%；全年生猪出栏4438.53万头，比上年增长3.6%。

全年水产品产量522.79万吨，比上年增长4.5%。

表1　2023年全省主要农产品产量

单位：万吨

产品名称	产量	比上年增长（%）
粮食	2777.04	1.3
棉花	9.60	-7.1
油料	394.87	5.5
#油菜籽	286.09	4.3
茶叶	44.86	6.8
园林水果（不含果用瓜）	820.65	6.2
蔬菜及食用菌	4502.71	2.2

三、工业和建筑业

年末全省规模以上工业企业达到19240家。全年规模以上工业增加值比上年增长5.6%。分经济类型看，国有控股企业增长7.0%，股份制企业增长6.0%，外商及港澳台投资企业增长2.6%，私营企业增长2.1%。轻工业增长1.4%，重工业增长7.6%。分门类看，采矿业增长4.4%，制造业增长6.4%，电力、热力、燃气及水生产和供应业下降0.8%。

表2　2023年全省规上工业主要产品产量及其增速

产品名称	单位	产量	比上年增长（%）
白酒（折65度，商品量）	万千升	24.2	-2.4
啤酒	万千升	96.1	-2.5
卷烟	亿支	1374.0	1.0
布	亿米	33.6	-15.2
硫酸（折100%）	万吨	995.3	0.9
农用氮、磷、钾化学肥料（折纯）	万吨	670.9	10.4
化学药品原药	万吨	22.6	7.1
中成药	万吨	16.0	8.8
发电量	亿千瓦小时	3012.8	0.0
#水电	亿千瓦小时	1245.8	5.8
水泥	万吨	9892.7	-2.5
平板玻璃	万重量箱	10668.9	-0.4
生铁	万吨	2863.8	1.9
钢材	万吨	3848.6	-0.7
十种有色金属	万吨	128.6	19.3
#精炼铜	万吨	76.8	30.6
工业机器人	套	3901.0	-6.8
汽车	万辆	179.0	-5.2
#新能源汽车	万辆	38.8	30.6
房间空气调节器	万台	2167.3	12.0
微型计算机设备	万台	1347.2	-6.5
显示器	万台	2384.0	7.3
移动通信手持机	万台	5387.7	-13.8

全年高技术制造业增加值比上年增长5.7%，占规模以上工业增加值的比重达12.8%。其中，计算机、通信和其他电子设备制造业增长5.1%。

全年规模以上工业销售产值比上年增长1.6%，产品销售率为95.3%，出口交货值下降1.4%。规模以上工业企业实现利润2344.8亿元，下降10.6%。

全年具有总承包和专业承包资质建筑企业完成总产值21348.24亿元，比上年增长6.1%；新签合同额29022.34亿元，增长2.4%。

四、固定资产投资

全年全省完成固定资产投资（不含农户）比上年增长5.0%。按产业划分，一、二、三次产业投资分别增长3.0%、9.9%、2.6%。分领域看，基础设施投资、工业投资、房地产开发投资增速分别为6.4%、10.0%、-3.5%。高技术服务业投资增长20.2%，其中，互联网和相关服务业投资、研究和试验发展投资、科技推广和应用服务业投资分别增长63.7%、33.5%、65.0%。补短板强功能建设加快推进，铁路运输业投资、道路运输业投资分别增长27.5%、16.9%。

全年商品房销售面积5264.77万平方米，比上年下降5.6%；实现商品房销售额4619.46亿元，下降5.8%。

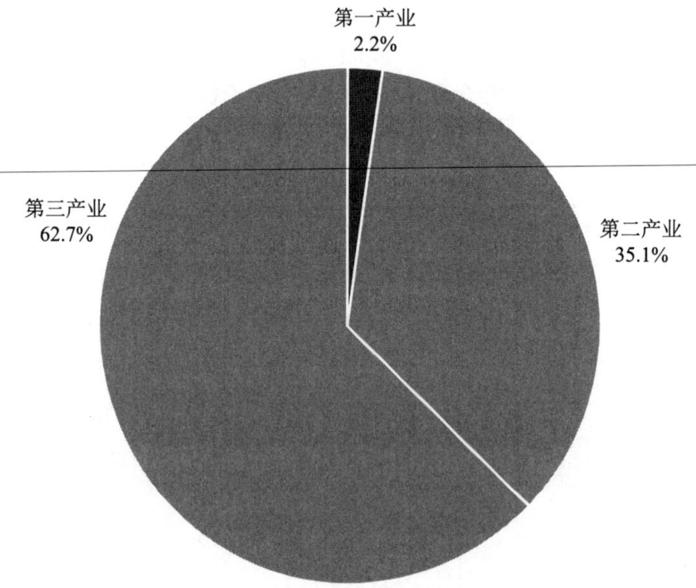

图4　2023年全省三次产业投资占固定资产投资（不含农户）比重

全年计划总投资10亿元以上的重大项目1207个，比上年增长0.8%，完成投资额增长15.5%。

五、国内贸易

全年全省社会消费品零售总额24041.89亿元，比上年增长8.5%。按经营地统计，城镇消费品零售额20631.44亿元，增长8.5%；乡村消费品零售额3410.44亿元，增长8.6%。按消费类型统计，商品零售额20563.03亿元，增长7.8%；餐饮收入3478.86亿元，增长12.5%。

全年网上零售额达到4347.7亿元，比上年增长9.0%，其中实物商品网上零售额3657.3亿元，增长6.7%，占社会消费品零售总额的比重为15.2%。

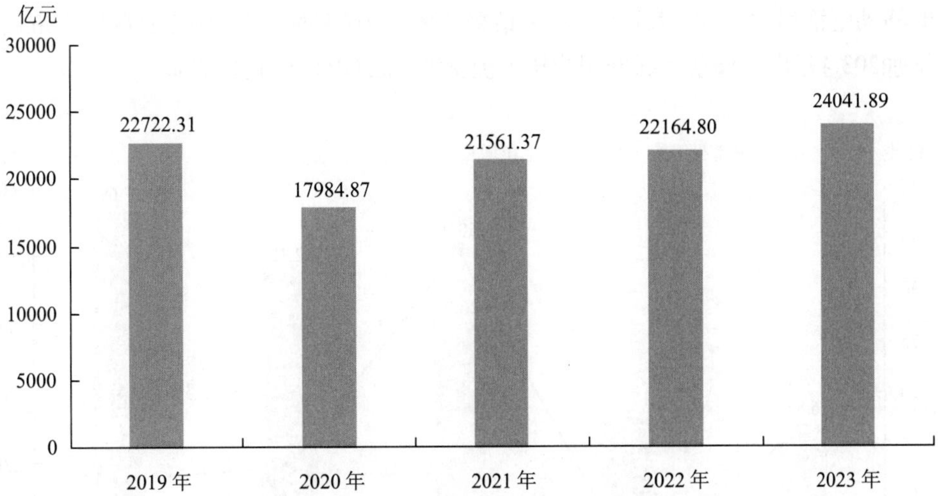

图5　2019—2023年湖北省社会消费品零售总额

六、对外经济

全年全省货物进出口总额6449.7亿元，比上年增长5.8%，其中，进口2116.4亿元，增长7.9%；出口4333.3亿元，增长4.7%。对第一、二大贸易伙伴东盟、欧盟进出口额分别为1085.2亿元、825.6亿元，分别增长13.6%、10.1%。对共建“一带一路”国家进出口额3090.2亿元，增长12.3%。

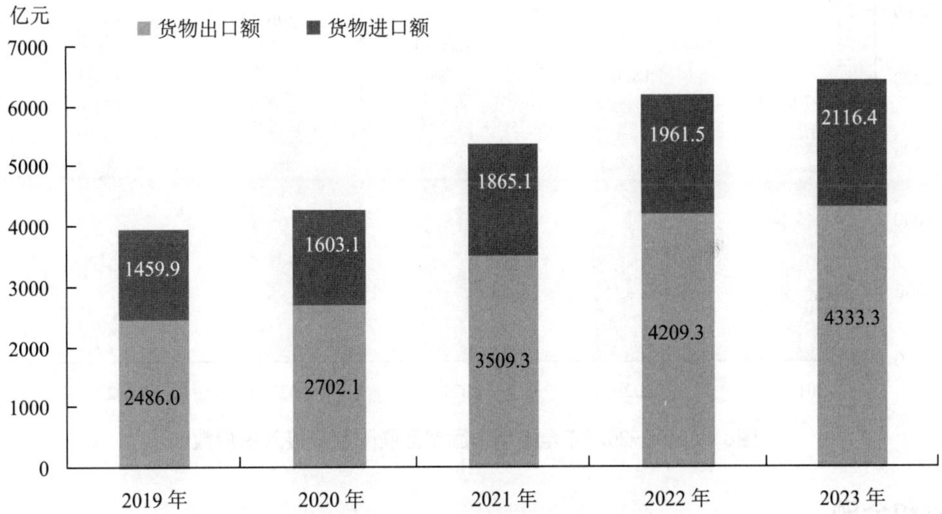

图6　2019—2023年全省货物进出口总额

全年新设立外商投资项目648个。实际使用外资（FDI）27.28亿美元，比上年增长3.1%。地方企业非金融类对外实际投资15.7亿美元，增长45.3%。对外承包工程完成营业额74.02亿美元，增长6.7%。外派各类劳务人员17338人次，增长11.6%。

七、交通运输和邮电通信

年末全省公路总里程达307263公里，比上年末增长1.7%；高速公路里程达7849公里，增长3.3%。全年完成货物周转量8594.24亿吨公里，增长13.9%；旅客周转量1027.84亿人公里，增长90.9%；港口完成货物吞吐量6.9亿吨，增长22.8%。港口集装箱吞吐量329.8万标准箱，增长5.5%。

全年完成邮政行业业务总量494.77亿元，比上年增长15.7%。其中，快递业务量37.69亿件，快递业务收入307.35亿元。全年完成电信业务总量602.4亿元，增长20.5%。长途光缆线路长度达到3.6万公里；固定电话用户434.3万户；移动电话用户6262.2万户；移动电话普及率为107.4部/百人；固定互联网宽带接入用户2494.2万户，比上年增加203.4万户；移动互联网用户接入流量99.7亿 GB，增长15.2%。

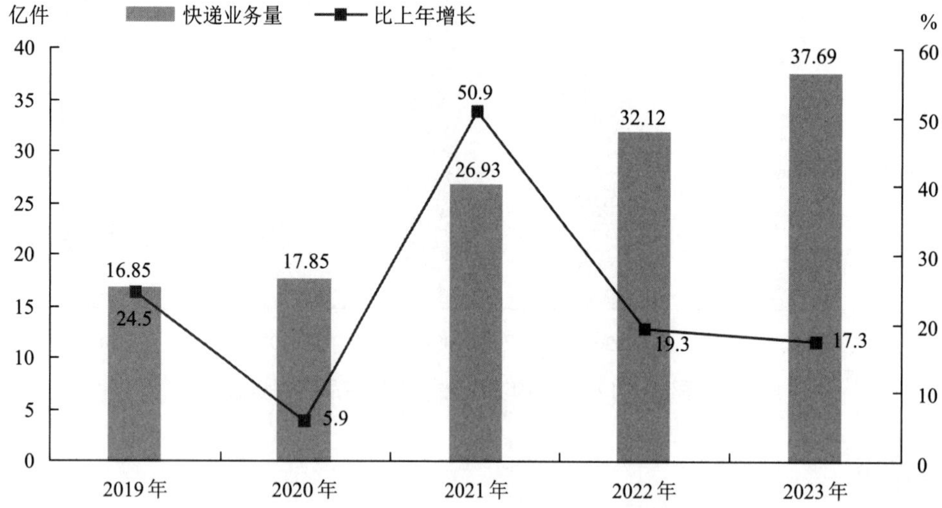

图7　2019—2023年全省快递业务量及增速

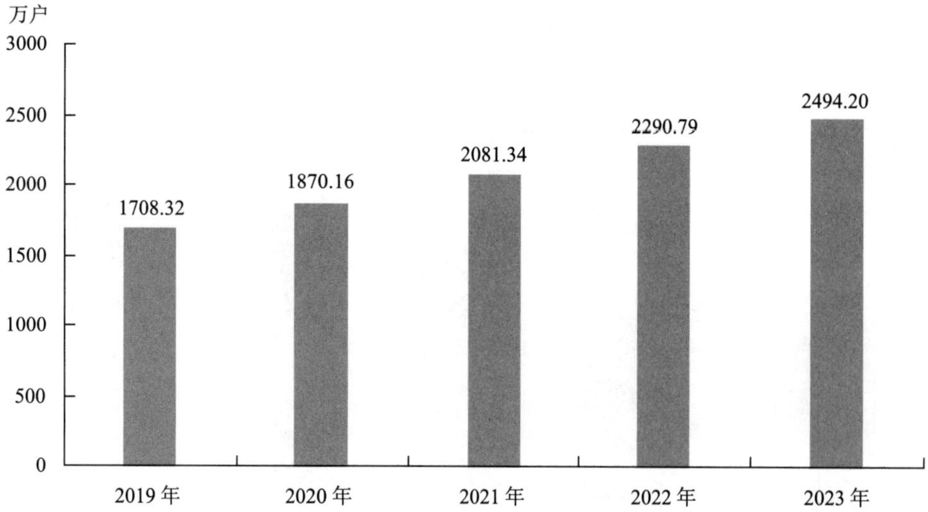

图8　2019—2023年全省年末固定互联网宽带接入用户数

八、财政和金融

全年全省完成财政总收入6336.93亿元，比上年增长11.5%。其中，地方一般公共预算收入3692.26亿元，增长12.5%；地方一般公共预算支出9295.79亿元，增长7.8%。

年末全省金融机构本外币各项存款余额87127.22亿元，比年初增加7563.55亿元。其中，住户存款52931.05亿元，增加6955.91亿元。金融机构本外币各项贷款余额81368.01亿元，比年初增加7195.01亿元。其中，住户贷款23310.05亿元，增加1085.21亿元；非金融企业及机关团体贷款57250.29亿元，增加6249.53亿元。

全年实现保费收入2118.06亿元，比上年增长8.5%。其中，财产险保费收入462.97亿元，增长9.4%；人身险保费收入1655.09亿元，增长8.2%。支付各类赔款及给付761.09亿元，增长26.4%，其中，财产险赔付支出310.60亿元，增长18.9%；人身险赔付支出450.49亿元，增长32.2%。

九、教育和科学技术

全年全省普通高等教育本专科招生58.27万人，在校生183.99万人，毕业生50.49万人；研究生招生7.46万人，在校研究生23.17万人，毕业生5.89万人；各类中等职业教育招生18.75万人，在校生55.38万人，毕业生17.23万人；普通高中招生36.97万人，在校生105.81万人，毕业生31.35万人；普通初中在校生188.24万人，小学在校生389.50万人，幼儿园在园幼儿155.30万人。

全年共登记重大科技成果2558项。其中，基础理论成果92项，应用技术成果2395项，软科学成果71项。全年共签订技术合同98844项，技术合同成交金额4802.24亿元，合同金额比上年增长57.9%。

年末全省共建有363家省级工程研究中心，719家省级企业技术中心。

年末全省共有检验检测机构1848个，国家质检中心34个，颁发有效认证证书112799张，获认证证书组织32488家，建立社会公用计量标准3028项。全年强制检定计量器具190万台件。

年末全省共有天气雷达观测站点20个，卫星云图接收站点18个。地震遥测台网3个，地震台站54个。

十、文化、卫生和体育

年末全省共有国有艺术表演团体82个，群艺馆、文化馆126个，公共图书馆118个，博物馆228个。电影放映管理机构103个，放映单位2023个。广播电视台15座，广播电台1座，电视台1座，融媒体中心69个，有线电视用户1283.92万户。广播节目综合人口覆盖率为99.9%，电视节目综合人口覆盖率为99.88%。全年出版报纸5.32亿份，各类期刊0.67亿册，图书3.62亿册。规模以上文化及相关产业企业营业收入4785.4亿元，比上年增长3.5%。

年末全省共有医疗卫生机构38489家，其中医院1245家，基层医疗卫生机构36735家，专业公共卫生机构471家；卫生技术人员49.72万人，其中执业（助理）医师18.78万人，注册护士22.91万人；医疗卫生机构床位47.61万张，其中医院床位33.85万张，社区卫生服务机构床位1.90万张，卫生院床位9.46万张。全年总诊疗人次36605万人次，出院人数1487万人。

全年全省运动健儿在国际比赛中共获得冠军65项次、亚军31项次、季军31项次；在各类全国比赛中，获冠军219项次、亚军232项次、季军240项次。全年销售体育彩票190.93亿元。

十一、人口、居民生活和社会保障

年末全省常住人口5838万人，其中，城镇3822万人，乡村2016万人。城镇化率达到65.47%。全年出生人口32.0万人，出生率为5.48‰；死亡人口50.4万人，死亡率为8.63‰，人口自然增长率为-3.15‰。

全年全省居民人均可支配收入35146元，比上年增长6.8%。按常住地分，城镇居民人均可支配收入44990元，增长5.5%；农村居民人均可支配收入21293元，增长8.0%。全省居民人均消费支出27106元，增长9.2%。按常住地分，城镇居民人均消费支出31500元，增长8.2%；农村居民人均消费支出20922元，增长10.2%。

年末全省参加城镇职工基本养老保险2048.45万人，其中，在职职工1379.59万人，离退休人员668.86万人；参加城乡居民基本养老保险2507.43万人；参加职工基本医疗保险1342.58万人；参加城乡居民基本医疗保险4222.05万人；参加工伤保险911.96万人；参加生育保险799.12万人；参加失业保险人数752.94万人，年末领取失业保险金人数10.69万人。

年末全省城镇居民最低生活保障对象23.70万人，农村居民最低生活保障人数125.13万人，国家抚恤、补助各类优抚对象38.01万人。养老机构床位数29.58万张。全年销售社会福利彩票72.73亿元。

十二、节能降耗、资源环境

全年全省单位GDP能耗继续保持下降。

全年国有建设用地供应总量3.06万公顷，比上年下降14.96%。万元地区生产总值用水量52立方米，下降5.1%。万元工业增加值用水量26立方米，下降13.9%。

全年完成造林面积19.59万公顷，其中人工造林面积4.7万公顷，占全部造林面积的23.99%。森林抚育面积39.69万公顷。年末，全省共有国家级自然保护区22个。

全省主要河流的275个地表水水质监测断面中，全年水质优良为Ⅰ～Ⅲ类的占95.6%，水质较差为Ⅳ类、Ⅴ类的占4.0%，水质污染严重为劣Ⅴ类的占0.4%。全省主要湖泊、水库的51个水域中，全年水质优良为Ⅰ～Ⅲ类的占66.7%，水质较差为Ⅳ类、Ⅴ类的占33.3%，无劣Ⅴ类。

在省内监测的13个地级及以上城市中，全年空气质量达标的城市占23.1%，未达标的城市占76.9%。细颗粒物（$PM_{2.5}$）未达标城市年平均浓度41微克/立方米，比上年下降4.7%。

注：

1. 本公报2023年数据为统计快报数。2022年全省生产总值为最终核实数。

2. 生产总值、各产业增加值绝对数按现价计算，增长速度按不变价格计算。

3. 邮政行业业务总量按2020年不变单价计算。电信业务总量按2022年不变单价计算。

4. 年末常住人口数是上年末常住人口数与本年自然增长人口数及机械增长人口数的总和。本年自然增长人口数等于本年内出生人数与死亡人数之差，本年机械增长人口数等于本年内迁入人数与迁出人数之差。

5. 资料来源：本公报中城镇新增就业、养老保险、工伤保险、失业保险等数据来自省人力资源和社会保障厅；水产品数据来自省农业农村厅；货物进出口数据来自武汉海关；实际使用外资、对外直接投资、对外承包工程、对外劳务合作等数据来自省商务厅；公共图书馆、文化馆、博物馆、艺术表演团体等数据来自省文化和旅游厅；货物周转量、旅客周转量、公路总里程、高速公路里程、港口货物吞吐量、集装箱吞吐量等数据来自中国国家铁路集团有限公司、省交通运输厅、南航湖北分公司、东航武汉公司、国航湖北分公司；邮政业务量、快递业务量、快递业务收入等数据来自省邮政管理局；电信业务总量、长途光缆线路、电话用户、互联网用户、移动电话普及率等数据来自省通信管理局；财政数据来自省财政厅；金融数据来自人民银行武汉分行；保费数据来自省银保监局；教育数据来自省教育厅；卫生机构、床位等数据来自省卫健委；广播电视数据来自省广电局；电影、出版数据来自省委宣传部；体育、体育彩票等数据来自省体育局；低保、社会服务、福利彩票等数据来自省民政厅；国家抚恤、补助优抚对象数据来自省退役军人事务厅；医疗保险、生育保险数据来自省医保局；省级工程研究中心和省级企业技术中心数据来自省发改委；重大科技成果、技术合同等数据来自省科技厅；市场主体、检验检测机构、质检中心、颁发有效认证证书、获认证证书组织、建立社会公用计量标准、强制检定计量器具等数据来自省市场监管局；地震数据来自省地震局；建设用地数据来自省自然资源厅；水资源等数据来自省水利厅；森林资源、自然保护区等数据来自省林业局；环境监测等数据来自省生态环境厅；价格、粮食、畜禽、城镇调查失业率、城乡居民收支等数据来自国家统计局湖北调查总队；其他数据均来自省统计局。

湖北粮食单产增幅高于全国平均　总产增长1.3%

2023年，湖北省深入贯彻党中央、国务院关于粮食安全决策部署，坚决落实粮食安全党政同责要求，持续加大对粮食生产的支持力度，部分品种农作物单产提升行动成效初显，全年粮食再获丰收。

一、湖北粮食连续11年稳定在500亿斤以上

2023年，湖北粮食播种面积7060.45万亩，比上年增加27.02万亩，增长0.4%，处近5年高位。单产393.32公斤/亩，高出全国水平0.9%，比上年增加3.59公斤/亩，增长0.9%，比全国增幅高0.1个百分点。总产量555.41亿斤，比上年增加7.18亿斤，增长1.3%，连续11年稳定在500亿斤以上。

产粮大县依然是全省粮食生产的“风向标”和“压舱石”。2023年，全省55个产粮大县粮食播种面积6120.61万亩，同比增长0.4%，播种面积占全省的86.7%，产出全省88.7%的粮食。产粮大县平均单产402.54公斤/亩，同比增长0.9%，单产水平高出全省的2.3%。

二、夏粮、早稻、秋粮均实现“三增”

（一）夏粮总产量持续增长，为稳定全年粮食生产实现“开门红”

2023年，全国夏粮产量稳中略减，湖北科学有效应对不利气象条件，全力保障夏粮生产。夏粮总产量97.73亿斤，比上年增加1.29亿斤，增长1.3%，比全国增幅高2.2个百分点。其中，小麦产量82.08亿斤，比上年增加0.97亿斤，增长1.2%。

一是夏粮播种面积稳中略增。在政策支持和粮食种植效益增加等有利因素支撑下，2023年湖北夏粮播种面积呈恢复性增长。湖北夏粮播种面积1951.61万亩，比上年增加11.88万亩，增长0.6%，比全国增幅高0.3个百分点。其中，小麦播种面积1557.58万亩，比上年增加10.7万亩，增长0.7%。

二是夏粮单产创历史新高。2023年，湖北全省上下科学应对秋冬播粮食作物生长前期不利气候影响，各地通过及时监测预警、加大资金投入、加强技术培训和推进统防统治等举措，有效控制病虫害的发生流行，单产创历史新高。夏粮单产250.37公斤/亩，比上年增加1.80公斤/亩，增长0.7%，比全国增幅高1.9个百分点。其中，小麦单产263.50公斤/亩，比上年增加1.31公斤/亩，增长0.5%。

（二）早稻总产量增长明显，播种面积、总产增幅位居全国第二

2023年，在早稻播种面积、单产“双增”的情形下，早稻总产量明显增长。湖北早稻总产量15.55亿斤，比上年增加0.42亿斤，增长2.7%，比全国增幅高1.9个百分点，居全国第二位。

一是早稻播种面积继续增加。2023年，为稳定湖北早稻播种面积，省委省政府压实生产责任、配套出台政策等措施支持早稻生产，继续在主产区开展双季稻轮作试点，引导新型经营主体建设高产高效示范基地，带动农户参与发展。早稻播种面积192.87万亩，比上年增加3.38万亩，增长1.8%，比全国增幅高2.3个百分点，居全国第二位。

二是早稻单产小幅提升。2023年，从早稻全生育期来看，秧田期气象条件好于上年；拔节孕穗期降水适中，光照充足，利于形成大穗，抽穗开花期大部分地区气候条件有利，灌浆成熟期温光条件对早稻灌浆有利，收割期晴多雨少，利于颗粒归仓。早稻单产403.22公斤/亩，比上年增加3.77公斤/亩，增长0.9%。

（三）秋粮总产量稳中有增，单产提升为全年增产定下“主基调”

湖北秋粮占全年粮食总产量近八成，其生产对稳定全省粮食生产至关重要。2023年，湖北充分发挥双季稻轮作、大豆玉米带状复合种植等项目的支撑作用，推动全省中、晚稻单产稳中有增，玉米、大豆大面积单产提升，切实以单产提升“主基调”，唱响粮食增产“主旋律”。湖北秋粮总产量442.13亿斤，比上年增加5.47亿斤，增长1.3%。

一是秋粮播种面积保持稳定。2023年，湖北省委、省政府将大豆玉米带状复合种植作为一项稳粮扩油的重要举措和政治任务，持续强化政策、项目、资金等方面的保障措施，着力引导种植户开展大豆玉米复合种植生产，大豆种植面积增幅明显。其中，襄阳、十堰、宜昌、恩施等地，大豆种植面积同比增长分别为33.2%、16.3%、15.3%和11.9%。湖北秋粮播种面积4915.98万亩，比上年增加11.75万亩，增长0.2%。其中，中稻、晚稻、大豆播种面积分别比上年增长0.3%、1.7%、5.4%，玉米、甘薯分别比上年下降1.4%、3.1%。

二是秋粮主要作物单产提升。2023年，整体气象条件总体有利，光温条件适宜、降水丰沛，未发生大范围干旱、低温和洪涝灾害，农业气象条件要明显好于上年。湖北省以稳面积、攻单产、多增产为目标，以品种推广、技术应用、要素集成为重点，以单产提升行动为抓手，推动秋粮主要作物单产提升。湖北秋粮单产449.69公斤/亩，比上年增加4.50公斤/亩，增长1.0%，秋粮单产高出全国13.5个百分点，处于较高水平。其中，中稻、晚稻、玉米、大豆及甘薯单产同比上年均实现增长，分别增长0.3%、0.6%、3.3%、14.8%、3.9%。

三、当前湖北粮食生产中存在的问题

（一）部分农资价格上涨冲抵种粮效益

受国际粮价上涨、政策性收储等多重因素，2023年新稻价格同比上涨，湖北秋粮购销价高量增，农户亩均收益整体较上年有所增加。但由于农药、人工等生产要素成本上涨，导致农户利润空间被挤压，加之种粮收益的不稳定性，对调动农户种粮积极性方面产生不利影响。

（二）农田基础设施薄弱影响粮食生产

受全球气候变暖影响，极端天气出现频率增加，尽管近年来政府持续加大农业农村基础设施建设投入，但部分地区水源灌溉难、农田不连片、田埂路不宜机械化操作、仓储与粮食烘干配套设备无法满足生产需求等问题仍然存在，粮食生产“望天收”的局面还未根本改变。

（三）农村劳动力外流压减农业生产能力

近年来，大量农村劳动力不断向城镇转移，村庄“空心化”、农户“空巢化”现象逐渐增多，“空巢老人”“留守妇女”“留守儿童”等已成农村普遍现象，60岁以上劳动力已逐步成为从事农业生产主体，在高质高量完成本村耕地经营方面显得力不从心。而在工业基础较好地区，虽然留村劳动力人员较多，但基本以打工为主，从事农业生产劳动力较少。

四、对强化湖北粮食安全保障的建议

（一）进一步强化责任担当，确保粮食播种面积稳定

进一步严格落实耕地保护党政同责，坚持扛起保障国家粮食安全的责任，聚焦“两稳、两扩、两提”，层层压实保障粮食安全政治责任，全方位夯实粮食安全根基。进一步严格落实耕地保护制度，强化耕地用途管制，科学合理利用耕地资源。进一步巩固撂荒耕地清理整治成果，调整优化种植结构，积极推进间套复种、整改复耕，确保粮食播种面积稳定。

（二）进一步提升种粮收益，确保农民种粮更有奔头

持续加快发展农业社会化服务，支持新型经营主体大力发展生产托管服务，着力解决“谁来种田”难题。持续加快推广粮食生产先进适用技术，建设单产提升示范区，辐射带动粮食作物单产提升。持续加快推进粮食行业供给侧结构性改革，以品牌建设为引擎，推动粮食产业提质增效。切实让强农惠农政策落地

见效，让好政策增强种粮农民积极性，让种粮农民有钱赚得实惠。

（三）进一步优化资源配置，改善农业生产耕作条件

因地制宜探索“小田并大田”有效模式，解决承包地细碎化问题，推动农田“优质、集中、连片”。以高标准农田等农业基础设施项目建设管理，推进农田灌排设施、机耕道路等基础设施建设，强化水利设施定期检修和及时更新，确保农田灌溉用水。进一步增强各部门协作联动机制，强化农业生产灾害监测预警体系建设，提升应对极端天气能力，保障粮食生产安全。

撰稿：李　晖

核稿：朱利明

湖北畜牧业生产稳定增长

2023年，湖北省各地区各部门持续加大农业生产支持力度，着力保障生猪等重要农产品稳定安全供给，畜牧业稳定发展。全省猪牛羊禽肉产量较上年增长3.8%；其中，猪肉产量较上年增长4.7%，增幅比全国高0.1个百分点；牛肉产量较上年增长5.7%，增幅比全国高0.9个百分点；禽蛋产量较上年增长4.0%，增幅比全国高0.9个百分点。

一、畜牧业生产稳定增长

2023年，湖北省猪牛羊禽肉产量457.1万吨，较上年增长3.8%；其中，猪肉产量347.2万吨，较上年增长4.7%；牛肉产量17.2万吨，较上年增长5.7%；羊肉产量10.5万吨，较上年下降0.1%；禽肉产量82.2万吨，较上年增长0.1%；禽蛋产量216.3万吨，较上年增长4.0%。

（一）生猪出栏连续三年增长

2023年，湖北生猪出栏4438.5万头，较上年增长3.6%，出栏量处于近年高位；2021年至2023年三年生猪出栏平均增幅为19.0%，比全国高7.7个百分点。2023年末，生猪存栏2595.3万头，较上年增长1.7%，增幅比全国高5.8个百分点；能繁母猪存栏236.8万头，较上年下降5.8%。

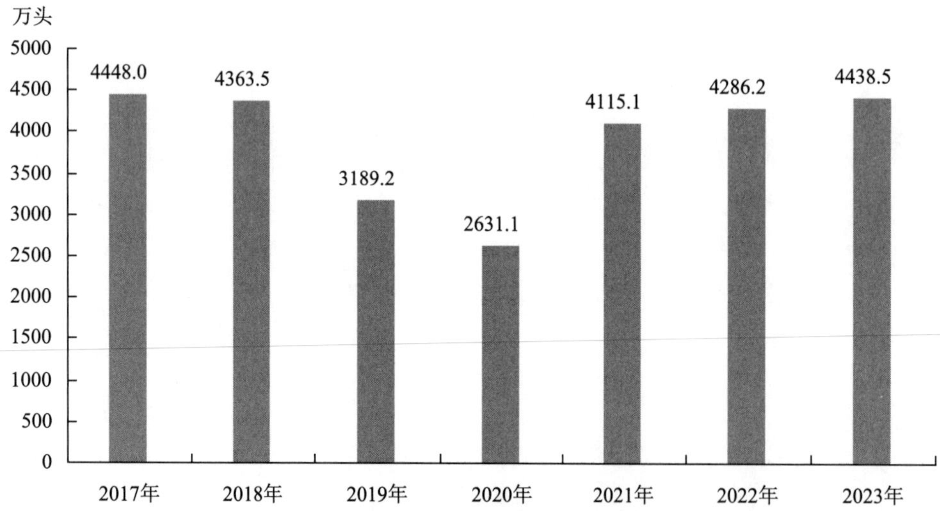

图1　2017—2023年湖北生猪出栏

（二）牛出栏增幅较前三季度扩大，羊出栏保持平稳

2023年，湖北牛出栏113.8万头，较上年增长5.7%，增幅较前三季度扩大0.1个百分点；羊出栏630.9万只，较上年下降0.1%。2023年末，牛存栏234.0万头，较上年下降0.8%；羊存栏527.1万只，较上年下降0.9%。

（三）禽蛋产量稳定增长，禽肉产量保持稳定

2023年，湖北禽蛋产量216.3万吨，较上年增长4.0%；禽肉产量82.2万吨，较上年增长0.1%。2023年末，家禽存栏39704.0万只，较上年下降3.6%。

二、当前畜牧业生产中存在的问题及建议

当前，湖北畜牧业处于产能优化，结构调整加速阶段，2023年1月以来生猪养殖面临养殖亏损、融资困难等问题，湖北长期以来面临各畜种发展不平衡的问题，需要予以关注。

（一）主要问题

一是成本上涨价格低迷，生猪养殖总体亏损。受成本上涨和价格低迷两方面影响，2023年湖北生猪生产总体处于亏损状态。农产品生产者价格调查显示，2023年湖北稻谷、玉米、豆类等饲料原料价格同比分别上涨4.4%、4.2%、9.2%，生猪价格同比下降16.5%。预计2024年生猪养殖成本仍将维持高位。二是资金不足、融资困难，信贷支持需不断加力。2023年资金不足、融资困难长期位列受访户反映问题的前三位，户数占比在28.2%至45.3%之间，2024年1月调研显示，有34.2%的受访户反映资金不足、融资困难。畜牧业生产前期需要较高的投入，后期经营需要一定的资金支持，养殖户需要金融机构在信贷方面予以支持。十堰市某养殖户反映，由于贷款周期较短，养殖的生猪尚未出栏就需要还款。三是畜牧业发展不够平衡，牛、羊生产规模化水平较低。从生产情况看，生猪出栏和禽蛋产量长期处于全国前列，家禽出栏处于全国中游，生猪、家禽生产规模化水平相对较高；但牛、羊出栏规模较小，牛、羊大型户出栏分别仅占全省牛、羊出栏的7.1%和2.5%，规模化水平还较低，全省畜牧业生产结构还需进一步优化。

（二）几点建议

一是着力延长产业链条，在饲料配比、育种等上游产业下功夫，降低养殖成本；在精深加工、屠宰等下游产业下功夫，提升养殖效益。二是持续加强金融扶持，引导鼓励社会资本参与现代畜牧业建设，建立多元化融资渠道，适当延长贷款还款期限。三是加大对多元养殖扶持力度，争取国家扶持政策，构建现代养殖体系，充分挖掘牛羊生产发展潜力，培育本地“龙头”企业。

撰稿：雷　迪
核稿：胡　敏

湖北工业生产者价格低位运行　同比降幅总体趋于收窄

2023年，受国际大宗商品价格下行、部分工业品需求不足及上年同期对比基数较高等因素影响，湖北PPI同比下降，下半年降幅收窄，全年比上年下降2.6%。

一、工业生产者价格运行特点

（一）PPI 同比降幅下半年逐步收窄

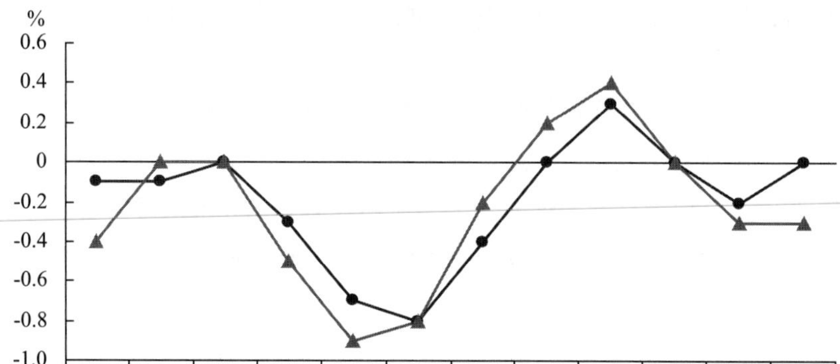

	1月	2月	3月	4月	5月	6月	7月	8月	9月	10月	11月	12月
出厂环比（湖北）	-0.1	-0.1	0	-0.3	-0.7	-0.8	-0.4	0	0.3	0	-0.2	0
出厂环比（全国）	-0.4	0	0	-0.5	-0.9	-0.8	-0.2	0.2	0.4	0	-0.3	-0.3

图1　2023年以来各月全国、湖北出厂价格环比涨跌幅变化

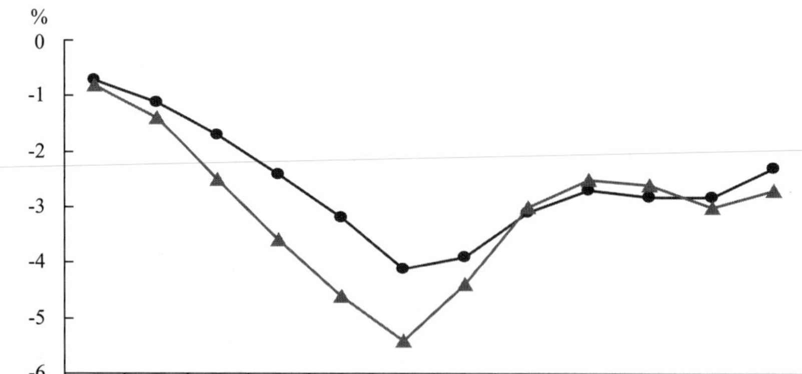

	1月	2月	3月	4月	5月	6月	7月	8月	9月	10月	11月	12月
出厂同比（湖北）	-0.7	-1.1	-1.7	-2.4	-3.2	-4.1	-3.9	-3.1	-2.7	-2.8	-2.8	-2.3
出厂同比（全国）	-0.8	-1.4	-2.5	-3.6	-4.6	-5.4	-4.4	-3.0	-2.5	-2.6	-3.0	-2.7

图2　2023年以来各月全国、湖北出厂价格同比涨跌幅变化

分月看，湖北PPI同比整体呈现“V”形态势，下半年同比降幅趋于收窄，与全国PPI走势基本一致。1—6月，受国际原油等价格回落、工业品市场需求不足及上年同期对比基数较高等因素影响，PPI 环比除3月持平外，其余月份降幅在0.1%—0.8%之间，同比降幅由1月的0.7%逐月扩大至6月的4.1%（达年内最低值）。

7—9月，随着国内政策效应不断累积，工业品需求逐步恢复，加之国际大宗商品价格回升，7月 PPI 环比降幅收窄至0.4%，8月转为持平，9月上涨0.3%，同比降幅由7月的3.9%逐月收窄至9月的2.7%。10—12月，国际油价震荡回落，部分工业品市场需求仍偏弱，10月 PPI 环比转为持平，11月下降0.2%，12月持平。受上年同月低基数影响，12月同比降幅由10月的2.8%收窄至2.3%。

（二）全年 PPI 行业大类下降面近六成

2023年，调查的38个工业行业大类出厂价格同比“15涨1平22降”，下降面为57.9%，较2022年扩大39.5个百分点。其中，化学原料和化学制品制造业、非金属矿物制品业、黑色金属冶炼和压延加工业3个行业价格共影响价格总水平下降约1.72个百分点，对总指数影响率66.2%，是带动价格总水平下降的主要原因。

（三）生产资料价格下降带动 PPI 下行

2023年，生产资料价格同比下降3.8%，影响 PPI 下降约2.7个百分点，是影响 PPI 下行的主要因素。其中采掘工业价格上涨5.2%，原材料工业价格下降5.5%，加工工业价格下降3.7%。从各月同比看，生产资料出厂走势与总指数一致，且一直低于总指数。

（四）全省 PPI 降幅低于全国平均水平

2023年，全省 PPI 比上年同期下降2.6%，降幅比全国平均水平低0.4个百分点，在全国31个省（区、市）排并列第11 位；在中部六省并列第2位，具体依次为：湖南-1.5%、湖北-2.6%、河南-2.6%、安徽-3.4%、江西-3.4%、山西-8.7%。

（五）出厂指数持续高于购进指数

2023年，湖北陆续出台“降低企业成本33条”“降低外贸进出口成本17条”等针对性强的政策“大礼包”为企业减负。全年工业生产者购进价格同比下降4.1%，降幅比出厂价格高1.5个百分点。从分月同比指数看，从4月开始出厂指数一直高于购进指数，表明工业企业成本压力在改善，上游原材料价格走低有助于改善企业生产经营状况。

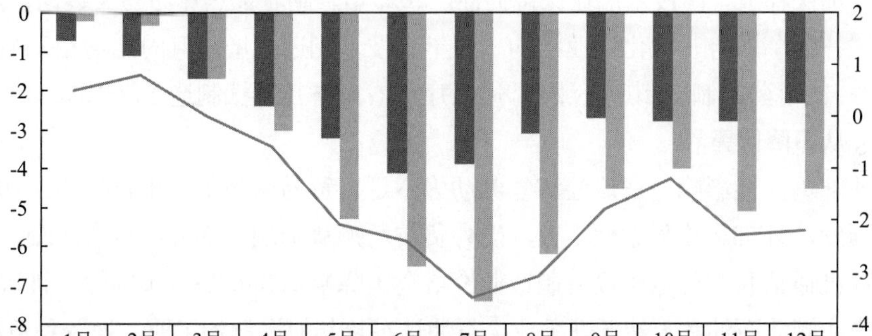

	1月	2月	3月	4月	5月	6月	7月	8月	9月	10月	11月	12月
出厂价格同比变动	-0.7	-1.1	-1.7	-2.4	-3.2	-4.1	-3.9	-3.1	-2.7	-2.8	-2.8	-2.3
购进价格同比变动	-0.2	-0.3	-1.7	-3	-5.3	-6.5	-7.4	-6.2	-4.5	-4	-5.1	-4.5
差值（购进-出厂）	0.5	0.8	0	-0.6	-2.1	-2.4	-3.5	-3.1	-1.8	-1.2	-2.3	-2.2

图3　2023年各月出厂价格同比与购进价格同比涨跌幅度差值变化（%）

二、重点行业出厂价格走势情况

2023年，全省工业运行整体回稳，部分重点行业持续恢复，价格总体下降但趋势有所改善。

（一）汽车等装备制造业恢复企稳

2023年，湖北装备制造业价格同比下降1.5%。受汽车行业市场竞争激烈、新国标背景下燃油小汽车降价促销等因素影响，湖北汽车制造业出厂价格同比下降0.6%，出厂价格月度同比降幅5月最低（-0.9%），受需求好转和新能源汽车产业规模快速增长带动，汽车行业加快恢复，12月降幅收窄至0.2%。

（二）化工、钢材、水泥等原材料制造业有所改善

2023年，国际输入性因素带动国内化工、有色金属相关行业价格下降。湖北化学原料和化学制品制造业、有色金属冶炼和压延加工业出厂价格全年分别下降10.5%、1.8%。受房地产市场持续调整等因素影响，钢材、水泥等工业品有效需求不足，产能相对过剩，黑色金属冶炼和压延加工业、非金属矿物制品业价格全年分别下降8.1%、7.0%。

2023年下半年以来，随着下游需求不断恢复，原材料行业产品价格有所回升。化学原料和化学制品制造业价格月度同比降幅从7月19.7%收窄至12月7.2%。有色金属冶炼和压延加工业价格月度同比降幅从1月2.7%收窄至12月0.6%。进入11月、12月，随着宏观调控政策继续发力，钢材、水泥价格连续上涨，黑色金属冶炼和压延加工业出厂价格月度同比降幅从6月15.4%收窄至11月0.2%，12月转为上涨1.0%。非金属矿物制品业出厂价格月度同比降幅从3月8.6%收窄至12月6.2%。

（三）农副等消费品制造业恢复相对滞后

2023年，受上年高基数及猪肉价格下行影响，农副食品加工业价格全年上涨0.1%，涨幅较2022年收窄4.2个百分点，月度同比价格从6月转降，12月降幅扩大至4.5%；受外贸订单下降和内需不足影响，纺织业价格全年下降4.8%，降幅较上年扩大1.3个百分点。

三、影响工业生产者价格变动的主要因素

（一）从拉升因素看

利好政策积极释放，工业运行整体回稳。2023年，湖北优化政策供给，密集出台稳增长接续政策“30条”、优化营商环境“47条”等多项支持力度大的政策稳市场、稳产业、稳预期，着力把光电子信息、生命健康、北斗等优势产业打造成为世界级产业集群。随着政策效应显现，优势和新兴产业协同发力，湖北工业经济动力增强，全年规上工业增加值同比增长5.6%，高于全国平均水平。

新动能加快释放，高技术产业保持韧性。2023年，湖北聚焦算力与大数据、量子科技等9个新兴特色产业，推动“三链”融合，优化产业结构，全年高技术制造业增加值同比增长5.7%。部分高技术行业产品出厂价格上涨，化学药品制剂制造上涨4.8%，医疗仪器设备及器械制造上涨0.3%，光学仪器制造价格上涨3.6%。

（二）从下降因素看

一是外部输入性影响。全球经济复苏动力不足，贸易壁垒加大出口压力。2023年世界复苏乏力，地缘政治冲突频发，外部环境复杂性上升。受外贸市场形势影响，部分出口占比较多的工业产品价格承压，纺织业、计算机通信和其他电子设备制造业价格全年降幅均为4.8%。国际输入性因素带动国内石油及相关行业价格下降。湖北石油和天然气开采业、石油煤炭及其他燃料加工业、橡胶和塑料制品业分别下降10.0%、8.1%、3.7%。

二是部分行业有效需求不足。2023年，国内市场有效需求不足，部分行业产能过剩。原材料价格下降，终端市场需求不振，湖北锂离子电池制造价格比上年下降5.9%。2023年全省房地产开发投资下降3.5%，房地产相关度较高的建筑建材行业价格下降，钢压延加工类价格下降8.5%，水泥、石灰和石膏制造类价格下降14.7%，玻璃制造类价格下降3.4%。

三是高基数效应负向拉动。2022年高基数效应对2023年 PPI 同比价格形成负向拉动作用。据测算，在2023年2.6%的 PPI 降幅中，上年价格变动翘尾影响约为-1.0个百分点，对全年 PPI 降幅的影响率为38.5%，新涨价影响约为-1.6个百分点。

四、2024年 PPI 走势预测

2023年12月召开的中央经济工作会议释放出以科技引领产业创新、以产业升级构筑竞争优势的政策信号，有助于改善社会预期、提振市场信心，同时，会议提出要着力扩大国内需求，有望带动工业生产者价

格逐步回升上行。同时，受 OPEC+减产供应政策和地缘政治因素影响较大，油价将处于震荡态势，而化学原料制造品等受原油影响较大的行业，预计价格走势与原油价格保持一致。

总体来讲，随着国内经济回升向好，总需求持续回暖，市场信心逐步增强，以及提振工业经济发展的政策措施落实落细，企业生产经营将稳步推进。湖北将有花湖贸易航空港等一批重大工程建设落地，发展预期将不断增强，内需逐步改善，叠加2023年低基数效应，后期湖北 PPI 同比降幅有望继续收窄，2024年PPI 同比指数较上年有所提升。

撰稿：邱　慧

核稿：肖　强

湖北房地产市场低位运行　行业提振仍需政策发力

2023年，湖北各地积极应对房地产市场供求关系发生重大变化的新形势，坚持“因城施策、一城一策、精准施策”总要求，持续优化调控政策，有效促进房地产市场平稳发展。纵观全年，随着疫情防控平稳转段，前期积压需求快速释放后，市场整体需求不足、区域间市场分化加剧、政策边际效应递减等问题逐步显现，湖北房地产市场低位运行，行业提振仍需政策持续发力。

一、房地产市场运行整体情况

（一）新房市场成交量较去年同期小幅下降，重点城市呈现“前高中低后稳”态势

2023年，全省新建商品住宅成交4537.1万平方米，同比下降8.2%，成交量创2020年以来新低。其中，武汉、宜昌、襄阳等3个房价调查城市新建商品住宅网签量（套数）较去年同期分别下降5.6%、16.9%、1.2%，新房市场延续下行态势。

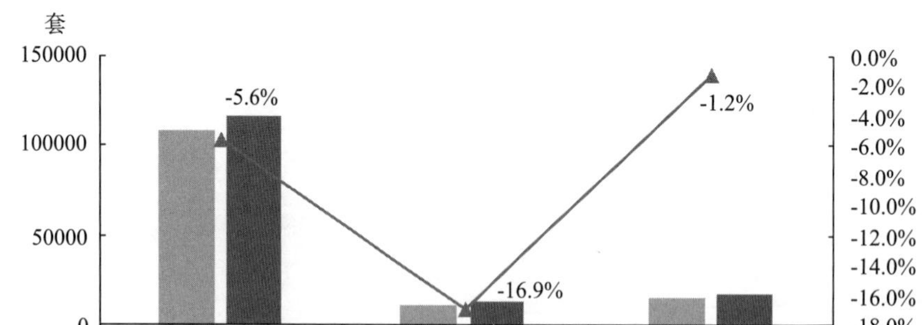

	武汉	宜昌	襄阳
2023 年	109876	11401	16645
2022 年	116366	13721	16849
累计同比	-5.6%	-16.9%	-1.2%

图1　2022年、2023年3个房价调查城市新建商品住宅网签套数及涨跌幅

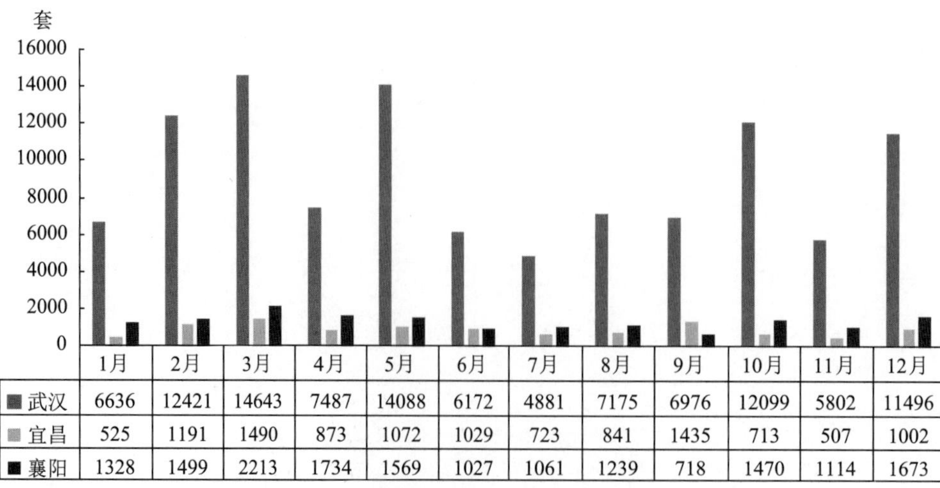

	1月	2月	3月	4月	5月	6月	7月	8月	9月	10月	11月	12月
武汉	6636	12421	14643	7487	14088	6172	4881	7175	6976	12099	5802	11496
宜昌	525	1191	1490	873	1072	1029	723	841	1435	713	507	1002
襄阳	1328	1499	2213	1734	1569	1027	1061	1239	718	1470	1114	1673

图2　2023年3个房价调查城市新建商品住宅网签套数（按月）

分季度看，随着疫情防控平稳转段，前期积压的市场需求快速释放，一季度武汉、宜昌、襄阳等3城迎来“小阳春”行情，新房成交量明显增长；进入二三季度，期间虽有房交会，调控政策不断优化，3城新房成交量出现短暂反弹，但受限于整体购房需求不足，新房市场延续性不强，快速转冷；四季度，各地进一步强化房地产政策调控力度，叠加年末开发商为回笼资金加大促销力度，3城新房成交量有所回升，市场逐步企稳。

（二）二手住宅成交量较去年同期明显增长，整体好于新房市场

2023年，武汉、宜昌、襄阳3城二手住宅网签量（套数）同比分别上涨39.6%、21.7%、33.3%，二手住宅市场恢复程度明显好于新房市场。

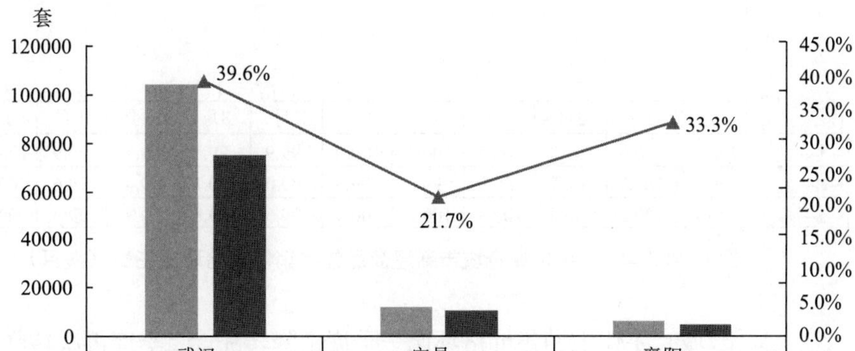

	武汉	宜昌	襄阳
2023 年	104313	12500	7017
2022 年	74730	10270	5265
累计同比	39.6%	21.7%	33.3%

图3　2022年、2023年3个房价调查城市二手住宅网签套数及涨跌幅

分季度看，一季度新房市场“小阳春”带动3城二手住宅成交快速走高，3月份单月达到峰值；二季度，随着新房市场转冷，二手住宅市场随之开始走低；三季度，武汉、宜昌二手住宅市场明显趋稳，襄阳继续走低；四季度，二手住宅市场持续“以价换量”，3城二手住宅成交量均趋于稳定，其中，武汉二手住宅成交量连续7个月稳定在8000套左右。

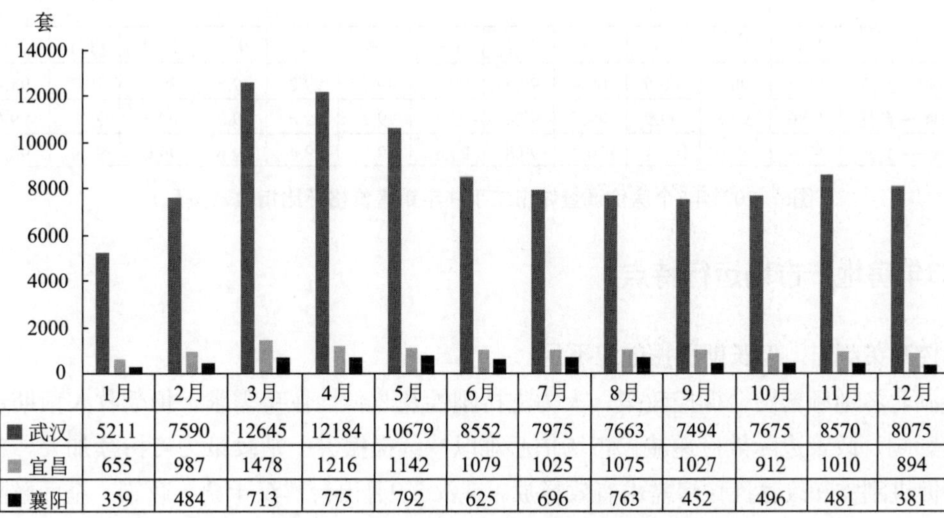

	1月	2月	3月	4月	5月	6月	7月	8月	9月	10月	11月	12月
武汉	5211	7590	12645	12184	10679	8552	7975	7663	7494	7675	8570	8075
宜昌	655	987	1478	1216	1142	1079	1025	1075	1027	912	1010	894
襄阳	359	484	713	775	792	625	696	763	452	496	481	381

图4　2023年3个房价调查城市二手住宅网签套数（按月）

（三）新房、二手住宅价格走势前高后低，新房降幅明显好于二手住宅

2023年，武汉、宜昌、襄阳3城新建商品住宅销售价格环比指数整体呈现“前高后低”走势。其中，一季度3城新建商品住宅销售价格环比指数先后达到全年最高值，分别为武汉101.3（3月）、宜昌100.6（2月）、

襄阳100.4（3月）；二季度3城环比涨幅逐步收窄，宜昌率先下降；三季度开始，除宜昌个别月份环比上涨外，3城环比指数全面下降，12月武汉、襄阳新建商品住宅销售价格环比指数触及全年最低值，分别为98.9、99.4。

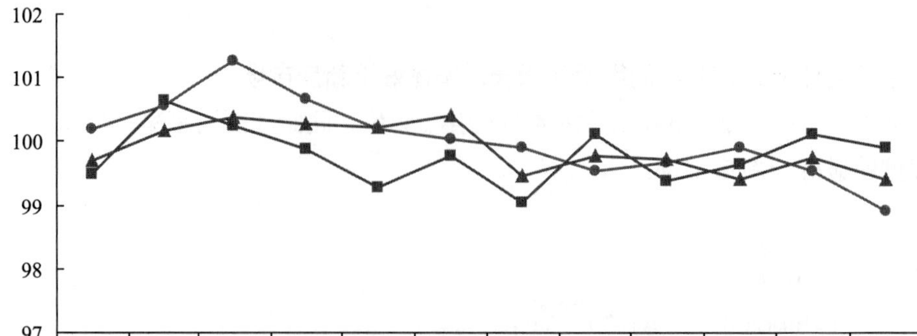

	1月	2月	3月	4月	5月	6月	7月	8月	9月	10月	11月	12月
武汉	100.2	100.6	101.3	100.7	100.2	100.0	99.9	99.5	99.7	99.9	99.5	98.9
宜昌	99.5	100.6	100.2	99.9	99.3	99.8	99.0	100.1	99.4	99.6	100.1	99.9
襄阳	99.7	100.2	100.4	100.3	100.2	100.4	99.5	99.8	99.7	99.4	99.7	99.4

图5　2023年3个房价调查城市新建商品住宅销售价格环比指数（按月）

2023年，武汉、襄阳2城二手住宅销售价格环比一季度由降转涨，二季度再次转降，三四季度快速下行；宜昌二手住宅销售价格环比全年下降，其中6月、7月环比下降0.8，为全年最大降幅。截至年底，3城二手住宅销售价格下行趋势明显，全年整体降幅高于新房。

	1月	2月	3月	4月	5月	6月	7月	8月	9月	10月	11月	12月
武汉	99.7	100.1	100.5	100.4	99.5	99.4	99.4	99.2	99.5	99.7	98.7	98.4
宜昌	99.6	99.8	99.9	99.7	99.4	99.2	99.2	99.6	99.5	99.5	99.8	99.6
襄阳	99.4	99.9	100.1	100.2	99.8	99.8	99.1	99.4	99.6	99.0	98.9	98.6

图6　2023年3个房价调查城市二手住宅销售价格环比指数（按月）

二、2023年房地产市场运行特点

（一）调控政策频出，但长期提振效应不足

2023年，湖北各地频繁出台调控政策，大力支持刚性及改善性住房需求，但受收入预期走低、市场需求不足等因素影响，政策边际效应递减，市场信心难以持续提振。一是政策力度持续加大。各地进一步优化调控政策，促进刚需和改善性住房需求有效释放。武汉于9月出台“汉十条”政策，全面解除限购，并优化住房套数认定标准及下调首付比例，鼓励改善性需求置换住房；襄阳在“襄七条”政策基础上，及时调整增补出台“襄九条”政策。二是政策落地有待优化。二手住宅“带押过户”涉及多方对接，对银行而言既增加了工作量及风控难度，又难以提升经营利润率，导致政策落地情况不太理想；“襄九条”政策对购置新房的首次置业者利好，但对二手住宅支持不足。三是政策效应快速弱化。2023年，调控政策出台频率快、力度强，短期内能明显刺激市场成交，但也加重了购房者观望情绪，导致政策边际效应快速递减。武

汉在楼市“小阳春”后，4月新建商品住宅成交量环比腰斩，5月再次放宽调控政策后成交量大幅上涨，6月成交量环比下跌超六成。

（二）新旧市场转换，成交结构变化明显

随着二手住宅市场存量规模不断扩大，“认房不认贷”政策执行，二手住宅挂牌量快速增加，“以价换量”日趋明显，新建商品住宅成交占比持续降低，楼市从增量市场逐步转向存量市场。2023年，武汉新建商品住宅成交占比跌至51.3%，宜昌、荆州成交占比不足五成。一是新房市场信心不足，区域间分化加剧。受大型民营房企债务违约、新房保交楼等因素影响，市场主体信心持续走弱，大型国企开发、地段稀缺、品质较好的楼盘去化速度较快，价格相对坚挺；而市面上占大多数的新城区、远近郊区项目，特别是同质化严重的刚需盘去化艰难，价格明显下行。二是二手住宅市场“以价换量”，性价比优势明显。随着房价持续上涨预期明显反转，部分房东急于套现出手，二手住宅交易从卖方市场转向买方市场，议价空间不断加大。同时，相较于购置新房面临的交房时间、交付标准打折等风险因素，同区域二手住宅价格更低、即买即住，且学区医院等配套设施完善，更受购房者青睐。

表1　2021—2023年武汉、宜昌、襄阳、荆州等4城新建商品住宅成交及占比

地区	2023年			2022年			2021年		
	新房（套）	二手房（套）	新房占比	新房（套）	二手房（套）	新房占比	新房（套）	二手房（套）	新房占比
武汉	109876	104313	51.3%	116366	74730	60.9%	198090	97646	67.0%
宜昌	11401	12500	47.7%	13721	10270	57.2%	17269	11706	59.6%
襄阳	16645	7017	70.3%	16849	5265	76.2%	28237	6281	81.8%
荆州	6458	6739	48.9%	8407	4899	63.2%	14463	7153	66.9%

（三）去化压力整体可控，土拍市场稳中有升

2023年，在新房市场持续下行的背景下，武汉、宜昌、襄阳等重点城市新批新建商品住宅预售面积整体低于实际销售面积，新房市场供需基本平衡，库存周期稳中有降。截至2023年底，武汉、宜昌、襄阳新建商品住宅可售面积分别为1844.2万平方米、105.9万平方米、372.3万平方米，同比分别下降1.9%、47.4%、6.7%。

随着各地房地产市场进入下行通道，房企经营策略转向保守，拿地较为谨慎，但随着房企土地储备逐步消耗，地方政府主动适应市场需求，加大优质地块供给力度，土拍市场整体稳中有升。2023年，宜昌、襄阳土地出让面积同比分别增长23.5%、172.3%，呈回暖态势；武汉土地出让面积同比下降3.4%，整体保持稳定。

（四）房企经营压力较大，市场下行风险犹存

近几年，受房企大面积债务违约、预售资金监管加强等因素影响，房企回笼资金主要依靠销售回款，叠加新房市场持续下行，部分房企资金压力较大，一旦发生流动性风险导致烂尾或延期交付，又会进一步打击市场信心，形成“暴雷—下行—烂尾”负反馈循环，不利于房地产市场平稳健康发展。根据2023年12月实地走访的61家房企调研显示，针对当前房地产市场面临的主要风险和问题，认为“市场存在下行风险”的占90.2%，居首位；认为“项目逾期交付”的占49.2%，位居其次，市场下行风险不容忽视。

三、对策建议

（一）积极构建房地产发展新模式

一是完善住房保障体系。建议坚持以保障性住房建设、城中村改造和“平急两用”基础设施建设等“三大工程”为抓手，积极重构市场与保障的关系，通过集中新建与盘活存量“双轮驱动”扩大保障性住房供

给，积极回购部分售价低于市场价格的商品住宅用于安置房、保障房等公共用途，平抑价格波动，稳定市场主体信心，确保房地产市场平稳健康发展。二是推动住宅供给端改革。认真贯彻落实湖北省政府《关于进一步保障和改革民生若干措施的通知》要求，全面落实“绿色、智慧、舒适、愉悦”发展理念和建设标准，努力提供生活环境好、居住品质高、服务保障优的高品质住宅产品，实现居者有其屋向“优”其屋的转变，有效激活市场潜在需求。

（二）提高政策调控精准化水平

一是降低市场交易成本。建议进一步降低政策门槛，扩大契税减免、购房补贴等政策覆盖面，促进新房消费；持续完善二手住宅贷款机制，合理调节评估价、申报价、成交价三者之间的关系，适当调降二手住宅计税价格及税率，鼓励中介机构降低收费标准，加快二手住宅市场流动性。二是有效破除交易壁垒。持续优化“带押过户”政策措施，打通银行、个人、住建等有关部门“信息桥”，在确保资金安全的前提下，进一步简化办理流程手续，加快置换需求入市节奏，提升市场整体活跃度。

（三）满足民企合理融资需求

建议金融机构积极营造支持民营房企发展壮大的良好氛围，提高风险评估能力，优化服务民营房企激励机制，提升贷款的意愿、能力和可持续性。深入了解民营房企金融需求，回应民营房企关切和诉求，做好银企融资对接，为民营房企提供可靠、高效、便捷的金融服务。

撰稿：方　韬
核稿：肖　强

湖北物价总体平稳　核心 CPI 走势稳定

2023年，湖北省委、省政府坚持稳中求进工作总基调，统筹做好强信心、稳增长、防风险、推改革、惠民生各项工作，全省生产供给稳步增加，市场需求持续改善，居民消费价格同比上涨0.1%，扣除食品和能源价格的核心 CPI 上涨0.6%，物价总体平稳。

一、居民消费价格运行情况

（一）环比涨跌互现，同比前高后低

从环比看，受鲜菜价格季节性变化、猪肉价格低位运行、国际油价波动、节日效应、出行旅游消费火热等影响，CPI 环比涨跌互现，分月涨跌幅保持在-0.4%—0.6%之间，波幅较为平稳。受上年高基数影响，前5个月 CPI 分月同比涨幅逐月下行，6月份起同比转负并波动下行，降幅在0.2%—0.8%之间，总体呈前高后低态势，走势与全国基本一致。

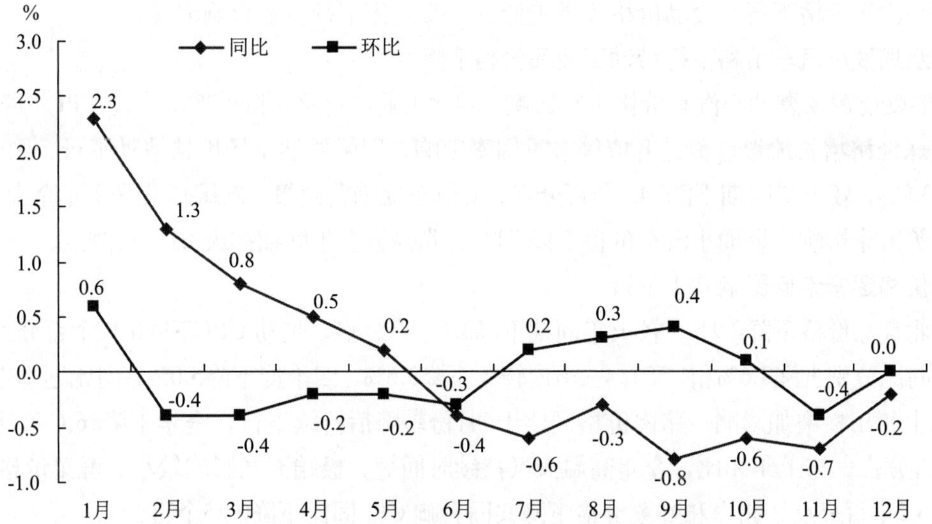

图1　2023年湖北居民消费价格分月涨跌幅

（二）核心 CPI 走势稳定

湖北消费市场恢复稳中向好，2023年核心 CPI 同比上涨0.6%，影响 CPI 上涨0.49个百分点。分季看，春节错月拉动一季度同比上涨1.1%，二、三季度同比均为0.5%，四季度为0.6%，月度同比之间涨幅变动较小，运行平稳。

（三）涨幅略低于全国平均水平

2023年，湖北居民消费价格同比涨幅比全国平均涨幅（0.2%）低0.1个百分点，在全国31个省（区、市）中居第18位。中部六省中居第4位，涨幅比江西（0.3%）、安徽（0.2%）、湖南（0.2%）分别低0.2个、0.1个和0.1个百分点，比山西（-0.1%）、河南（-0.2%）分别高0.2个和0.3个百分点。

（四）八大类商品及服务价格“六涨二降”

2023年，湖北八大类商品及服务价格“六涨二降”。其中，受在外住宿、黄金价格上涨影响，其他用品及服务类价格涨幅居前，上涨2.9%。汽柴油价格高位回落、燃油小汽车降价促销拉动交通通信类价格下降2.5%，降幅居首。

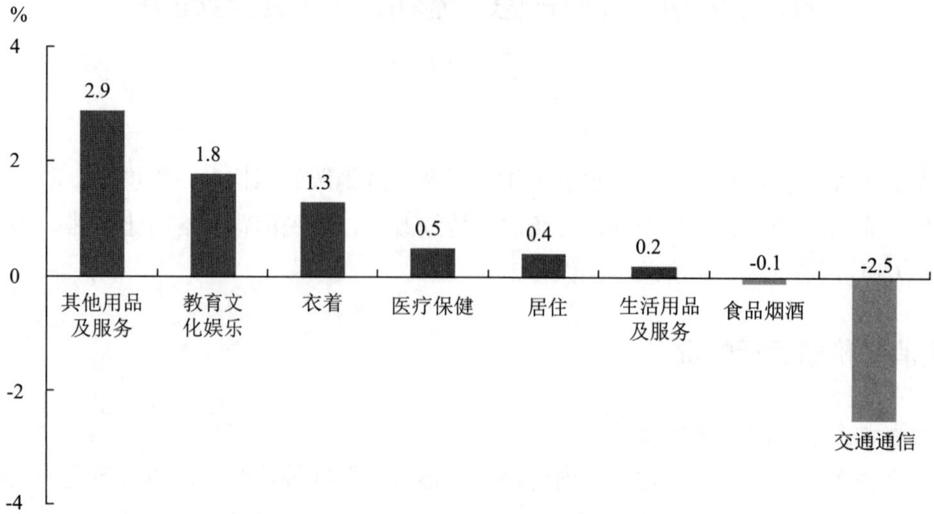

图2　2023年湖北CPI八大类涨跌幅

二、价格波动特征和主要影响因素

能源及燃油小汽车价格下行、食品价格逐季走低是CPI总体下行主要影响因素。

（一）能源及燃油小汽车价格下行带动工业品价格下降

2023年，主要受能源及燃油小汽车价格下行影响，湖北工业品价格下降0.7%，带动CPI下降0.23个百分点。其中，受全球经济增长放缓、美元升值等多重因素影响，国际原油市场价格波动下行，国内能源价格走低，同比下降3.0%，较上年同期下降14.7个百分点。受汽车促消费政策、新国标背景下车企大力推动燃油小汽车降价促销等因素影响，燃油小汽车价格下降5.1%，降幅较上年同期扩大3.1个百分点。

（二）食品价格逐季走低影响CPI下行

2023年，湖北食品价格下降0.9%，较上年同期下降3.1个百分点，带动CPI下降0.17个百分点。分季看，一、二季度价格同比分别上涨3.6%和1.5%，三季度转为下降3.6%，四季度下降5.0%，同比逐季走低。其中，受上年高基数及生猪出栏增加影响，猪肉价格同比于5月份转降后持续下行，全年下降16.4%，降幅较上年同期扩大10.9个百分点。与上年相比，今年高温天气持续时间短，极端天气影响较小，鲜菜价格下降2.6%，较上年同期下降6.2个百分点。猪肉和鲜菜价格下降共同影响CPI同比下降0.35个百分点。

（三）服务价格持续上涨是CPI上涨重要支撑

2023年，湖北服务价格同比上涨0.9%，带动CPI同比上涨0.38个百分点。各月同比变动幅度在0.4%—1.5%之间，连续32个月保持上涨。疫情防控政策优化调整后，全省出游类消费增长，接触型聚集型服务明显改善，其中，飞机票、宾馆住宿、旅行社收费、电影及演出票、交通工具租赁费、在外餐饮价格同比分别上涨24.2%、10.2%、10.0%、5.9%、3.1%和2.0%。经营及人工成本上升，家政服务、宠物服务、母婴护理服务、车辆修理与保养、美容美发洗浴、教育服务价格同比分别上涨8.3%、2.8%、2.7%、1.7%、1.5%和1.2%。

三、几点建议

（一）关注影响价格变动的因素，做好保供稳价

重点关注岁末年初食品价格变动情况，做好重要民生商品保供稳价；密切关注生猪存出栏量变化对猪

肉价格波动的影响。高度关注国际大宗商品价格变化对CPI相关调查品种，如食用油、汽柴油价格的影响。

（二）提高有效消费需求，推动消费扩容下沉

多渠道增加城乡居民收入，提高汽车、家电家居、体育文旅等方面的有效消费需求。加强农村消费市场建设，加大农业产业化发展、农村电商与农村寄递物流相互支撑促进力度，释放乡村消费潜力。

（三）抓住消费热点、时点，激发消费潜能

抓住传统节日、开学季、寒暑假、“双十一”等重要时间节点，继续围绕商超、百货、餐饮、住宿、文旅等消费热点，办好促消费活动，活跃消费市场。培养促进新型消费增长点，促进绿色消费、网络数字消费、新型文旅消费和健康消费与居民生活深度融合，供需协同发力激活市场活力。

撰稿：蔡燕妮

核稿：彭惊涛

湖北就业形势总体稳定　重点群体就业仍需关注

2023年，随着湖北省经济持续回升向好，特别是在政策不断显效、项目陆续落地、环境持续优化的综合作用下，传统产业加快转型升级，新兴产业加速发展，市场活力不断激发，有力创造出更多就业岗位，带动劳动力市场趋于活跃。全年城镇调查失业率均值为5.4%，比上年下降0.2个百分点，与疫情前的2019年持平。

一、就业形势总体平稳

（一）城镇调查失业率保持平稳

2023年，湖北城镇调查失业率为5.4%。从分月走势看，全省城镇调查失业率在5.1%—5.7% 区间内小幅波动。

（二）城镇新增就业目标任务超额完成

2023年，湖北城镇新增就业92.88万人，超额完成70万人年度目标任务。

（三）劳动力市场活跃度保持较高水平

劳动参与率和就业人口比是衡量劳动力供给的相对规模、反映经济体实现就业水平的重要指标。2023年，全省劳动参与率和就业人口比均值均超过60%，活跃度仍处于较高水平。

二、劳动力市场运行特点

（一）第三产业和私企吸纳就业能力较强

从就业人员产业结构分布情况来看，第三产业就业人员占比分别比一、二产业高15.6个和19.4个百分点。在第三产业就业人员占比中，从事批发和零售业、住宿和餐饮业、公共管理社会保障和社会组织的人员占比居前三位。从就业人口的单位和生产经营活动类型来看，主要集中在私营企业、经营农村家庭承包地和个体经营户。

（二）工作饱和度高于上年同期

2023年正在工作人员周平均工作时长和国有及国有控股企业、集体企业、私营企业、外商港澳台企业等企业就业人员的周平均工作时间与上年同期相比分别增加0.3个小时和1.3个小时。

（三）社保覆盖面不断扩大

从就业人员合同签订情况看，雇员劳动合同签订率比上年同期增加0.5个百分点。分行业看，国有及国有控股企业、机关团体事业单位、外商港澳台投资企业签订劳动合同占比位居前三。在已签订合同的雇员中，社保参保率比上年同期高0.9个百分点；享受带薪休假制度的就业人员占比较上年同期高1.0个百分点。

（四）新就业形态作用逐步显现

新就业形态劳动者主要指依托互联网平台完成工作，获取劳动报酬的劳动者。从年龄结构看，呈现出年轻化的特点，七成以上新就业形态从业人员在25—44岁；从学历看，呈现出高素质化，拥有大学专科及以上学历占比高于全体就业人口中相同学历占比；从行业类型看，批发和零售业，交通运输、仓储和邮政业，住宿和餐饮业就业人员占比居前三位。

（五）失业时间以短期为主

2023年平均失业时间比上年同期减少0.1个月。在调查的失业人员中，八成以上失业时间在半年以内，表明失业人口求职节奏加快。

三、面临的难点

（一）青年群体慢就业缓就业现象依然存在

2023年，16—24岁失业人口占比仍处于较高水平，据对高校毕业生调研显示：三成以上青年群体在择业时选择专升本、考研或考公务员、国企等单位，导致慢就业现象较为明显。

（二）就业不充分占比偏高

就业不充分人员是指为增加收入想工作更长时间，且能在两周内开始工作更长时间的劳动力。2023年全省就业不充分人口占就业总人口的比重偏高。从年龄结构上看，30—39岁、50—59岁这两个年龄段就业不充分人员占比最高；从文化程度上看，初中及以下学历就业不充分人员占比最高，研究生及以上学历就业不充分人员占比最低；从单位或生产经营活动类型上看，就业不充分人员主要集中在经营农村家庭承包地和私营企业。

（三）创业积极性不高

受多重因素影响，创业者市场预期偏弱，积极性不高。2023年创业人员在全部就业人口中占比不到一成。

（四）求职渠道较为单一

2023年，全省失业人口中，五成求职者通过委托亲戚朋友介绍的方式寻找工作，查询招聘网站或广告、直接联系雇主或单位、联系就业服务机构、参加招聘会等求职方式占比较低。分年龄段来看，40岁以上求职者委托亲戚朋友介绍工作比例较高；16—24岁青年求职者中，为找到工作参加培训、实习、招考和查询招聘网站的占比较高。

四、几点建议

（一）持续落实就业优先政策，提升就业市场活力

继续落实各项稳岗促就业政策，有针对性重点帮扶用人市场主体纾困解难，积极推动餐饮、旅游、零售、运输、建筑等吸纳就业较多行业的恢复发展，强化失业保险、创业贷款使用效率。

（二）持续开发就业岗位，提高就业服务水平

扩大就业容量，加强创业政策支持，营造良好的创新创业氛围。持续开展线上线下招聘活动，搭建企业用工信息服务平台。大力开展就业政策宣传，为求职者提供就业创业指导服务。

（三）持续加强青年就业指导，树立正确择业观念

进一步加强就业指导教育，引导青年群体形成正确的择业观念，要结合自身实际准确定位，调整就业期望，不断拓宽就业方向，精准指导帮扶，增强就业信心。

撰稿：李秋君

核稿：杨　琳

湖北城镇居民收入增长5.5%

2023年，在以习近平同志为核心的党中央坚强领导下，湖北坚决贯彻落实党中央、国务院决策部署，坚持稳中求进工作总基调，助企纾困政策持续发力，稳岗扩岗措施接续推进，民生保障有力有效，消费活力不断释放，为全年城镇居民收入增长奠定基础，人均可支配收入44990元，与上年同期相比增加2364元，同比增长5.5%。

一、城镇居民收入增长主要特点

（一）收入增长逐季加速

2023年，湖北城镇居民人均可支配收入增长5.5%，分别高于一季度（4.4%）、上半年（5.1%）、前三季度（5.2%）1.1个、0.4个和0.3个百分点，呈现稳步加速走势。

（二）收入增速居中部六省首位

2023年，湖北城镇居民人均可支配收入绝对值位居全国第17位，较前三季度提升1位；增速高于全国平均水平0.4个百分点，位居全国8位，较前三季度前进3位，居中部六省第1位。

（三）收入结构不断优化

2023年，湖北城镇居民四项收入全面增长，工资性收入、经营净收入、财产净收入、转移净收入分别增长5.4%、7.8%、1.9%和6.1%。经济形势稳中向好带来就业和经营状况改善，全年工资性收入、经营净收入贡献率分别较前三季度提高2.7个和1.9个百分点，收入结构更趋优化。

表1　2023年湖北城镇居民人均可支配收入及构成

指标名称	2023 年（元）	2022 年（元）	增加额（元）	增长（%）	占比（%）	贡献率（%）	拉动增长（百分点）
可支配收入	44990	42626	2364	5.5			
工资性收入	25232	23940	1292	5.4	56.1	54.7	3.0
经营净收入	5961	5532	430	7.8	13.3	18.2	1.0
财产净收入	3984	3909	75	1.9	8.9	3.2	0.2
转移净收入	9813	9245	567	6.1	21.8	24.0	1.3

注：部分数据因四舍五入的原因，存在总计与分项合计不等的情况。

二、收入增长的支撑因素

（一）工资性收入“压舱石”作用显著

2023年，湖北城镇居民人均工资性收入25232元，与上年同期相比增加1292元，增长5.4%，拉动可支配收入增长3.0个百分点，增收“压舱石”作用显著。工资性收入增长的主要动因：一是宏观经济发展持续稳中向好。2023年前三季度，湖北省地区生产总值增长6.0%，快于上半年0.4个百分点，快于全国0.8个百分点。1—11月，全省规上工业、固定资产投资、社会消费品零售总额分别增长5.5%、5.1%和8.8%，分别高于全国平均水平1.2个、2.2个和1.6个百分点。二是重大项目支撑有力有效。全省在建亿元以上项目达到1.2万个，其中百亿级项目126个，总投资2.03万亿元，创历史新高；四季度2076个重大项目集中开工，其中百亿级10个，总投资1.06万亿元，超历史同期。三是政策加码稳就业。2023年以来，针对援企稳岗降成本和稳定就业，湖北先后出台《关于加快建设高质量人力资源市场体系的实施意见》等多项政策措施，着力构建高质量充分就业政策体系。四是强举措促就业。深入实施“才聚荆楚”系统工程，加快建设服务规范、功能完善的零工驿站，组织开展“就业援助月”“民营企业服务月”等专项活动，助力重点群体就业帮扶。

（二）经营净收入加快恢复

2023年，湖北城镇居民人均经营净收入5961元，与上年同期相比增加430元，增长7.8%，增幅居四大收入来源项首位，高出人均可支配收入增速2.3个百分点。经营净收入加快恢复的主要动因：一是降成本、促经营组合拳精准发力。省政府相继出台“服务市场主体16条”“服务市场主体接续政策30条”“降低企业成本33条”等多项针对性强、支持力度大的政策“大礼包”，千方百计为企业减负担、增活力。二是特色活动助力经营改善。在全省范围内分领域、多轮次投放消费券。结合全年各个时节居民消费特点，与市州联动开展“荆楚购•精彩全年”系列促消费活动，组织举办“第五届双品网购节”湖北分会场活动，举办2023年楚大厨争霸赛等，极大激发消费市场活力。三是文旅消费潜力释放。随着疫情防控平稳转段，接触型、聚集型消费市场潜能加速释放，住宿餐饮、批发零售、居民服务经营状况明显改善，特别是假期消费供需两旺。2023年中秋、国庆假期，湖北省A级景区接待游客1745.48万人次，较2019年、2022年同比分别增长43.76%和109.4%，全省旅游接待人数和旅游综合收入均创历史同期最好水平。

（三）转移净收入支撑有力

2023年，湖北城镇居民人均转移净收入9813元，与上年同期相比增加567元，增长6.1%，拉动可支配收入增长1.3个百分点，增收贡献率仅次于工资性收入。转移净收入较快增长的动因：一是居民基本养老金标准上调，养老金实现19连涨。二是社会保障扩围增效。2023年新增城乡低保对象8.5万人，城镇特困供养平均标准为17760元/人·年，较2022年增长5.7%。三是医疗保障制度进一步完善。医保报销制度调整，通过医保统筹基金，实现社会“大共济”和个人账户家庭“小共济”的双轨保障和普通门诊费用报销，就医报销更为便捷，报销医疗费随之增长。

三、影响增收的主要问题

（一）经济恢复基础尚不牢固

当前，宏观经济持续增长面临的外部不稳定不确定因素依然较多，俄乌冲突、巴以冲突持续，国内外订单下降、市场需求不足、经营成本加大和就业结构性矛盾等诸多因素交织，经济恢复承压向前。

（二）就业结构性矛盾犹存

汽车、钢铁、石化等传统支柱行业支撑减弱，房地产市场弱势运行，导致上下游产业链用工需求减少，相关务工人员工作稳定性降低，工资水平下降。部分学历低、技能差、年龄大的劳动力不能满足当前蓬勃发展的高新技术产业、新型制造业等行业需求，导致其就业渠道窄、竞争力弱。

（三）财产净收入增长乏力

2023年湖北城镇居民财产净收入增长1.9%，对可支配收入的贡献率仅为3.2%，拉动收入增长作用极其有限。究其原因，居民理财渠道较窄，收益缩减，加之房地产业恢复不及预期，居民持有资产价值降低是主因。

四、相关建议

（一）扩岗稳就业，持续提升工资性收入

一是深入实施就业优先战略，加强系列稳岗政策的落实落细。加大对先进制造业、交通业等重点吸纳

就业行业的关注支持，了解企业用工需求，分批次开展重点行业专项招聘会，推进就业用工双向对接。二是加强就业创业帮扶。对金融信誉良好、就业带动作用强、有发展价值的企业增加创业担保贷款贴息额度，加大稳岗奖补力度，给予租金减免等，切实筑好小微企业就业“蓄水池”。三是加强就业困难群体帮扶。创造提供一批公益性岗位，缓解低学历、低技能人员就业压力，落实好失业保险金政策，稳定适龄就业人员求职信心。

（二）扩需促消费，稳步提升经营净收入

一是提振消费信心。提前谋划开展好新年度系列促消费活动，拓展新消费领域，推动线上线下消费深度融合。挖掘本地文旅特色，提升服务行业品质，增加居民消费满意度。二是进一步加大对经营主体的帮扶。深入推进降本增效政策实施，减轻小微企业贷款融资压力、税费负担。三是组建小微企业经营者联盟，加强内部协同合作，打通资源互惠互利渠道，分散经营风险，提升对外竞争力。

（三）扩质提投资，切实增加财产净收入

一是稳定房地产市场。统筹做好房地产业风险化解工作，加强金融行业监管，建立完善防风险监测机制，维护金融稳定，提振居民投资信心。二是推动金融产品多元化发展。鼓励创新、定制化，为居民提供丰富多样的金融产品，有效增加居民财富积累。

撰稿：朱　豆

核稿：余　南

湖北农村居民收入增速再超全国平均水平

2023年，湖北坚决贯彻落实党中央、国务院决策部署，稳增长政策加码发力，促就业措施接续推进，农业生产稳中有增，民生投入不断加大，为农村居民收入加快增长奠定基础。全年农村居民人均可支配收入21293元，首次突破2万元大关；比上年增长8.0%，高于全国平均水平0.3个百分点，延续了自2020年疫情以来连续三年高于全国平均水平的恢复性增长态势。

一、农村居民收入增长的主要特点

（一）增长速度逐季加快

2023年，湖北农村居民人均可支配收入增速为8.0%，分别比一季度（6.0%）、上半年（7.0%）、前三季度（7.4%）快2.0个、1.0个和0.6个百分点，呈现出逐季加快的增长特点。

（二）增速位次不断前移

2023年，湖北农村居民人均可支配收入增速位居全国第9位，分别比上半年、前三季度前进12位和7位；位居中部六省第2位，分别比上半年、前三季度前进2位和1位。

（三）城乡居民收入比继续缩小

随着乡村振兴战略的深入推进和助农惠农政策精准发力，2023年湖北农村居民可支配收入增长比城镇（5.5%）快2.5个百分点，城乡居民收入比由2022年的2.16∶1缩小至2.11∶1，共同富裕基础进一步筑实。

二、农村居民收入增长的结构性分析

从收入构成的四大项看，湖北农村居民工资性收入、经营净收入、财产净收入、转移净收入分别比上年增长7.9%、8.4%、2.8%和7.9%。

表1　2023年湖北农村居民人均可支配收入及构成

指标名称	2023年（元）	2022年（元）	增加（元）	增长（%）	占比（%）	贡献率（%）	拉动增长（百分点）
可支配收入	21293	19709	1584	8.0	—	—	—
工资性收入	6923	6418	505	7.9	32.5	31.9	2.6
经营净收入	8814	8130	684	8.4	41.4	43.2	3.5
财产净收入	290	282	8	2.8	1.4	0.5	0.0
转移净收入	5267	4880	387	7.9	24.7	24.4	2.0

注：此表中部分数据因四舍五入，存在总计与分项合计不等的情况。

（一）工资性收入加快增长

2023年，湖北农村居民工资性收入6923元，比上年增长7.9%，分别比一季度、上半年、前三季度加快2.1个、0.9个和0.5个百分点；占可支配收入比重为32.5%，对收入增长贡献率为31.9%，拉动增长2.6个百分点。支撑工资性收入增长的主要动因：一是推政策强举措。密集出台一揽子真金白银政策，帮扶企业特别是个体、小微企业经营发展，进而带动就业；持续开展“春暖荆楚、助鄂企航”保用工促发展活动和“就业援助月”“民营企业服务月”等专项活动，助力农民工等重点群体求职就业。2023年，湖北农民工外出在省内就业人员586.7万人，比上年增长16.3%，占全部外出就业人口的比重为54.8%，比上年提高6.7个百分点，超过省外就业人口数量。二是拓帮扶深培训。深化“零工驿站”建设，将公共就业服务向乡镇、村和工业园延伸，有效满足灵活就业人员“临时、零散、灵活”就业需求；深入推进“技兴荆楚”工程，发布2023年《岗位技能提升培训补贴管理办法（试行）》，超额完成农民工等群体年度培训目标任务。三是涨薪资稳保障。2023年，湖北农民工月均收入为5446元，比上年增长3.7%；据宜昌、恩施等地专题调研，2023年部分工种如茶叶修剪、柑橙采摘工等本地务工工资较上年明显上涨。同时，全省范围内持续加大根治欠薪工作落地见效力度，精准排查处置欠薪问题，有效维护农民工劳动报酬权益。

（二）经营净收入增速最快

2023年，湖北农村居民经营净收入8814元，比上年增长8.4%，增长最快；占可支配收入比重为41.4%，占比最高；对收入增长贡献率为43.2%，拉动增长3.5个百分点。经营净收入较快增长的主要动因：一是农业政策加力。启动实施培育壮大农业产业化龙头企业“十百千万”工程，聚焦粮食、畜禽、油料、菜果茶、淡水产品等12个农业重点品类，强举措推动粮食和重要农产品生产稳产提质；出台《湖北省高标准农田建设评价激励实施细则》，制定《主要作物大面积单产提升行动实施方案》，发布6大作物、5大高效吨粮模式，挖掘现有耕地潜力，提高粮食产量。二是主要农业收益稳中向好。全年粮食总产增1.3%，稻谷、玉米、花生等农作物出售价格均有上涨。注重发展品牌作物、国家地理标志产品等高附加值特色农产品，效益增加的同时带动了经营净收入增长。三是文旅融合提质增效。各地结合乡村优质文旅资源打造精品乡村旅游线路，举办湖北省油菜花节、红梅节、月季文化旅游节、蟠龙菜美食节等主题活动，有力带动服务行业经营净收入增长。

（三）转移净收入增长有力

2023年，湖北农村居民转移净收入5267元，比上年增长7.9%，占可支配收入比重为24.7%，对收入增长贡献率为24.4%，拉动增长2.0个百分点。支撑转移净收入增长的主要动因：一是养老金和防返贫监测对象年收入提标。人均基本养老金上涨约3.8%，实现19连涨；防返贫监测对象年收入标准调整至7600元，较上年提高10.1%。二是社会救助标准普遍提高。农村低保平均标准月人均575元，比上年增长10.2%，增幅高于2022年湖北农村居民人均消费支出增速；农村特困供养平均标准13482元／人·年，较上年增长11.7%。三是惠农补贴力度加大。截至2023年11月，全省范围内发放耕地地力保护补贴、农机购置补贴、实际种粮农民一次性补贴等惠农补贴66.16亿元。四是医保制度进一步完善。全面实施职工医保门诊共济保障政策，部分地区适当降低报销门槛并增加报销额度，将临时外出人员纳入异地就医备案范围并简化医保关系转移接续流程，医疗报销收入随之增长。五是赡养收入持续增长。聚焦农村劳动力转移就业，全省帮助农村劳动力特别是脱贫人口就业效果显著，加之疫情平稳转段后，农村地区子女教育、文旅支出等消费增多，相关赡养费增加。

三、需关注的主要问题

（一）市场需求恢复仍显不足，影响非农产业增收

当前疫情“疤痕效应”尚未完全消退，居民增收预期信心不足，需求带动作用仍较弱。PMI 专项调查显示，2023年，反映市场需求不足的企业占比始终在50%以上，在企业反映的问题与困难中持续位居首位。

（二）部分农产品价格低迷叠加成本上涨，对种养殖增收带来不利影响

2023年，化肥农药、养殖饲料、人工等生产成本增加，提高了经营成本，部分抵消了国家政策、粮价上涨给农村居民种养殖带来的收益。生猪出栏价格低位徘徊，加之生产成本增加，养殖效益下降或亏损。

（三）财产净收入增长乏力，寄带回收入增长放缓

2023年，湖北农村居民财产净收入290元，增长2.8%，在可支配收入构成四大项中增速最低。农村居民

对金融投资政策缺乏了解，不熟悉金融投资收益计算、收益方式以及风险控制，理财意识薄弱，理财技能缺乏，抗风险能力差，同时适合农村居民的理财产品较为有限，导致财产净收入增长慢。与此同时，当前国内外发展形势错综复杂，部分行业出口需求不振，建筑业等行业用工需求减少，农民工在外务工时长和薪资水平受影响，导致寄带回收入增长放缓。

四、几点建议

（一）进一步加大就业支持力度，促工资性收入增长

一是大力发展县域经济。以强县工程为载体，强力招商引资，主动对接积极吸引东部地区转移产业，出台更多扶持政策帮助返乡创业就业人员，打牢就业基础。二是强化以工代赈项目开展力度。完善支持措施，积极协调政府投资项目承建单位接纳当地农村居民参加工程建设，扩大就业容量。三是持续加强农村劳动力技能培训和评价力度。立足产业发展需求，面向农村居民开展转移就业技能培训，鼓励引导其通过专业技能培训和评价，平衡就业供需之间矛盾，实现更高质量就业。

（二）进一步用好惠农政策，增强种养殖户生产信心

一是监督生猪生产、农机购置等相关补贴落实，助农减损增收。二是持续做好农田水利基础设施管护政策资金保障，提升农业生产应急处理能力，确保粮食产量稳定增长。三是进一步推动乡村振兴各项政策落地见效，完善农村配套设施，美化村居环境，吸引投资创业，切实提升农村地区自我“造血”功能。

（三）逐步盘活各类资源，深挖财产净收入增长潜力

一是积极引导乡村发展多种形式的集体经济、合作经济。支持集体经济、合作经济向加工业、餐饮、旅游等二三产业延伸，健全联农带农机制，鼓励农民以现金、房屋、土地等资产入股，增加其分红、股息收入。二是支持土地流转。规范土地流转市场，持续推进高标准农田建设，大力实施“小田并大田”，提高农村居民土地流转收益。

撰稿：李支立

核稿：余　南

湖北居民消费加快恢复性增长

2023年，面对更趋复杂的外部环境，湖北深入实施扩大内需战略，加强逆周期调节，用好政策“工具箱”，通过一揽子消费激励政策，不断激发市场消费活力，居民消费潜能有效释放，带动消费水平提质增量，特别是服务性消费增长加快。

一、居民消费增长回升向好

（一）居民消费加快恢复

2023年，湖北全体居民人均消费支出27106元，居全国位次由上年第9位前进至第8位；同比增长9.2%，增速较2022年提升5.1个百分点，与全国平均水平持平，居全国第17位，中部六省第3位。分季度看，各类促消费活动有力激活居民消费动能，特别是进入三季度后，消费增速明显大幅度提升：全体居民一季度、上半年消费支出分别增长3.8%和5.7%，而前三季度、全年分别提高至9.4%和9.2%。

（二）农村居民消费增长快于城镇

2023年，湖北农村居民人均消费支出20922元，同比增长10.2%，增速快于城镇居民2.0个百分点，城乡居民消费支出比（以农村居民人均消费支出为1）由2022年1.53缩小至1.51。

二、居民消费特点变化

（一）消费呈多元化

从全体居民八大项消费结构看，由2022年“六涨二降”转为“全面上涨”，其中教育文化娱乐、医疗保健与其他用品和服务消费增幅超两位数，同比分别增长12.5%、29.7%和17.2%。分城乡看，城镇居民消费支出与全体居民增长趋势相同，农村居民消费支出“七涨一降”，交通通信消费项小幅下降1.4%。

表1　2023年湖北居民人均消费支出及增长情况

指标名称	全体居民		城镇居民		农村居民	
	绝对值（元）	增幅（%）	绝对值（元）	增幅（%）	绝对值（元）	增幅（%）
消费支出	27106	9.2	31500	8.2	20922	10.2
#食品烟酒	8069	7.3	9247	5.3	6410	10.5
衣着	1480	1.8	1805	1.9	1023	0.1
居住	5815	8.0	6795	3.2	4436	18.2
生活用品及服务	1514	9.2	1677	3.0	1285	21.5
交通通信	3449	0.5	3877	1.1	2846	-1.4
教育文化娱乐	3142	12.5	3809	16.6	2205	2.4
医疗保健	2984	29.7	3453	36.0	2324	17.6
其他用品和服务	652	17.2	837	17.2	393	14.7

（二）服务型消费恢复明显

疫情平稳转段后，接触型、聚集型服务消费场景快速恢复，餐饮、旅游等服务行业推出多样化服务消费产品，持续提升服务消费体验，居民服务消费需求快速释放。2023年，全体居民人均服务性消费支出12578元，同比增长13.1%，增速比居民人均消费支出高3.9个百分点，拉动居民消费支出增长5.4个百分点；居民人均服务性消费支出占消费支出的比重为46.4%，比上年同期提高1.6个百分点。分城乡看，城镇居民人均服务性消费同比增长15.6%，农村居民增长5.2%。

（三）医疗保健消费增幅最大

2023年，湖北各地医保政策全面优化改革，医保覆盖面和保障力度进一步提高，居民就医问诊负担持续降低，同时疫情后居民健康管理意识进一步增强，医疗防护用品及药品等需求明显增加，推动医疗保健消费同比增长29.7%，其中城镇增长36.0%，农村增长17.6%。

（四）城镇居民发展享受型消费增长较快

疫情防控转段后，社会生活消费逐步恢复，湖北各地抢抓有利时机，在全省范围内分领域、多轮次投放消费券。结合全年各个时节居民消费特点，与市州联动开展“荆楚购•精彩全年”系列促消费活动，特别是暑期游、“金九银十”等特色游活动有力带动居民出游享受生活，文旅消费活力彰显。2023年湖北城镇居民教育文化娱乐消费同比增长16.6%。同时美容洗浴等服务行业复苏、金银首饰价格上涨等因素，推动其他用品和服务消费同比增长17.2%。

（五）农村居民食品、居住类消费占主导

随着农村人居环境改善，居民间人情往来、外出就餐需求增多，农村地区餐饮场景不断拓展，居民房屋改扩建需求增加，带动农村居民食品烟酒和居住类消费同比分别增长10.5%和18.2%。同时随着湖北农村物流寄递体系不断完善，工业品下乡“最后一公里”打通，叠加智能家居下乡、家电消费券等活动不断推陈出新，带动农村居民生活用品及服务消费同比增长21.5%。

三、需要关注的问题

（一）居民消费信心仍显不足

一方面，新冠疫情对居民消费习惯、消费倾向的改变影响深远，居民消费更趋理性保守，预防性储蓄意愿较强，大胆消费意愿不足。另一方面，虽然近年来湖北居民收入稳步提升，但国际形势错综复杂，国内需求恢复不足，加之房地产市场下行等因素影响，居民收入增长仍面临不小压力，消费信心和底气仍需提振。

（二）交通通信消费增长乏力

虽然今年居民出行出游热情高涨，交通费用增长较快，但汽车等大宗商品消费市场仍较低迷，同时近年来智能手机终端消费增长放缓，居民换机频次降低。数据显示，1—11月湖北汽车和手机相关行业企业产量和利润同比下滑。与此同时，2023年，全体居民人均交通通信消费同比增长0.5%，在八大项消费中增速最低，其中城镇增长1.1%，农村负增长1.4%。

（三）农村居民文化娱乐消费增长动力不足

2023年农村居民服务性消费支出仅增长5.2%，比城镇居民低10.4个百分点，教育文化娱乐服务性消费负增长2.0%，增长动力不足。究其原因，当前农村空心化现象短时间内难以扭转，人口呈老龄化趋势，同时其养老金、社会保障水平仍相对较低，导致居民更多以基础性消费需求为主，发展享乐型消费增长相对滞后。

四、几点建议

（一）提高收入水平，增强消费底气

抓住新兴产业发展的战略机遇期，以高质量产业发展带动经济高水平发展，落实就业优先政策，扩大就业容量，支持灵活就业和自主创业，稳定居民收入基本盘。进一步推动乡村振兴战略实施，拓展农村居民增收渠道，做大做强县域经济，加快一二三产业融合，推进产业协同发展，全方位提升居民收入水平。稳步提高社保待遇，加大社会保障、转移支付力度，增强居民消费信心。

（二）优质公共服务，破解消费堵点

加快公共服务设施建设，形成城乡均衡发展的高品质消费空间布局，营造舒心的消费环境。加大推动新能源汽车下乡力度，加强充电设施建设，推出消费激励政策措施，探索相关品类消费券在农村地区的发放形式和使用场景，强化地区交通基础设施建设，补齐物流短板，提振大宗商品、智能化产品、家具家电市场消费活力。

（三）培育新型消费，丰富消费体验

鼓励企业加快发展餐饮、旅游、文体等消费新业态，推动健康、绿色及个性化消费新热点发展，做好文旅消费宣传推广。进一步完善乡镇和农村地区基础设施建设，推动“享乐型”服务下乡进村。支持鼓励发展直播电商，通过线上线下深度融合带动，构建多层次的服务消费供给体系，为农村居民提供更多文娱消费选择。

撰稿：苏　俊
核稿：余　南

湖北农民工规模保持稳定

2023年，湖北省委、省政府全面实施乡村振兴战略，加快推进强县工程，全力开展促就业专项行动，农民工就业形势向好，就业规模保持稳定。但农民工外出就业渠道拓展、职业技能提升以及社会权益保障等问题仍需引起重视。

一、湖北农民工规模、分布及流向

（一）农民工总量保持稳定，外出农民工恢复性增长

2023年，湖北农民工总量1559.8万人，比上年增加5.5万人，增长0.4%。其中：全体农民工中，外出农民工（到乡镇以外地区从业）1070.6万人，比上年增加20.9万人，增长2.0%，已基本接近疫情前正常水平；本地农民工（指本乡镇范围内）489.1万人，比上年减少15.5万人，下降3.1%（见图1）。

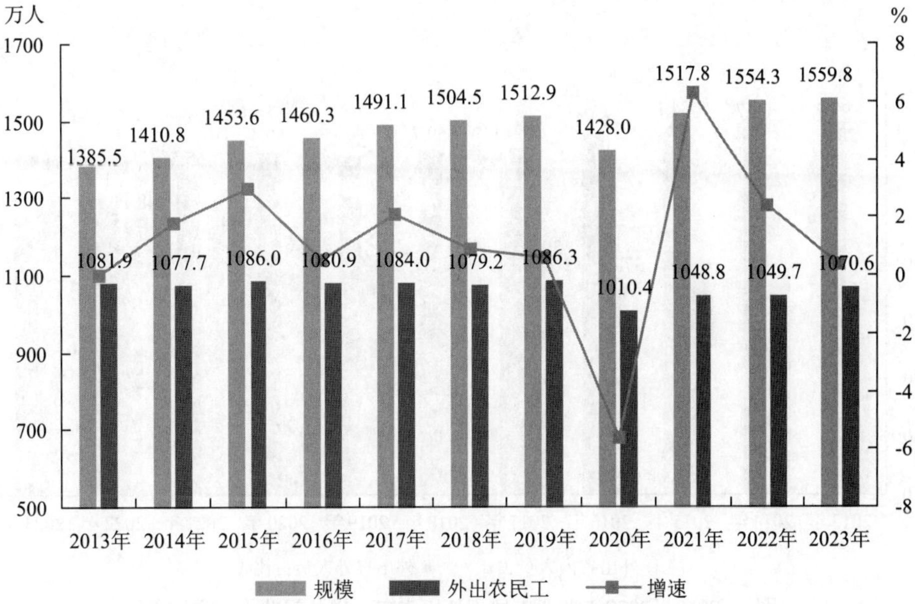

图1　2013—2023年湖北农民工总量情况

（二）外出农民工就业比重提升

2023年，湖北外出农民工就业比重占农民工总量的68.6%，比上年提高1.1个百分点。其中，住户中外出农民工670.3万人，比上年增加16万人，增长2.4%；举家外出农民工400.3万人，比上年增加4.9万人，增长1.2%（见表1）。

表1　湖北农民工构成

指标名称	2023年			2022年		
	总量（万人）	增幅（%）	占比（%）	总量（万人）	增幅（%）	占比（%）
农民工总量	1559.8	0.4	—	1554.3	2.4	—
一、外出农民工	1070.6	2.0	68.6	1049.7	0.1	67.5
1.住户中外出农民工	670.3	2.4	62.6	654.3	1.2	62.3
外出务工	616.6	1.5	92.0	607.4	1.7	92.8
外出自营	53.7	14.5	8.0	46.9	-4.9	7.2
2.举家外出农民工	400.3	1.2	37.4	395.4	-1.7	37.7
二、本地农民工	489.1	-3.1	31.4	504.6	7.6	32.5
1.本地非农务工	365.0	-4.3	74.6	381.2	9.2	75.5
2.本地非农自营	124.1	0.6	25.4	123.4	3.0	24.5

（三）外出农民工流向新特点

1.省内就业超过省外就业农民工

受东部沿海地区就业岗位减少影响，省内就业环境持续优化带动，外出农民工在省内就业比重逐年扩大，2023年首次超过省外就业人数，为586.7万人，占外出农民工总数的54.8%，比上年提高6.7个百分点，其中，乡外县内222.6万人，占外出农民工20.8%，比上年提高8.5个百分点（见图2）。

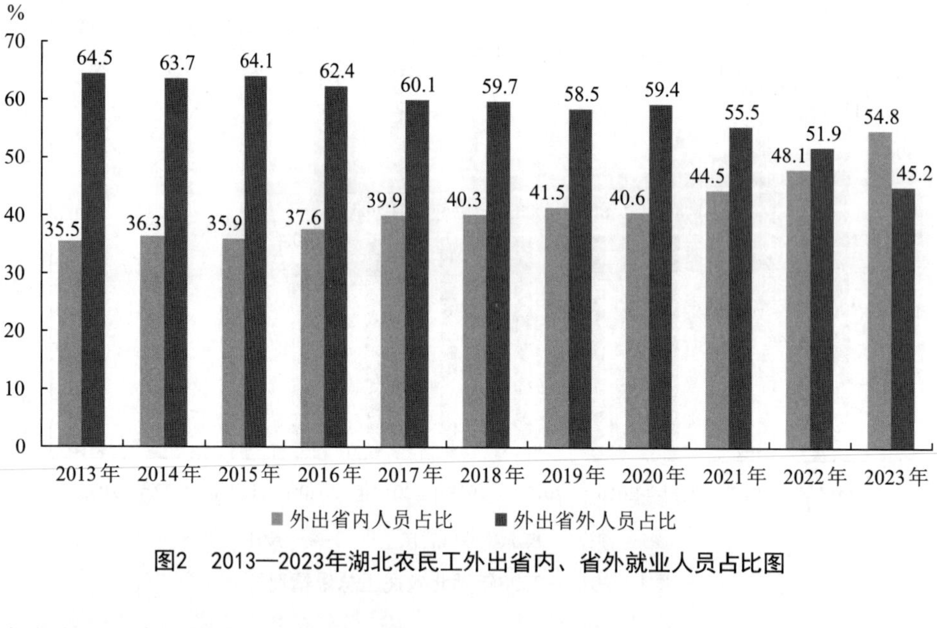

图2　2013—2023年湖北农民工外出省内、省外就业人员占比图

2.外出至广东农民工占比最大，江浙沪占比扩大

2023年，东部地区仍是湖北农民工主要外出务工地，在跨省外出的483.9万人农民工中，东部地区为395.4万人，其中，广东203.5万人，占省外农民工比重为42.1%，比2022年下降3.3个百分点；江浙沪地区138万人，占省外农民工比重为28.5%，比上年提高4.3个百分点；京津冀29.3万人，占省外农民工比重为6.1%，比上年提高2.3个百分点（见表2）。

表2　湖北外出农民工地区分布

指标名称	2023 年		2022 年	
	总量（万人）	占比（%）	总量（万人）	占比（%）
外出农民工	1070.6	—	1049.7	—
省外	483.9	45.2	545.1	51.9
东部地区	395.4	81.7	436.0	80.0
北京	19.9	4.1	12.0	2.2
天津	4.6	1.0	1.9	0.3
河北	4.8	1.0	6.8	1.2
上海	29.9	6.2	26.4	4.8
江苏	42.1	8.7	34.2	6.3
浙江	66.0	13.6	71.2	13.1
福建	13.8	2.9	20.1	3.7
山东	8.1	1.7	9.1	1.7
广东	203.5	42.1	247.4	45.4
海南	2.8	0.6	7.1	1.3
西部地区	48.8	10.1	55.1	10.1
东北地区	4.0	0.8	2.4	0.4

二、湖北农民工基本特征

（一）女性农民工、高龄农民工比重上升

2023年，全部农民工中，男性农民工占64.5%，比上年下降0.9个百分点；女性占35.5%，比上年提高0.9个百分点。分年龄段来看，29岁及以下农民工占13.8%；30—40岁农民工占33.5%；41—50岁农民工占22.8%；51岁及以上农民工占29.9%。其中，51岁及以上农民工占比与上年相比提高1.9个百分点；40岁及以下新生代农民工占比47.3%，占比较上年下降2.6个百分点（见图3）。

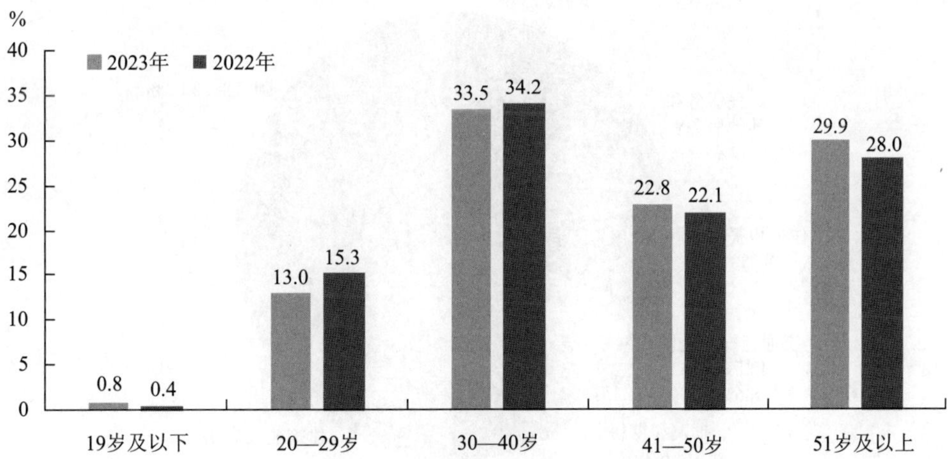

图3　2022—2023年农民工年龄分布对比图

（二）文化程度总体处于较低层次水平

全部农民工中，具有初中及以下文化程度的农民工占比达67.8%，高中文化程度农民工占19.7%；大专及以上文化程度农民工占12.5%，占比与上年相比下降0.6个百分点（见图4）。

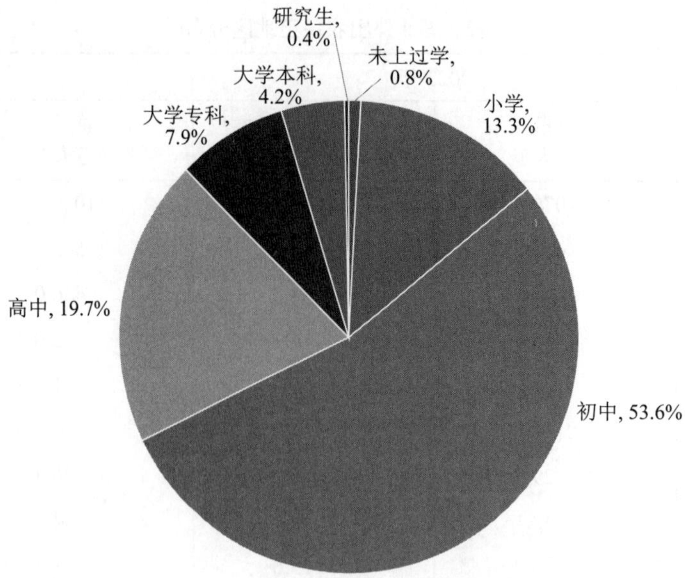

图4 2023年农民工学历分布图

三、农民工就业与收入状况

（一）第三产业就业比重回升

2023年，湖北农民工就业分布在一二三产业的分别为7.7万人、910.6万人、641.5万人，分别占0.5%、58.4%、41.1%。

第三产业比重增加2.5个百分点。随着经济社会全面恢复常态化运行，第三产业吸纳农民工就业能力逐步恢复，就业农民工比重持续回升。调查结果显示，从事第三产业农民工中，居民服务和其他服务业的比重为9.0%，比上年提高2个百分点；住宿餐饮业的比重为8.3%，提高1.7个百分点；交通运输、仓储和邮政业的比重为6.6%，提高0.9个百分点。

建筑业、制造业就业占比超五成。2023年农民工就业主要集中在制造业、建筑业、居民服务和其他服务业、住宿餐饮业、交通运输仓储和邮政业、批发和零售业等六大行业，共吸纳了86.4%的农民工。其中，制造业503.1万人、占32.3%，建筑业373.8万人、占24.0%，两项共计占农民工总量的56.3%（见图5）。

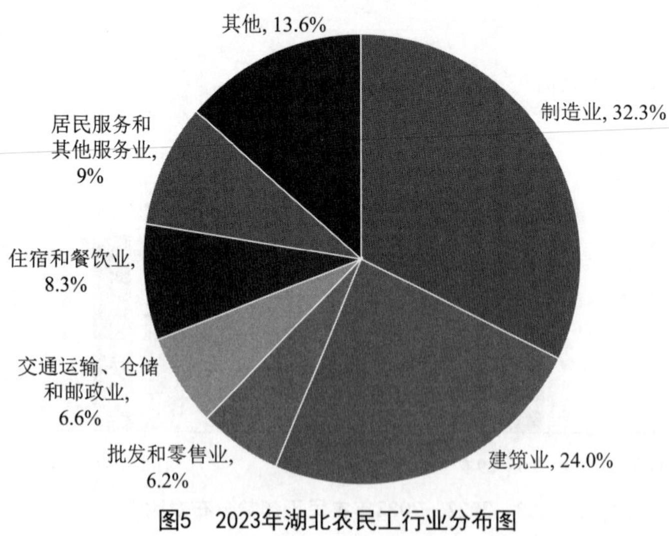

图5 2023年湖北农民工行业分布图

（二）农民工收入的主要特点

农民工月均收入增速放缓。2023年，湖北农民工月均收入为5446元，比上年增长3.7%。其中：外出农民工月均收入6112元，比上年增加170元、增长2.9%，本地农民工月均收入4337元，比上年增加85元、增长

2.0%，增幅较上年分别缩小3.8个和4.1个百分点。

月收入5000元以上群体占比提高。从收入层次来看，2023年，湖北外出农民工月均收入在3000元以下的占6.0%，比上年上升0.4个百分点；月均收入在3000—5000元的占32.1%，比上年下降3.7个百分点；月均收入在5000元以上的占61.9%，比上年提高3.3个百分点。

从事居民服务业月均收入增速最快。农民工外出就业集中的六大主要行业中有四大行业月均收入继续增长，其中：从事居民服务修理和其他服务业月均收入5234元，比上年增加467元，增长9.8%；从事制造业农民工月均收入5476元，比上年增加347元，增长6.8%；从事住宿餐饮业农民工月均收入5074元，比上年增加277元，增长5.8%；从事建筑业农民工月均收入6039元，比上年增加62元，增长1.0%（见表3）。

表3　分行业农民工月均收入

行　业	2023 年（元）	2022 年（元）	增减（元）	增幅（%）
制造业	5476	5129	347	6.8
建筑业	6039	5977	62	1.0
批发和零售业	5301	5531	-230	-4.2
交通运输仓储邮政业	5866	5892	-26	-0.4
住宿餐饮业	5074	4797	277	5.8
居民服务修理和其他服务业	5234	4767	467	9.8

四、湖北农民工生活保障情况

（一）农民工居住条件不断改善

2023年，湖北外出农民工住所类型中，单位宿舍、工地工棚、生产经营场所共占39.2%，比上年下降12.7个百分点；与人合租住房、独立租赁住房合计占40.9%，比上年提高5个百分点；务工地自购房为5.4%，比上年提高2.9个百分点；乡外从业但回家居住占13.9%，提高5.3个百分点（见表4）。

表4　湖北外出农民工住所类型

单位：%

指标名称	2023 年	2022 年	增减
1.单位宿舍	24.8	35.2	-10.4
2.工地工棚	12.7	13.0	-0.3
3.生产经营场所	1.7	3.7	-2.0
4.与人合租住房	12.2	13.3	-1.1
5.独立租赁住房	28.7	22.6	6.1
6.务工地自购房	5.4	2.5	2.9
7.乡外从业但回家居住	13.9	8.6	5.3
8.其他	0.7	1.1	-0.4

（二）超五成单位或雇主为农民工提供食宿便利

2023年，湖北外出农民工从单位或雇主得到免费住宿的农民工占51.6%，比上年下降9.3个百分点；不提供住宿也没有住房补贴的农民工占48.4%，比上年提高9.3个百分点；单位或雇主提供伙食的比例为66.2%，比上年提高0.4个百分点。

五、农民工就业需要关注的问题及建议

（一）社会保障程度不高

调查结果显示，2023年外出农民工中缴纳工伤、失业、养老、医疗、生育保险和缴纳公积金占比分别为27.1%、17.7%、16.2%、15.3%、14.7%和11.1%，未与单位和雇主签订劳动合同的占49.3%。农民工多从事劳动强度大、工作环境相对较差的工种，对社会保险需求高，但受制于法律意识弱、流动性强等原因，当合法权益受到侵害时维权渠道有限、维权效果不佳。建议各级政府，一是持续加强农民工权益宣传，增强农民工维护自身权益的法律意识；二是持续加大劳动保障监察执法力度，不断提高用人单位保障劳动者合法权益的自觉性；三是针对农民工流动性强的特点，进一步健全社会保险转移接续机制，完善短期社会保障配套措施，保障农民工各项基本权益落实到位。

（二）外出就业渠道不广

2023年，外出农民工中超九成外出方式是自发或亲朋好友介绍。其中，61.3%的外出方式是自发行为，35.6%是依靠亲朋好友介绍，中介组织介绍和政府及有关部门组织外出的分别占0.2%和0.4%。一方面农民工相信亲友，对熟人介绍的工作更有信心胜任；另一方面农民工对用 APP、小程序等新型招聘模式接受程度偏低。建议一是加快建设各级人力资源市场，为劳动者和用人单位提供求职、招聘、创业指导等综合性公共就业服务；二是及时更新以政府有关职能部门为主导的农民工就业信息平台内容，帮助农民工了解当前就业状况，防止就业群体盲目流动；三是支持农民工创业。进一步深化“放管服”改革，持续落实税收优惠政策，落实好各项创业补贴，放宽农民工创办中小企业的审批准入，助力农民工成功创业。

（三）职业技能培训不够

2023年，仅有1.3%的农民工接受过非农职业技能培训，农业技能培训覆盖率更低，接受过农业职业培训的只有0.5%。近年来，随着产业升级和人工智能等技术发展，缺乏足够职业技能的农民工在工作就业、职业发展方面的阻力将越来越大。建议各级政府多路径加强培训，按照“实际、实用、实效”的原则，因地制宜、因人施策，整合培训资源，进一步加大对农民工就业的培训力度，积极引导企业根据自身需求，采取以老带新、外出定培等多种方式，对招聘农民工开展专业技能培训，确保农民工能快速胜任工作岗位。

（四）老龄化趋势持续凸显

调查结果显示，40岁以下农民工所占比重连续下降，由2018年的59.5%降至2023年的47.3%，六年间占比下降了12.2个百分点；而50岁以上的农民工占比由2018年的18.3%升至2023年的29.9%，六年间占比提高了11.6个百分点。在当前经济环境压力下，许多企业、雇主不愿意雇佣高龄农民工，加之建筑行业高龄农民工“清退令”出台以后，许多高龄农民工就业存在困难。建议一是优化完善高龄农民工用工制度。探索建立符合高龄农民工就业特点的用工制度，采取差异化、精细化管理，分类实施稳步推进；二是对于确实无法适应建筑业工作要求的超龄农民工进行清退，并根据用工年限给予一定的清退补偿；对于体能尚可仍愿意继续在工地务工的农民工，引导其从事与高龄农民工体能相匹配的辅助性工作岗位；三是鼓励相关企业承担社会责任，积极提供适合高龄农民工就业岗位，并给予一定的优惠政策或经济补贴。

附注：

1. 农民工监测调查情况：为准确反映农民工规模、流向、结构、就业、收支、生活、社会保障及创业等情况，国家统计局2008年建立农民工监测调查制度，在农民工输出地开展监测调查。湖北省在65个调查县（市、区）抽选了309个村、3090户作为调查样本，监测调查工作由国家统计局湖北调查总队负责组织实施。采用入户访问调查的形式，按季度进行调查。

2. 农民工监测调查主要指标解释

农民工：指户籍仍在农村，年内在本地从事非农活动（包括本地非农务工和非农自营活动）或外出从业6个月及以上的农村劳动力。

本地农民工：指在户籍所在乡镇地域以内从业的农民工。

外出农民工：指在户籍所在乡镇地域外从业的农民工。

东部地区：包括北京、天津、河北、上海、江苏、浙江、福建、山东、广东、海南10个省（市）。

中部地区：包括山西、安徽、江西、河南、湖北、湖南6省。

西部地区：包括内蒙古、广西、重庆、四川、贵州、云南、西藏、陕西、甘肃、青海、宁夏、新疆12个省（区、市）。

东北地区：辽宁、吉林、黑龙江3个省。

撰稿：蔡利平
核稿：文　峰

湖北脱贫县农村居民收入保持较快增长　生活消费稳步提升

2023年，湖北省委、省政府加快建设全国构建新发展格局先行区，统筹扩大内需和深化供给侧结构性改革，统筹新型城镇化和乡村全面振兴，统筹高质量发展和高水平安全，巩固和增强经济回升向好态势，促进脱贫人口稳定就业，全省脱贫县农村居民人均可支配收入和消费保持平稳增长。

一、脱贫县农村居民收入保持较快增长

2023年湖北脱贫县农村居民人均可支配收入17612元，比上年增加1424元，增长8.8%，2019—2023年平均增速8.1%。

（一）增幅高于全省农村居民平均水平

2023年湖北脱贫县农村居民人均可支配收入比上年增长8.8%，比全省农村居民收入增幅水平高0.8个百分点，占全省农民平均收入水平的比重为82.7%，较上年提高0.6个百分点，脱贫县农村居民与全省农村居民的收入差距进一步缩小。

（二）收入在全国位列中上游

湖北脱贫县农村居民人均可支配收入绝对额比全国脱贫县农村居民平均水平高1216元，在全国22个开展脱贫县农村住户监测的省（区、市）中位列第7位，在中部六省位列第3位；增速高于全国脱贫县农村居民平均水平0.3个百分点，在全国位列第9位，在中部六省位列第4位。

（三）四大项收入实现全面增长

从收入构成看，2023年湖北脱贫县农村居民呈全面增长态势，工资性收入、经营净收入、财产净收入和转移净收入分别比上年增长11.1%、8.3%、9.1%和6.9%（见表1）。

表1　2023年湖北脱贫县农村居民人均可支配收入及构成

指标名称	2023年（元）	2022年（元）	增速（%）	占比（%）	贡献率（%）	拉动增长（百分点）
人均可支配收入	17612	16188	8.8	—	—	—
工资性收入	6057	5451	11.1	34.4	42.5	3.7
经营净收入	5741	5303	8.3	32.6	30.8	2.7
财产净收入	162	149	9.1	0.9	1.0	0.1
转移净收入	5652	5285	6.9	32.1	25.8	2.3

注：四舍五入会导致部分数据存在总计与分项合计不同的情况（下同）。

（四）工资性收入拉动增收贡献最大

从结构上看，工资性收入占人均可支配收入的比重为34.4%，较上年提高0.7个百分点；增收贡献率42.5%，较上年提高3.9个百分点；拉动收入增长3.7个百分点，较上年提高0.1个百分点，在四大项收入中均居于首位，为居民增收打下坚实基础。其次是经营净收入，占人均可支配收入的比重为32.6%，增收贡献率30.8%，拉动收入增长2.7个百分点。转移净收入排第三位，占人均可支配收入的比重为32.1%，增收贡献率25.8%，拉

动收入增长2.3个百分点。财产净收入居于末位，占人均可支配收入的比重为0.9%，增收贡献率1.0%，拉动收入增长0.1个百分点。

二、脱贫县农村居民生活消费稳步提升

2023年湖北脱贫县农村居民人均生活消费支出17515元，比上年增加1779元，增长11.3%，较全省农村平均水平高1.1个百分点；绝对额位列全国第1位，增速位列全国第11位。

（一）脱贫县农村居民消费意愿提升

随着经济运行持续回升向好，促消费政策效果不断显现，消费潜力不断释放。2023年湖北脱贫县农村居民消费收入比为99.4%，较上年提高2.2个百分点，脱贫县农村居民的消费意愿有显著提升。

（二）八大类生活消费支出全面增长

从构成看，全省脱贫县农村居民人均消费支出八大项均呈增长态势（见表2）。其中，教育文化娱乐、居住、其他用品和服务消费增幅居前三位，分别为15.8%、13.9%和12.7%；食品烟酒、居住和交通通信消费占比居前三位，分别为31.8%、19.9%和12.2%。

表2 2023年湖北脱贫县农村居民人均生活消费支出及构成

指标名称	2023 年（元）	2022 年（元）	增幅（%）	占比（%）	贡献率（%）	拉动增长（百分点）
生活消费支出	17515	15736	11.3	—	—	—
食品烟酒	5574	5060	10.2	31.8	28.9	3.3
衣着	888	801	10.8	5.1	4.8	0.5
居住	3477	3053	13.9	19.9	23.8	2.7
生活用品及服务	1130	1047	7.9	6.4	4.7	0.5
交通通信	2130	1912	11.4	12.2	12.3	1.4
教育文化娱乐	2014	1739	15.8	11.5	15.4	1.7
医疗保健	1952	1813	7.7	11.1	7.8	0.9
其他用品和服务	351	312	12.7	2.0	2.2	0.3

（三）食品烟酒消费是拉动消费增长主力

2023年，湖北省委、省政府着力增强经济活力，防范化解风险，改善社会预期，加大粮油肉蛋奶等基本民生产品保供稳价力度，脱贫县农村居民基本生活需求保障充足，人均食品烟酒消费支出5574元，比上年增加515元，增长10.2%，占生活消费支出的比重为31.8%，对生活消费支出增长的贡献率为28.9%，拉动消费增长3.3个百分点，远高于其他七类消费支出。

三、后期需关注的问题

（一）农资价格快速上涨对农民增收带来冲击

受国际能源和原材料价格上涨影响，化肥农药、养殖饲料、人工等生产成本均有较大幅度增加，提高了生产经营成本，部分抵消了国家政策及粮价上涨给农民种养殖带来的收益，影响脱贫县农村居民收入持续增长。

（二）脱贫县农村居民从业能力有待提高

脱贫县农村居民文化程度和职业技能相对偏低，主要从事建筑业、批发和零售业、交通运输业等劳动密集型行业，工资收入水平和工作稳定性总体不高。2023年，脱贫县农村居民人均可支配收入比全省农村居民平均水平低3681元，二者仍有较大差距。

四、相关建议

一是加强农资市场监测。强化对化肥、种子、农药、农膜等农资市场价格监管，稳定农资市场价格，提高种植技术，扩大有机肥投入，降低农业生产成本，减小农资涨价对脱贫县农村居民持续增收的影响。

二是提升农民就业质量。加大职业技能培训力度，有针对性地开展劳务知识和实用技术培训，注重职业技能培训的多样化和有效性，提升劳动技能和综合素质，提高脱贫县农村居民就业竞争力。

撰稿：陈　茜

核稿：文　峰

1-1　土地面积与行政区划
Land Area and Administrative Division

项　目	Item	2000	2005	2010	2015	2019	2020	2021	2022	2023
常住人口 （万人）	Population of the Whole Province (10000 persons)	5646	5710	5724	5852	5927	5775	5830	5844	5838
土地面积（万平方公里）	Land Area (10000 sq.km)			18.59	18.59	18.59	18.59	18.59	18.59	18.59
行政区划	Administrative Division									
省辖市 （个）	Municipality (unit)	12	12	12	12	12	12	12	12	12
自治州 （个）	Autonomous (unit)	1	1	1	1	1	1	1	1	1
林区 （个）	Forest Zone (unit)	1	1	1	1	1	1	1	1	1
县级市 （个）	City (unit)	24	24	24	24	25	26	26	26	26
省辖行政单位 （个）	Administrative Units under the Jurisdiction of Province (unit)	3	3	3	3	3	3	3	3	3
县 （个）	County (unit)	41	39	40	39	38	37	37	37	37
乡政府 （个）	Local Government (unit)	476	217	201	168	162	161	161	161	161
镇政府 （个）	Township Government (unit)	853	737	742	761	760	761	761	761	761
办事处 （个）	Office (unit)	145	163	211	304	327	329	333	335	338
村民委员会 （个）	Village Community (unit)	32400	26678	26018	25343	23202	22532	22091	21833	20994
村民小组 （个）	Village Groups (unit)	259250	212587	209598	208546	203005	208002	198783	197542	191875

注：乡、镇、办事处机构数据来源于省民政厅。
Note: The statistics of townships, towns, and offices are sourced from the Hubei Provincial Department of Civil Affairs.

1-2 市、州行政区划(2023年底)
Administrative Division of Municipalities and Prefecture(End of 2023)

单位：个 (unit)

地 区	Region	县级市 Cities	县 Counties	区 Districts	乡政府 Village Government	镇政府 Township Government
全 省	**Total**	**26**	**37**	**39**	**161**	**761**
武 汉 市	Wuhan			13	3	1
黄 石 市	Huangshi	1	1	4	1	27
十 堰 市	Shiyan	1	4	3	34	72
宜 昌 市	Yichang	3	5	5	19	67
襄 阳 市	Xiangyang	3	3	3	4	74
鄂 州 市	Ezhou			3	3	18
荆 门 市	Jingmen	2	1	2	2	48
孝 感 市	Xiaogan	3	3	1	23	72
荆 州 市	Jingzhou	4	2	2	12	88
黄 冈 市	Huanggang	2	7	1	16	99
咸 宁 市	Xianning	1	4	1	12	52
随 州 市	Suizhou	1	1	1		37
恩施自治州	Enshi	2	6		29	54
仙 桃 市	Xiantao	1				15
潜 江 市	Qianjiang	1				10
天 门 市	Tianmen	1			1	21
神农架林区	Shennongjia				2	6

1-3　各市、县(市、区)名称(2023年底)
Municipalities and Counties(End of 2023)

市	Municipality	县(市、区)数(个) Number of Counties (unit)	市辖县 Counties	市辖区 Districts	县级市 Cities
武汉市	Wuhan Municipality	13		江岸区、江汉区、硚口区、汉阳区、武昌区、青山区、洪山区、东西湖区、汉南区、蔡甸区、江夏区、黄陂区、新洲区	
黄石市	Huangshi Municipality	6	阳新县	黄石港区、西塞山区、下陆区、铁山区	大冶市
十堰市	Shiyan Municipality	8	郧西县、竹山县、竹溪县、房县	茅箭区、张湾区、郧阳区	丹江口市
宜昌市	Yichang Municipality	13	秭归县、远安县、兴山县、长阳县、五峰县	西陵区、伍家岗区、点军区、猇亭区、夷陵区	宜都市、当阳市、枝江市
襄阳市	Xiangyang Municipality	9	南漳县、谷城县、保康县	襄城区、樊城区、襄州区	老河口市、枣阳市、宜城市
鄂州市	Ezhou Municipality	3		鄂城区、华容区、梁子湖区	
荆门市	Jingmen Municipality	5	沙洋县	东宝区、掇刀区	钟祥市、京山市
孝感市	Xiaogan Municipality	7	孝昌县、云梦县、大悟县	孝南区	应城市、安陆市、汉川市
荆州市	Jingzhou Municipality	8	江陵县、公安县	沙市区、荆州区	石首市、洪湖市、松滋市、监利市
黄冈市	Huanggang Municipality	10	团风县、浠水县、蕲春县、黄梅县、英山县、罗田县、红安县	黄州区	麻城市、武穴市
咸宁市	Xianning Municipality	6	通山县、崇阳县、通城县、嘉鱼县	咸安区	赤壁市
随州市	Suizhou Municipality	3	随县	曾都区	广水市
恩施自治州	Enshi Prefecture	8	建始县、咸丰县、巴东县、宣恩县、来凤县、鹤峰县		恩施市、利川市
仙桃市	Xiantao Municipality	1			
潜江市	Qianjiang Municipality	1			
天门市	Tianmen Municipality	1			
神农架林区	Shennongjia Forest Zone				

1-4 主要经济指标
The Main Economic Indicators

指　标	Item	单位	Unit	2018	2019	2020	2021	2022	2023
全省生产总值	Gross Domestic Product (GDP)	亿元	100 million yuan	**42021.95**	**45428.96**	**43443.46**	**50091.23**	**52741.68**	**55803.63**
第一产业	Primary Industry	亿元	100 million yuan	3548.17	3809.41	4131.91	4635.21	4982.13	5073.38
第二产业	Secondary Industry	亿元	100 million yuan	17573.87	19723.05	17023.90	19332.14	19793.73	20215.50
第三产业	Tertiary Industry	亿元	100 million yuan	20899.91	22896.50	22287.65	26123.88	27965.82	30514.74
规模以上工业增加值增速	Growth Rate of Added Value of Industry above Designated Size	%	%	7.1	7.8	-6.1	14.8	7.0	5.6
固定资产投资增速（不含农户）	Growth Rate of Fixed Assets Investment (excluding farmers)	%	%	11.0	10.6	-18.8	20.4	15.0	5.0
社会消费品零售总额	Total Retail Sales of Consumer Goods	亿元	100 million yuan	18333.60	22722.31	17984.87	21561.37	22164.80	24041.89
进出口总额	Total Imports and Exports	亿元	100 million yuan	3487.2	3944.8	4294.1	5374.4	6170.8	6449.7
#进口	Imports	亿元	100 million yuan	1234.0	1458.8	1592.1	1865.1	1961.5	2116.4
出口	Exports	亿元	100 million yuan	2253.2	2486.0	2702.0	3509.3	4209.3	4333.3
实际使用外资金额(FDI)	Actual Amount of Foreign Investment Used (FDI)	万美元	USD 10000				250178	264544	272814
地方一般公共预算收入	Local General Public Budget Revenue	亿元	100 million yuan	3307.08	3388.57	2511.52	3283.32	3281.13	3692.26
#税收收入	Tax Revenue	亿元	100 million yuan	2463.52	2530.82	1923.40	2559.68	2411.64	2672.62
地方一般公共预算支出	Local General Public Budget Expenditure	亿元	100 million yuan	7257.55	7970.21	8439.04	7933.67	8623.87	9295.79
金融机构存款余额	Financial Institution Deposit Balance	亿元	100 million yuan	55371.19	59747.70	67159.32	72476.67	79563.66	87127.22
金融机构贷款余额	Balance of Loans from Financial Institutions	亿元	100 million yuan	44340.54	50663.96	59872.13	67037.99	74062.43	81368.01

注：1.2023年全省生产总值为快报数据。
　　2.2023年财政数据为快报数据。

Note: 1.2023 Provincial Gross Domestic Product is the express report data.
　2.The fiscal data for 2023 is the express report data.

1-5　主要调查指标
The Main Survey Indicators

指　标	Item	单位	Unit	2018	2019	2020	2021	2022	2023
主要农产品产量	Output of Major Farm Products	万吨	10000 tons						
粮食	Grain	万吨	10000 tons	2839.47	2724.98	2727.43	2764.30	2741.15	2777.04
棉花	Cotton	万吨	10000 tons	14.93	14.36	10.79	10.89	10.33	9.60
油料	Oil-Bearing Crops	万吨	10000 tons	302.48	313.95	344.45	354.14	374.19	394.87
猪肉	Pork	万吨	10000 tons	333.18	242.95	203.84	318.00	331.70	347.25
水产品	Aquatic Products	万吨	10000 tons	458.40	469.54	467.93	483.21	500.42	522.79
家庭、生活	Family, People's Livelihood								
家庭	Family								
城镇居民平均每户家庭常住人口	Average Household Size in Urban Areas	人	person	3.00	3.01	3.03	3.01	2.97	2.94
农村居民平均每户家庭常住人口	Average Household Size in Rural Areas	人	person	3.08	3.08	3.09	3.05	2.98	3.02
居住	Residence								
城镇居民人均住房面积	Per Capita Net Floor Space of Urban Residents	平方米	sq.m	45.85	46.31	43.08	43.76	44.20	45.62
农村居民人均住房面积	Per Capita Net Floor Space of Rural Residents	平方米	sq.m	57.76	58.42	57.54	56.74	57.84	53.21
生活	People's Livelihood								
城镇居民人均可支配收入	Per Capita Disposable Income of Urban Residents	元	yuan	34454.6	37601.4	36705.7	40277.8	42625.8	44989.7
农村居民人均可支配收入	Per Capita Disposable Income of Rural Residents	元	yuan	14977.8	16390.9	16305.9	18259.0	19709.5	21293.4
物价(上年=100)	Price (preceding year = 100)								
商品零售价格指数	Retail Price Index			101.2	102.6	102.2	101.2	102.8	
居民消费价格指数	Consumer Price Index			101.9	103.1	102.7	100.3	102.1	100.1
工业生产者出厂价格指数	Producer Price Indices for Industrial Products			104.2	100.2	99.1	104.1	103.4	97.4

二

农业调查

Chapter 2

Rural Survey

资料整理：李　鹏　李　晖　雷　迪

2-1 主要农作物播种面积、产量和单位面积产量(2023年)
Total Sown Areas, Output and Yield per Unit Area of Farm Crops(2023)

指　标	Item	播种面积(千公顷) Sown Area (1000 hectares)	总产量(万吨) Total Output (10000 tons)	单位面积产量(公斤/公顷) Yield per Unit Area (kg/hectare)
农作物总播种面积	**Total Sown Area of Farm Crops**			
粮食作物总计	Grain Crops	4706.97	2777.04	5899.85
夏收粮食	Summer Grain	1301.07	488.63	3755.60
谷物	Cereals	1050.20	414.29	3944.88
小麦	Wheat	1038.39	410.42	3952.47
大麦	Barley	10.55	3.55	3365.69
蚕豌豆	Broad Bean and Peas	20.24	3.15	1557.62
薯类	Tubers	230.64	71.19	3086.62
马铃薯	Potato	230.64	71.19	3086.62
早稻	Early-season Rice	128.58	77.77	6048.37
秋收粮食	Autumn Grain	3277.32	2210.64	6745.28
谷物	Cereals	2924.75	2126.55	7270.87
中稻	Semilate Rice	2001.32	1702.88	8508.77
双季晚稻	Double-crop Late Rice	144.26	99.77	6916.07
玉米	Corn//Maize	765.30	318.20	4157.86
豆类	Beans	251.57	44.22	1757.92
大豆	Soybean	242.23	42.81	1767.29
绿豆	Green Beans	5.30	0.78	1468.66
红小豆	Red Bean	2.91	0.37	1282.22
薯类	Tubers	101.00	39.87	3947.58
马铃薯	Potato	21.38	10.01	4680.04
油料作物	Oil-bearing Crops	1567.35	394.87	2519.37
花生	Peanuts	256.18	93.09	3633.55
油菜籽	Rapeseeds	1222.30	286.09	2340.62
芝麻	Sesames	75.49	12.99	1721.16
棉花	Cotton	103.29	9.60	929.88
麻类	Fiber Crops	3.01	0.77	2557.34
苎麻	Ramee	3.00	0.77	2559.85
糖料	Sugar	6.30	26.46	42023.37
甘蔗	Sugar Cane	6.30	26.46	42023.37
烟叶	Tobacco	41.18	7.97	1935.07
烤烟	Flue-cured Tobacco	36.21	6.73	1857.21
蔬菜(含菜用瓜)	Vegetables	1359.02	4504.47	33144.97

2-2 主要农作物播种面积
Total Sown Areas of Farm Crops

单位：千公顷 (1000 hectares)

指标	Item	2023	2022	2023年比2022年增加 Growth Rate in 2023 over 2022	
				绝对数 Absolute Figures	%
农作物总播种面积	**Total Sown Area of Farm Crops**				
粮食作物总计	Grain Crops	4706.97	4688.96	18.01	0.4
夏收粮食	Summer Grain	1301.07	1293.15	7.92	0.6
谷物	Cereals	1050.20	1042.91	7.29	0.7
小麦	Wheat	1038.39	1031.26	7.13	0.7
大麦	Barley	10.55	10.34	0.20	2.0
蚕豌豆	Broad Bean and Peas	20.24	20.32	-0.08	-0.4
薯类	Tubers	230.64	229.93	0.71	0.3
马铃薯	Potato	230.64	229.93	0.71	0.3
早稻	Early-season Rice	128.58	126.32	2.26	1.8
秋收粮食	Autumn Grain	3277.32	3269.48	7.83	0.2
谷物	Cereals	2924.75	2923.73	1.02	
中稻	Semilate Rice	2001.32	1995.73	5.59	0.3
双季晚稻	Double-crop Late Rice	144.26	141.90	2.36	1.7
玉米	Corn//Maize	765.30	775.82	-10.52	-1.4
豆类	Beans	251.57	241.85	9.72	4.0
大豆	Soybean	242.23	229.87	12.36	5.4
绿豆	Green Beans	5.30	7.64	-2.33	-30.6
红小豆	Red Bean	2.91	2.99	-0.08	-2.7
薯类	Tubers	101.00	103.90	-2.91	-2.8
马铃薯	Potato	21.38	21.75	-0.37	-1.7
油料作物	Oil-bearing Crops	1567.35	1473.98	93.37	6.3
花生	Peanuts	256.18	242.93	13.26	5.5
油菜籽	Rapeseeds	1222.30	1152.44	69.86	6.1
芝麻	Sesames	75.49	65.81	9.68	14.7
棉花	Cotton	103.29	115.80	-12.51	-10.8
麻类	Fiber Crops	3.01	3.44	-0.43	-12.6
苎麻	Ramee	3.00	3.43	-0.43	-12.6
糖料	Sugar	6.30	6.27	0.02	0.4
甘蔗	Sugar Cane	6.30	6.27	0.02	0.4
烟叶	Tobacco	41.18	40.82	0.36	0.9
烤烟	Flue-cured Tobacco	36.21	35.37	0.85	2.4
蔬菜(含菜用瓜)	Vegetables	1359.02	1343.68	15.34	1.1

2-3 主要农作物产量
Output of Farm Crops

单位：万吨 (10000 tons)

指 标	Item	2023	2022	2023年比2022年增加 Growth Rate in 2023 over 2022 绝对数 Absolute Figures	%
粮食作物总计	Grain Crops	2777.04	2741.15	35.90	1.3
夏收粮食	Summer Grain	488.63	482.16	6.47	1.3
谷物	Cereals	414.29	409.38	4.91	1.2
小麦	Wheat	410.42	405.57	4.85	1.2
大麦	Barley	3.55	3.48	0.07	2.1
蚕豌豆	Broad Bean and Peas	3.15	3.14	0.01	0.3
薯类	Tubers	71.19	69.63	1.55	2.2
马铃薯	Potato	71.19	69.63	1.55	2.2
早稻	Early-season Rice	77.77	75.69	2.08	2.7
秋收粮食	Autumn Grain	2210.64	2183.30	27.34	1.3
谷物	Cereals	2126.55	2106.42	20.13	1.0
中稻	Semilate Rice	1702.88	1692.50	10.38	0.6
双季晚稻	Double-crop Late Rice	99.77	97.59	2.18	2.2
玉米	Corn//Maize	318.20	312.32	5.89	1.9
豆类	Beans	44.22	37.09	7.13	19.2
大豆	Soybean	42.81	35.38	7.43	21.0
绿豆	Green Beans	0.78	1.04	-0.26	-25.1
红小豆	Red Bean	0.37	0.38		-0.6
薯类	Tubers	39.87	39.79	0.08	0.2
马铃薯	Potato	10.01	10.13	-0.12	-1.2
油料作物	Oil-bearing Crops	394.87	374.19	20.68	5.5
花生	Peanuts	93.09	85.42	7.67	9.0
油菜籽	Rapeseeds	286.09	274.19	11.90	4.3
芝麻	Sesames	12.99	11.79	1.21	10.2
棉花	Cotton	9.60	10.33	-0.73	-7.1
麻类	Fiber Crops	0.77	0.87	-0.10	-11.0
苎麻	Ramee	0.77	0.86	-0.10	-11.1
糖料	Sugar	26.46	26.57	-0.11	-0.4
甘蔗	Sugar Cane	26.46	26.57	-0.11	-0.4
烟叶	Tobacco	7.97	8.10	-0.13	-1.7
烤烟	Flue-cured Tobacco	6.73	6.46	0.27	4.2
蔬菜(含菜用瓜)	Vegetables	4504.47	4407.93	96.54	2.2

2-4 主要农作物单位面积产量
Yield per Unit Area of Farm Crops

单位：公斤/公顷 (kg/hectare)

指　标	Item	2023	2022	2023年比2022年增加 Growth Rate in 2023 over 2022	
				绝对数 Absolute Figures	%
粮食作物总计	Grain Crops	5899.85	5845.96	53.89	0.9
夏收粮食	Summer Grain	3755.60	3728.55	27.05	0.7
谷物	Cereals	3944.88	3925.38	19.50	0.5
小麦	Wheat	3952.47	3932.81	19.66	0.5
大麦	Barley	3365.69	3360.28	5.41	0.2
蚕豌豆	Broad Bean and Peas	1557.62	1547.19	10.43	0.7
薯类	Tubers	3086.62	3028.52	58.10	1.9
马铃薯	Potato	3086.62	3028.52	58.10	1.9
早稻	Early-season Rice	6048.37	5991.83	56.55	0.9
秋收粮食	Autumn Grain	6745.28	6677.81	67.47	1.0
谷物	Cereals	7270.87	7204.55	66.32	0.9
中稻	Semilate Rice	8508.77	8480.59	28.19	0.3
双季晚稻	Double-crop Late Rice	6916.07	6877.37	38.70	0.6
玉米	Corn//Maize	4157.86	4025.60	132.26	3.3
豆类	Beans	1757.92	1533.79	224.13	14.6
大豆	Soybean	1767.29	1538.92	228.38	14.8
绿豆	Green Beans	1468.66	1362.31	106.35	7.8
红小豆	Red Bean	1282.22	1255.29	26.93	2.1
薯类	Tubers	3947.58	3829.33	118.24	3.1
马铃薯	Potato	4680.04	4657.85	22.19	0.5
油料作物	Oil-bearing Crops	2519.37	2538.66	-19.29	-0.8
花生	Peanuts	3633.55	3516.17	117.38	3.3
油菜籽	Rapeseeds	2340.62	2379.24	-38.61	-1.6
芝麻	Sesames	1721.16	1791.24	-70.07	-3.9
棉花	Cotton	929.88	892.38	37.50	4.2
麻类	Fiber Crops	2557.34	2512.45	44.88	1.8
苎麻	Ramee	2559.85	2514.64	45.21	1.8
糖料	Sugar	42023.37	42352.97	-329.60	-0.8
甘蔗	Sugar Cane	42023.37	42352.97	-329.60	-0.8
烟叶	Tobacco	1935.07	1984.78	-49.71	-2.5
烤烟	Flue-cured Tobacco	1857.21	1825.33	31.88	1.7
蔬菜(含菜用瓜)	Vegetables	33144.97	32804.97	340.00	1.0

2-5 分品种主要农作物播种面积(2000-2023年)

单位：千公顷

指　标	Item	2000	2005	2010	2011	2012
农作物总播种面积	**Total Sown Area of Farm Crops**					
粮食作物总计	Grain Crops	4156.16	3926.82	4135.78	4191.52	4294.51
夏收粮食	Summer Grain	1203.42	1052.12	1230.43	1260.08	1305.65
谷物	Cereals	893.03	766.38	1029.70	1042.38	1095.56
小麦	Wheat	845.10	716.20	1011.70	1028.32	1084.08
大麦	Barley		49.10	16.72	12.67	10.46
蚕豌豆	Broad Bean and Peas	92.79	83.78	42.97	38.79	37.78
马铃薯	Potato	217.60	201.96	157.76	178.92	172.31
早稻	Early-season Rice	393.50	365.00	305.00	241.30	246.30
秋收粮食	Autumn Grain	2559.20	2509.70	2600.35	2690.14	2742.56
谷物	Cereals	2043.22	2107.26	2360.86	2449.33	2509.12
中稻	Semilate Rice	1097.60	1282.30	1420.10	1552.79	1547.20
双季晚稻	Double-crop Late Rice	504.20	430.10	362.74	286.98	292.93
玉米	Corn//Maize	424.10	389.60	572.53	603.37	663.58
谷子	Millet	4.20	0.60	0.10	0.12	0.07
高粱	Jowar	7.30	3.10	4.60	5.71	5.15
豆类	Beans	266.01	206.23	136.43	135.81	129.81
大豆	Soybean	224.80	178.70	109.94	108.12	105.67
绿豆	Green Beans		23.20	19.27	18.90	16.30
薯类	Tubers	250.01	196.21	103.07	105.01	103.63
马铃薯	Potato	13.66	13.24	16.60	17.05	19.72
油料作物	Oil-bearing Crops	1503.40	1460.20	1390.30	1357.89	1411.61
花生	Peanuts	193.40	171.70	198.50	203.96	257.57
油菜籽	Rapeseeds	1158.90	1178.70	1089.43	1055.39	1062.61
芝麻	Sesames	143.80	102.50	82.46	77.28	74.28
棉花	Cotton	318.07	390.31	480.05	488.66	472.87
麻类	Fiber Crops	22.80	23.60	5.85	4.04	2.61
黄红麻	Jute and Ambary Hemp	3.10	1.00	0.07	0.06	0.05
甘蔗	Sugar Cane	22.20	10.00	7.04	6.60	6.37
烟叶	Tobacco	74.60	58.40	59.97	64.07	68.13
烤烟	Flue-cured Tobacco	48.10	43.70	39.36	45.61	49.40
蔬菜(含菜用瓜)	Vegetables	968.60	1004.80	998.54	1022.69	1089.68

注：2007-2017年数据为根据第三次全国农业普查资料修订数据。
Note: The data from 2007 to 2017 were revised according to the third national agricultural census data.

Total Sown Areas of Farm Crops by Type(2000-2023)

(1000 hectares)

2013	2014	2015	2016	2017	2018	2019	2020	2021	2022	2023
4416.60	4522.12	4784.38	4816.14	4853.00	4847.01	4608.60	4645.27	4685.98	4688.96	4706.97
1344.32	1323.75	1337.42	1344.81	1363.19	1321.33	1253.74	1276.06	1305.84	1293.15	1301.07
1127.44	1109.97	1132.80	1149.89	1163.11	1114.77	1026.85	1039.91	1061.18	1042.91	1050.20
1117.11	1099.38	1122.15	1140.67	1153.22	1104.96	1017.74	1031.38	1052.06	1031.26	1038.39
9.10	9.30	9.50	7.58	8.16	8.29	7.65	7.05	7.82	10.34	10.55
33.40	33.57	17.75	17.29	17.69	16.64	17.73	16.05	18.07	20.32	20.24
183.47	180.21	186.87	177.63	182.39	189.92	209.16	220.10	226.59	229.93	230.64
249.70	251.90	260.70	224.74	174.04	164.53	142.53	122.43	120.22	126.32	128.58
2822.59	2946.47	3186.26	3246.59	3315.76	3361.15	3212.33	3246.78	3259.93	3269.48	3277.32
2611.41	2700.54	2941.14	2937.37	2994.64	3012.49	2876.65	2915.98	2921.72	2923.73	2924.75
1655.88	1650.30	1812.60	1920.49	1991.65	2034.30	1977.02	1998.97	2019.15	1995.73	2001.32
296.97	299.59	310.05	213.43	202.38	192.17	167.20	159.33	133.21	141.90	144.26
653.43	745.72	813.53	797.33	794.78	781.20	727.53	751.99	762.71	775.82	765.30
0.11	0.09	0.10	0.12	0.10		0.11	0.10	0.12	0.10	0.10
4.68	4.50	4.40	5.33	5.03	4.25	4.31	5.07	5.99	9.65	13.23
122.12	151.98	155.92	210.50	220.78	230.45	222.37	231.67	235.99	241.85	251.57
103.27	136.79	144.40	202.25	212.34	219.77	211.72	219.72	223.77	229.87	242.23
11.06	8.45	8.65	4.37	4.51	6.88	6.27	7.25	7.69	7.64	5.30
89.06	93.95	89.20	98.73	100.33	118.21	113.31	99.13	102.22	103.90	101.00
18.10	18.37	18.23	21.08	21.36	27.31	27.46	22.62	21.92	21.75	21.38
1411.49	1420.59	1389.39	1310.86	1291.33	1255.82	1278.60	1377.93	1429.48	1473.98	1567.35
217.77	218.37	221.65	232.14	230.53	232.60	243.62	248.72	244.67	242.93	256.18
1098.94	1101.62	1070.11	983.62	971.17	932.97	938.31	1034.36	1094.02	1152.44	1222.30
69.06	71.50	66.75	64.31	62.69	67.87	77.22	80.10	77.34	65.81	75.49
415.59	344.80	264.74	204.96	204.80	159.25	162.83	129.73	120.71	115.80	103.29
1.87	1.31	0.89	0.63	0.57	1.69	2.66	3.33	3.54	3.44	3.01
0.04	0.02	0.02	0.04	0.03	0.01	0.01	0.01			
5.95	5.83	6.30	6.42	6.57	6.45	6.48	6.63	6.35	6.27	6.30
60.22	42.75	43.73	44.59	39.69	37.46	35.72	36.37	39.05	40.82	41.18
46.69	36.53	39.60	40.89	36.62	33.63	30.38	31.58	34.11	35.37	36.21
1092.52	1113.77	1143.67	1168.90	1188.62	1224.27	1257.94	1279.90	1309.95	1343.68	1359.02

2-6 分品种主要农作物产量(2000-2023年)

单位：万吨

指 标	Item	2000	2005	2010	2011	2012	2013
粮食作物总计	Grain Crops	2218.53	2177.38	2304.26	2407.45	2485.14	2586.21
夏收粮食	Summer Grain	322.39	302.49	412.11	415.84	437.75	490.08
谷物	Cereals	243.89	223.50	353.57	354.92	381.84	429.09
小麦	Wheat	233.70	208.90	347.05	349.78	377.25	425.29
大麦	Barley		14.40	6.17	4.97	4.31	3.45
蚕豌豆	Broad Bean and Peas	16.93	16.97	10.37	8.19	5.53	5.96
马铃薯	Potato	61.57	62.02	48.16	52.74	50.38	55.04
早稻	Early-season Rice	217.50	206.87	169.79	137.28	146.25	144.24
秋收粮食	Autumn Grain	1678.64	1668.02	1722.36	1854.33	1901.14	1951.89
谷物	Cereals	1501.30	1525.80	1644.90	1783.27	1838.62	1894.70
中稻	Semilate Rice	971.98	1075.40	1139.16	1301.40	1327.46	1385.87
双季晚稻	Double-crop Late Rice	307.78	253.05	222.04	175.82	192.61	198.21
玉米	Corn//Maize	216.70	194.90	281.23	303.19	316.01	308.50
谷子	Millet	1.00	0.20	0.02	0.04	0.02	0.03
高粱	Jowar	2.70	1.10	2.20	2.73	2.44	1.93
豆类	Beans	54.12	48.04	32.13	29.73	26.17	26.05
大豆	Soybean	45.80	43.40	27.68	25.39	22.79	23.33
绿豆	Green Beans		4.00	3.28	2.90	2.33	1.43
薯类	Tubers	123.22	94.18	45.34	41.33	36.36	31.14
马铃薯	Potato	7.80	6.08	7.88	7.84	9.13	7.84
油料作物	Oil-bearing Crops	287.16	293.90	302.28	293.13	305.13	315.57
花生	Peanuts	65.71	60.19	66.64	71.67	78.16	72.21
油菜籽	Rapeseeds	198.49	219.15	220.35	206.02	212.15	227.90
芝麻	Sesames	21.54	13.67	12.20	12.37	11.78	10.79
棉花	Cotton	30.43	37.50	47.18	52.58	53.15	45.97
麻类	Fiber Crops	5.15	4.86	1.38	0.98	0.73	0.58
黄红麻	Jute and Ambary Hemp	1.83	0.34	0.06	0.03	0.02	0.01
甘蔗	Sugar Cane	101.66	42.90	28.37	27.55	25.51	22.81
烟叶	Tobacco	13.73	11.14	11.31	12.58	12.74	10.83
烤烟	Flue-cured Tobacco	8.22	7.88	7.17	8.64	8.69	8.12
蔬菜(含菜用瓜)	Vegetables		2916.91	3091.21	3244.71	3375.50	3438.55

注：2007-2017年数据为根据第三次全国农业普查资料修订数据。
Note: The data from 2007 to 2017 were revised according to the third national agricultural census data.

Output of Farm Crops by Type(2000-2023)

(10000 tons)

2014	2015	2016	2017	2018	2019	2020	2021	2022	2023
2658.26	2914.75	2796.35	2846.13	2839.47	2724.98	2727.43	2764.33	2741.15	2777.04
493.82	493.09	497.59	488.24	467.60	457.00	471.96	473.44	482.16	488.63
435.09	435.52	443.68	430.05	413.33	393.50	403.41	402.21	409.38	414.29
431.43	431.99	440.74	426.90	410.37	390.68	400.66	399.34	405.57	410.42
3.32	3.22	2.48	2.69	2.54	2.43	2.35	2.55	3.48	3.55
5.90	3.03	3.00	3.11	2.59	2.84	2.51	2.88	3.14	3.15
52.83	54.54	50.91	55.09	51.68	60.66	66.04	68.34	69.63	71.19
145.78	155.49	117.87	100.87	97.55	84.25	68.30	71.38	75.69	77.77
2018.66	2266.17	2180.89	2257.02	2274.32	2183.73	2187.17	2219.50	2183.30	2210.64
1953.54	2201.62	2116.17	2185.11	2193.16	2101.83	2109.65	2138.28	2106.42	2126.55
1406.10	1594.14	1609.19	1688.73	1733.86	1678.05	1687.34	1719.52	1692.50	1702.88
204.56	211.80	147.40	137.56	134.21	114.76	108.70	92.72	97.59	99.77
340.89	393.71	357.41	356.75	323.38	307.22	311.54	323.54	312.32	318.20
0.03	0.03	0.04	0.04		0.04	0.04	0.05	0.04	0.04
1.84	1.78	1.87	1.78	1.50	1.58	1.83	2.26	3.77	5.47
35.29	32.07	32.35	35.37	35.82	36.13	37.23	39.00	37.09	44.22
33.10	30.52	31.35	34.31	34.21	34.60	35.54	37.21	35.38	42.81
1.11	1.15	0.57	0.61	0.93	0.82	0.95	1.06	1.04	0.78
29.82	32.48	32.36	36.54	45.34	45.77	40.30	42.23	39.79	39.87
7.46	7.98	9.20	9.79	12.83	12.84	10.40	10.29	10.13	10.01
321.18	316.71	305.15	307.69	302.48	313.95	344.45	354.14	374.19	394.87
73.83	73.21	77.98	78.37	80.67	85.71	87.10	86.27	85.42	93.09
230.86	226.02	211.14	213.17	205.31	211.35	241.06	251.78	274.19	286.09
11.15	10.78	9.51	10.55	11.42	12.92	13.06	13.07	11.79	12.99
35.95	29.76	19.00	18.36	14.93	14.36	10.79	10.89	10.33	9.60
0.45	0.31	0.24	0.25	0.53	0.70	0.83	0.86	0.87	0.77
0.01	0.01	0.01	0.01	0.01	0.00	0.00			
23.37	23.81	26.97	26.98	27.70	27.90	28.15	27.17	26.57	26.46
7.35	7.08	8.15	6.84	6.60	6.31	6.30	6.93	8.10	7.97
6.04	6.30	7.31	6.18	5.57	5.23	5.34	5.93	6.46	6.73
3513.70	3664.08	3712.77	3826.40	3963.94	4086.71	4119.36	4299.80	4407.93	4504.47

2-7 分品种主要农作物单位面积产量(2000-2023年)

单位：公斤/公顷

指　标	Item	2000	2005	2010	2011	2012	2013
粮食作物总计	Grain Crops	5337.93	5544.89	5571.51	5743.63	5786.79	5855.66
夏收粮食	Summer Grain	2678.95	2875.05	3349.28	3300.11	3352.77	3645.58
谷物	Cereals	2731.04	2916.31	3433.74	3404.87	3485.36	3805.87
小麦	Wheat	2765.35	2916.78	3430.32	3401.51	3479.87	3807.09
大麦	Barley		2932.79	3688.63	3923.38	4124.51	3784.25
蚕豌豆	Broad Bean and Peas	1824.55	2025.54	2414.29	2111.34	1464.37	1783.52
马铃薯	Potato	2829.50	3070.91	3052.70	2947.49	2923.71	2999.63
早稻	Early-season Rice	5527.32	5667.67	5566.93	5689.29	5937.69	5776.56
秋收粮食	Autumn Grain	6421.63	6522.04	6623.56	6893.05	6932.00	6915.26
谷物	Cereals	7053.74	7008.45	6967.37	7280.65	7327.73	7255.45
中稻	Semilate Rice	8855.50	8386.49	8021.67	8381.06	8579.75	8369.38
双季晚稻	Double-crop Late Rice	6104.32	5883.52	6121.23	6126.75	6575.33	6674.52
玉米	Corn//Maize	5109.64	5002.82	4912.12	5024.92	4762.19	4721.26
谷子	Millet	2380.95	3333.33	1666.67	3444.00	3444.00	3159.75
高粱	Jowar	3698.63	3548.39	4793.10	4782.61	4725.74	4126.98
豆类	Beans	2034.51	2329.44	2354.89	2188.84	2016.00	2133.57
大豆	Soybean	2037.37	2428.65	2518.14	2348.72	2157.17	2259.14
绿豆	Green Beans		1724.14	1703.06	1533.14	1429.38	1296.30
薯类	Tubers	4928.60	4799.96	4398.54	3936.17	3508.20	3496.72
马铃薯	Potato	5710.10	4592.15	4748.08	4600.30	4627.51	4334.04
油料作物	Oil-bearing Crops	1910.07	2012.74	2174.21	2158.71	2161.57	2235.71
花生	Peanuts	3397.62	3505.53	3357.18	3514.02	3034.59	3315.95
油菜籽	Rapeseeds	1712.74	1859.25	2022.65	1952.04	1996.49	2073.84
芝麻	Sesames	1497.91	1333.66	1479.94	1600.23	1585.46	1562.95
棉花	Cotton	956.71	960.67	982.81	1076.00	1123.99	1106.13
麻类	Fiber Crops	2258.77	2059.32	2351.55	2430.87	2783.26	3095.11
黄红麻	Jute and Ambary Hemp	5903.23	3400.00	8051.67	4746.42	4019.85	2895.53
甘蔗	Sugar Cane	45792.79	42900.00	40270.41	41737.24	40049.93	38302.85
烟叶	Tobacco	1840.48	1907.53	1885.60	1963.78	1870.68	1798.58
烤烟	Flue-cured Tobacco	1708.94	1803.20	1822.91	1895.23	1759.00	1737.96
蔬菜(含菜用瓜)	Vegetables		29029.76	30957.44	31727.36	30976.95	31473.60

注：2007-2017年数据为根据第三次全国农业普查资料修订数据。
Note: The data from 2007 to 2017 were revised according to the third national agricultural census data.

Yield per Unit Area of Farm Crops by Type(2000-2023)

(kg/hectare)

2014	2015	2016	2017	2018	2019	2020	2021	2022	2023
5878.35	6092.22	5806.21	5864.69	5858.18	5912.81	5871.41	5899.14	5845.96	5899.85
3730.46	3686.88	3700.10	3581.63	3538.82	3645.06	3698.54	3625.55	3728.55	3755.60
3919.84	3844.60	3858.47	3697.37	3707.71	3832.05	3879.31	3790.21	3925.38	3944.88
3924.31	3849.63	3863.88	3701.82	3713.89	3838.68	3884.74	3795.78	3932.81	3952.47
3565.43	3391.24	3276.75	3291.77	3062.70	3172.65	3330.33	3256.40	3360.28	3365.69
1757.50	1708.72	1735.44	1757.28	1556.49	1602.87	1562.16	1596.68	1547.19	1557.62
2931.49	2918.69	2866.12	3020.45	2721.15	2900.20	3000.25	3016.16	3028.52	3086.62
5787.34	5964.30	5244.86	5795.58	5929.13	5911.34	5578.53	5937.79	5991.83	6048.37
6851.11	7112.31	6717.46	6806.93	6766.50	6797.95	6736.44	6808.45	6677.81	6745.28
7233.89	7485.59	7204.33	7296.73	7280.23	7306.52	7234.79	7318.59	7204.55	7270.87
8520.24	8794.77	8379.06	8479.04	8523.13	8487.76	8441.07	8516.03	8480.59	8508.77
6828.15	6830.98	6906.35	6797.26	6984.04	6863.57	6822.39	6960.20	6877.37	6916.07
4571.28	4839.60	4482.57	4488.61	4139.53	4222.73	4142.92	4241.94	4025.60	4157.86
3144.60	3064.65	3000.00	3750.00		3656.05	3724.73	3814.49	3815.25	3905.06
4093.57	4038.46	3511.21	3529.02	3534.64	3664.67	3600.56	3777.35	3902.65	4132.29
2322.19	2056.95	1536.93	1601.93	1554.33	1624.57	1606.87	1652.47	1533.79	1757.92
2419.62	2113.65	1550.09	1615.57	1556.65	1634.03	1617.36	1662.97	1538.92	1767.29
1317.83	1324.17	1300.38	1349.56	1351.74	1309.98	1316.53	1373.40	1362.31	1468.66
3174.42	3641.22	3277.66	3641.72	3835.66	4039.55	4065.19	4130.74	3829.33	3947.58
4060.51	4376.25	4364.93	4582.73	4698.49	4674.52	4600.20	4695.42	4657.85	4680.04
2260.89	2279.49	2327.88	2382.72	2408.65	2455.42	2499.80	2477.39	2538.66	2519.37
3380.79	3302.77	3359.40	3399.59	3468.04	3518.19	3501.83	3525.83	3516.17	3633.55
2095.60	2112.09	2146.53	2195.00	2200.65	2252.44	2330.53	2301.41	2379.24	2340.62
1559.79	1614.74	1479.01	1682.08	1683.16	1672.58	1630.74	1689.41	1791.24	1721.16
1042.63	1124.12	927.01	896.66	937.61	881.96	831.87	902.00	892.38	929.88
3448.18	3553.07	3912.44	4397.22	3124.85	2628.20	2494.79	2436.19	2512.45	2557.34
4405.72	4037.50	3681.89	3187.98	2800.00	2900.00	2800.00			
40096.50	37819.57	42043.25	41047.49	42940.31	43060.49	42430.49	42802.23	42352.97	42023.37
1718.32	1618.47	1827.12	1723.70	1762.41	1765.45	1731.39	1775.76	1984.78	1935.07
1654.94	1591.56	1788.84	1688.63	1657.60	1720.84	1690.33	1737.53	1825.33	1857.21
31547.66	32037.80	31763.02	32191.92	32378.01	32487.41	32184.92	32824.20	32804.97	33144.97

2-8 产粮大县全年粮食总产量(2023年)
The Grain Yield of the Major Grain Producing Counties(2023)

地 区	Region	播种面积 (千公顷) Sown Area (1000 hectares)	总产量 (万吨) Total Output (10000 tons)	单位面积产量 (公斤/公顷) Yield per Unit Area (kg/hectare)
江夏区	Jiangxia	32.06	20.49	6389.69
黄陂区	Huangpi	46.28	32.42	7004.97
新洲区	Xinzhou	37.62	23.08	6134.28
大冶市	Daye	38.59	25.47	6600.44
阳新县	Yangxin	47.46	29.35	6183.82
竹山县	Zhushan	39.68	15.01	3783.32
竹溪县	Zhuxi	38.37	14.86	3873.77
郧阳区	Yunyang	50.14	20.35	4058.34
夷陵区	Yiling	41.97	20.54	4894.04
当阳市	Dangyang	84.34	47.55	5637.69
枝江市	Zhijiang	62.35	32.35	5188.52
襄州区	Xiangzhou	208.42	127.05	6095.90
南漳县	Nanzhang	78.94	44.00	5574.32
谷城县	Gucheng	46.08	27.05	5869.63
老河口市	Laohekou	69.86	35.86	5132.79
枣阳市	Zaoyang	202.25	127.43	6300.77
宜城市	Yicheng	102.62	65.20	6353.26
京山市	Jingshan	119.59	71.62	5988.62
沙洋县	Shayang	128.05	91.49	7144.58
钟祥市	Zhongxiang	176.25	97.61	5538.03
孝南区	Xiaonan	32.76	24.38	7442.56
孝昌区	Xiaochang	39.75	25.60	6439.61
大悟县	Dawu	43.75	30.22	6906.37
云梦县	Yunmeng	39.37	25.11	6376.99
应城市	Yingcheng	52.38	35.60	6795.27
安陆市	Anlu	64.60	44.57	6899.98
汉川市	Hanchuan	83.40	53.21	6379.89
荆州市直	Jingzhou	66.07	41.16	6229.99
公安县	Gong'an	143.98	88.93	6176.57

2-8 续表 Continued

地 区	Region	播种面积(千公顷) Sown Area (1000 hectares)	总产量(万吨) Total Output (10000 tons)	单位面积产量(公斤/公顷) Yield per Unit Area (kg/hectare)
监利市	Jianli	173.18	128.81	7437.97
江陵县	Jiangling	88.45	51.16	5784.42
石首市	Shishou	54.30	30.38	5595.63
洪湖市	Honghu	96.26	64.85	6736.93
松滋市	Songzi	88.47	51.72	5846.20
红安县	Hong'an	31.14	18.56	5959.39
罗田县	Luotian	41.60	26.09	6271.21
浠水县	Xishui	55.77	42.33	7590.24
蕲春县	Qichun	65.44	46.73	7139.83
黄梅县	Huangmei	64.91	46.78	7207.15
麻城市	Macheng	50.19	36.52	7275.56
武穴市	Wuxue	46.60	33.33	7152.45
咸安区	Xian'an	35.50	22.83	6431.12
崇阳县	Chongyang	39.46	22.29	5649.36
赤壁市	Chibi	42.24	28.49	6745.87
随 县	Suixian	119.48	82.06	6868.03
曾都区	Zengdu	39.66	26.89	6780.63
广水市	Guangshui	52.09	38.42	7375.82
恩施市	Enshi	60.66	21.00	3462.30
利川市	Lichuan	78.02	31.87	4085.34
建始县	Jianshi	50.24	20.85	4150.04
巴东县	Badong	61.59	20.29	3294.74
咸丰县	Xianfeng	46.16	20.00	4333.86
仙桃市	Xiantao	118.16	71.31	6035.48
潜江市	Qianjiang	102.79	60.40	5875.35
天门市	Tianmen	161.07	82.25	5106.49

2-9 产粮大县夏收粮食产量(2023年)

The Grain Yield of the Major Grain Producing Counties in the Summer(2023)

地 区	Region	播种面积 (千公顷) Sown Area (1000 hectares)	总产量 (万吨) Total Output (10000 tons)	单位面积产量 (公斤/公顷) Yield per Unit Area (kg/hectare)
江夏区	Jiangxia	0.65	0.17	2636.91
黄陂区	Huangpi	2.95	0.75	2554.87
新洲区	Xinzhou	5.47	1.61	2940.17
大冶市	Daye	4.50	1.33	2948.75
阳新县	Yangxin	5.86	1.68	2861.01
竹山县	Zhushan	11.62	3.50	3009.46
竹溪县	Zhuxi	12.31	3.77	3063.35
郧阳区	Yunyang	24.00	8.46	3525.90
夷陵区	Yiling	9.03	3.24	3590.78
当阳市	Dangyang	21.23	7.83	3689.73
枝江市	Zhijiang	20.78	7.33	3526.73
襄州区	Xiangzhou	104.34	60.74	5821.03
南漳县	Nanzhang	36.65	14.44	3940.29
谷城县	Gucheng	18.58	8.56	4607.11
老河口市	Laohekou	34.39	17.10	4972.31
枣阳市	Zaoyang	100.15	56.68	5659.50
宜城市	Yicheng	47.38	23.88	5041.05
京山市	Jingshan	33.82	11.31	3344.43
沙洋县	Shayang	25.80	8.65	3354.30
钟祥市	Zhongxiang	57.87	19.04	3289.76
孝南区	Xiaonan	3.67	1.23	3351.85
孝昌区	Xiaochang	8.56	2.81	3282.80
大悟县	Dawu	11.58	3.47	3001.30
云梦县	Yunmeng	8.39	2.74	3266.40
应城市	Yingcheng	7.66	2.38	3110.60
安陆市	Anlu	18.42	6.10	3312.97
汉川市	Hanchuan	26.26	8.39	3195.73
荆州市直	Jingzhou	15.24	4.57	2998.27
公安县	Gong'an	43.13	13.57	3145.91

2-9 续表 Continued

地 区	Region	播种面积 (千公顷) Sown Area (1000 hectares)	总产量 (万吨) Total Output (10000 tons)	单位面积产量 (公斤/公顷) Yield per Unit Area (kg/hectare)
监利市	Jianli	18.52	5.40	2913.18
江陵县	Jiangling	34.98	10.80	3088.94
石首市	Shishou	11.90	3.47	2918.51
洪湖市	Honghu	19.59	5.66	2890.93
松滋市	Songzi	25.46	8.04	3157.47
红安县	Hong'an	2.24	0.69	3087.09
罗田县	Luotian	7.86	2.82	3590.45
浠水县	Xishui	3.17	1.03	3244.27
蕲春县	Qichun	3.82	1.33	3472.90
黄梅县	Huangmei	8.41	2.62	3112.73
麻城市	Macheng	6.45	2.12	3287.53
武穴市	Wuxue	5.23	1.56	2989.19
咸安区	Xian'an	1.88	0.48	2528.83
崇阳县	Chongyang	2.61	0.76	2896.74
赤壁市	Chibi	2.44	0.72	2936.95
随 县	Suixian	39.60	15.23	3844.79
曾都区	Zengdu	12.88	4.74	3676.01
广水市	Guangshui	8.50	2.83	3326.29
恩施市	Enshi	20.77	5.92	2851.29
利川市	Lichuan	22.98	5.58	2426.87
建始县	Jianshi	17.65	5.26	2983.74
巴东县	Badong	20.16	5.46	2706.42
咸丰县	Xianfeng	12.75	3.46	2711.08
仙桃市	Xiantao	28.31	8.35	2947.50
潜江市	Qianjiang	29.00	8.96	3091.09
天门市	Tianmen	60.01	18.18	3029.24

2-10 主要畜禽生产情况
Number of Livestock or Poultry

指 标	Item	单位	Unit	2013	2014	2015	2016	2017
畜禽存栏	**Number of Livestock or Poultry in Stock**							
猪	Hogs	万头	10000 heads	2658.35	2655.76	2613.15	2558.06	2578.53
其中：能繁殖母猪	Sow	万头	10000 heads	274.04	272.74	260.68	252.00	254.78
牛	Cattle and Buffaloes	万头	10000 heads	239.11	232.40	226.31	211.22	238.00
羊	Sheep and Goats	万只	10000 heads	490.08	501.55	501.14	510.84	543.53
活家禽	Poultry	万只	10000 heads	33584.45	35566.79	35752.61	33855.62	34160.32
畜禽出栏	**Number of Slaughtered Livestock or Poultry**							
猪	Hogs	万头	10000 heads	4513.10	4659.50	4566.00	4442.25	4448.02
牛	Cattle and Buffaloes	万头	10000 heads	105.99	110.41	111.49	107.43	107.90
羊	Sheep and Goats	万只	10000 heads	545.27	578.37	592.48	602.59	604.40
活家禽	Poultry	万只	10000 heads	52965.51	52490.49	52177.53	53278.13	51946.17
畜禽产品产量	**Output of Livestock or Poultry**							
猪肉	Pork	万吨	10000 tons	342.50	353.61	346.83	338.85	339.29
牛肉	Beef	万吨	10000 tons	15.24	15.88	16.03	15.53	15.76
羊肉	Mutton	万吨	10000 tons	8.70	9.19	9.48	9.64	9.67
禽肉	Poultry	万吨	10000 tons	71.12	70.34	69.92	71.40	69.61
禽蛋	Poultry Eggs	万吨	10000 tons	147.15	157.63	168.37	171.25	168.17
牛奶	Cow Milk	万吨	10000 tons	12.26	12.81	13.41	13.42	12.76

2-10 续表 Continued

指 标	Item	单位	Unit	2018	2019	2020	2021	2022	2023
畜禽存栏	**Number of Livestock or Poultry in Stock**								
猪	Hogs	万头	10000 heads	2521.80	1617.86	2161.46	2530.14	2550.92	2595.30
其中：能繁殖母猪	Sow	万头	10000 heads	238.98	162.51	220.68	248.22	251.38	236.80
牛	Cattle and Buffaloes	万头	10000 heads	241.09	243.15	242.08	239.66	235.82	234.03
羊	Sheep and Goats	万只	10000 heads	546.79	553.35	533.26	536.81	531.67	527.10
活家禽	Poultry	万只	10000 heads	34706.88	36214.91	38289.98	41653.49	41195.30	39704.03
畜禽出栏	**Number of Slaughtered Livestock or Poultry**								
猪	Hogs	万头	10000 heads	4363.50	3189.24	2631.12	4115.08	4286.15	4438.53
牛	Cattle and Buffaloes	万头	10000 heads	108.33	109.52	101.96	104.98	107.64	113.79
羊	Sheep and Goats	万只	10000 heads	609.23	615.93	532.68	580.75	631.59	630.93
活家禽	Poultry	万只	10000 heads	53244.82	59394.01	59325.84	61233.01	61648.98	61689.66
畜禽产品产量	**Output of Livestock or Poultry**								
猪肉	Pork	万吨	10000 tons	333.18	242.95	203.84	317.99	331.69	347.25
牛肉	Beef	万吨	10000 tons	15.82	15.99	15.40	15.84	16.26	17.19
羊肉	Mutton	万吨	10000 tons	9.75	9.85	8.86	9.65	10.53	10.52
禽肉	Poultry	万吨	10000 tons	71.35	79.48	79.00	81.59	82.11	82.17
禽蛋	Poultry Eggs	万吨	10000 tons	171.53	178.75	193.09	196.72	207.96	216.25
牛奶	Cow Milk	万吨	10000 tons	12.81	13.38	13.39	9.61	9.18	8.99

注：2010-2017年数据为根据第三次全国农业普查资料修订数据。
Note: The data from 2010 to 2017 were revised according to the third national agricultural census data.

2-11 生猪调出大县年末生猪存栏
Number of Hogs in Stock at End of Period by Regions

单位：万头 (10000 heads)

地 区	Region	2014	2015	2016	2017	2018	2019	2020	2021	2022	2023
江夏区	Jiangxia	59.96	58.83	56.99	53.61	52.40	23.37	51.09	53.30	52.23	53.40
黄陂区	Huangpi	52.05	52.37	50.83	47.76	46.80	24.01	29.50	40.04	27.91	38.02
大冶市	Daye	34.46	35.34	34.70	37.01	36.30	17.26	29.84	35.19	30.32	31.99
夷陵区	Yiling	55.16	53.77	52.07	51.39	50.30	34.32	41.12	51.35	52.07	54.57
宜都市	Yidu	47.13	46.03	44.62	45.44	44.50	27.81	36.40	43.20	44.02	48.63
当阳市	Dangyang	71.40	69.16	67.48	65.94	64.50	30.18	53.08	63.33	62.27	62.11
枝江市	Zhijiang	72.61	69.79	68.14	67.06	65.70	35.44	54.17	63.80	63.03	52.02
襄州区	Xiangzhou	52.68	52.87	51.35	50.47	49.40	26.28	45.91	50.16	52.14	51.43
南漳县	Nanzhang	52.57	52.82	51.20	51.76	50.60	29.79	44.81	50.30	54.59	48.44
老河口市	Laohekou	38.78	39.26	38.44	49.65	48.10	28.20	50.78	51.70	53.70	53.45
枣阳市	Zaoyang	64.29	62.35	60.62	60.01	58.60	26.14	48.02	59.18	60.15	57.12
宜城市	Yicheng	46.48	47.85	50.40	45.37	44.50	25.17	40.30	47.93	49.66	50.06
鄂州市	Ezhou	53.58	51.34	49.91	51.33	50.30	29.76	35.68	48.81	48.12	47.35
京山市	Jingshan	60.59	59.62	57.91	58.26	56.90	28.91	52.43	55.50	56.39	59.32
沙洋县	Shayang	48.90	48.11	46.79	46.40	45.50	14.58	42.12	45.19	45.45	52.22
钟祥市	Zhongxiang	76.66	76.41	77.40	93.97	91.80	51.89	83.76	89.41	90.03	84.85
安陆市	Anlu	38.96	40.24	39.47	40.55	39.70	20.41	35.09	38.53	39.23	38.10
公安县	Gong'an	55.50	53.62	52.28	51.83	50.70	11.10	32.83	47.85	34.50	24.46
监利市	Jianli	49.97	51.85	54.04	52.46	51.40	25.88	46.87	41.97	42.03	48.14
松滋市	Songzi	66.62	64.78	65.23	64.91	63.60	33.36	44.33	61.71	65.15	57.47
浠水县	Xishui	37.47	37.59	37.36	38.96	38.10	17.11	36.50	38.95	41.50	49.32
麻城市	Macheng	40.70	41.82	41.54	43.95	43.10	20.57	37.57	39.89	42.30	41.00
武穴市	Wuxue	67.11	67.62	69.81	69.38	67.90	28.96	51.03	59.00	63.00	64.50
通城县	Tongcheng	43.14	42.18	41.03	39.27	38.50	18.89	31.55	37.61	42.89	41.07
随 县	Suixian	40.38	39.02	37.86	36.88	36.10	19.10	32.44	36.11	39.88	43.13
广水市	Guangshui	34.54	34.00	33.56	40.30	39.40	25.59	36.78	40.28	43.39	35.79
恩施市	Enshi	52.64	51.00	49.49	50.08	49.20	34.89	46.59	58.59	50.85	50.44
利川市	Lichuan	39.34	39.38	38.16	38.89	38.30	17.31	36.95	45.74	40.00	46.55
建始县	Jianshi	35.49	36.97	36.20	37.08	36.30	27.21	34.19	42.31	40.56	42.87
巴东县	Badong	37.95	37.34	36.51	37.82	37.10	24.20	36.82	40.12	40.50	41.10
仙桃市	Xiantao	53.11	51.95	50.73	47.14	45.20	20.94	28.45	33.73	33.33	29.88
潜江市	Qianjiang	57.86	56.32	55.14	50.81	49.70	25.27	33.72	39.43	38.86	33.08
天门市	Tianmen	68.55	65.67	63.75	64.60	63.10	28.99	40.99	42.20	40.89	35.09

2-12 生猪调出大县能繁殖母猪年末存栏
Number of Sows in Stock at End of Period by Regions

单位：万头 (10000 heads)

地 区	Region	2014	2015	2016	2017	2018	2019	2020	2021	2022	2023
江夏区	Jiangxia	6.13	6.09	5.85	5.51	5.20	2.34	4.50	4.59	4.96	4.94
黄陂区	Huangpi	5.03	4.97	4.78	4.50	4.20	2.01	2.95	3.23	3.40	3.36
大冶市	Daye	3.19	3.23	3.14	3.36	3.20	1.64	2.90	3.23	3.28	3.09
夷陵区	Yiling	5.95	5.72	5.49	5.43	5.10	3.61	4.20	4.60	4.93	4.92
宜都市	Yidu	4.26	4.10	3.93	4.01	3.80	2.50	3.75	3.95	3.95	3.94
当阳市	Dangyang	8.70	8.30	8.02	7.85	7.40	3.33	5.51	6.53	6.26	5.68
枝江市	Zhijiang	10.62	9.88	9.55	9.42	8.90	3.41	5.57	6.20	6.01	5.11
襄州区	Xiangzhou	6.48	6.41	6.16	6.07	5.70	2.88	5.65	5.14	5.01	4.37
南漳县	Nanzhang	6.25	6.26	6.01	6.09	5.70	3.51	5.34	4.68	4.98	4.55
老河口市	Laohekou	4.51	4.50	4.36	4.79	4.50	3.43	5.26	5.04	4.89	4.85
枣阳市	Zaoyang	7.14	6.82	6.57	6.52	6.10	2.88	5.91	5.92	5.72	5.49
宜城市	Yicheng	4.85	4.87	5.08	4.58	4.30	2.84	5.74	5.02	4.92	4.56
鄂州市	Ezhou	6.12	5.87	5.65	5.82	5.50	3.32	4.15	4.81	4.73	4.35
京山市	Jingshan	5.17	5.01	4.82	4.86	4.60	2.40	5.38	5.43	5.83	5.81
沙洋县	Shayang	4.91	4.66	4.49	4.46	4.20	1.48	4.20	4.52	4.65	4.61
钟祥市	Zhongxiang	7.83	7.58	7.61	9.26	8.70	5.31	8.05	7.91	8.60	8.33
安陆市	Anlu	3.82	3.89	3.78	3.89	3.70	2.34	3.86	4.02	4.01	3.71
公安县	Gong'an	5.17	4.92	4.75	4.72	4.40	0.88	3.27	5.05	3.40	2.43
监利市	Jianli	4.70	4.80	4.95	4.81	4.50	2.67	3.88	4.55	4.17	4.17
松滋市	Songzi	7.40	7.19	7.20	7.18	6.80	3.34	3.94	4.15	5.80	5.34
浠水县	Xishui	3.75	3.71	3.65	3.81	3.60	1.99	3.85	4.28	4.30	4.24
麻城市	Macheng	3.84	3.86	3.79	4.02	3.80	1.90	3.38	3.79	4.17	4.00
武穴市	Wuxue	5.79	5.79	5.92	5.89	5.60	1.91	3.93	4.75	4.70	4.86
通城县	Tongcheng	3.80	3.70	3.56	3.41	3.20	1.79	3.07	3.05	3.92	3.90
随 县	Suixian	3.98	3.79	3.64	3.55	3.30	1.89	3.48	3.69	4.01	3.99
广水市	Guangshui	3.21	3.16	3.09	3.72	3.50	2.33	3.88	4.01	3.90	3.52
恩施市	Enshi	6.49	6.30	6.05	6.13	5.80	4.30	4.80	6.49	5.00	4.98
利川市	Lichuan	4.34	4.28	4.11	4.20	4.00	1.99	4.00	4.82	3.85	3.80
建始县	Jianshi	3.68	3.78	3.66	3.76	3.50	2.83	3.60	4.17	3.66	3.66
巴东县	Badong	3.92	3.85	3.73	3.87	3.60	2.66	3.85	4.05	3.62	3.34
仙桃市	Xiantao	5.55	5.35	5.17	4.81	4.50	3.14	3.34	3.44	3.67	2.96
潜江市	Qianjiang	6.38	6.12	5.93	5.47	5.20	2.88	3.37	3.61	3.89	3.26
天门市	Tianmen	5.98	5.65	5.43	5.51	5.20	2.46	4.04	3.63	4.19	3.42

2-13 生猪调出大县生猪出栏
Number of Slaughtered Hogs by Regions

单位：万头 (10000 heads)

地 区	Region	2014	2015	2016	2017	2018	2019	2020	2021	2022	2023
江夏区	Jiangxia	102.23	102.78	99.20	93.50	91.70	49.95	52.69	86.59	87.39	93.23
黄陂区	Huangpi	99.31	100.60	97.30	91.60	90.50	59.44	22.78	58.74	59.51	63.40
大冶市	Daye	51.52	53.29	52.10	55.70	54.60	32.47	30.27	41.29	51.27	52.15
夷陵区	Yiling	103.24	101.35	97.80	96.70	94.80	65.63	48.01	93.09	93.71	101.24
宜都市	Yidu	76.60	75.40	72.80	74.30	72.70	51.22	40.66	74.00	74.00	78.19
当阳市	Dangyang	107.66	105.18	102.20	100.10	98.20	61.98	46.16	95.79	96.49	96.62
枝江市	Zhijiang	109.62	106.26	103.30	101.90	100.40	63.61	51.39	98.19	99.20	100.77
襄州区	Xiangzhou	112.61	113.71	110.10	101.29	99.50	61.92	43.39	84.73	89.16	93.32
南漳县	Nanzhang	105.61	106.80	103.20	104.50	102.10	67.49	54.64	82.03	94.38	100.74
老河口市	Laohekou	65.53	66.85	65.20	87.76	83.50	57.54	73.47	88.66	88.90	94.92
枣阳市	Zaoyang	116.88	114.16	110.60	109.70	106.80	66.44	51.10	100.66	104.24	111.36
宜城市	Yicheng	79.77	83.58	87.70	81.10	80.90	48.87	58.60	80.17	83.50	88.51
鄂州市	Ezhou	98.75	95.28	92.30	95.10	93.20	59.90	44.60	71.92	76.32	76.16
京山市	Jingshan	102.56	101.70	98.40	99.20	97.20	61.60	57.77	96.75	96.88	99.06
沙洋县	Shayang	96.16	95.22	92.30	91.70	89.90	53.62	51.63	87.00	87.21	91.00
钟祥市	Zhongxiang	126.57	127.15	128.30	156.10	153.50	106.04	85.22	144.19	144.94	152.05
安陆市	Anlu	70.33	73.16	71.50	73.60	72.10	46.86	46.02	74.04	75.53	79.86
公安县	Gong'an	83.72	81.58	79.20	78.70	76.70	43.82	20.14	60.68	66.90	62.13
监利市	Jianli	68.57	71.82	74.50	72.50	72.10	47.97	31.29	66.18	71.06	79.09
松滋市	Songzi	128.36	125.66	126.10	125.70	123.50	77.89	62.18	118.47	112.49	115.53
浠水县	Xishui	64.34	65.05	64.40	67.30	65.80	39.29	36.97	71.91	73.25	77.33
麻城市	Macheng	63.13	65.40	64.70	68.60	67.70	42.92	45.88	67.13	69.48	73.43
武穴市	Wuxue	100.61	102.25	105.10	104.70	102.80	65.04	52.71	101.39	105.12	108.98
通城县	Tongcheng	74.16	73.05	70.80	67.90	66.50	42.85	37.53	53.04	56.01	59.17
随 县	Suixian	83.24	80.95	78.30	76.40	74.90	47.37	50.13	78.18	75.15	77.86
广水市	Guangshui	58.02	57.55	56.60	68.10	67.20	48.43	50.02	75.84	72.16	74.77
恩施市	Enshi	91.25	89.05	86.10	87.30	86.00	61.13	64.37	98.66	98.84	101.06
利川市	Lichuan	67.58	68.16	65.80	67.20	65.90	39.53	43.92	76.99	77.11	79.18
建始县	Jianshi	59.09	62.03	60.50	62.10	61.10	45.66	43.29	67.32	67.60	68.70
巴东县	Badong	68.45	67.85	66.10	68.60	67.30	45.78	44.30	70.04	70.24	73.69
仙桃市	Xiantao	102.78	101.20	98.50	91.70	89.80	53.66	36.99	59.62	54.21	41.20
潜江市	Qianjiang	104.86	102.81	100.30	92.60	90.70	55.96	36.70	57.96	59.00	60.73
天门市	Tianmen	110.74	106.94	103.40	105.00	102.90	63.14	35.29	69.30	63.65	65.36

2-14 生猪调出大县猪肉产量
Output of Pork by Regions

单位：万吨 (10000 tons)

地 区	Region	2014	2015	2016	2017	2018	2019	2020	2021	2022	2023
江夏区	Jiangxia	7.73	7.77	7.50	7.07	6.94	3.81	4.09	6.61	6.67	7.32
黄陂区	Huangpi	8.10	8.11	7.84	7.38	7.30	4.54	1.75	4.49	4.54	4.96
大冶市	Daye	3.89	4.02	3.93	4.20	4.12	2.48	2.32	3.15	3.91	4.08
夷陵区	Yiling	7.91	7.76	7.49	7.41	7.27	5.01	3.72	7.11	7.15	7.94
宜都市	Yidu	5.84	5.74	5.55	5.66	5.54	3.91	3.16	5.65	5.65	6.14
当阳市	Dangyang	8.19	8.01	7.78	7.62	7.48	4.73	3.57	7.32	7.36	7.56
枝江市	Zhijiang	8.38	8.12	7.89	7.78	7.67	4.86	3.99	7.50	7.57	7.91
襄州区	Xiangzhou	8.44	8.61	8.33	7.66	7.53	4.73	3.41	6.47	6.81	7.31
南漳县	Nanzhang	7.85	8.01	7.74	7.84	7.67	5.15	4.29	6.26	7.21	7.90
老河口市	Laohekou	4.94	5.04	4.91	6.61	6.30	4.39	5.65	6.77	6.79	7.44
枣阳市	Zaoyang	8.82	8.62	8.35	8.28	8.07	5.07	3.96	7.69	7.96	8.72
宜城市	Yicheng	6.06	6.35	6.66	6.16	6.15	3.73	4.54	6.12	6.38	6.93
鄂州市	Ezhou	7.51	7.24	7.02	7.23	7.09	4.57	3.45	5.49	5.83	5.96
京山市	Jingshan	8.33	8.03	7.77	7.83	7.68	4.70	4.45	7.39	7.39	7.77
沙洋县	Shayang	7.12	7.11	6.90	6.86	6.73	4.09	4.00	6.64	6.62	7.14
钟祥市	Zhongxiang	9.85	9.89	9.98	12.14	11.95	8.10	6.60	11.01	11.07	11.95
安陆市	Anlu	5.33	5.54	5.42	5.58	5.47	3.58	3.54	5.65	5.76	6.26
公安县	Gong'an	6.28	6.12	5.95	5.91	5.77	3.35	1.59	4.63	5.11	4.88
监利市	Jianli	5.17	5.42	5.62	5.47	5.45	3.66	2.45	5.05	5.43	6.21
松滋市	Songzi	9.94	9.73	9.76	9.73	9.57	5.95	4.74	9.05	8.58	9.04
浠水县	Xishui	4.85	4.90	4.85	5.07	4.96	3.00	2.85	5.54	5.60	6.06
麻城市	Macheng	4.76	4.93	4.88	5.17	5.11	3.28	3.52	5.13	5.31	5.75
武穴市	Wuxue	7.56	7.69	7.90	7.87	7.73	4.97	4.07	7.76	8.03	8.53
通城县	Tongcheng	5.53	5.52	5.35	5.13	5.03	3.27	2.87	4.05	4.28	4.63
随 县	Suixian	6.31	6.14	5.94	5.80	5.69	3.62	3.86	5.97	5.74	6.10
广水市	Guangshui	4.39	4.36	4.29	5.16	5.10	3.70	3.84	5.79	5.51	5.85
恩施市	Enshi	6.93	6.77	6.54	6.63	6.54	4.67	4.91	7.53	7.53	7.92
利川市	Lichuan	5.12	5.16	4.98	5.09	5.00	3.02	3.37	5.88	5.87	6.19
建始县	Jianshi	4.46	4.68	4.57	4.69	4.62	3.49	3.36	5.14	5.16	5.38
巴东县	Badong	5.17	5.12	4.99	5.18	5.09	3.50	3.44	5.35	5.36	5.78
仙桃市	Xiantao	8.37	8.08	7.86	7.32	7.18	4.10	2.82	4.55	4.12	3.21
潜江市	Qianjiang	8.52	8.11	7.91	7.30	7.16	4.27	2.87	4.44	4.50	4.76
天门市	Tianmen	8.31	8.03	7.76	7.88	7.73	4.82	2.73	5.31	4.85	5.12

2-15 中稻中间消耗
Mid-consumption of Middle-season Rice

单位：元/亩 (yuan/mu)

指　标	Item	2015	2016	2017	2018	2019	2020	2021	2022	2023
平均每单位产值	**Output Value per Unit**	**1514.01**	**1237.11**	**1339.62**	**1288.03**	**1376.34**	**1370.00**	**1344.22**	**1296.58**	**1543.87**
平均每单位中间消耗	**Intermediate Consumption per Unit**	**452.33**	**449.30**	**474.48**	**495.07**	**503.29**	**487.38**	**531.56**	**545.81**	**591.38**
物质消耗	**Material Consumption**	**307.39**	**305.99**	**328.62**	**340.53**	**357.77**	**340.45**	**364.00**	**382.11**	**403.86**
用种量	Seed Quantity	93.13	89.32	107.11	106.75	112.62	102.92	110.21	91.66	127.73
饲料、饲草	Forages, Forage Grass									
肥料	Fertilizers	120.45	137.12	135.10	134.49	133.04	136.80	143.38	165.59	152.31
燃料	Fuels	22.02	16.31	17.20	25.18	19.00	16.85	21.72	5.98	6.16
农膜(棚膜、地膜)	Agricultural Film (shed film, mulch)	1.63	1.85	1.93	2.70	2.03	1.82	1.92		
农药	Pesticides	53.98	51.46	55.98	59.48	65.32	68.95	77.10	107.73	106.39
畜牧水产养殖用药品	Pesticides for Cultivation									
用水量	Water Consumption	3.19	4.28	2.02	0.82	0.99	0.96	0.17		
用电量	Electricity Consumption	11.36	4.27	6.71	7.92	8.82	9.43	8.47	11.14	11.27
棚架材料费	Scaffold Material Cost	0.37	0.83	0.44	0.02	0.00	0.01	0.16		
小农具购置费	Small Farm Implements	0.82	0.36	1.55	1.82	14.05	2.21	0.23		
办公用品购置	Office Supplies	0.08	0.15	0.03	0.03	0.07	0.03	0.18		
其他物质消耗	Others	0.38	0.04	0.55	1.31	1.83	0.48	0.46		
生产服务支出	**Cost of Production Services**	**144.93**	**143.31**	**145.86**	**154.53**	**145.52**	**146.92**	**167.56**	**163.70**	**187.53**
外雇运输费	Transport Fee	8.68	9.55	9.71	12.50	11.04	9.15	6.49	1.81	1.95
外雇排灌费	Irrigation and Drainage Fee	6.15	8.87	5.59	7.41	7.91	6.84	7.89	20.97	25.40
外雇机械作业费	Mechanical Work Fee	121.05	118.07	116.93	128.09	117.99	122.37	142.22	135.22	155.88
配种费	Breeding Fee									
防疫费	Epidemic Prevention Fee									
技术服务费	Technical Advisory Fee	0.84	0.27	0.04	0.01	0.76	0.25	0.28		
保险费	Insurance Fee	1.65	1.52	2.06	1.98	2.77	3.54	3.41		
其他服务费	Others	6.54	5.04	11.52	4.53	5.04	4.77	7.27	5.70	4.29

2-16 小麦中间消耗
Mid-consumption of Wheat

单位：元/亩 (yuan/mu)

指　标	Item	2015	2016	2017	2018	2019	2020	2021	2022	2023
平均每单位产值	**Output Value per Unit**	**516.80**	**519.20**	**530.62**	**484.37**	**561.77**	**594.67**	**513.94**	**1098.84**	**909.87**
平均每单位中间消耗	**Intermediate Consumption per Unit**	**272.99**	**312.06**	**276.78**	**294.27**	**299.97**	**295.39**	**314.53**	**399.12**	**419.56**
物质消耗	**Material Consumption**	**190.50**	**208.71**	**192.32**	**206.34**	**211.53**	**204.38**	**219.59**	**308.42**	**320.39**
用种量	Seed Quantity	56.30	64.61	55.33	57.73	59.40	54.93	59.49	80.64	93.74
饲料、饲草	Forages, Forage Grass									
肥料	Fertilizers	102.82	105.31	101.89	113.82	108.37	107.24	111.38	145.28	148.81
燃料	Fuels	10.11	12.32	8.50	9.70	14.66	10.44	11.58	33.32	27.36
农膜(棚膜、地膜)	Agricultural Film (shed film, mulch)									
农药	Pesticides	19.08	23.43	22.50	24.05	23.70	29.96	35.74	42.94	44.83
畜牧水产养殖用药品	Pesticides for Cultivation									
用水量	Water Consumption	0.60	0.90	0.79	0.04			0.08		
用电量	Electricity Consumption	0.83	0.79	0.40	0.37	1.15	0.62	0.77	3.84	2.90
棚架材料费	Scaffold Material Cost									
小农具购置费	Small Farm Implements	0.56	0.07	0.21	0.20	4.03	0.19	0.50	2.39	2.74
办公用品购置	Office Supplies	0.02	0.01	0.01	0.03	0.03	0.93	0.03		
其他物质消耗	Others	0.18	1.28	2.69	0.40	0.19	0.07	0.02		
生产服务支出	**Cost of Production Services**	**82.49**	**103.35**	**84.46**	**87.93**	**88.44**	**91.01**	**94.94**	**90.70**	**99.17**
外雇运输费	Transport Fee	3.60	4.69	3.03	3.83	2.20	2.44	0.90	1.80	5.77
外雇排灌费	Irrigation and Drainage Fee	1.04	0.25	0.45	2.22		1.92	4.87		3.88
外雇机械作业费	Mechanical Work Fee	71.35	87.25	78.25	78.43	77.49	83.43	86.44	88.74	89.45
配种费	Breeding Fee									
防疫费	Epidemic Prevention Fee									
技术服务费	Technical Advisory Fee	0.14	0.01	0.12	0.04	0.04	0.06	0.14		
保险费	Insurance Fee	0.52	0.41	0.16	0.17	0.41	0.43	0.64	0.16	0.07
其他服务费	Others	5.84	10.74	2.45	3.24	8.30	2.72	1.95		

2-17 玉米中间消耗
Mid-consumption of Corn

单位：元/亩 (yuan/mu)

指　标	Item	2015	2016	2017	2018	2019	2020	2021	2022	2023
平均每单位产值	**Output Value per Unit**	**835.62**	**735.46**	**848.63**	**884.11**	**941.57**	**1070.47**	**1093.3**	**1140.20**	**1215.73**
平均每单位中间消耗	**Intermediate Consumption per Unit**	**317.71**	**375.08**	**326.35**	**338.09**	**362.49**	**333.10**	**359.51**	**429.24**	**453.08**
物质消耗	**Material Consumption**	**240.56**	**266.84**	**252.29**	**257.18**	**280.93**	**255.76**	**290.07**	**362.75**	**375.27**
用种量	Seed Quantity	62.93	63.36	54.09	57.00	70.06	61.83	65.23	65.28	64.20
饲料、饲草	Forages, Forage Grass									
肥料	Fertilizers	143.42	168.88	158.75	148.87	153.46	148.59	180.23	231.70	258.97
燃料	Fuels	8.51	7.49	9.37	13.86	8.38	6.02	9.7	12.28	5.78
农膜(棚膜、地膜)	Agricultural Film (shed film, mulch)	3.48	2.44	3.28	3.96	7.33	6.13	5.08	0.72	3.03
农药	Pesticides	20.74	21.86	23.02	23.89	36.23	30.20	27.39	45.45	43.11
畜牧水产养殖用药品	Pesticides for Cultivation									
用水量	Water Consumption		0.01						0.02	
用电量	Electricity Consumption	0.24	0.32	0.88	6.76	3.86	1.39	1.19	0.02	0.04
棚架材料费	Scaffold Material Cost			0.62					1.71	
小农具购置费	Small Farm Implements	0.83	2.06	1.23	1.46	0.96	0.96	1	4.03	0.15
办公用品购置	Office Supplies									
其他物质消耗	Others	0.41	0.42	1.06	1.38	0.66	0.65	0.25	1.55	
生产服务支出	**Cost of Production Services**	**77.15**	**108.24**	**74.06**	**80.92**	**81.56**	**77.33**	**69.44**	**66.49**	**77.81**
外雇运输费	Transport Fee	3.37	9.98	5.91	5.08	5.99	3.75	3.32	2.37	4.56
外雇排灌费	Irrigation and Drainage Fee	0.79	5.22			3.85	3.82			
外雇机械作业费	Mechanical Work Fee	71.77	88.49	64.12	66.94	60.74	66.54	63.85	63.15	71.73
配种费	Breeding Fee									
防疫费	Epidemic Prevention Fee									
技术服务费	Technical Advisory Fee	0.06								
保险费	Insurance Fee		0.01							1.06
其他服务费	Others	1.16	4.55	4.02	8.89	10.98	3.22	2.27	0.97	0.46

2-18 棉花中间消耗
Mid-consumption of Cotton

单位：元/亩 (yuan/mu)

指 标	Item	2015	2016	2017	2018	2019	2020	2021	2022	2023
平均每单位产值	**Output Value per Unit**	**1244.16**	**1350.77**	**929.05**	**1427.22**	**1253.57**	**1088.87**	**1543.72**	**1293.74**	**1647.44**
平均每单位中间消耗	**Intermediate Consumption per Unit**	**354.27**	**392.76**	**379.56**	**368.43**	**374.51**	**383.22**	**439.98**	**568.63**	**520.72**
物质消耗	**Material Consumption**	**292.77**	**334.67**	**335.60**	**334.69**	**351.59**	**352.63**	**410.72**	**550.16**	**497.41**
用种量	Seed Quantity	51.95	53.98	51.04	46.82	46.97	47.58	93.61	50.33	54.25
饲料、饲草	Forages, Forage Grass									
肥料	Fertilizers	151.56	178.89	189.73	187.97	195.34	210.74	218.14	383.18	330.77
燃料	Fuels	2.60	1.88	1.67	2.97	4.19	3.15	5.93	8.23	5.27
农膜(棚膜、地膜)	Agricultural Film (shed film, mulch)	8.56	5.95	2.96	4.88	2.39	2.38	2.87	2.98	2.60
农药	Pesticides	74.79	91.56	88.37	88.72	100.40	86.55	86.48	102.71	98.60
畜牧水产养殖用药品	Pesticides for Cultivation									
用水量	Water Consumption									
用电量	Electricity Consumption	1.31	1.85		1.33	0.29				
棚架材料费	Scaffold Material Cost								0.67	0.30
小农具购置费	Small Farm Implements							1.48	1.51	5.41
办公用品购置	Office Supplies									
其他物质消耗	Others	2.00	0.56	1.82	2.00	2.00	2.22	2.22	0.56	0.22
生产服务支出	**Cost of Production Services**	**61.50**	**58.09**	**43.96**	**33.73**	**22.92**	**30.59**	**29.26**	**18.47**	**23.30**
外雇运输费	Transport Fee	2.71	8.79	4.32	1.90	1.11				0.41
外雇排灌费	Irrigation and Drainage Fee				4.00			0.93		
外雇机械作业费	Mechanical Work Fee	58.79	49.30	38.10	24.34	20.81	29.48	26.11	16.68	21.96
配种费	Breeding Fee									
防疫费	Epidemic Prevention Fee									
技术服务费	Technical Advisory Fee									
保险费	Insurance Fee								0.30	0.20
其他服务费	Others			1.55	3.50	1.00	1.11	2.22	1.48	0.72

2-19 活鸡中间消耗
Mid-consumption of Live Chickens

单位：元/只 (yuan/head)

指 标	Item	2015	2016	2017	2018	2019	2020	2021	2022	2023
平均每单位产值	**Output Value per Unit**	**29.48**	**44.87**	**22.70**	**34.10**	**34.28**	**24.78**	**27.56**	**69.48**	**86.95**
平均每单位中间消耗	**Intermediate Consumption per Unit**	**19.67**	**18.26**	**16.90**	**21.63**	**17.74**	**18.37**	**20.62**	**50.43**	**59.38**
物质消耗	**Material Consumption**	**19.03**	**17.57**	**16.22**	**21.11**	**17.18**	**17.85**	**20.24**	**49.38**	**58.79**
用种量	Seed Quantity	2.21	2.90	2.34	3.88	3.89	3.41	3.21	3.91	3.39
饲料、饲草	Forages, Forage Grass	15.68	13.03	12.82	16.05	12.54	13.11	15.71	43.57	53.82
肥料	Fertilizers									
燃料	Fuels	0.09	0.14	0.08	0.25	0.18	0.18	0.52	0.27	0.19
农膜(棚膜、地膜)	Agricultural Film (shed film, mulch)									
农药	Pesticides									
畜牧水产养殖用药品	Pesticides for Cultivation	0.51	0.54	0.43	0.44	0.39	0.57	0.41	0.97	0.72
用水量	Water Consumption	0.19	0.39	0.20	0.08	0.03	0.03	0.06	0.17	0.32
用电量	Electricity Consumption	0.32	0.53	0.27	0.20	0.13	0.15	0.19	0.34	0.28
棚架材料费	Scaffold Material Cost		0.02		0.14			0.13		
小农具购置费	Small Farm Implements		0.01	0.06	0.04	0.01	0.00			0.01
办公用品购置	Office Supplies	0.02		0.01			0.31			
其他物质消耗	Others	0.02	0.01	0.01	0.04	0.01	0.08	0.01	0.15	0.07
生产服务支出	**Cost of Production Services**	**0.65**	**0.68**	**0.68**	**0.52**	**0.56**	**0.52**	**0.38**	**1.06**	**0.59**
外雇运输费	Transport Fee	0.15	0.04	0.12	0.09	0.10	0.19	0.03	0.37	0.23
外雇排灌费	Irrigation and Drainage Fee									
外雇机械作业费	Mechanical Work Fee									
配种费	Breeding Fee				0.05	0.04	0.05			0.00
防疫费	Epidemic Prevention Fee	0.30	0.60	0.46	0.35	0.33	0.25	0.31	0.44	0.25
技术服务费	Technical Advisory Fee	0.09	0.01	0.05		0.03	0.02	0.03	0.00	
保险费	Insurance Fee		0.01	0.03	0.02	0.01	0.00	0.00	0.02	0.01
其他服务费	Others	0.11	0.02	0.02	0.02	0.04	0.01	0.01	0.23	0.09

2-20 生猪中间消耗
Mid-consumption of Live Hogs

单位：元/头 (yuan/head)

指　标	Item	2015	2016	2017	2018	2019	2020	2021	2022	2023
平均每单位产值	**Output Value per Unit**	**1682.35**	**2098.73**	**1918.94**	**1520.13**	**2395.08**	**4175.21**	**2771.79**	**2728.36**	**2293.26**
平均每单位中间消耗	**Intermediate Consumption per Unit**	**1113.75**	**1069.94**	**1081.35**	**1115.50**	**1142.62**	**1568.91**	**1695.37**	**1963.90**	**2076.60**
物质消耗	**Material Consumption**	**1088.16**	**1035.84**	**1043.11**	**1076.08**	**1096.77**	**1496.33**	**1606.52**	**1895.80**	**2013.60**
用种量	Seed Quantity	50.24	100.45	60.25	39.00	29.69	202.23	141.61	85.83	83.41
饲料、饲草	Forages, Forage Grass	995.83	895.90	936.65	992.15	1011.54	1193.76	1360.55	1697.53	1803.23
肥料	Fertilizers									
燃料	Fuels	0.61	1.23	2.65	3.02	1.29	3.60	3.96	6.38	7.15
农膜(棚膜、地膜)	Agricultural Film (shed film, mulch)									
农药	Pesticides									
畜牧水产养殖用药品	Pesticides for Cultivation	20.20	18.10	21.38	23.77	30.34	46.73	50.03	52.54	58.93
用水量	Water Consumption	4.74	3.49	2.37	2.41	3.62	5.34	6.62	10.12	9.84
用电量	Electricity Consumption	15.19	14.82	11.94	11.14	15.37	23.05	36.67	26.89	31.01
棚架材料费	Scaffold Material Cost		0.24		0.65	1.99	4.94	0.37	0.19	
小农具购置费	Small Farm Implements	0.29	0.42	1.13	1.10	1.07	0.76	0.69	0.46	0.04
办公用品购置	Office Supplies	0.08	0.04	0.40	0.87	0.13	8.38	0.38	0.32	0.50
其他物质消耗	Others	1.00	1.15	6.33	1.95	1.73	7.54	5.64	15.55	19.48
生产服务支出	**Cost of Production Services**	**25.59**	**34.11**	**38.23**	**39.42**	**45.84**	**72.58**	**88.85**	**68.10**	**62.99**
外雇运输费	Transport Fee	1.02	1.85	0.99	2.27	3.19	3.41	4.76	2.99	3.09
外雇排灌费	Irrigation and Drainage Fee		0.24							
外雇机械作业费	Mechanical Work Fee							0.19		0.02
配种费	Breeding Fee	1.90	5.64	8.61	7.21	7.27	8.32	12.39	13.14	8.21
防疫费	Epidemic Prevention Fee	14.21	19.73	21.26	22.61	27.93	48.31	55.61	47.27	43.28
技术服务费	Technical Advisory Fee	1.34	0.66	1.35	1.22	1.63	1.43	1.06	0.63	2.02
保险费	Insurance Fee	1.55	1.29	2.92	2.31	2.03	3.82	3.64	3.00	4.78
其他服务费	Others	5.59	4.88	3.10	3.81	3.79	7.29	11.22	1.06	1.59

主要统计指标解释

粮食产量 指全社会的产量。包括国有经济经营的、集体统一经营的和农民家庭经营的粮食产量，还包括工矿企业办的农场和其他生产单位的产量。粮食除包括稻谷、小麦、玉米、高粱、谷子及其他杂粮外，还包括薯类和豆类。其产量计算方法，豆类按去豆荚后的干豆计算；薯类（包括甘薯和马铃薯，不包括芋头和木薯）1963 年以前按每 4 公斤鲜薯折 1 公斤粮食计算，从 1964 年开始改为按 5 公斤鲜薯折 1 公斤粮食计算。城市郊区作为蔬菜的薯类（如马铃薯等）按鲜品计算，并且不作粮食统计。其他粮食一律按脱粒后的原粮计算。1989 年以前全国粮食产量数据主要靠全面报表取得，1989 年开始使用抽样调查数据。

猪、牛、羊肉产量 指当年出栏并已屠宰、除去头蹄下水后带骨肉（即胴体重）的重量。包括全社会范围内的产量。1996 年前为各级逐级上报数据。1996 年第一次农业普查以后，由于畜牧业产品年报数据与普查数据之间存在一定的差距，国家统计局农调总队对畜牧业年报数据与普查数据进行衔接。1999 年以后，国家统计局开展了猪、牛、羊、禽等主要畜禽品种的抽样调查，并用抽样数据作为国家定案数据使用。未开展抽样调查的品种，仍使用各级统计部门逐级上报数据。

期末畜禽存栏头（只）数 指调查期末所有养殖场（户）饲养的大牲畜、猪、牛、羊、家禽等畜禽的总量。数据上报方式及数据调整情况同猪、牛、羊肉产量。

出栏头数 指调查期内所有养殖场（户）自行宰杀和出售已育肥的全部牲畜头数。

常用耕地 是指耕地总资源中专门种植农作物并经常进行耕种、能够正常收获的土地。包括当年实际耕种的熟地；弃耕、休闲不满三年，随时可以复耕的地；开荒利用三年以上的土地。在统计口径上包括南方小于 1 米、北方小于 2 米宽的沟、渠、路和田埂。不包括临时种植农作物的坡度在 25 度以上的陡坡地；在河套、湖畔、库区临时开发的成片或零星土地；也不包括已列为国家和省（区、市）退耕计划但临时耕种的土地。常用耕地是国家需要重点保护的耕地，是反映我国农业综合生产能力的一个重要指标。

农作物播种面积 指实际播种或移植有农作物的面积。凡是实际种植有农作物的面积，不论种植在耕地上还是种植在非耕地上，均包括在农作物播种面积中。在播种季节基本结束后，因遭灾而重新改种和补种的农作物面积，也包括在内。它是反映我国耕地面积利用情况的一个重要指标。目前，农作物播种面积主要包括粮食、棉花、油料、糖料、麻类、烟叶、蔬菜和瓜类、药材和其他农作物九大类。

农林牧渔业中间消耗 指在一定时期内农林牧渔业生产过程中所消耗的物质产品和劳务价值。中间消耗包括物质产品消耗和生产服务支出两个部分。

Explanatory Notes on Main Statistical Indicators

Grain Output refers to the total output in the whole country including grains produced by state farms, collective units, rural households, as well as by farms affiliated to industrial and mining enterprises and other production units. Grain includes rice, wheat, corn, sorghum, millet and other miscellaneous grains as well as tubers and bean. Output of beans refers to dry beans without pods. The output of tubers（sweet potatoes and potatoes, not including taros and cassava）was converted into that of grain at the ratio 4∶1, i.e. 4 kilograms of fresh tubers was equivalent to 1 kilogram of grain up to 1963. Since 1964 the ratio for conversion has been 5∶1. Tubers supplied as vegetables （such as potatoes） in cities and suburbs are calculated as fresh vegetables and their output is not included in the output of grain. Output of all other grains refers to husked grain. Data on grain production before 1989 were obtained through Comprehensive Statistical Reporting System. Since 1989, data from sample surveys are used.

Output of Pork, Beef, and Mutton refers to the meat of slaughtered hogs, cattle, sheep and goats with head, feet, and offal taken away. Data refers to the production of the whole country. The first agriculture census of China in 1996 revealed some discrepancy between the production of animal products from the annual reports and that from the census. Efforts were made by the Rural Socio-economic Survey Organization of NBS to adjust the output value of animal husbandry to make the figures from the annual reports consistent with the census data. Since 1999, NBS conducted sample survey for the major animal husbandry products, such as hogs, cattle, sheep and goats and fowls, and the data from sample surveys are used as national finalized data. Those products, which are not covered by the sample survey, are still reported by statistical agencies level by level.

Number of Livestock or Poultry in Stock at the End refers to the total number of large animals, pigs, cattle, sheep, fowls, etc. raised by rural cooperative organizations, state farms, rural individuals, government agencies, schools, industrial and mining enterprises, army, and urban residents at the end of the Investigation period. Data reporting system and data adjustment are the same as that in the output of pork, beef and mutton.

Number of Livestock Slaughtered refers to the total number of animals for butchering by farming, forestry, animal husbandry and fishery, including parts of selling to country and markets during the investigation period.

Regularly Cultivated Land refers to farmland among the total land resources, which is exclusively used for farming and is under regular cultivation with harvest in normal years. Included are currently cultivated land, land that has been abandoned or put in idle for less than 3 years and could be re-used for cultivation at any time, and new-claimed land that has been put into cultivation for more than 3 years. According to statistical coverage, it includes the gouges, dykes, roads and ridges of field with 1 meter wide in Southern areas and 2 meters wide in Northern areas. Excluded under this category are steep slope land over 25 degrees under temporary cultivation, land (large or small plots) that is claimed along river bends, lake sides or banks of reservoirs, as well as land that has been designated under the "Green for Grain" programme of the state and provincial governments but is still temporarily under cultivation. The regularly cultivated land is the key protection land of the nation, an important indicator reflecting the comprehensive productivity of agriculture of China.

Sown Area of Crops refers to area of land sown or transplanted with crops regardless of being in cultivated area or non-cultivated area. Area of land re-sown due to natural disasters is also included. This is an important indicator that can reflect the utilization condition of the cultivated land in China. At present, the sown area of crops mainly include the following 9 categories of crops: grain, cotton, oil-bearing crops, sugar crops, fiber crops, tobacco, vegetables and melons, medicinal materials and other farm crops.

Intermediate Consumption of Farming, Forestry, Animal Husbandry and Fishery refers to the value input and consumption in the process of agriculture production and various physical products during a certain period. It is classified into intermediate material consumption and intermediate service consumption.

三

人民生活

Chapter 3

People's Living Conditions

资料整理：蔡利平　盛　坤　陈　茜
　　　　　朱　豆

3-1 全体居民家庭人均收支及恩格尔系数(1985-2023年)
Per Capita Income and Consumption Expenditure & Engle's Coefficient of All Households(1985-2023)

年 份 Year	全体居民家庭人均可支配收入 Per Capita Disposable Income of All Households		全体居民家庭人均消费性支出 Per Capita Consumption Expenditure of All Households		恩格尔系数(%) Engel's Coefficient (%)
	绝对数(元) Value(yuan)	比上年±% Growth Rate over Preceding Year(%)	绝对数(元) Value(yuan)	比上年±% Growth Rate over Preceding Year(%)	
1985	488.4	11.5	408.1	15.4	55.9
1986	544.7	11.5	466.3	14.3	55.5
1987	585.0	7.4	516.9	10.8	55.3
1988	660.5	12.9	607.6	17.5	54.0
1989	752.9	14.0	694.9	14.4	56.6
1990	888.2	18.0	783.7	12.8	58.1
1991	935.4	5.3	859.6	9.7	55.9
1992	1066.1	14.0	925.3	7.6	55.3
1993	1329.4	24.7	1175.9	27.1	51.9
1994	1899.2	42.9	1589.3	35.2	55.1
1995	2364.1	24.5	1990.1	25.2	53.7
1996	2745.8	16.1	2373.3	19.3	52.4
1997	3051.2	11.1	2470.5	4.1	50.2
1998	3197.5	4.8	2624.4	6.2	48.0
1999	3423.0	7.1	2696.9	2.8	45.6
2000	3607.9	5.4	2839.2	5.3	42.4
2001	3806.2	5.5	2981.3	5.0	41.2
2002	4265.8	12.1	3396.2	13.9	39.7
2003	4633.6	8.6	3646.8	7.4	40.2
2004	5144.2	11.0	4039.9	10.8	40.7
2005	5627.9	9.4	4442.3	10.0	39.5
2006	6303.6	12.0	4969.7	11.9	38.2
2007	7429.6	17.9	5817.4	17.1	38.7
2008	8642.6	16.3	6607.1	13.6	39.5
2009	9495.7	9.9	7091.0	7.3	37.2
2010	11068.5	16.6	8090.5	14.1	34.8
2011	12940.5	16.9	9589.1	18.5	34.6
2012	14809.0	14.4	10755.6	12.2	33.3
2013	16472.5	11.2	11760.8	9.3	32.3
2014	18283.2	11.0	12928.3	9.9	32.0
2015	20025.6	9.5	14316.5	10.7	31.4
2016	21786.6	8.8	15888.7	11.0	31.0
2017	23757.2	9.0	16937.6	6.6	30.1
2018	25814.5	8.7	19537.8	15.4	28.1
2019	28319.5	9.7	21567.0	10.4	27.6
2020	27880.6	-1.5	19245.9	-10.8	30.6
2021	30829.3	10.6	23846.1	23.9	30.5
2022	32913.6	6.8	24827.8	4.1	30.3
2023	35146.1	6.8	27105.7	9.2	29.8

注：①1992年前可支配收入为生活费收入；
②2014年起使用城乡一体化住户收支与生活状况调查数据，与之前的分城镇和农村住户调查的范围、方法、指标口径有所不同(此后相关表同)；
③2013年之前全体居民收支数据按照国家统计局统一方法回溯；
④2014年起，食品消费支出包括食品和烟酒。

Note: ①Disposable income is equal to living expenses before 1992;
②Survey data of income and expenditure of urban and rural household integration was used since 2014, and the scope of the investigation, the method and index are different(But these indexes are same in the thereafter related tables);
③Prior to 2013, all residents' income and expenditure data were retrospectively analyzed using the unified method of the National Bureau of Statistics.
④Since 2014, consumption expenditure on food include food, tobacco and liquor.

3-2 全体居民家庭基本情况

项　目	Item	2015	2016
户均常住人口(人/户)	Permanent Resident Population per Household (person/household)	2.8	2.8
户均常住从业人口(人/户)	Average Household Permanent Resident Population (person/household)	1.7	1.6
平均每一从业人口负担人数(人)	Average Number of People per Employed (person)	1.7	1.7
平均每人建筑面积(人)	Average Floor Area per Person (person)	49.3	50.8
户主文化程度(%)	**The Education Level of the Head of the Household (%)**		
未上过学	No Schooling	2.6	2.8
小学	Primary Schools	20.6	20.2
初中	Junior Middle Schools	40.5	40.7
高中	Senior Middle Schools	22.2	22.3
大学专科	College Students	8.3	8.2
大学本科及以上	Bachelor Degree or Above	4.7	4.5
常住从业人员就业类型(%)	**Employment Type of Permanent Resident Employees (%)**		
雇主	Employer	0.7	0.7
公职人员	Public Officer	2.9	2.9
事业单位人员	Personnel in Public Institutions	6.1	5.6
国有企业雇员	Employees of State-Owned Enterprises	4.0	3.5
其他雇员	Other Employees	34.1	35.8
农业自营	Agricultural Proprietary	39.2	38.2
非农自营	Non-Farm Proprietary	13.0	13.3
常住从业人员从事主要行业(%)	**Permanent Resident Employees are Engaged in the Major Industry (%)**		
第一产业	Primary Industry	40.0	39.2
第二产业	Secondary Industry	19.4	18.3
第三产业	Tertiary Industry	40.6	42.5
自有现住房购(建)房总金额(元/户)	Total Amount of Existing Housing Purchase (Construction) (yuan/household)	103198.5	111119.7
现有住房按市场价估计值(元/户)	Existing Housing at Market Value Estimates (yuan/household)	239518.0	282951.9
自有现住房市场价月租金(元/户)	Market Price of Self-Owned Housing (yuan/household)	557.4	621.3
现住房房屋来源(%)	**Source of Current Housing (%)**		
租赁公房	Rental Public Housing	2.6	1.9
租赁私房	Rental Privately Housing	3.8	3.2
自建住房	Self Built Housing	59.2	60.0
购买商品房	Commercial Housing	16.3	17.0
购买房改住房	Privately Owned House after Housing Reform	13.1	12.6
购买保障性住房	Affordable Housing	1.4	1.8
拆迁安置房	Removal and Resettlement Housing	0.9	1.2
继承或获赠住房	Inheritance or Gift of Housing	0.5	0.2
免费借用房	Free Housing	0.7	0.6
雇主提供免费住房	Free Housing Provide by Employers	0.6	0.5
其他来源	Other Sources	0.8	0.9
本住户居住空间样式(%)	**Residential Space Style (%)**		
单栋楼房	Single Building	43.9	44.7
单栋平房	Single One-storey House	17.8	17.4
四居室及以上单元房	Four Bedroom and Above Apartment	2.2	2.2
三居室单元房	Three Bedroom Apartment	14.9	14.1
二居室单元房	Two Bedroom Apartment	14.7	15.5
一居室单元房	One Bedroom Apartment	3.5	3.1
筒子楼或连片平房	Tube-shaped Apartment or Gathered One-storey House	1.8	1.7
其他	Others	1.2	1.3

Basic Conditions of All Households

2017	2018	2019	2020	2021	2022	2023
2.8	3.0	3.0	3.1	3.0	3.0	3.0
1.6	1.7	1.7	1.6	1.6	1.6	1.5
1.7	1.8	1.8	1.9	1.8	1.9	2.0
51.4	50.7	51.7	49.4	49.5	50.0	48.8
2.7	2.2	1.9	1.9	1.4	1.4	1.8
20.1	19.6	19.4	18.9	17.7	17.6	20.0
40.5	41.4	41.3	41.2	42.3	42.1	40.6
22.6	21.3	22.1	22.3	21.9	22.1	19.9
8.1	8.7	8.6	8.7	8.5	8.5	9.1
4.9	6.9	6.7	7.0	8.2	8.3	8.7
0.5	1.2	1.2	0.5	0.4	0.3	0.8
2.8	2.6	2.5	2.0	1.9	2.0	1.7
5.8	5.6	5.6	5.4	5.4	5.5	5.5
3.6	2.9	2.9	2.7	3.1	3.1	2.7
37.5	39.9	42.2	44.4	46.7	47.6	48.6
36.7	35.8	33.6	31.6	30.1	29.4	28.9
13.1	12.0	12.1	13.3	12.3	12.2	11.9
37.6	36.6	34.6	32.7	31.5	30.7	30.3
19.2	19.4	19.8	19.8	21.5	22.4	21.7
43.2	44.0	45.6	47.5	47.0	46.9	48.0
113780.3	169679.1	180530.4	177556.9	192549.2	194309.6	241867.8
324032.0	411240.4	440833.3	441216.2	480191.8	490653.6	503188.0
649.1	760.4	774.2	776.5	892.1	876.6	859.8
1.9	1.6	1.2	1.3	1.0	1.1	1.7
2.9	2.3	1.8	2.4	1.4	1.2	3.5
59.6	60.8	61.1	58.4	60.2	60.2	53.2
17.7	22.9	23.2	24.1	24.7	25.0	30.7
12.8	6.7	6.5	7.0	6.5	6.4	4.0
1.7	1.3	1.2	1.3	1.1	1.1	1.1
1.2	2.7	3.0	3.4	3.6	3.7	4.5
0.2	0.4	0.5	0.6	0.4	0.4	0.1
0.8	0.5	0.5	0.5	0.4	0.3	0.8
0.4	0.5	0.5	0.4	0.5	0.5	0.3
0.7	0.4	0.5	0.6	0.2	0.1	0.1
45.4	47.7	49.3	47.7	49.3	49.9	40.5
16.7	14.2	13.3	12.2	11.9	10.8	14.4
2.3	2.1	2.2	2.1	1.8	1.7	2.5
14.1	17.3	17.9	18.9	19.3	19.7	23.7
15.7	14.9	14.3	15.7	15.0	15.2	15.7
3.1	2.6	2.3	2.8	2.2	2.3	2.4
1.7	0.4	0.3	0.3	0.3	0.3	0.7
1.0	0.9	0.5	0.3	0.1	0.1	

3-2 续表

项　目	Item	2015	2016
住户主要饮用水取水位置(%)	**The Main Drinking Water Intake Location of the Households (%)**		
住宅内管道取水	Pipe the Water Intake in the House		
住宅内其他方式取水	Other Ways to Get Water in the House		
院内管道取水	Water Intake in the Courtyard Pipeline		
院内其他方式取水	Other Ways to Get Water in the Courtyard		
其他位置取水	Water Intake at Other Locations		
住户厨房使用情况(%)	**Household Kitchen Use Status (%)**		
住宅内独用	Used Exclusively in the Residence		
住宅内合用	Used Together in the Residence		
院内独用	Used Only in the Courtyard		
院内合用	Used Together in the Courtyard		
其他地方独用	Used Only for Other Places		
其他地方合用	Used Together Elsewhere		
住户厕所使用情况(%)	**Household Toilet Use Status (%)**		
住宅内独用	Used Exclusively in the Residence	94.2	95.3
住宅内合用	Used Together in the Residence	3.2	2.6
院内独用	Used Only in the Courtyard		
院内合用	Used Together in the Courtyard		
其他地方独用	Used Only for Other Places		
其他地方合用	Used Together Elsewhere		
公用厕所	Rest Room	2.6	2.0
住户厕所类型(%)	**Type of Household Toilet (%)**		
水冲式卫生厕所	Hygiene Water Flush Toilet	61.8	65.6
水冲式非卫生厕所	Unhygiene Water Flush toilet	3.3	4.2
卫生旱厕	Hygiene Toilet with no Flush Facilities	8.4	8.2
普通旱厕	Common Toilet with no Flush Facilities	24.5	20.7
住户洗澡设施情况(%)	**Household Bathing Facilities(%)**		
统一供热水	Unified Supplied Hot Water	3.2	3.5
家庭自装热水器	Home Self Installed Water Heater	69.8	76.3
其他	Others	6.8	4.7
无洗澡设施	No Bathing Facilities	20.2	15.5
住宅或院内洗手设施情况(%)	**Handwashing Facilities in the Residence or in the Courtyard (%)**		
有洗手设施，并有肥皂和水	Handwashing Facilities, with Soap and Water Available		
有洗手设施，但是没有肥皂或水	Handwashing Facilities, but no Soap or Water		
没有洗手设施	No Handwashing Facilities		
住户主要炊用能源状况(%)	**The Main Cooking Energy Status of the Households (%)**		
柴草	Firewood	27.2	23.9
煤炭	Coal	1.6	1.1
罐装液化石油气	Canned with LPG	42.2	44.1
管道天然气	Pipeline Natural Gas	18.4	21.4
电	Electricity	6.1	6.0
沼气	Methane	0.7	0.4
其他	Other	0.1	0.1
无炊用行为	No Cooking Behavior	1.0	1.1

Continued

2017	2018	2019	2020	2021	2022	2023
		95.5	96.3	95.7	95.8	94.0
		2.2	1.7	1.3	1.1	1.4
		1.4	0.6	1.2	1.2	3.5
		0.9	1.1	1.3	1.4	0.6
		0.6	0.3	0.5	0.5	0.5
			96.9	97.8	98.2	91.7
			0.2	0.1		3.5
			2.6	2.0	1.7	4.1
			0.3			0.1
						0.1
						0.2
95.1	97.0	97.0	97.0	93.1	94.6	92.1
2.8	1.9	1.7	1.6	2.4	1.5	0.5
		1.3	1.1	3.2	3.0	5.1
			0.1	0.2	0.1	1.9
		0.1	0.1	0.3	0.3	0.2
				0.4	0.2	
2.1	1.1			0.4	0.3	0.2
66.0	73.8	86.4	88.5	91.9	93.4	98.4
4.4	4.7	10.8	9.5	4.6	3.9	0.4
8.4	6.2	0.8	0.7	0.9	0.9	0.9
20.1	14.9	2.1	1.3	2.5	1.8	0.3
3.4	2.8	2.5	2.3	2.5	2.3	1.2
77.1	84.2	86.2	87.7	92.2	92.6	94.7
4.3	3.9	3.5	3.1	2.1	2.3	3.9
15.1	9.1	7.8	6.9	3.3	2.7	0.2
		92.4	94.4	94.3	99.2	98.1
		4.9	3.3	5.7	0.8	1.9
		2.8	2.3			
24.2	16.6	15.6	11.0	10.5	10.6	11.8
0.9	0.5	0.4	0.9	0.2		0.3
42.0	40.4	43.2	46.6	45.8	45.3	40.6
22.7	29.0	30.6	34.5	34.9	36.3	38.6
6.8	10.1	7.6	6.0	8.1	7.2	8.4
0.4	0.7	0.6	0.2	0.3	0.3	
0.1	0.3	0.2				
1.1	0.3	0.2	0.2	0.1		0.2

3-3 按收入五等份分组全体居民家庭基本情况(2023年)

项　　目	Item
户均常住人口(人/户)	Permanent Resident Population per Household (person / household)
户均常住从业人口(人/户)	Average Household Permanent Resident Population (person / household)
平均每一从业人口负担人数(人)	Average Number of People per Employed (person)
平均每人建筑面积(人)	Average Floor Area per Person (person)
户主文化程度(%)	**The Education Level of the Head of the Household (%)**
未上过学	No Schooling
小学	Primary Schools
初中	Junior Middle Schools
高中	Senior Middle Schools
大学专科	College Students
大学本科及以上	Bachelor Degree or Above
常住从业人员就业类型(%)	**Employment Type of Permanent Resident Employees (%)**
雇主	Employer
公职人员	Public Officer
事业单位人员	Personnel in Public Institutions
国有企业雇员	Employees of State-Owned Enterprises
其他雇员	Other Employees
农业自营	Agricultural Proprietary
非农自营	Non-Farm Proprietary
常住从业人员从事主要行业(%)	**Permanent Resident Employees Are Engaged In The Major Industry (%)**
第一产业	Primary Industry
第二产业	Secondary Industry
第三产业	Tertiary Industry
自有现住房购(建)房总金额(元/户)	Total Amount of Existing Housing Purchase (Construction) (yuan/household)
现有住房按市场价估计值(元/户)	Existing Housing at Market Value Estimates (yuan/household)
自有现住房市场价月租金(元/户)	Market Price of Self-Owned Housing (yuan/household)
现住房房屋来源(%)	**Source of Current Housing(%)**
租赁公房	Rental Public Housing
租赁私房	Rental Privately Housing
自建住房	Self Built Housing
购买商品房	Commercial Housing
购买房改住房	Privately Owned House after Housing Reform
购买保障性住房	Affordable Housing
拆迁安置房	Removal and Resettlement Housing
继承或获赠住房	Inheritance or Gift of Housing
免费借用房	Free Housing
雇主提供免费住房	Free Housing Provide by Employers
其他来源	Other Sources
本住户居住空间样式(%)	**Residential Space Style(%)**
单栋楼房	Single Building
单栋平房	Single One-storey House
四居室及以上单元房	Four Bedroom and Above Apartment
三居室单元房	Three Bedroom Apartment
二居室单元房	Two Bedroom Apartment
一居室单元房	One Bedroom Apartment
筒子楼或连片平房	Tube-shaped Apartment or Gathered One-storey House
其他	Others

Basic Conditions of All Households by Income Quintile(2023)

低收入户 Low Income Households	中低收入户 Lower Middle Income Households	中等收入户 Middle Income Households	中高收入户 Upper Middle Income Households	高收入户 High Income Households
3.4	3.3	3.1	2.8	2.3
1.6	1.6	1.6	1.4	1.3
2.1	2.0	1.9	2.0	1.8
44.5	47.1	44.4	47.1	54.3
3.3	2.7	1.8	1.0	0.1
38.5	28.3	16.2	12.6	5.3
47.4	52.4	44.0	37.6	21.1
9.3	11.8	26.9	27.8	23.3
1.5	2.7	6.6	13.2	21.6
0.1	2.1	4.5	7.8	28.6
0.1	0.5	1.1	0.9	1.5
0.3	0.2	0.6	1.2	7.1
0.4	7.8	1.8	4.1	14.4
0.1	0.3	1.4	4.9	8.2
42.1	45.7	48.0	61.3	46.5
48.6	36.9	32.8	13.0	7.9
8.4	8.6	14.4	14.6	14.3
50.4	39.2	33.5	14.4	8.6
23.6	18.1	22.1	24.3	21.3
25.9	42.7	44.4	61.3	70.1
115864.2	168927.8	203901.3	289564.3	426167.6
206477.9	288228.3	375418.5	580482.6	1057666.9
464.3	596.4	734.4	994.4	1497.2
2.6	0.7	2.2	2.2	1.2
2.3	2.1	2.9	5.0	5.4
82.1	65.0	59.2	39.0	22.1
4.9	26.8	27.4	38.2	54.6
0.8	1.9	2.9	5.3	8.9
0.3	0.5	1.3	1.5	1.7
6.2	2.5	3.3	6.8	4.1
	0.0	0.1	0.3	0.2
0.4	0.4	0.8	1.1	1.1
0.1			0.4	0.8
0.3	0.2			
57.8	51.0	41.3	32.7	20.1
28.6	15.1	19.5	7.0	2.8
0.6	0.8	1.7	2.6	7.0
6.2	24.0	19.8	29.3	37.7
4.5	7.8	14.4	23.7	28.0
0.9	0.8	2.5	4.1	3.9
1.3	0.3	0.8	0.5	0.5
	0.1			

3-3 续表

项　目	Item
住户主要饮用水取水位置(%)	**The Main Drinking Water Intake Location of the Households (%)**
住宅内管道取水	Pipe the Water Intake in the House
住宅内其他方式取水	Other Ways to Get Water in the House
院内管道取水	Water Intake in the Courtyard Pipeline
院内其他方式取水	Other Ways to Get Water in the Courtyard
其他位置取水	Water Intake at Other Locations
住户厨房使用情况(%)	**Household Kitchen Use Status (%)**
住宅内独用	Used Exclusively in the Residence
住宅内合用	Used Together in the Residence
院内独用	Used Only in the Courtyard
院内合用	Used Together in the Courtyard
其他地方独用	Used Only for Other Places
其他地方合用	Used Together Elsewhere
无厨房	No Kitchen
住户厕所使用情况(%)	**Household Toilet Use Status (%)**
住宅内独用	Used Exclusively in the Residence
住宅内合用	Used Together in the Residence
院内独用	Used Only in the Courtyard
院内合用	Used Together in the Courtyard
其他地方独用	Used Only for Other Places
其他地方合用	Used Together Elsewhere
公用厕所	Rest Room
无厕所	No Toilet
住户厕所类型(%)	**Type of Household Toilet (%)**
水冲式卫生厕所	Hygiene Water Flush Toilet
水冲式非卫生厕所	Unhygiene Water Flush Toilet
卫生旱厕	Hygiene Toilet with no Flush Facilities
普通旱厕	Common Toilet with no Flush Facilities
住户洗澡设施情况(%)	**Household Bathing Facilities (%)**
统一供热水	Unified Supplied Hot Water
家庭自装热水器	Home Self Installed Water Heater
其他	Others
无洗澡设施	No Bathing Facilities
住宅或院内洗手设施情况(%)	**Hand Washing Facilities in the Residence or in the Courtyard (%)**
有洗手设施，并有肥皂和水	Handwashing Facilities, with Soap and Water Available
有洗手设施，但是没有肥皂或水	Handwashing Facilities, but no Soap or Water
没有洗手设施	No Handwashing Facilities
住户主要炊用能源状况(%)	**The Main Cooking Energy Status of the Households (%)**
柴草	Firewood
煤炭	Coal
罐装液化石油气	Canned with LPG
管道天然气	Pipeline Natural Gas
电	Electricity
沼气	Methane
其他	Other
无炊用行为	No Cooking Behavior

Continued

低收入户 Low Income Households	中低收入户 Lower Middle Income Households	中等收入户 Middle Income Households	中高收入户 Upper Middle Income Households	高收入户 High Income Households
93.6	92.9	88.2	96.3	98.9
1.8	1.4	0.8	2.8	0.4
2.7	3.8	10.5	0.3	0.3
1.7	0.6	0.3	0.2	0.3
0.2	1.4	0.2	0.4	0.1
87.5	92.4	86.0	95.2	97.1
2.4	3.3	10.1	0.8	0.7
8.7	4.3	3.8	3.4	1.0
0.2				0.4
0.3				0.1
0.7		0.1	0.1	0.1
0.1		0.1	0.5	0.6
87.7	91.9	86.8	95.7	98.2
0.3	1.5		0.2	0.3
10.6	5.9	4.4	3.8	1.1
0.1	0.2	8.6	0.1	0.2
0.6	0.1	0.1	0.1	
0.1				
0.5	0.2		0.1	0.2
93.1	97.2	97.8	98.3	99.5
2.7	1.7	1.6	1.5	0.5
3.1	0.8	0.6	0.2	
1.1	0.3			
1.6	1.0	0.7	1.5	1.4
89.6	94.0	96.7	95.2	97.7
8.2	4.7	2.6	3.3	0.8
0.7	0.3			0.1
96.2	98.3	97.6	98.9	99.7
3.8	1.7	2.4	1.1	0.3
26.7	17.2	7.9	6.7	1.5
0.6	0.6	0.1	0.3	0.2
54.5	48.3	44.2	36.0	20.9
9.7	28.7	31.2	51.9	69.5
8.5	5.2	16.6	4.7	7.2
			0.4	0.8

3-4 全体居民家庭人均收入与支出情况

单位：元

项　目	Item	2015	2016
家庭总收入	**Total Income**	**23479.3**	**25201.2**
工资性收入	Income of Wages and Salaries	10079.0	10818.7
经营净收入	Net Business Income	6886.1	7091.1
第一产业	Primary Industry	3741.4	3513.4
第二产业	Secondary Industry	457.7	538.7
第三产业	Tertiary Industry	2687.0	3039.1
财产净收入	Net Income from Property	1177.1	1370.9
转移净收入	Net Income from Transfer	5337.1	5920.4
可支配收入	**Disposable Income**	**20025.6**	**21786.6**
工资性收入	Income of Wages and Salaries	10079.0	10818.7
经营净收入	Net Business Income	4480.2	4781.4
第一产业	Primary Industry	2118.9	2094.3
第二产业	Secondary Industry	346.5	371.8
第三产业	Tertiary Industry	2014.8	2315.3
财产净收入	Net Income from Property	1142.4	1322.9
转移净收入	Net Income from Transfer	4324.0	4863.7
现金收入	**Disposable Income**	**21463.9**	**23118.3**
工资性收入	Income of Wages and Salaries	10001.0	10742.4
经营净收入	Net Business Income	6099.2	6446.4
第一产业	Primary Industry	2954.5	2868.6
第二产业	Secondary Industry	457.7	538.7
第三产业	Tertiary Industry	2687.0	3039.1
财产净收入	Net Income from Property	345.5	396.4
转移净收入	Net Income from Transfer	5018.1	5533.0
非收入所得	**Non-Income Income**	**1337.9**	**1418.2**
借贷收入	**Lending and Loaning Income**	**1283.0**	**1228.2**
家庭总支出	**Total Expenditures**	**21776.6**	**23725.8**
生活消费支出	Expenses on Household Consumption	14316.5	15888.7
食品烟酒	Food, Tobacco and Liquor	4499.9	4926.4
衣着	Clothing	1073.1	1106.5
居住	Residence	3007.0	3369.9
生活用品及服务	Household Facilities, Articles and Services	868.6	938.1
交通通信	Transport and Communications	1722.5	1931.0
教育文化娱乐	Education, Culture and Recreation	1577.6	1739.5
医疗保健	Health Care and Medical Services	1252.5	1528.2
其他用品及服务	Miscellaneous Goods and Services	315.3	349.1
生产经营费用支出	Production and Operation Expenses	2094.3	1991.8
第一产业	Primary Industry	1548.4	1336.2
第二产业	Secondary Industry	71.3	123.1
第三产业	Tertiary Industry	474.6	532.5
财产性支出	Expenses on Properties	34.8	48.0
转移性支出	Expenses on Transfers	1011.6	1056.7
部分商业保险支出	Commercial Insurance for Savings	66.5	102.7
购置资产及非经常性转移支出	Asset Purchase and Non-Recurring Transfer Expenses	3411.5	3852.9
借贷支出	Lending and Loaning Expenditure	841.6	785.0
现金消费支出	**Consumption Expenditure in Cash**	**11707.0**	**12898.1**
食品烟酒	Food, Tobacco and Liquor	4103.9	4504.3
衣着	Clothing	1072.4	1105.8
居住	Residence	1109.0	1184.3
生活用品及服务	Household Facilities, Articles and Services	866.8	932.7
交通通信	Transport and Communications	1721.3	1896.9
教育文化娱乐	Education, Culture and Recreation	1577.2	1739.4
医疗保健	Health Care and Medical Services	944.8	1189.6
其他用品及服务	Miscellaneous Goods and Services	311.6	345.0
服务性消费支出	**Consumption Expenditure on Services**		

注：①2014年起可支配收入是常住居民可支配收入，其中财产性收入、转移性收入及其中项都是净收入；
②2014年起股息与红利收入只包括红利收入；
③2014年起食品支出包括食品和烟酒；
④2014年起借贷收入是家庭总收入的其中项之一，借贷支出是家庭总支出的其中项之一。

Per Capita Income and Consumption Expenditures of All Households

(yuan)

2017	2018	2019	2020	2021	2022	2023
27304.5	**30564.0**	**33594.4**	**32284.9**	**36032.8**	**38381.4**	**41153.9**
11830.6	12737.6	14046.2	13668.9	15349.8	16513.9	17626.3
7411.6	8810.7	9752.9	8459.4	9617.7	10097.0	11091.0
3556.7	3897.3	4316.6	4166.4	4841.6	5143.2	5374.7
666.4	911.9	980.8	798.0	855.7	942.4	1080.2
3188.6	4001.4	4455.6	3495.1	3920.4	4011.4	4636.1
1551.8	1855.1	2022.5	2128.7	2310.8	2459.4	2554.5
6510.4	7160.7	7772.8	8028.0	8754.5	9311.1	9882.1
23757.2	**25814.5**	**28319.5**	**27880.7**	**30829.3**	**32913.6**	**35146.1**
11830.6	12737.6	14046.2	13668.9	15349.8	16513.9	17626.3
5157.3	5450.6	5982.8	5600.9	6295.3	6632.9	7146.2
2196.3	1957.6	2058.9	2230.5	2349.3	2522.0	2712.5
427.7	586.3	656.5	575.8	743.1	786.8	771.9
2533.3	2906.7	3267.4	2794.6	3202.9	3324.1	3661.8
1501.9	1726.0	1949.2	2061.7	2214.7	2371.7	2449.4
5267.4	5900.3	6341.3	6549.2	6969.5	7395.1	7924.1
25035.7	**28389.8**	**31277.4**	**29721.5**	**33219.0**	**35286.0**	**37791.9**
11763.8	12640.3	13943.0	13536.0	15201.3	16340.0	17419.3
6771.7	8520.5	9366.3	8003.6	9074.6	9434.9	10280.0
2916.8	3607.2	3930.0	3710.6	4298.4	4481.1	4564.1
666.4	911.9	980.8	798.0	855.7	942.4	1079.9
3188.6	4001.4	4455.6	3495.1	3920.4	4011.4	4636.0
421.4	570.8	660.2	652.1	760.2	814.6	994.4
6078.8	6658.1	7307.9	7529.8	8182.9	8696.6	9098.3
1680.1	**2991.5**	**2035.2**	**1782.8**	**2862.7**	**2614.8**	**2642.9**
861.3	**1432.6**	**2035.1**	**917.0**	**1357.7**	**542.5**	**964.9**
24715.5	**30430.6**	**34391.6**	**28075.9**	**35479.9**	**35665.5**	**39097.5**
16937.6	19537.8	21567.0	19245.9	23846.1	24827.8	27105.7
5098.4	5491.3	5946.8	5897.7	7276.1	7519.5	8068.8
1131.7	1316.2	1422.4	1173.0	1464.5	1453.6	1480.3
3699.0	4310.6	4769.1	4659.6	4991.8	5385.2	5814.9
1025.9	1253.2	1418.5	1088.9	1327.2	1386.4	1514.3
1795.7	2584.1	2822.2	2559.5	3186.4	3432.8	3448.7
1930.4	2187.5	2459.6	1756.0	2863.3	2794.1	3142.4
1838.3	1907.9	2230.9	1764.9	2238.7	2299.9	2984.0
418.2	487.0	497.5	346.4	498.0	556.4	652.2
1868.8	2907.2	3327.1	2498.1	2991.8	3142.3	3329.2
1278.1	1832.1	2143.7	1843.6	2405.0	2523.8	2505.4
152.1	246.4	237.7	176.4	70.7	108.6	126.4
438.6	828.8	945.6	478.1	516.2	509.9	697.5
49.9	129.1	73.3	67.0	96.1	87.7	105.0
1243.0	1260.3	1431.5	1478.8	1785.0	1915.9	1957.7
103.3	183.9	200.3	190.7	302.0	268.4	296.6
3856.5	4754.0	4669.6	3229.1	4544.4	3994.6	4658.3
656.4	1658.3	3122.7	1366.2	1914.6	1428.8	1644.9
13753.4	**15893.2**	**17627.2**	**15147.7**	**19443.4**	**20226.0**	**22179.2**
4735.3	5181.7	5582.6	5474.9	6820.7	7059.7	7564.7
1130.5	1315.2	1421.6	1172.7	1463.8	1452.7	1478.7
1308.5	1477.8	1665.5	1479.7	1624.8	1842.5	2233.8
1024.0	1251.5	1416.9	1087.7	1324.3	1383.3	1512.5
1789.4	2571.9	2811.8	2550.7	3172.8	3430.3	3444.6
1928.7	2187.4	2459.6	1755.4	2862.2	2793.7	3138.8
1426.2	1439.7	1781.2	1300.7	1682.0	1710.8	2160.8
410.9	468.0	488.0	325.9	493.0	552.9	645.3
5275.5	**6050.9**	**6981.2**	**5124.4**	**7509.4**	**7631.0**	**9067.2**

Note: ①Since 2014, disposable income is a permanent resident disposable income, in which property income, transfer income, and the item is the net income;

②Dividends and bonus income in 2014 only included the bonus income;

③Since 2014, food expenditure include food, tobacco and liquor;

④Since 2014, lending income is one of a family's total income, loan expenditure is one of the family's total expenditures.

3-5 按收入五等份分组全体居民家庭人均收入与支出情况(2023年)

单位：元

项 目	Item	低收入户 Low Income Households
家庭总收入	**Total Income**	**14113.4**
工资性收入	Income of Wages and Salaries	3906.4
经营净收入	Net Business Income	5685.0
第一产业	Primary Industry	4564.9
第二产业	Secondary Industry	69.4
第三产业	Tertiary Industry	1050.6
财产净收入	Net Income from Property	172.7
转移净收入	Net Income from Transfer	4349.5
可支配收入	**Disposable Income**	**8847.3**
工资性收入	Income of Wages and Salaries	3906.4
经营净收入	Net Business Income	1418.4
第一产业	Primary Industry	1187.9
第二产业	Secondary Industry	-229.5
第三产业	Tertiary Industry	460.0
财产净收入	Net Income from Property	113.7
转移净收入	Net Income from Transfer	3408.9
现金收入	**Disposable Income**	**12235.7**
工资性收入	Income of Wages and Salaries	3783.9
经营净收入	Net Business Income	4272.0
第一产业	Primary Industry	3151.9
第二产业	Secondary Industry	69.4
第三产业	Tertiary Industry	1050.6
财产净收入	Net Income from Property	135.7
转移净收入	Net Income from Transfer	4044.1
非收入所得	**Non-Income Income**	**1641.2**
借贷收入	**Lending and Loaning Income**	**735.2**
家庭总支出	**Total Expenditures**	**26049.8**
生活消费支出	Expenses on Household Consumption	17284.1
食品烟酒	Food, Tobacco and Liquor	5449.6
衣着	Clothing	784.6
居住	Residence	3846.9
生活用品及服务	Household Facilities, Articles and Services	762.7
交通通信	Transport and Communications	2289.5
教育文化娱乐	Education, Culture and Recreation	2103.4
医疗保健	Health Care and Medical Services	1739.9
其他用品及服务	Miscellaneous Goods and Services	307.5
生产经营费用支出	Production And Operation Expenses	4003.1
第一产业	Primary Industry	3203.4
第二产业	Secondary Industry	281.7
第三产业	Tertiary Industry	518.0
财产性支出	Expenses on Properties	58.9
转移性支出	Expenses on Transfers	940.5
部分商业保险支出	Commercial Insurance for Savings	92.6
购置资产及非经常性转移支出	Asset Purchase And Non-Recurring Transfer Expenses	2953.9
借贷支出	Lending and Loaning Expenditure	716.6
现金消费支出	**Consumption Expenditure in Cash**	**14515.2**
食品烟酒	Food, Tobacco and Liquor	4768.1
衣着	Clothing	782.4
居住	Residence	2077.5
生活用品及服务	Household Facilities, Articles and Services	760.4
交通通信	Transport and Communications	2286.1
教育文化娱乐	Education, Culture and Recreation	2093.7
医疗保健	Health Care and Medical Services	1442.2
其他用品及服务	Miscellaneous Goods and Services	304.8
服务性消费支出	**Consumption Expenditure on Services**	**5183.5**

注：2014年起为城镇常住居民人均可支配收入，其中各项均为净收入。
Note: Data since 2014 are about per capita disposable income of urban household , which are net income.

Per Capita Income and Consumption Expenditures of All Households by Income Quintile(2023)

(yuan)

中低收入户 Lower Middle Income Households	中等收入户 Middle Income Households	中高收入户 Upper Middle Income Households	高收入户 High Income Households
22991.8	**34325.7**	**49817.5**	**103050.6**
9784.8	14255.0	23240.1	45337.7
6632.7	10930.4	10565.2	25834.2
4211.7	6305.9	4048.0	8561.4
290.2	1072.4	1045.7	3663.3
2130.9	3552.2	5471.5	13609.6
642.7	1711.4	3212.3	8935.2
5931.6	7428.9	12800.0	22943.5
18941.7	**29775.0**	**45052.2**	**89622.9**
9784.8	14255.0	23240.1	45337.7
3903.0	7821.1	7992.0	17676.5
2218.5	3937.0	2399.9	4195.5
207.5	827.7	872.7	2749.2
1477.1	3056.4	4719.4	10731.8
607.0	1662.9	3077.2	8624.0
4646.9	6035.9	10743.0	17984.7
21201.3	**31788.9**	**46166.0**	**94583.5**
9694.7	14069.3	22993.3	44860.6
5772.9	10137.4	10133.7	25403.9
3351.8	5513.4	3616.5	8133.1
290.2	1072.4	1045.7	3661.3
2130.9	3551.7	5471.5	13609.6
257.2	716.2	1150.8	3430.9
5476.5	6866.0	11888.2	20888.1
1829.6	**2642.0**	**2922.3**	**4877.6**
480.2	**1167.9**	**862.9**	**1856.8**
27246.0	**33368.0**	**43370.4**	**76846.1**
19335.9	23513.9	31815.6	50990.9
6457.3	7547.4	9518.9	12913.8
1083.5	1312.3	1761.6	2884.4
3514.9	4653.7	6807.9	12271.4
883.3	1344.5	2067.2	3024.8
2469.2	2856.3	3907.3	6707.2
2645.3	3009.3	3646.6	4833.3
1967.1	2358.9	3382.3	6527.3
315.2	431.5	724.0	1828.7
2302.8	2704.4	2125.9	6307.0
1801.9	2242.6	1558.6	4162.0
23.0	146.1	66.3	127.2
477.9	315.7	501.0	2017.9
35.7	48.5	135.1	311.2
1284.4	1392.8	2057.0	4958.1
151.1	250.1	323.2	816.6
3367.1	4129.0	5079.4	9067.3
769.1	1329.2	1834.1	4395.1
16160.7	**19949.6**	**26308.7**	**39432.0**
5955.3	7084.3	9138.9	12434.4
1083.2	1311.8	1761.1	2878.4
1304.9	2120.6	2643.3	3517.2
882.8	1343.8	2065.8	3019.5
2467.6	2854.8	3899.8	6698.6
2645.2	3009.3	3645.5	4825.1
1508.7	1796.0	2434.0	4259.8
312.9	429.1	720.4	1799.1
6274.1	**7977.1**	**10761.8**	**17843.9**

3-6 全体居民家庭人均消费支出情况

单位：元

项 目	Item	2015	2016
消费支出	**Consumer Expenditure**	**14316.5**	**15888.7**
食品烟酒	Food, Tobacco and Liquor	4499.9	4926.4
食品	Food	3102.3	3417.8
烟酒	Tobacco and Liquor	557.9	611.3
饮料	Drink	83.7	87.3
饮食服务	Food Services	755.9	810.1
衣着	Clothing	1073.1	1106.5
衣类	Clothing Class	838.5	876.8
鞋类	Chaussure	234.7	229.7
居住	Residence	3007.0	3369.9
租赁房房租	Rental House Rent	93.2	104.2
住房维修及管理	Housing Maintenance and Management	467.9	497.8
水电燃料及其他	Hydropower Fuels and Others	616.5	643.2
自有住房折算租金	Owned Housing is Converted into Rent	1829.4	2124.7
生活用品及服务	Daily Goods and Services	868.6	938.1
家具及室内装饰品	Furniture and Interior Decorations	136.5	134.5
家用器具	Home Appliances	239.1	259.8
家用纺织品	Home Textiles	72.8	73.9
家庭日用杂品	Household Miscellaneous Goods	273.2	297.5
个人用品	Personal Products	117.7	136.9
家庭服务	Domestic Service	29.3	35.5
交通通信	Transport and Communications	1722.5	1931.0
交通	Transport	1160.7	1360.1
通信	Communications	561.8	570.8
教育文化娱乐	Education, Culture and Recreation	1577.6	1739.5
教育	Education	1025.8	1149.9
文化娱乐	Culture and Recreation	551.8	589.7
医疗保健	Health Care and Medical Services	1252.5	1528.2
医疗器具及药品	Medical Appliances and Medicines	344.8	392.3
医疗服务	Medical Service	907.6	1135.8
其他用品和服务	Other Supplies and Services	315.3	349.1
其他用品	Other Supplies	189.0	192.1
其他服务	Other Services	126.3	157.0

注：①2014年起可支配收入是常住居民可支配收入，其中财产性收入、转移性收入及其中项都是净收入；
②2014年起股息与红利收入只包括红利收入；
③2014年起食品支出包括食品和烟酒；
④2014年起借贷收入是家庭总收入的其中项之一，借贷支出是家庭总支出的其中项之一。

Per Capita Consumption Expenditure of All Households

(yuan)

2017	2018	2019	2020	2021	2022	2023
16937.6	**19537.8**	**21567.0**	**19245.9**	**23846.1**	**24827.8**	**27105.7**
5098.4	5491.3	5946.8	5897.7	7276.1	7519.5	8068.8
3399.8	3322.2	3535.3	4079.5	4485.6	4463.2	4614.2
614.2	664.8	815.4	636.8	889.7	1010.1	1098.2
85.4	97.5	109.1	110.5	147.8	171.1	194.5
999.0	1406.7	1487.0	1070.9	1753.0	1875.1	2161.9
1131.7	1316.2	1422.4	1173.0	1464.5	1453.6	1480.3
916.4	1103.5	1200.4	972.6	1205.0	1188.3	1218.3
215.3	212.7	222.0	200.4	259.5	265.3	262.0
3699.0	4310.6	4769.1	4659.6	4991.8	5385.2	5814.9
84.9	119.6	146.9	121.6	111.4	103.8	192.3
597.5	798.9	873.2	691.3	728.7	834.9	1220.8
654.1	610.1	692.9	724.5	823.1	960.4	891.5
2362.5	2782.0	3056.0	3122.2	3328.6	3486.1	3510.3
1025.9	1253.2	1418.5	1088.9	1327.2	1386.4	1514.3
175.5	235.6	233.0	163.6	194.3	201.7	243.6
288.7	341.9	499.9	275.0	353.3	382.2	399.7
79.2	87.2	89.5	74.9	93.3	98.1	106.1
278.9	301.7	300.1	286.8	311.2	318.5	358.7
158.6	226.3	249.0	244.2	322.0	327.1	314.2
44.9	60.5	47.0	44.3	53.1	58.8	92.0
1795.7	2584.1	2822.2	2559.5	3186.4	3432.8	3448.7
1247.5	2039.1	2238.6	1919.7	2456.9	2657.1	2727.4
548.1	545.0	583.5	639.8	729.5	775.8	721.3
1930.4	2187.5	2459.6	1756.0	2863.3	2794.1	3142.4
1241.7	1496.1	1725.6	1333.2	2283.0	2231.7	2332.7
688.8	691.4	734.1	422.7	580.3	562.4	809.6
1838.3	1907.9	2230.9	1764.9	2238.7	2299.9	2984.0
411.7	475.2	500.1	462.3	558.0	570.1	717.9
1426.7	1432.6	1730.8	1302.6	1680.7	1729.7	2266.1
418.2	487.0	497.5	346.4	498.0	556.4	652.2
240.6	261.5	277.9	173.6	246.0	287.4	304.2
177.7	225.5	219.6	172.8	252.0	268.9	348.0

Note: ①Since 2014, disposable income is a permanent resident disposable income, in which property income, transfer income, and the item is the net income;
②Dividends and bonus income in 2014 only included the bonus income;
③Since 2014, food expenditure include food, tobacco and liquor;
④Since 2014, lending income is one of a family's total income, loan expenditure is one of the family's total expenditures.

3-7 全体居民家庭人均主要食品消费量

单位：千克

项目	Item	2015	2016
粮食	Grain	123.1	115.3
谷物	Cereals	112.0	103.3
小麦	Wheat	17.8	16.8
稻谷	Rice	89.6	82.1
玉米	Corn//Maize	2.1	1.7
薯类	Tubers	1.8	1.8
红薯	Sweet Potato	0.8	0.5
马铃薯	Potato	0.9	1.2
豆类	Beans	9.3	10.1
大豆	Soybean	1.2	1.1
油脂类	Oil Class	14.9	14.1
植物油	Edible Vegetable Oil	14.4	13.7
动物油	Edible Animal Oil	0.5	0.4
蔬菜及菜制品	Vegetable and Vegetable Products	117.3	119.7
鲜菜	Fresh Vegetables	114.5	116.4
干菜及菜制品	Dried Vegetables and Vegetable Products	1.5	1.8
鲜菌	Fresh Fungi	1.1	1.3
肉类	Meat	27.8	26.5
猪肉	Pork	22.4	20.8
牛肉	Beef	1.6	1.6
羊肉	Mutton	0.6	0.8
禽类	Poultry	5.5	6.1
鸡	Chicken	3.5	3.7
鸭	Duck	0.6	0.7
鹅	Goose		
水产品	Aquatic Products	14.9	15.8
鱼类	Fish	12.9	13.5
虾贝蟹类	Shrimp Shellfish Crab	0.8	0.9
蛋类及蛋制品	Eggs and Egg Products	8.5	8.4
鲜蛋	Fresh Eggs	7.9	7.7
奶和奶制品	Milk and Dairy Products	8.0	7.6

Per Capita Consumption of Major Foods of All Households

(kg)

2017	2018	2019	2020	2021	2022	2023
112.2	110.9	117.7	132.9	134.9	117.2	110.4
101.3	100.3	106.0	119.1	120.1	103.0	96.9
17.0	17.3	18.0	26.7	25.2	22.4	16.4
79.2	78.1	83.2	87.2	88.8	75.2	73.6
2.0	2.0	2.2	2.5	2.7	2.6	3.6
1.8	1.6	1.8	2.3	2.2	1.9	2.3
0.5	0.4	0.4	0.5	0.6	0.4	0.5
1.1	1.0	1.2	1.6	1.4	1.3	1.5
9.1	9.0	9.9	11.4	12.6	12.3	11.2
0.8	0.7	0.6	0.8	0.6	0.5	0.8
12.4	10.5	11.9	13.3	14.1	13.3	13.1
12.0	10.1	11.4	12.8	13.7	12.9	12.7
0.4	0.4	0.5	0.4	0.4	0.4	0.4
116.6	111.4	104.9	126.8	133.8	124.7	121.1
113.6	108.5	102.0	124.1	130.9	121.9	118.0
1.6	1.7	1.5	1.3	1.3	1.3	1.5
1.2	1.1	1.2	1.3	1.5	1.4	1.4
26.5	28.4	26.1	25.2	34.9	33.4	36.4
20.7	22.9	20.4	19.4	28.1	26.9	28.9
1.7	1.9	2.3	2.5	2.5	2.5	2.7
0.6	0.6	0.6	0.7	0.7	0.7	1.0
5.4	5.6	7.0	7.7	8.5	8.0	9.1
3.1	3.5	4.5	5.0	5.4	5.2	5.8
0.5	0.6	0.9	1.0	1.0	0.8	0.8
			0.1	0.1	0.1	0.0
15.1	15.4	17.6	18.1	19.5	17.9	16.6
12.8	13.3	15.0	15.3	16.3	14.5	12.7
1.1	1.1	1.6	1.9	2.1	2.2	2.7
7.6	7.1	7.6	9.7	9.6	9.9	10.2
7.0	6.6	7.2	9.2	9.1	9.4	9.7
6.9	6.8	7.4	7.7	10.9	9.1	8.7

3-8 全体居民家庭主要生活用品购买量

单位：千克

项 目	Item	2015	2016
食品	Food		
谷物	Cereals	258.6	258.3
小麦	Wheat	0.1	0.1
面粉	Wheat Flour	2.4	2.6
稻谷	Paddy	0.9	1.0
大米	Rice	34.4	32.9
玉米	Corn	1.0	0.9
薯类	Tubers	4.5	5.8
红薯	Sweet Potato	1.0	1.0
马铃薯	Potato	2.9	4.0
豆类	Beans	8.3	9.3
大豆	Soybean	0.3	0.3
其他豆类及制品	Other Legumes and Other Products	8.1	9.0
食用油	Edible Oil	11.1	10.5
食用植物油	Edible Vegetable Oil	10.7	10.2
食用动物油	Edible Animal Oil	0.4	0.3
蔬菜和食用菌	Vegetables and Edible Fungi	68.7	73.2
鲜菜	Fresh Vegetables	66.0	70.0
干菜及菜制品	Dried Vegetables and Vegetable Products	1.5	1.8
鲜菌	Fresh Fungi	1.1	1.2
肉类	Meat	22.9	22.8
猪肉	Pork	17.5	17.1
牛肉	Beef	1.6	1.6
羊肉	Mutton	0.6	0.7
禽类	Poultry	4.6	5.3
鸡	Chicken	2.7	3.0
鸭	Duck	0.6	0.7
鹅	Goose		
水产品	Aquatic Products	14.4	15.3
鱼类	Fish	12.5	13.1
虾类	Decapod	0.7	0.7
蟹类	Crab	0.1	0.1
蛋类	Eggs and Egg Products	6.7	6.6
鲜蛋	Fresh Eggs	6.1	5.9
奶类	Milk and Dairy Products	8.0	7.6
干鲜瓜果类	Dried and Fresh Melons and Fruits	33.0	37.1
水电燃料	Water, Electricity and Fuels		
水(吨)	Water(ton)	28.9	27.4
电(度)	Electric(degree)	512.5	529.0
煤炭	Coal	10.3	12.1
管道天然气(立方米)	Pipeline Gas(m^3)	15.6	16.8
罐装液化石油气	Canned Liquefied Petroleum Gas	12.1	11.2

Purchases of Articles for Main Daily Necessities of All Households

(kg)

2017	2018	2019	2020	2021	2022	2023
251.6	256.8	277.0	355.2	376.5	352.1	342.5
0.1	0.1	0.1	0.1	0.1		
2.5	2.2	2.2	5.4	3.2	3.2	2.8
0.8	1.2	1.7	2.0	1.7	1.3	1.4
31.7	32.6	35.5	41.2	43.4	36.9	37.3
0.9	1.4	1.6	2.0	2.2	2.1	2.7
6.3	6.1	6.8	9.1	8.6	7.7	7.6
1.0	1.1	1.2	1.4	1.8	1.5	1.6
4.4	4.2	4.7	6.7	5.7	5.2	4.9
8.4	8.6	9.7	11.1	12.5	12.0	10.4
0.2	0.3	0.4	0.5	0.4	0.3	0.3
8.2	8.3	9.3	10.6	12.1	11.7	10.1
9.3	8.1	9.4	11.0	12.0	11.3	11.0
9.1	7.8	9.0	10.6	11.6	10.9	10.6
0.3	0.4	0.4	0.4	0.4	0.3	0.4
76.1	73.5	70.0	80.2	87.2	84.1	82.2
73.1	70.6	67.2	77.4	84.2	81.4	79.3
1.6	1.7	1.5	1.3	1.3	1.2	1.4
1.2	1.1	1.2	1.3	1.5	1.4	1.4
23.9	25.7	23.1	23.1	33.5	31.1	33.1
18.1	20.2	17.4	17.3	26.7	24.6	25.8
1.7	1.9	2.3	2.5	2.5	2.5	2.7
0.6	0.6	0.6	0.6	0.7	0.7	0.9
4.7	5.0	6.2	6.7	6.9	6.8	7.5
2.5	2.9	3.9	4.2	4.1	4.1	4.4
0.5	0.6	0.8	0.8	0.8	0.7	0.6
			0.1	0.1	0.1	
14.7	14.9	17.1	17.5	18.8	17.3	16.0
12.4	12.8	14.5	14.7	15.6	14.0	12.2
0.8	0.8	1.2	1.5	1.6	1.7	2.0
0.2	0.2	0.3	0.2	0.3	0.3	0.3
6.1	5.7	6.1	7.9	7.5	7.7	7.6
5.5	5.2	5.7	7.4	7.0	7.3	7.1
6.9	6.8	7.4	7.8	10.8	9.1	8.6
39.8	43.1	42.3	42.2	48.4	44.2	48.6
27.9	27.7	31.3	35.0	40.9	48.2	42.0
529.9	521.2	593.6	610.1	709.1	860.1	718.4
10.6	6.8	8.1	8.0	5.9	4.0	4.5
16.1	19.5	19.4	27.6	33.2	34.7	34.1
11.0	8.6	9.5	10.4	11.3	10.8	9.3

3-9 全体居民平均每百户年末主要耐用消费品拥有量

项目	Item	2015	2016
家用汽车(辆)	Household Automobile(vehicle)	12.9	17.6
其中：新能源汽车(辆)	Among Them: New Energy Vehicles(vehicle)		
摩托车(辆)	Motorcycle(set)	51.8	52.0
助力车(辆)	Powered Vehicle(set)	23.9	28.5
洗衣机(台)	Washing Machine(set)	79.3	84.8
电冰箱(台)	Refrigerator(set)	90.5	95.8
微波炉(台)	Microwave Oven(set)	30.3	32.3
彩色电视机(台)	Color TV(set)	117.6	118.7
空调(台)	Air Conditioner(set)	90.1	102.4
热水器(台)	Shower Heater(set)	75.8	81.9
烤箱(台)	Oven (platform)		
洗碗机(台)	Dishwasher(set)	1.2	0.9
排油烟机(台)	Kitchen Ventilator(set)	40.4	41.9
固定电话(部)	Fixed Telephone(set)	31.0	25.1
移动电话(部)	Mobile Phone(set)	227.2	234.7
计算机(台)	Household Computer(set)	52.4	53.2
照相机(架)	Camera(set)	15.7	11.7
乐器(件)	Musical Instrument(piece)	1.9	2.2
健身器材(套)	Fitness Equipment(set)	2.2	2.1
空气净化器(含新风系统)(套)	Air Purifier (including fresh air system)(set)		
地面清洁电器(台)	Ground Cleaning Appliances(set)		

Main Durable Goods Owned per 100 All Households at Year-end

2017	2018	2019	2020	2021	2022	2023
19.0	29.9	31.3	32.2	36.7	39.4	42.6
					0.6	0.9
53.0	56.4	56.9	53.8	51.3	50.6	45.8
30.7	38.6	40.3	43.9	47.8	50.5	51.8
86.9	91.9	93.4	94.0	97.4	98.3	99.1
98.3	103.6	105.7	105.7	109.5	110.5	110.2
33.7	31.7	31.8	32.5	36.0	36.3	34.8
120.1	122.0	122.2	121.3	117.3	117.5	108.6
106.9	131.0	133.9	137.3	150.3	153.6	163.6
84.1	94.4	96.3	99.0	97.2	98.3	96.3
					14.9	3.6
1.0	1.4	1.3	1.2	1.5	1.6	2.6
44.8	55.4	58.1	60.3	67.9	69.9	74.0
23.8	12.1	9.0	7.8	5.1	4.0	2.7
236.4	263.1	265.4	268.6	266.8	267.8	267.2
53.5	55.6	55.7	57.4	50.6	51.3	44.0
13.8	10.0	10.1	9.7	8.9	8.9	5.7
2.5	5.1	4.6	4.9	4.7	4.9	4.8
2.3	3.8	4.3	4.4	4.5	4.9	3.5
0.1	3.2	3.4	3.4	4.7	4.8	4.7
1.5	4.8	5.6	5.4	8.0	8.2	9.5

3-10 按收入五等份分组全体居民平均每百户年末主要耐用消费品拥有量(2023年)

Main Durable Goods Owned per 100 All Households at Year-end by Income Quintile(2023)

项 目	Item	低收入户 Low Income Households	中低收入户 Lower Middle Income Households	中等收入户 Middle Income Households	中高收入户 Upper Middle Income Households	高收入户 High Income Households
家用汽车(辆)	Household Automobile(vehicle)	38.4	35.0	41.5	42.8	55.6
其中：新能源汽车(辆)	Among Them: New Energy Vehicles(vehicle)	1.0	0.3	0.9	0.8	1.6
摩托车(辆)	Motorcycle(set)	58.9	57.1	55.1	37.0	21.3
助力车(辆)	Powered Vehicle(set)	54.1	59.4	52.8	53.7	38.5
洗衣机(台)	Washing Machine(set)	95.3	97.8	99.1	100.1	102.9
电冰箱(台)	Refrigerator(set)	108.2	110.5	109.2	113.5	109.1
微波炉(台)	Microwave Oven(set)	15.1	27.1	30.9	43.1	56.7
彩色电视机(台)	Color TV(set)	106.2	108.1	109.5	109.9	109.2
空调(台)	Air Conditioner(set)	105.5	139.3	162.0	188.5	219.8
热水器(台)	Shower Heater(set)	90.5	91.1	98.7	98.1	102.9
烤箱(台)	Oven (platform)	1.3	1.3	3.3	4.6	7.2
洗碗机(台)	Dishwasher(set)	1.0	1.0	1.0	2.3	7.9
排油烟机(台)	Kitchen Ventilator(set)	50.6	68.4	77.3	81.6	90.4
固定电话(部)	Fixed Telephone(set)	2.6	2.0	1.9	2.5	4.4
移动电话(部)	Mobile Phone(set)	282.2	288.2	265.0	266.5	233.7
计算机(台)	Household Computer(set)	15.3	39.5	34.8	51.2	76.9
照相机(架)	Camera(set)	1.7	2.7	3.7	5.3	15.2
乐器(件)	Musical Instrument(piece)	1.7	1.5	3.3	5.1	12.5
健身器材(套)	Fitness Equipment(set)	0.3	0.8	3.2	4.9	8.1
空气净化器(含新风系统)(套)	Air Purifier (including fresh air system)(set)	0.2	0.7	2.6	5.5	14.4
地面清洁电器(台)	Ground Cleaning Appliances(set)	2.4	4.3	5.6	12.0	23.2

3-11 城镇居民家庭人均收支及恩格尔系数(1985-2023年)
Per Capita Income and Consumption Expenditure & Engle's Coefficient of Urban Households(1985-2023)

年 份 Year	城镇居民家庭人均可支配收入 Per Capita Disposable Income of Urban Households		城镇居民家庭人均消费性支出 Per Capita Consumption Expenditure of Urban Households		恩格尔系数(%) Engel's Coefficient (%)
	绝对数(元) Value(yuan)	比上年±% Growth Rate Over Preceding Year(%)	绝对数(元) Value(yuan)	比上年±% Growth Rate Over Preceding Year(%)	
1985	704.2	19.2	644.2	24.7	50.4
1986	851.3	20.9	751.5	16.7	51.6
1987	951.8	11.8	836.1	11.3	53.0
1988	1128.1	18.5	1058.8	26.6	50.9
1989	1262.6	11.9	1130.7	6.8	53.7
1990	1427.2	13.0	1220.3	7.9	53.5
1991	1592.9	11.6	1380.2	13.1	52.0
1992	1874.2	17.7	1577.7	14.3	50.6
1993	2438.7	30.1	2097.6	33.0	44.9
1994	3346.0	37.2	2733.1	30.3	47.8
1995	4016.7	20.0	3433.8	25.6	48.9
1996	4350.2	8.3	3713.5	8.1	46.6
1997	4673.2	7.4	3855.6	3.8	46.0
1998	4826.4	3.3	4074.4	5.7	43.9
1999	5212.8	8.0	4340.6	6.5	41.1
2000	5524.5	6.0	4644.5	7.0	38.3
2001	5856.0	6.0	4804.8	3.5	37.5
2002	6789.0	15.9	5608.9	16.7	37.2
2003	7322.0	7.9	5963.3	6.3	38.2
2004	8022.8	9.6	6398.5	7.3	39.3
2005	8785.9	9.5	6736.6	5.3	39.0
2006	9802.7	11.6	7397.3	9.8	38.8
2007	11485.8	17.2	8701.2	17.6	39.7
2008	13152.9	14.5	9477.5	8.9	42.2
2009	14367.5	9.2	10294.1	8.6	40.4
2010	16058.4	11.8	11451.0	11.2	38.7
2011	18373.9	14.4	13163.8	15.0	40.7
2012	20839.6	13.4	14496.0	10.1	40.3
2013	22906.4	9.9	15749.5	8.6	39.7
2014	24852.3	9.6	16681.4	8.8	32.3
2015	27051.5	8.8	18192.3	9.1	32.0
2016	29385.8	8.6	20040.0	10.2	31.4
2017	31889.4	8.5	21275.6	6.2	30.8
2018	34454.6	8.0	23995.9	12.8	28.1
2019	37601.4	9.1	26421.8	10.1	27.8
2020	36705.7	-2.4	22885.5	-13.4	31.1
2021	40277.8	9.7	28505.6	24.6	29.9
2022	42625.8	5.8	29120.9	2.2	30.2
2023	44989.7	5.5	31500.1	8.2	29.4

注：①1992年前可支配收入为生活费收入；
②2014年起使用城乡一体化住户收支与生活状况调查数据，与之前的分城镇和农村住户调查的范围、方法、指标口径有所不同(此后相关表同)；
③2013年之前全体居民收支数据按照国家统计局统一方法回溯；
④2014年起，食品消费支出包括食品和烟酒。

Note: ①Disposable income is equal to living expenses before 1992;
②Survey data of income and expenditure of urban and rural household integration was used since 2014, and the scope of the investigation, the method and index are different(But these indexes are same in the thereafter related tables);
③Prior to 2013, all residents' income and expenditure data were retrospectively analyzed using the unified method of the National Bureau of Statistics.
④Since 2014, consumption expenditure on food include food, tobacco and liquor.

3-12 城镇居民家庭基本情况

项 目	Item	2015
户均常住人口(人/户)	Permanent Resident Population per Household (person/household)	2.8
户均常住从业人口(人/户)	Average Household Permanent Resident Population (person/household)	1.5
平均每一从业人口负担人数(人)	Average Number of People per Employed (person)	1.9
平均每人建筑面积(人)	Average Floor Area per Person (person)	43.2
户主文化程度(%)	**The Education Level of the Head of the Household (%)**	
未上过学	No Schooling	1.4
小学	Primary Schools	10.4
初中	Junior Middle Schools	33.4
高中	Senior Middle Schools	30.1
大学专科	College Students	14.3
大学本科及以上	Bachelor Degree or Above	10.5
常住从业人员就业类型(%)	**Employment Type of Permanent Resident Employees (%)**	
雇主	Employer	1.1
公职人员	Public Officer	5.8
事业单位人员	Personnel in Public Institutions	12.2
国有企业雇员	Employees of State-Owned Enterprises	8.0
其他雇员	Other Employees	49.1
农业自营	Agricultural Proprietary	6.3
非农自营	Non-Farm Proprietary	17.5
常住从业人员从事主要行业(%)	**Permanent Resident Employees are Engaged in the Major Industry (%)**	
第一产业	Primary Industry	7.1
第二产业	Secondary Industry	24.4
第三产业	Tertiary Industry	68.5
自有现住房购(建)房总金额(元/户)	Total Amount of Existing Housing Purchase (Construction) (yuan/household)	123511.7
现有住房按市场价估计值(元/户)	Existing Housing at Market Value Estimates(yuan/household)	333404.9
自有现住房市场价月租金(元/户)	Market Price of Self-Owned Housing (yuan/household)	817.5
现住房房屋来源(%)	**Source of Current Housing (%)**	
租赁公房	Rental Public Housing	4.6
租赁私房	Rental Privately Housing	6.4
自建住房	Self Built Housing	28.9
购买商品房	Commercial Housing	28.9
购买房改住房	Privately Owned House after Housing Reform	23.5
购买保障性住房	Affordable Housing	2.5
拆迁安置房	Removal and Resettlement Housing	1.6
继承或获赠住房	Inheritance or Gift of Housing	0.5
免费借用房	Free Housing	0.9
雇主提供免费住房	Free Housing Provide by Employers	1.0
其他来源	Other Sources	1.1
本住户居住空间样式(%)	**Residential Space Style (%)**	
单栋楼房	Single Building	28.9
单栋平房	Single One-storey House	5.4
四居室及以上单元房	Four Bedroom and Above Apartment	3.7
三居室单元房	Three Bedroom Apartment	26.5
二居室单元房	Two Bedroom Apartment	26.7
一居室单元房	One Bedroom Apartment	6.4
筒子楼或连片平房	Tube-shaped Apartment or Gathered One-storey House	2.2
其他	Others	0.3

Basic Conditions of Urban Households

2016	2017	2018	2019	2020	2021	2022	2023
2.8	2.8	3.0	2.9	3.0	3.0	3.0	2.9
1.4	1.4	1.5	1.6	1.5	1.5	1.5	1.4
1.9	1.9	1.9	1.9	2.1	2.0	2.0	2.1
44.5	45.1	45.0	46.3	43.1	43.8	44.2	45.6
1.3	1.2	1.2	1.0	1.0	0.8	0.7	1.0
10.3	10.0	11.0	11.5	10.5	9.7	9.8	11.2
33.6	33.8	34.0	34.2	33.6	33.3	33.2	35.3
30.4	30.7	27.2	27.9	28.4	27.6	27.8	23.4
14.1	13.8	14.4	14.0	14.4	14.3	14.2	14.5
10.4	10.5	12.3	11.5	12.2	14.2	14.2	14.55
1.0	0.9	1.5	1.5	0.8	0.6	0.5	1.3
5.6	5.4	4.7	4.3	3.7	3.6	3.6	2.9
11.2	11.4	9.6	9.5	9.6	9.7	9.8	6.8
7.2	7.3	5.4	5.1	5.0	5.7	5.6	4.9
50.8	51.6	50.8	51.2	55.4	55.6	56.6	60.5
6.0	5.8	13.3	13.4	9.2	10.0	9.6	8.6
18.3	17.6	14.7	15.0	16.4	14.7	14.3	15.0
6.6	6.6	14.2	14.0	9.8	10.9	10.3	9.5
22.0	22.3	20.0	20.4	20.8	21.3	22.5	25.4
71.4	71.1	65.8	65.6	69.4	67.8	67.2	65.1
131553.8	135563.0	217425.7	232003.1	223866.8	247340.6	248743.8	329735.0
394537.9	463398.1	591389.6	628692.2	622200.0	686933.7	699934.3	716282.4
900.4	933.8	1070.4	1079.6	1081.6	1184.2	1176.0	1149.9
3.4	3.4	2.8	2.1	2.4	1.8	1.8	2.9
5.4	5.0	3.9	3.0	3.9	2.1	1.9	5.4
30.7	30.4	33.7	35.5	31.3	33.9	34.1	29.7
29.6	30.6	39.3	39.1	40.3	41.8	42.1	46.5
22.3	22.4	11.5	11.0	11.9	11.0	10.8	6.4
3.3	2.9	2.0	1.7	2.0	1.7	1.7	1.7
2.1	2.1	4.0	4.4	5.0	5.4	5.6	5.6
0.3	0.3	0.6	0.9	1.0	0.6	0.6	0.2
1.0	1.3	0.8	0.7	0.7	0.6	0.6	1.2
0.7	0.6	0.8	0.8	0.8	0.9	0.8	0.3
1.2	0.9	0.6	0.7	0.9	0.3	0.1	0.1
30.5	31.0	29.5	31.8	28.5	30.1	29.9	27.3
5.5	5.3	6.0	5.2	4.0	4.4	4.1	3.4
3.7	3.8	3.5	3.6	3.5	3.0	2.8	4.2
24.7	24.4	29.4	30.0	31.5	32.5	32.9	34.5
27.9	28.0	26.1	24.7	26.9	25.8	25.9	26.1
5.6	5.6	4.6	4.0	4.8	3.8	3.8	4.0
1.7	1.7	0.6	0.5	0.6	0.5	0.4	0.4
0.3	0.2	0.2	0.1	0.2			

3-12 续表

项　目	Item	2015
住户主要饮用水取水位置(%)	**The Main Drinking Water Intake Location of the Households (%)**	
住宅内管道取水	Pipe the Water Intake in the House	
住宅内其他方式取水	Other Ways to Get Water in the House	
院内管道取水	Water Intake in the Courtyard Pipeline	
院内其他方式取水	Other Ways to Get Water in the Courtyard	
其他位置取水	Water Intake in Other Locations	
住户厨房使用情况(%)	**Household Kitchen Use Status (%)**	
住宅内独用	Used Exclusively in the Residence	
住宅内合用	Used Together in the Residence	
院内独用	Used Only in the Courtyard	
院内合用	Used Together in the Courtyard	
其他地方独用	Used Only for Other Places	
其他地方合用	Used Together Elsewhere	
无厨房	No Kitchen	
住户厕所使用情况(%)	**Household Toilet Use Status (%)**	
住宅内独用	Used Exclusively in the Residence	93.1
住宅内合用	Used Together in the Residence	3.9
院内独用	Used Only in the Courtyard	
院内合用	Used Together in the Courtyard	
其他地方独用	Used Only for Other Places	
其他地方合用	Used Together Elsewhere	
公用厕所	Rest Room	3.0
无厕所	No Toilet	
住户厕所类型(%)	**Type of Household Toilet (%)**	
水冲式卫生厕所	Hygiene Water Flush Toilet	90.5
水冲式非卫生厕所	Unhygiene Water Flush Toilet	1.2
卫生旱厕	Hygiene Toilet with no Flush Facilities	2.1
普通旱厕	Common Toilet with no Flush Facilities	3.5
住户洗澡设施情况(%)	**Household Bathing Facilities (%)**	
统一供热水	Unified Supplied Hot Water	4.3
家庭自装热水器	Home Self Installed Water Heater	82.4
其他	Others	4.0
无洗澡设施	No Bathing Facilities	9.3
住宅或院内洗手设施情况(%)	**Handwashing Facilities in the Residence or in the Courtyard (%)**	
有洗手设施，并有肥皂和水	Handwashing Facilities, with Soap and Water Available	
有洗手设施，但是没有肥皂或水	Handwashing Facilities, but no Soap or Water	
没有洗手设施	No Handwashing Facilities	
住户主要炊用能源状况(%)	**The Main Cooking Energy Status of the Households (%)**	
柴草	Firewood	3.7
煤炭	Coal	1.3
罐装液化石油气	Canned with LPG	49.0
管道天然气	Pipeline Natural Gas	33.1
电	Electricity	6.2
沼气	Methane	0.1
其他	Other	0.2
无炊用行为	No Cooking Behavior	1.8

Continued

2016	2017	2018	2019	2020	2021	2022	2023
			98.1	99.1	98.8	98.7	98.5
			0.9	0.4	0.1	0.2	0.8
			0.4		0.3	0.3	0.3
			0.6	0.4	0.3	0.3	0.2
				0.1	0.5	0.5	0.1
				98.8	99.1	99.1	97.0
				0.1	0.1	0.1	1.2
				1.0	0.8	0.8	1.2
							0.1
							0.1
							0.4
94.9	95.2	97.8	98.0	98.1	97.1	97.5	98.1
3.0	2.8	1.7	1.5	1.3	1.2	1.1	0.3
			0.5	0.5	1.1	1.0	1.3
							0.1
						0.1	0.1
						0.1	
2.1	2.0	0.5		0.1		0.2	0.2
92.3	92.5	91.8	96.1	97.4	98.2	98.4	99.3
0.9	0.8	1.3	3.1	2.4	1.3	1.2	0.6
1.9	2.0	2.0	0.2		0.1	0.1	0.1
3.4	3.4	4.8	0.5	0.2	0.4	0.3	
4.7	4.6	3.2	2.9	2.8	2.7	2.5	1.3
86.3	86.8	91.2	92.3	93.0	95.4	95.8	96.7
2.6	2.3	2.3	1.9	1.6	0.7	0.7	1.9
6.4	6.3	3.3	2.9	2.5	1.2	1.0	0.1
			95.9	97.8	97.5	99.6	99.0
			3.1	1.3	2.5	0.4	1.0
			1.0	0.8			
3.2	3.3	4.5	4.3	2.5	2.4	2.5	2.9
0.9	0.8	0.2		0.1			0.2
46.5	44.4	31.7	33.6	32.8	31.8	31.2	30.5
38.1	39.9	50.5	52.6	58.2	58.6	60.3	58.9
6.3	6.7	8.6	6.3	5.1	6.8	5.7	7.0
		0.5	0.4	0.2	0.2	0.2	
0.1	0.1	0.1					
1.7	1.6	0.4	0.3	0.3	0.1	0.1	0.4

3-13 按收入五等份分组城镇居民家庭基本情况(2023年)

项　目	Item	低收入户 Low Income Households
户均常住人口(人/户)	Permanent Resident Population per Household (person/household)	3.5
户均常住从业人口(人/户)	Average Household Permanent Resident Population (person/household)	1.4
平均每一从业人口负担人数(人)	Average Number of People per Employed (person)	2.4
平均每人建筑面积(人)	Average Floor Area per Person (person)	39.8
户主文化程度(%)	**The Education Level of the Head of the Household (%)**	
未上过学	No Schooling	1.6
小学	Primary Schools	23.5
初中	Junior Middle Schools	47.9
高中	Senior Middle Schools	18.9
大学专科	College Students	4.4
大学本科及以上	Bachelor Degree or Above	3.7
常住从业人员就业类型(%)	**Employment Type of Permanent Resident Employees (%)**	
雇主	Employer	0.6
公职人员	Public Officer	0.2
事业单位人员	Personnel in Public Institutions	1.5
国有企业雇员	Employees of State-Owned Enterprises	0.7
其他雇员	Other Employees	59.0
农业自营	Agricultural Proprietary	22.0
非农自营	Non-Farm Proprietary	16.1
常住从业人员从事主要行业(%)	**Permanent Resident Employees are Engaged in the Major Industry (%)**	
第一产业	Primary Industry	23.9
第二产业	Secondary Industry	25.1
第三产业	Tertiary Industry	51.0
自有现住房购(建)房总金额(元/户)	Total Amount of Existing Housing Purchase (Construction) (yuan/household)	211569.4
现有住房按市场价估计值(元/户)	Existing Housing at Market Value Estimates(yuan/household)	359907.6
自有现住房市场价月租金(元/户)	Market Price of Self-Owned Housing (yuan/household)	734.1
现住房房屋来源(%)	**Source of Current Housing(%)**	
租赁公房	Rental Public Housing	5.3
租赁私房	Rental Privately Housing	5.2
自建住房	Self Built Housing	48.8
购买商品房	Commercial Housing	30.2
购买房改住房	Privately Owned House after Housing Reform	2.9
购买保障性住房	Affordable Housing	0.7
拆迁安置房	Removal and Resettlement Housing	5.6
继承或获赠住房	Inheritance or Gift of Housing	
免费借用房	Free Housing	0.9
雇主提供免费住房	Free Housing Provide by Employers	
其他来源	Other Sources	0.3
本住户居住空间样式(%)	**Residential Space Style(%)**	
单栋楼房	Single Building	42.7
单栋平房	Single One-storey House	8.2
四居室及以上单元房	Four Bedroom and Above Apartment	1.9
三居室单元房	Three Bedroom Apartment	25.6
二居室单元房	Two Bedroom Apartment	18.7
一居室单元房	One Bedroom Apartment	2.6
筒子楼或连片平房	Tube-shaped Apartment or Gathered One-storey House	0.2
其他	Others	0.2

Basic Conditions of Urban Households by Income Quintile(2023)

中低收入户 Lower Middle Income Households	中等收入户 Middle Income Households	中高收入户 Upper Middle Income Households	高收入户 High Income Households
3.4	3.0	2.7	2.1
1.6	1.4	1.3	1.2
2.2	2.1	2.0	1.7
40.3	40.7	43.6	55.4
1.9	0.6	0.8	
13.1	9.1	6.8	3.7
46.9	39.4	28.2	14.3
22.3	27.6	26.7	21.4
9.4	14.6	20.3	24.0
6.5	8.7	17.3	36.5
1.9	0.6	1.5	1.8
1.0	1.4	3.3	9.8
2.7	4.9	9.5	17.4
2.0	5.9	7.0	10.0
65.1	68.1	62.5	45.5
10.1	5.2	2.6	1.6
17.1	13.9	13.6	14.0
10.4	6.3	3.1	2.4
29.6	25.9	25.3	20.0
60.0	67.8	71.5	77.6
260484.1	302834.3	404063.0	469553.0
486596.2	643810.4	816778.1	1273822.0
922.0	1085.5	1312.3	1695.3
3.3	2.5	2.1	1.4
4.4	6.2	5.5	5.9
39.0	27.5	19.4	13.9
41.4	45.9	53.3	61.8
4.8	6.2	7.9	10.2
2.2	1.8	1.8	1.8
4.0	8.4	7.4	2.7
0.1	0.5	0.3	0.1
0.9	1.1	1.7	1.4
		0.6	0.7
36.4	26.7	18.0	12.7
3.9	2.2	1.5	1.5
2.7	2.7	4.5	9.0
31.1	33.2	41.3	41.1
21.3	31.1	30.1	29.3
4.0	3.6	4.0	6.0
0.5	0.6	0.6	0.4

3-13 续表

项　　目	Item	低收入户 Low Income Households
住户主要饮用水取水位置(%)	**The Main Drinking Water Intake Location of the Households (%)**	
住宅内管道取水	Pipe the Water Intake in the House	97.1
住宅内其他方式取水	Other Ways to Get Water in the House	1.4
院内管道取水	Water Intake in the Courtyard Pipeline	0.6
院内其他方式取水	Other Ways to Get Water in the Courtyard	0.5
其他位置取水	Water Intake in Other Locations	0.4
住户厨房使用情况(%)	**Household Kitchen Use Status (%)**	
住宅内独用	Used Exclusively in the Residence	95.3
住宅内合用	Used Together in the Residence	1.3
院内独用	Used Only in the Courtyard	3.0
院内合用	Used Together in the Courtyard	
其他地方独用	Used Only for Other Places	0.4
其他地方合用	Used Together Elsewhere	
无厨房	No Kitchen	
住户厕所使用情况(%)	**Household Toilet Use Status (%)**	
住宅内独用	Used Exclusively in the Residence	95.8
住宅内合用	Used Together in the Residence	0.5
院内独用	Used Only in the Courtyard	3.1
院内合用	Used Together in the Courtyard	0.1
其他地方独用	Used Only for Other Places	0.3
其他地方合用	Used Together Elsewhere	
公用厕所	Rest Room	0.2
无厕所	No Toilet	
住户厕所类型(%)	**Type of Household Toilet (%)**	
水冲式卫生厕所	Hygiene Water Flush Toilet	98.1
水冲式非卫生厕所	Unhygiene Water Flush Toilet	1.6
卫生旱厕	Hygiene Toilet with no Flush Facilities	0.3
普通旱厕	Common Toilet with no Flush Facilities	
住户洗澡设施情况(%)	**Household Bathing Facilities (%)**	
统一供热水	Unified Supplied Hot Water	1.5
家庭自装热水器	Home Self Installed Water Heater	93.6
其他	Others	4.7
无洗澡设施	No Bathing Facilities	0.2
住宅或院内洗手设施情况(%)	**Handwashing Facilities in the Residence or in the Courtyard (%)**	
有洗手设施，并有肥皂和水	Handwashing Facilities, with Soap and Water Available	98.7
有洗手设施，但是没有肥皂或水	Handwashing Facilities, but no Soap or Water	1.3
没有洗手设施	No Handwashing Facilities	
住户主要炊用能源状况(%)	**The Main Cooking Energy Status of the Households (%)**	
柴草	Firewood	8.0
煤炭	Coal	0.5
罐装液化石油气	Canned with LPG	44.0
管道天然气	Pipeline Natural Gas	38.9
电	Electricity	8.6
沼气	Methane	
其他	Other	
无炊用行为	No Cooking Behavior	

Continued

中低收入户 Lower Middle Income Households	中等收入户 Middle Income Households	中高收入户 Upper Middle Income Households	高收入户 High Income Households
98.5	98.5	99.2	99.4
0.9	1.3	0.5	0.1
0.4	0.0	0.1	0.3
	0.2	0.2	0.2
0.3			
96.9	97.7	97.5	97.5
2.1	0.7	1.0	0.7
0.8	1.3	0.3	0.6
		0.6	0.1
			0.2
			0.1
0.2	0.2	0.6	0.8
97.8	98.3	99.0	99.3
	0.3	0.2	0.3
2.0	1.1	0.2	0.3
	0.2	0.3	
0.1			
		0.0	
	0.2	0.3	0.1
99.4	99.6	99.7	99.7
0.4	0.4	0.2	0.3
0.1		0.0	
1.2	0.9	2.0	1.0
96.8	97.6	96.7	98.7
2.0	1.4	1.3	0.2
	0.0	0.0	0.1
97.9	98.9	99.8	99.7
2.1	1.1	0.2	0.3
3.8	1.9	0.7	0.3
0.1	0.1	0.1	0.2
40.1	31.7	21.8	15.2
47.5	61.4	71.0	75.7
8.6	4.9	5.8	7.4
		0.6	1.3

3-14 城镇居民家庭人均收入与支出情况

单位：元

项 目	Item	2015	2016
家庭总收入	**Total Income**	**30057.4**	**32239.8**
工资性收入	Income of Wages and Salaries	15571.6	16517.5
经营净收入	Net Business Income	5132.0	5287.4
第一产业	Primary Industry	812.6	525.7
第二产业	Secondary Industry	617.9	631.3
第三产业	Tertiary Industry	3701.5	4130.4
财产净收入	Net Income from Property	2044.6	2378.0
转移净收入	Net Income from Transfer	7309.2	8057.0
可支配收入	**Disposable Income**	**27051.5**	**29385.8**
工资性收入	Income of Wages and Salaries	15571.6	16517.5
经营净收入	Net Business Income	3792.2	4150.2
第一产业	Primary Industry	394.5	325.2
第二产业	Secondary Industry	517.2	529.3
第三产业	Tertiary Industry	2880.4	3295.8
财产净收入	Net Income from Property	1985.3	2299.3
转移净收入	Net Income from Transfer	5702.4	6418.8
现金收入	**Disposable Income**	**27909.1**	**29804.0**
工资性收入	Income of Wages and Salaries	15442.9	16396.2
经营净收入	Net Business Income	5037.0	5209.0
第一产业	Primary Industry	717.6	447.3
第二产业	Secondary Industry	617.9	631.3
第三产业	Tertiary Industry	3701.5	4130.4
财产净收入	Net Income from Property	498.9	586.2
转移净收入	Net Income from Transfer	6930.4	7612.5
非收入所得	**Non-Income Income**	**1204.9**	**1206.7**
借贷收入	**Lending and Loaning Income**	**856.3**	**977.7**
家庭总支出	**Total Expenditures**	**24798.4**	**27376.3**
生活消费支出	Expenses on Household Consumption	18192.3	20040.0
食品烟酒	Food, Tobacco and Liquor	5828.6	6294.3
衣着	Clothing	1523.1	1557.4
居住	Residence	3742.7	4176.7
生活用品及服务	Household Facilities, Articles and Services	1099.3	1163.8
交通通信	Transport and Communications	2155.4	2391.9
教育文化娱乐	Education, Culture and Recreation	1972.2	2228.4
医疗保健	Health Care and Medical Services	1482.0	1792.0
其他用品及服务	Miscellaneous Goods and Services	389.0	435.6
生产经营费用支出	Production and Operation Expenses	1002.0	800.6
第一产业	Primary Industry	404.8	189.9
第二产业	Secondary Industry	45.7	38.0
第三产业	Tertiary Industry	551.4	572.7
财产性支出	Expenses on Properties	59.4	78.7
转移性支出	Expenses on Transfers	1603.9	1638.1
部分商业保险支出	Commercial Insurance for Savings	91.4	150.9
购置资产及非经常性转移支出	Asset Purchase And Non-Recurring Transfer Expenses	3013.8	3968.7
借贷支出	Lending and Loaning Expenditure	835.7	699.1
现金消费支出	**Consumption Expenditure in Cash**	**15222.8**	**16699.7**
食品烟酒	Food, Tobacco and Liquor	5672.7	6145.1
衣着	Clothing	1522.4	1556.9
居住	Residence	1304.3	1432.1
生活用品及服务	Household Facilities, Articles and Services	1097.6	1157.1
交通通信	Transport and Communications	2153.3	2355.4
教育文化娱乐	Education, Culture and Recreation	1971.5	2228.2
医疗保健	Health Care and Medical Services	1116.1	1395.4
其他用品及服务	Miscellaneous Goods and Services	384.8	429.6
服务性消费支出	**Consumption Expenditure on Services**		

注：①2014年起可支配收入是常住居民可支配收入，其中财产性收入、转移性收入及其中项都是净收入；
②2014年起股息与红利收入只包括红利收入；
③2014年起食品支出包括食品和烟酒；
④2014年起借贷收入是家庭总收入的其中项之一，借贷支出是家庭总支出的其中项之一。

Per Capita Income and Consumption Expenditures of Urban Households

(yuan)

2017	2018	2019	2020	2021	2022	2023
34972.3	**38860.2**	**42207.9**	**40196.2**	**44728.4**	**47146.8**	**50052.4**
17915.2	18997.1	20810.6	20071.4	22416.1	23940.1	25232.1
5601.2	7122.9	7771.2	5935.4	7019.6	7129.6	8209.1
538.6	1274.4	1414.6	751.6	1191.1	1197.9	1324.1
780.2	920.9	818.7	783.3	851.0	898.0	1232.6
4282.4	4927.6	5537.9	4400.5	4977.5	5033.7	5652.4
2674.6	3175.6	3420.3	3573.5	3834.7	4040.8	4143.6
8781.3	9564.6	10205.8	10616.1	11458.0	12036.3	12467.6
31889.4	**34454.6**	**37601.4**	**36705.9**	**40277.8**	**42625.8**	**44989.7**
17915.2	18997.1	20810.6	20071.4	22416.1	23940.1	25232.1
4497.7	4796.6	5340.9	4728.3	5350.1	5531.7	5961.2
352.6	322.9	345.2	419.9	479.1	509.1	574.2
595.2	589.6	659.0	582.2	712.4	747.7	795.4
3549.8	3884.1	4336.7	3726.3	4158.6	4274.9	4591.5
2594.5	2953.9	3302.0	3470.1	3688.6	3908.6	3983.8
6882.1	7707.1	8147.9	8436.0	8823.0	9245.4	9812.5
32237.2	**35964.7**	**39154.4**	**36739.2**	**41032.7**	**43207.2**	**45891.1**
17809.3	18838.1	20645.8	19866.5	22205.3	23716.2	24952.3
5507.0	7273.5	7791.6	5820.9	6896.5	6955.6	7914.2
444.4	1425.0	1435.0	637.1	1067.9	1024.0	1029.7
780.2	920.9	818.7	783.3	851.0	898.0	1232.1
4282.4	4927.6	5537.9	4400.5	4977.5	5033.7	5652.4
619.8	867.5	997.9	971.0	1118.6	1186.1	1474.9
8301.0	8985.7	9719.1	10080.7	10812.3	11349.3	11549.7
1791.2	**4108.2**	**2201.9**	**1933.3**	**3354.6**	**3030.2**	**3012.3**
798.6	**1355.9**	**2587.9**	**514.6**	**1310.1**	**322.3**	**994.3**
28784.6	**35600.7**	**40544.4**	**31006.3**	**40509.2**	**39827.9**	**43781.1**
21275.6	23995.9	26421.8	22885.5	28505.6	29120.9	31500.1
6542.5	6737.5	7334.3	7112.4	8513.1	8783.6	9247.3
1544.8	1741.2	1886.7	1472.3	1844.9	1771.1	1805.4
4669.4	5392.0	5929.4	5774.3	6241.9	6586.0	6794.8
1287.2	1572.9	1869.0	1316.0	1628.1	1628.2	1677.3
2131.7	3103.2	3283.9	2852.5	3562.7	3834.7	3877.1
2420.9	2694.6	2967.0	2040.8	3487.9	3265.3	3808.8
2165.5	2162.8	2471.4	1922.3	2541.1	2538.4	3452.9
513.6	591.5	680.2	394.8	686.0	713.6	836.5
657.9	1814.4	1920.5	841.3	1308.3	1267.2	1579.6
174.1	896.6	1000.6	313.0	676.1	647.7	711.0
52.6	235.0	45.8	139.8	88.5	87.3	181.1
431.3	682.8	874.1	388.6	543.7	532.2	687.5
80.1	221.7	118.3	103.3	146.1	132.3	159.7
1899.2	1857.5	2058.0	2180.1	2635.0	2790.9	2654.8
146.9	263.5	281.7	279.5	474.9	418.1	427.0
4064.2	5216.6	4836.7	2962.5	4734.1	4104.6	5015.3
660.8	2231.0	4907.4	1753.9	2705.2	1993.9	2444.6
17618.6	**19554.8**	**21670.0**	**17999.8**	**23199.0**	**23621.4**	**25482.3**
6399.0	6573.1	7140.5	6887.6	8214.7	8483.0	8894.5
1543.8	1739.8	1886.4	1472.1	1843.9	1769.9	1803.5
1634.5	1699.3	1873.0	1644.6	1892.8	2051.0	2139.4
1285.6	1571.3	1866.7	1315.1	1624.6	1625.5	1675.3
2124.2	3085.1	3265.7	2838.4	3546.4	3831.6	3871.9
2417.9	2694.5	2966.9	2040.2	3486.3	3264.6	3806.1
1707.2	1622.0	2001.9	1438.8	1911.5	1887.4	2465.5
506.4	569.7	669.0	363.0	678.9	708.4	826.0
6858.1	**7680.0**	**8800.3**	**6150.0**	**9288.7**	**9147.5**	**11177.4**

Note: ①Since 2014, disposable income is a permanent resident disposable income, in which property income, transfer income, and the item is the net income;

②Dividends and bonus income in 2014 only included the bonus income;

③Since 2014, food expenditure include food, tobacco and liquor;

④Since 2014, lending income is one of a family's total income, loan expenditure is one of the family's total expenditures.

3-15 按收入五等份分组城镇居民家庭人均收入与支出情况(2023年)

单位：元

项　目	Item	低收入户 Low Income Households
家庭总收入	**Total Income**	**20913.0**
工资性收入	Income of Wages and Salaries	10141.8
经营净收入	Net Business Income	4757.7
第一产业	Primary Industry	1869.7
第二产业	Secondary Industry	293.8
第三产业	Tertiary Industry	2594.2
财产净收入	Net Income from Property	1026.4
转移净收入	Net Income from Transfer	4987.1
可支配收入	**Disposable Income**	**16043.4**
工资性收入	Income of Wages and Salaries	10141.8
经营净收入	Net Business Income	1432.4
第一产业	Primary Industry	291.8
第二产业	Secondary Industry	-245.2
第三产业	Tertiary Industry	1385.9
财产净收入	Net Income from Property	920.5
转移净收入	Net Income from Transfer	3548.7
现金收入	**Disposable Income**	**19014.9**
工资性收入	Income of Wages and Salaries	10040.3
经营净收入	Net Business Income	4073.2
第一产业	Primary Industry	1185.3
第二产业	Secondary Industry	293.8
第三产业	Tertiary Industry	2594.2
财产净收入	Net Income from Property	327.4
转移净收入	Net Income from Transfer	4573.9
非收入所得	**Non-Income Income**	**2085.5**
借贷收入	**Lending and Loaning Income**	**685.2**
家庭总支出	**Total Expenditures**	**685.2**
生活消费支出	Expenses on Household Consumption	18618.0
食品烟酒	Food, Tobacco and Liquor	6225.8
衣着	Clothing	962.9
居住	Residence	3320.6
生活用品及服务	Household Facilities, Articles and Services	867.4
交通通信	Transport and Communications	2217.2
教育文化娱乐	Education, Culture and Recreation	2683.1
医疗保健	Health Care and Medical Services	1990.3
其他用品及服务	Miscellaneous Goods and Services	350.6
生产经营费用支出	Production and Operation Expenses	2857.1
第一产业	Primary Industry	1485.0
第二产业	Secondary Industry	424.6
第三产业	Tertiary Industry	947.5
财产性支出	Expenses on Properties	105.9
转移性支出	Expenses on Transfers	1438.1
部分商业保险支出	Commercial Insurance for Savings	162.3
购置资产及非经常性转移支出	Asset Purchase and Non-Recurring Transfer Expenses	2805.6
借贷支出	Lending and Loaning Expenditure	1501.2
现金消费支出	**Consumption Expenditure in Cash**	**15850.6**
食品烟酒	Food, Tobacco and Liquor	5907.7
衣着	Clothing	962.7
居住	Residence	1293.2
生活用品及服务	Household Facilities, Articles and Services	866.8
交通通信	Transport and Communications	2216.5
教育文化娱乐	Education, Culture and Recreation	2682.8
医疗保健	Health Care and Medical Services	1572.8
其他用品及服务	Miscellaneous Goods and Services	348.1
服务性消费支出	**Consumption Expenditure on Services**	**6491.8**

注：2014年起为城镇常住居民人均可支配收入，其中各项均为净收入。
Note: Data since 2014 are about per capita disposable income of urban household , which are net income.

Per Capita Income and Consumption Expenditures of Urban Households by Income Quintile(2023)

(yuan)

中低收入户 Lower Middle Income Households	中等收入户 Middle Income Households	中高收入户 Upper Middle Income Households	高收入户 High Income Households
32290.9	**44442.0**	**62900.8**	**117074.3**
16275.9	23232.6	32943.1	56956.9
6447.5	5786.6	7925.6	20339.2
1351.8	851.8	773.6	1755.5
1032.0	558.8	1312.3	3914.2
4063.7	4376.0	5839.7	14669.5
1960.8	3594.2	5204.9	12082.6
7606.8	11828.5	16827.2	27695.6
29222.9	**41038.5**	**58011.7**	**105972.3**
16275.9	23232.6	32943.1	56956.9
5114.2	4692.2	6330.5	15930.0
796.7	444.1	504.4	946.4
794.9	544.1	1112.9	2429.9
3522.6	3704.1	4713.2	12553.7
1894.0	3445.7	4991.9	11739.0
5938.9	9668.0	13746.1	21346.4
30085.3	**40857.8**	**57988.5**	**106283.6**
16058.7	22990.6	32485.9	56458.7
6212.7	5581.8	7818.6	20214.1
1117.0	647.0	666.6	1634.1
1032.0	558.8	1312.3	3910.5
4063.7	4376.0	5839.7	14669.5
590.2	1253.5	1923.1	4481.6
7223.6	11031.9	15760.9	25129.2
2105.7	**2821.0**	**3766.3**	**5273.9**
814.7	**508.4**	**1176.6**	**2234.4**
31769.6	**38315.4**	**51249.7**	**87490.9**
23128.2	29189.5	38428.1	60156.3
7671.2	9273.1	10990.0	14404.4
1393.3	1727.8	2166.7	3475.2
4336.6	5917.5	8601.5	15277.6
1171.2	1455.8	2113.0	3554.3
2725.6	3233.1	5409.1	7373.8
3494.3	3767.4	4340.9	5514.9
1944.8	3168.6	3729.7	8261.7
391.2	646.3	1077.2	2294.4
995.4	870.7	883.1	2321.5
528.3	385.2	255.4	783.5
137.3	1.3	103.7	209.1
329.8	484.1	524.0	1328.9
66.8	148.5	213.0	343.6
1667.8	2160.6	3080.9	6348.2
332.5	318.6	450.7	1126.7
3938.3	4094.0	5449.8	11042.7
1640.7	1533.6	2744.1	6152.0
19700.6	**23964.3**	**30941.5**	**45503.6**
7357.0	8980.6	10549.2	13959.7
1393.1	1727.2	2159.8	3472.4
1612.4	1850.7	2683.6	4067.2
1170.7	1454.3	2108.0	3550.5
2724.4	3227.7	5397.5	7363.7
3494.3	3765.7	4329.0	5514.7
1561.2	2315.4	2660.3	5309.3
387.6	642.7	1054.0	2266.1
8439.9	**10515.6**	**13263.0**	**21402.5**

3-16 城镇居民家庭人均消费支出情况

单位：元

项　目	Item	2015	2016
消费支出	**Consumer Expenditure**	**18192.3**	**20040.0**
食品烟酒	Food, Tobacco and Liquor	5828.6	6294.3
食品	Food	3897.6	4262.6
烟酒	Tobacco and Liquor	623.4	669.7
饮料	Drink	93.5	95.2
饮食服务	Food Services	1214.1	1266.8
衣着	Clothing	1523.1	1557.4
衣类	Clothing Class	1205.7	1250.3
鞋类	Chaussure	317.4	307.2
居住	Residence	3742.7	4176.7
租赁房房租	Rental House Rent	158.5	168.8
住房维修及管理	Housing Maintenance and Management	425.3	508.2
水电燃料及其他	Hydropower Fuels and Others	753.8	783.3
自有住房折算租金	Owned Housing is Converted into Rent	2405.0	2716.4
生活用品及服务	Daily Goods and Services	1099.3	1163.8
家具及室内装饰品	Furniture and Interior Decorations	139.6	155.0
家用器具	Home Appliances	301.8	294.9
家用纺织品	Home Textiles	88.6	93.8
家庭日用杂品	Household Miscellaneous Goods	341.0	367.8
个人用品	Personal Products	186.6	203.9
家庭服务	Domestic Service	41.7	48.4
交通通信	Transport and Communications	2155.4	2391.9
交通	Transport	1413.6	1657.1
通信	Communications	741.8	734.8
教育文化娱乐	Education, Culture and Recreation	1972.2	2228.4
教育	Education	1148.3	1331.1
文化娱乐	Culture and Recreation	823.9	897.3
医疗保健	Health Care and Medical Services	1482.0	1792.0
医疗器具及药品	Medical Appliances and Medicines	447.6	495.2
医疗服务	Medical Service	1034.4	1296.9
其他用品和服务	Other Supplies and Services	389.0	435.6
其他用品	Other Supplies	214.3	213.3
其他服务	Other Services	174.7	222.2

注：①2014年起可支配收入是常住居民可支配收入，其中财产性收入、转移性收入及其中项都是净收入；
②2014年起股息与红利收入只包括红利收入；
③2014年起食品支出包括食品和烟酒；
④2014年起借贷收入是家庭总收入的其中项之一，借贷支出是家庭总支出的其中项之一。

Per Capita Consumption Expenditure of Urban Households

(yuan)

2017	2018	2019	2020	2021	2022	2023
21275.6	**23995.9**	**26421.8**	**22885.5**	**28505.6**	**29120.9**	**31500.1**
6542.5	6737.5	7334.3	7112.4	8513.1	8783.6	9247.3
4244.0	3883.4	4154.2	4824.9	5025.5	5053.8	5096.2
655.7	710.3	927.1	680.4	899.1	991.9	1075.8
88.8	107.4	118.3	119.7	164.3	185.5	216.1
1554.0	2036.3	2134.6	1487.4	2424.1	2552.4	2859.2
1544.8	1741.2	1886.7	1472.3	1844.9	1771.1	1805.4
1271.6	1471.4	1606.1	1230.8	1531.4	1470.1	1493.6
273.2	269.8	280.6	241.5	313.5	301.0	311.8
4669.4	5392.0	5929.4	5774.3	6241.9	6586.0	6794.8
129.6	173.5	212.8	171.4	137.9	129.8	273.4
707.7	852.1	901.8	700.9	854.8	891.1	942.9
808.9	747.7	821.6	850.2	917.0	1041.9	953.5
3023.2	3618.7	3993.2	4051.7	4332.2	4523.3	4625.0
1287.2	1572.9	1869.0	1316.0	1628.1	1628.2	1677.3
215.8	300.5	298.3	183.8	230.6	230.5	213.5
347.5	406.6	704.7	324.1	435.1	445.2	407.1
107.5	112.8	110.4	95.9	113.6	113.7	118.9
332.6	358.2	357.0	330.4	349.3	353.3	395.3
222.3	307.8	333.1	319.2	426.5	407.8	407.7
61.7	87.0	65.6	62.6	72.9	77.8	134.9
2131.7	3103.2	3283.9	2852.5	3562.7	3834.7	3877.1
1458.9	2456.5	2579.4	2113.7	2734.0	2957.4	3077.3
672.8	646.7	704.5	738.8	828.8	877.2	799.7
2420.9	2694.6	2967.0	2040.8	3487.9	3265.3	3808.8
1387.4	1704.8	1921.4	1491.3	2701.4	2518.7	2754.4
1033.5	989.8	1045.5	549.5	786.5	746.6	1054.3
2165.5	2162.8	2471.4	1922.3	2541.1	2538.4	3452.9
500.2	549.2	597.2	546.8	684.4	673.8	795.5
1665.3	1613.6	1874.1	1375.5	1856.7	1864.6	2657.4
513.6	591.5	680.2	394.8	686.0	713.6	836.5
278.7	293.7	369.1	167.1	330.6	347.8	356.1
234.9	297.8	311.1	227.8	355.5	365.8	480.4

Note: ①Since 2014, disposable income is a permanent resident disposable income, in which property income, transfer income, and the item is the net income;

②Dividends and bonus income in 2014 only included the bonus income;

③Since 2014, food expenditure include food, tobacco and liquor;

④Since 2014, lending income is one of a family's total income, loan expenditure is one of the family's total expenditures.

3-17 城镇居民家庭人均主要食品消费量

单位：千克

项目	Item	2015	2016
粮食	Grain	98.3	97.0
谷物	Cereals	86.4	84.0
小麦	Wheat	17.8	18.5
稻谷	Rice	64.5	61.0
玉米	Corn//Maize	1.2	1.2
薯类	Tubers	1.4	1.7
红薯	Sweet Potato	0.4	0.4
马铃薯	Potato	0.8	1.1
豆类	Beans	10.5	11.3
大豆	Soybean	0.4	0.5
油脂类	Oil Class	13.9	12.9
植物油	Edible Vegetable Oil	13.6	12.6
动物油	Edible Animal Oil	0.3	0.2
蔬菜及菜制品	Vegetable and Vegetable Products	112.4	116.8
鲜菜	Fresh Vegetables	108.6	112.5
干菜及菜制品	Dried Vegetables and Vegetable Products	2.0	2.2
鲜菌	Fresh Fungi	1.6	1.8
肉类	Meat	28.6	28.1
猪肉	Pork	20.9	20.3
牛肉	Beef	2.4	2.3
羊肉	Mutton	0.8	1.0
禽类	Poultry	6.5	7.4
鸡	Chicken	3.8	4.2
鸭	Duck	0.9	1.0
鹅	Goose		
水产品	Aquatic Products	17.5	18.8
鱼类	Fish	14.6	15.5
虾贝蟹类	Shrimp Shellfish Crab	1.3	1.4
蛋类及蛋制品	Eggs and Egg Products	8.7	8.6
鲜蛋	Fresh Eggs	7.8	7.7
奶和奶制品	Milk and Dairy Products	11.7	10.6

Per Capita Consumption of Major Foods of Urban Households

(kg)

2017	2018	2019	2020	2021	2022	2023
92.1	90.8	94.9	119.3	116.6	98.4	92.5
80.0	80.3	83.1	106.0	102.3	84.4	79.9
18.1	17.9	18.0	27.2	26.2	23.0	16.8
56.9	58.0	60.3	73.5	69.3	55.3	56.2
1.2	1.5	2.0	2.2	2.9	2.9	3.6
1.8	1.6	1.8	2.2	2.2	2.0	1.9
0.4	0.4	0.4	0.5	0.6	0.5	0.5
1.2	1.0	1.2	1.5	1.3	1.2	1.1
10.2	8.9	10.0	11.0	12.1	12.0	10.7
0.3	0.3	0.4	0.5	0.4	0.4	0.4
11.0	9.1	10.2	12.3	12.6	11.4	11.2
10.8	8.7	9.7	11.8	12.2	11.1	10.9
0.2	0.4	0.5	0.4	0.4	0.4	0.4
119.5	109.4	94.2	120.9	129.0	122.3	113.6
115.4	106.1	91.0	117.8	125.6	119.1	110.2
2.2	1.8	1.5	1.4	1.4	1.4	1.6
1.8	1.3	1.5	1.7	1.8	1.6	1.6
28.9	29.6	27.6	29.2	35.9	34.4	35.6
21.0	22.5	20.1	21.9	27.1	26.3	26.9
2.4	2.7	3.1	3.1	3.3	3.1	3.2
0.8	0.8	0.8	0.8	0.9	0.8	0.9
6.5	6.3	7.7	8.4	8.8	8.4	8.7
3.5	3.7	4.9	5.3	5.4	5.1	5.1
0.6	0.7	1.0	1.0	1.0	0.9	0.8
0.1			0.1	0.1	0.1	
18.5	17.2	19.6	19.3	21.0	19.4	17.8
15.0	14.3	16.1	15.6	16.8	15.1	12.7
1.7	1.7	2.3	2.6	2.8	3.0	3.6
7.9	7.4	7.7	9.9	9.6	9.8	9.1
7.1	6.8	7.2	9.2	9.0	9.2	8.5
9.5	8.9	9.8	10.0	13.9	11.4	11.0

3-18 城镇居民家庭主要生活用品购买量

单位：千克

项目	Item	2015	2016
食品	Food		
谷物	Cereals	318.8	318.3
小麦	Wheat	0.1	0.1
面粉	Wheat Flour	2.4	2.7
稻谷	Paddy	0.2	0.4
大米	Rice	41.0	38.8
玉米	Corn	1.1	1.2
薯类	Tubers	6.5	8.1
红薯	Sweet Potato	1.7	1.6
马铃薯	Potato	4.0	5.4
豆类	Beans	10.4	11.2
大豆	Soybean	0.3	0.4
其他豆类及制品	Other Legumes and Other Products	10.0	10.7
食用油	Edible Oil	13.3	12.4
食用植物油	Edible Vegetable Oil	13.0	12.2
食用动物油	Edible Animal Oil	0.3	0.2
蔬菜和食用菌	Vegetables and Edible Fungi	104.3	108.4
鲜菜	Fresh Vegetables	100.5	104.1
干菜及菜制品	Dried Vegetables and Vegetable Products	2.0	2.2
鲜菌	Fresh Fungi	1.6	1.8
肉类	Meat	27.9	27.8
猪肉	Pork	20.3	19.9
牛肉	Beef	2.4	2.3
羊肉	Mutton	0.8	1.0
禽类	Poultry	6.4	7.3
鸡	Chicken	3.7	4.1
鸭	Duck	0.9	1.0
鹅	Goose		
水产品	Aquatic Products	17.4	18.7
鱼类	Fish	14.5	15.4
虾类	Decapod	1.1	1.1
蟹类	Crab	0.1	0.2
蛋类	Eggs and Egg Products	8.5	8.3
鲜蛋	Fresh Eggs	7.6	7.4
奶类	Milk and Dairy Products	11.7	10.6
干鲜瓜果类	Dried and Fresh Melons and Fruits	42.7	47.1
水电燃料	Water, Electricity and Fuels		
水(吨)	Water(ton)	43.8	39.9
电(度)	Electric(degree)	606.2	608.8
煤炭	Coal	6.0	7.2
管道天然气(立方米)	Pipeline Gas(m^3)	28.0	30.2
罐装液化石油气	Canned Liquefied Petroleum Gas	13.4	11.7

Purchases of Articles for Main Daily Necessities of Urban Households

(kg)

2017	2018	2019	2020	2021	2022	2023
296.4	282.2	295.9	412.6	404.0	373.1	352.1
			0.1			
2.5	2.0	2.0	5.1	2.9	2.9	2.2
0.3	0.7	1.1	1.0	1.3	0.8	0.8
35.9	33.6	35.1	46.1	42.9	35.4	34.3
1.1	1.3	1.8	2.2	2.7	2.8	3.3
8.9	7.5	8.5	10.5	10.4	9.4	8.3
1.6	1.7	1.8	2.2	2.7	2.3	2.2
5.9	4.9	5.6	7.2	6.4	5.9	4.9
10.2	8.8	10.0	11.0	12.1	11.9	10.3
0.2	0.2	0.4	0.4	0.3	0.3	0.3
9.9	8.5	9.6	10.5	11.9	11.6	10.0
10.5	8.4	9.3	11.7	11.9	10.9	10.5
10.3	8.1	8.8	11.3	11.5	10.6	10.1
0.2	0.4	0.5	0.4	0.4	0.3	0.4
111.3	96.2	92.1	104.4	110.0	106.2	96.9
107.2	92.9	88.9	101.1	106.7	103.1	93.6
2.2	1.8	1.5	1.4	1.4	1.4	1.6
1.8	1.3	1.5	1.7	1.7	1.6	1.6
28.7	28.8	26.3	28.9	36.1	33.7	34.2
20.8	21.7	18.8	21.5	27.3	25.6	25.5
2.4	2.7	3.1	3.1	3.2	3.1	3.2
0.8	0.8	0.8	0.8	0.9	0.8	0.9
6.5	6.1	7.4	8.1	8.0	7.9	8.1
3.4	3.5	4.6	5.1	4.8	4.7	4.6
0.6	0.7	1.0	1.0	0.9	0.8	0.7
0.1			0.1	0.1	0.1	
18.4	17.1	19.5	19.3	20.7	19.3	17.3
15.0	14.1	16.0	15.6	16.6	15.0	12.3
1.3	1.2	1.7	2.1	2.1	2.3	2.7
0.3	0.4	0.4	0.3	0.4	0.4	0.4
7.7	6.9	7.2	9.4	8.6	9.0	8.2
6.9	6.3	6.7	8.7	8.0	8.5	7.5
9.5	8.9	9.8	10.1	13.9	11.4	10.8
49.7	51.1	50.9	49.4	55.4	50.8	54.7
39.4	37.5	41.1	45.1	52.1	61.3	52.4
599.6	582.8	638.7	649.3	762.8	918.7	767.6
4.5	3.5	2.8	2.5	1.2	0.8	2.6
28.1	33.5	32.5	46.4	55.7	56.7	52.7
10.9	7.3	7.4	7.2	7.4	7.1	6.4

3-19 城镇居民平均每百户年末主要耐用消费品拥有量

项　目	Item	2015	2016
家用汽车(辆)	Household Automobile(vehicle)	17.7	23.6
其中：新能源汽车(辆)	Among Them: New Energy Vehicles(vehicle)		
摩托车(辆)	Motorcycle(set)	30.4	30.5
助力车(辆)	Powered Vehicle(set)	24.3	27.4
洗衣机(台)	Washing Machine(set)	91.0	94.2
电冰箱(台)	Refrigerator(set)	95.2	98.1
微波炉(台)	Microwave Oven(set)	47.6	50.3
彩色电视机(台)	Color TV(set)	116.9	117.7
空调(台)	Air Conditioner(set)	128.4	139.6
热水器(台)	Shower Heater(set)	87.4	92.7
烤箱(台)	Oven(set)		
洗碗机(台)	Dishwasher(set)	1.8	1.2
排油烟机(台)	Kitchen Ventilator(set)	61.4	63.7
固定电话(部)	Fixed Telephone(set)	33.9	28.7
移动电话(部)	Mobile Phone(set)	223.1	233.5
计算机(台)	Household Computer(set)	74.0	74.4
照相机(架)	Camera(set)	25.4	18.8
乐器(件)	Musical Instrument(piece)	3.2	3.7
健身器材(套)	Fitness Equipment(set)	3.8	3.3
空气净化器(含新风系统)(套)	Air Purifier (including fresh air system)(set)		
地面清洁电器(台)	Ground Cleaning Appliances(set)		

3-20 按收入五等份分组城镇居民平均每百户年末主要耐用消费品拥有量(2023年)

项　目	Item	低收入户 Low Income Households
家用汽车(辆)	Household Automobile(vehicle)	39.2
其中：新能源汽车(辆)	Among Them: New Energy Vehicles(vehicle)	0.5
摩托车(辆)	Motorcycle(set)	44.6
助力车(辆)	Powered Vehicle(set)	61.6
洗衣机(台)	Washing Machine(set)	95.2
电冰箱(台)	Refrigerator(set)	106.1
微波炉(台)	Microwave Oven(set)	25.7
彩色电视机(台)	Color TV(set)	106.7
空调(台)	Air Conditioner(set)	149.8
热水器(台)	Shower Heater(set)	95.0
烤箱(台)	Oven(set)	2.6
洗碗机(台)	Dishwasher(set)	1.3
排油烟机(台)	Kitchen Ventilator(set)	76.3
固定电话(部)	Fixed Telephone(set)	2.1
移动电话(部)	Mobile Phone(set)	263.8
计算机(台)	Household Computer(set)	32.6
照相机(架)	Camera(set)	2.6
乐器(件)	Musical Instrument(piece)	1.7
健身器材(套)	Fitness Equipment(set)	1.4
空气净化器(含新风系统)(套)	Air Purifier (including fresh air system)(set)	1.1
地面清洁电器(台)	Ground Cleaning Appliances(set)	4.3

Main Durable Goods Owned per 100 Urban Households at Year-end

2017	2018	2019	2020	2021	2022	2023
25.2	36.3	37.3	37.9	43.8	46.1	48.8
					0.5	1.2
31.5	36.1	37.2	32.1	31.3	31.0	28.2
29.4	37.6	40.3	44.2	46.4	48.7	53.7
95.8	97.6	98.6	99.3	100.5	100.9	100.3
100.3	104.8	106.3	104.9	109.0	109.9	107.4
51.6	46.6	45.9	47.0	50.4	50.5	45.8
118.8	122.8	122.9	120.9	118.0	118.3	107.7
141.9	166.2	168.4	169.9	186.0	188.6	196.4
94.3	102.0	103.2	104.7	102.2	102.9	100.3
					12.9	5.0
1.3	2.1	1.9	1.7	2.0	1.9	3.9
66.6	75.1	77.6	79.7	85.5	86.8	86.9
27.1	13.9	10.1	9.3	5.7	4.6	2.9
234.6	259.2	261.3	263.9	260.5	261.9	254.5
73.8	74.2	72.4	74.6	66.4	67.0	56.7
21.8	15.8	15.7	14.9	14.1	14.0	8.3
4.2	8.2	7.3	7.8	7.4	7.7	6.9
3.7	6.1	6.7	7.0	7.2	7.6	5.2
0.1	5.3	5.5	5.7	7.8	7.9	7.6
2.7	7.6	8.8	8.5	12.8	13.0	14.0

Main Durable Goods Owned per 100 Urban Households at Year-end by Income Quintile(2023)

中低收入户 Lower Middle Income Households	中等收入户 Middle Income Households	中高收入户 Upper Middle Income Households	高收入户 High Income Households
49.4	44.2	54.3	56.8
1.0	1.1	1.5	1.9
36.5	27.6	20.8	11.7
64.2	59.3	49.4	34.2
100.2	101.4	101.3	103.6
108.0	108.7	107.7	106.3
37.8	49.1	55.6	60.9
107.9	109.0	107.7	107.0
186.0	205.0	209.1	232.1
100.4	101.4	101.0	103.6
4.0	5.6	6.7	6.1
1.2	3.0	5.0	9.0
85.8	88.3	92.0	92.2
1.7	2.1	3.3	5.5
269.5	265.8	255.3	218.1
43.2	54.0	68.2	85.3
5.2	5.0	10.4	18.2
3.8	5.2	8.3	15.5
2.5	5.8	6.7	9.4
3.6	6.6	10.1	16.8
8.2	12.4	20.0	24.9

3-21 市、州城镇居民人均可支配收入
Per Capita Disposable Income of Urban Households by Cities and Prefectures

单位：元 (yuan)

地 区	Region	2015	2016	2017	2018	2019	2020	2021	2022	2023
武汉市	Wuhan	36436	39737	43405	47359	51706	50362	55297	58449	61693
黄石市	Huangshi	27536	29906	32535	35327	38725	37912	41589	44417	46794
十堰市	Shiyan	24057	26030	28518	30771	33577	32771	35753	37827	39851
宜昌市	Yichang	27275	29735	32316	35011	38463	37232	41030	43943	46448
襄阳市	Xiangyang	26282	28794	31316	33947	37297	37707	41214	43893	46110
鄂州市	Ezhou	24774	26986	29399	31742	34541	35025	38317	40654	42996
荆门市	Jingmen	26731	28920	31317	33779	36805	35958	39159	41273	43543
孝感市	Xiaogan	25753	27939	30264	32685	35695	35374	38911	41596	44117
荆州市	Jingzhou	25382	27666	29973	32590	35910	34474	38231	40678	43018
黄冈市	Huanggang	22620	24796	26884	28978	31812	30826	34032	36312	38473
咸宁市	Xianning	23505	25839	28053	30337	33191	32394	35990	38366	40361
随州市	Suizhou	22791	24799	26959	29237	31961	30587	33890	35923	37684
恩施州	Enshi	22198	24410	26766	28918	31561	30930	34054	35927	38248
仙桃市	Xiantao	24641	26845	29266	31672	34541	35750	38681	41080	43114
潜江市	Qianjiang	24721	26985	29284	31574	34627	33623	36985	39167	41462
天门市	Tianmen	22618	24475	26528	28825	31753	31308	34408	36404	38425
神农架林区	Shennongjia	21404	23452	25767	28176	30728	32203	34003	35907	37865

注：2013年前分城镇和农村开展住户调查，为城镇居民人均可支配收入。2014年起使用城乡一体化住户收支与生活状况调查数据，为城镇常住居民人均可支配收入。

Note: Before 2013, the urban and rural household were investigated separately, and the data is for per capita disposable income of urban household. Since 2014, survey data of income and expenditures of urban and rural household integration has been used, and the data is for per capita disposable income of urban household.

3-22 市、州城镇居民人均消费支出
Per Capita Consumption Expenditure of Urban Households by Cities and Prefectures

单位：元 (yuan)

地 区	Region	2016	2017	2018	2019	2020	2021	2022	2023
武汉市	Wuhan	26535	28546	31201	34005	31115	36684	37418	40673
黄石市	Huangshi	18979	20702	22610	24962	23714	27888	28725	31540
十堰市	Shiyan	15544	17541	19514	21642	20538	24256	25323	27653
宜昌市	Yichang	18728	20246	22372	24296	21866	26480	27407	29736
襄阳市	Xiangyang	17024	18562	20126	22248	20335	25398	26262	28389
鄂州市	Ezhou	17103	18302	19658	21211	19281	24357	25380	27588
荆门市	Jingmen	19539	20913	22599	24895	21459	26845	27785	29618
孝感市	Xiaogan	18743	20441	22485	24751	22771	28395	28935	31018
荆州市	Jingzhou	17152	18800	20796	22848	21294	25404	26496	28855
黄冈市	Huanggang	17890	19541	21307	23426	20236	24890	26184	28279
咸宁市	Xianning	17201	18651	20357	22606	19486	24990	26040	28253
随州市	Suizhou	15926	17267	18876	20752	18691	23308	23821	25703
恩施州	Enshi	17189	18927	20962	23251	21898	26299	26851	29160
仙桃市	Xiantao	17385	18207	19905	21734	20278	24049	24867	26806
潜江市	Qianjiang	16169	17125	18740	20686	19569	22974	23548	25503
天门市	Tianmen	13829	15389	17037	19056	18011	21271	21611	23427
神农架林区	Shennongjia	15034	14906	16695	18107	18125	20155	20437	22195

注：2013年前分城镇和农村开展住户调查，为城镇居民人均可支配收入。2014年起使用城乡一体化住户收支与生活状况调查数据，为城镇常住居民人均可支配收入。

Note: Before 2013, the urban and rural household were investigated separately, and the data is for per capita disposable income of urban household. Since 2014, survey data of income and expenditures of urban and rural household integration has been used, and the data is for per capita disposable income of urban household.

3-23 农村居民家庭人均收支及恩格尔系数(1985-2023年)

Per Capita Income and Consumption Expenditure & Engle's Coefficient of Rural Households(1985-2023)

年 份 Year	农村居民家庭人均可支配收入 Per Capita Disposable Income of Rural Households 绝对数(元) Value(yuan)	比上年±% Growth Rate Over Preceding Year(%)	农村居民家庭人均消费性支出 Per Capita Consumption Expenditure of Rural Households 绝对数(元) Value(yuan)	比上年±% Growth Rate Over Preceding Year(%)	恩格尔系数(%) Engel's Coefficient (%)
1985	421.2	7.4	334.6	9.7	59.1
1986	445.1	5.7	373.5	11.6	58.2
1987	460.7	3.5	408.7	9.4	57.5
1988	497.8	8.1	450.6	10.3	57.3
1989	571.8	14.9	540.1	19.9	59.6
1990	670.8	17.3	607.6	12.5	61.9
1991	626.9	-6.5	615.4	1.3	60.0
1992	677.8	8.1	611.8	-0.6	61.0
1993	783.2	15.5	722.1	18.0	61.9
1994	1170.1	49.4	1013.0	40.3	64.9
1995	1511.2	29.2	1245.1	22.9	60.6
1996	1863.6	23.3	1630.4	30.9	59.8
1997	2102.2	12.8	1660.1	1.8	55.9
1998	2172.2	3.3	1699.4	2.4	54.1
1999	2217.1	2.1	1572.9	-7.4	54.9
2000	2268.5	2.3	1555.6	-1.1	53.2
2001	2352.2	3.7	1649.2	6.0	51.9
2002	2444.1	3.9	1745.6	5.8	50.0
2003	2566.8	5.0	1801.6	3.2	51.7
2004	2890.0	12.6	2089.0	15.9	51.5
2005	3099.2	7.2	2430.2	16.3	49.1
2006	3419.4	10.3	2732.5	12.4	46.8
2007	3997.4	16.9	3090.0	13.1	47.9
2008	4656.4	16.5	3652.6	18.2	46.9
2009	5035.3	8.1	3725.4	2.0	44.8
2010	5832.3	15.8	4090.8	9.8	43.1
2011	6897.9	18.3	5010.7	22.5	39.0
2012	7851.7	13.8	5726.7	14.3	37.6
2013	8867.0	12.9	6279.5	9.7	36.8
2014	10849.1	11.9	8680.9	10.6	31.4
2015	11843.9	9.2	9803.1	12.9	30.1
2016	12725.0	7.4	10938.3	11.6	30.1
2017	13812.1	8.5	11632.5	6.3	28.6
2018	14977.8	8.4	13946.3	19.9	28.2
2019	16390.9	9.4	15328.0	9.9	27.2
2020	16305.9	-0.5	14472.5	-5.6	29.7
2021	18259.0	12.0	17646.9	21.9	31.9
2022	19709.5	7.9	18991.0	7.6	30.5
2023	21293.4	8.0	20921.5	10.2	30.6

注：①1992年之前可支配收入为生活费收入；
②2014年起使用城乡一体化住户收支与生活状况调查数据，与之前的分城镇和农村住户调查的范围、方法、指标口径有所不同(此后相关表同)；
③2013年之前全体居民收支数据按照国家统计局统一方法回溯；
④2014年起，食品消费支出包括食品和烟酒。

Note: ①Disposable income is equal to living expenses before 1992;
②Survey data of income and expenditure of urban and rural household integration was used since 2014, and the scope of the investigation, the method and index are different(But these indexes are same in the thereafter related tables);
③Prior to 2013, all residents' income and expenditure data were retrospectively analyzed using the unified method of the National Bureau of Statistics.
④Since 2014, consumption expenditure on food include food, tobacco and liquor.

3-24 农村居民家庭基本情况

项 目	Item	2015
户均常住人口(人/户)	Permanent Resident Population per Household (person/household)	2.9
户均常住从业人口(人/户)	Average Household Permanent Resident Population (person/household)	1.9
平均每一从业人口负担人数(人)	Average Number of People per Employed (person)	1.5
平均每人建筑面积(人)	Average Floor Area per Person (person)	56.5
户主文化程度(%)	**The Education Level of the Head of the Household (%)**	
未上过学	No Schooling	3.9
小学	Primary Schools	32.9
初中	Junior Middle Schools	49.1
高中	Senior Middle Schools	12.7
大学专科	College Students	1.1
大学本科及以上	Bachelor Degree or Above	0.2
常住从业人员就业类型(%)	**Employment Type of Permanent Resident Employees (%)**	
雇主	Employer	0.3
公职人员	Public Officer	0.2
事业单位人员	Personnel in Public Institutions	0.4
国有企业雇员	Employees of State-Owned Enterprises	0.2
其他雇员	Other Employees	20.0
农业自营	Agricultural Proprietary	70.3
非农自营	Non-Farm Proprietary	8.7
常住从业人员从事主要行业(%)	**Permanent Resident Employees Are Engaged in the Major Industry (%)**	
第一产业	Primary Industry	71.1
第二产业	Secondary Industry	14.7
第三产业	Tertiary Industry	14.2
自有现住房购(建)房总金额(元/户)	Total Amount of Existing Housing Purchase (Construction) (yuan/household)	78537.3
现有住房按市场价估计值(元/户)	Existing Housing at Market Value Estimates(yuan/household)	125534.3
自有现住房市场价月租金(元/户)	Market Price of Self-Owned Housing (yuan/household)	241.7
现住房房屋来源(%)	**Source of Current Housing(%)**	
租赁公房	Rental Public Housing	0.2
租赁私房	Rental Privately Housing	0.6
自建住房	Self Built Housing	96.0
购买商品房	Commercial Housing	1.1
购买房改住房	Privately Owned House after Housing Reform	0.5
购买保障性住房	Affordable Housing	0.1
拆迁安置房	Removal and Resettlement Housing	0.1
继承或获赠住房	Inheritance or Gift of Housing	0.6
免费借用房	Free Housing	0.4
雇主提供免费住房	Free Housing Provide by Employers	0.1
其他来源	Other Sources	0.4
本住户居住空间样式(%)	**Residential Space Style(%)**	
单栋楼房	Single Building	62.2
单栋平房	Single One-storey House	32.8
四居室及以上单元房	Four Bedroom and Above Apartment	0.4
三居室单元房	Three Bedroom Apartment	0.7
二居室单元房	Two Bedroom Apartment	0.1
一居室单元房	One Bedroom Apartment	0.1
筒子楼或连片平房	Tube-shaped Apartment or Gathered One-storey House	1.4
其他	Others	2.3

Basic Conditions of Rural Households

2016	2017	2018	2019	2020	2021	2022	2023
2.9	2.8	3.0	3.0	3.1	3.0	3.0	3.0
1.9	1.9	1.9	1.8	1.8	1.8	1.7	1.7
1.5	1.5	1.6	1.7	1.7	1.7	1.7	1.8
58.4	59.2	58.0	58.7	57.8	57.0	57.8	53.2
4.6	4.5	3.4	3.3	2.9	2.2	2.3	2.9
32.5	32.8	30.5	30.1	30.1	28.4	28.2	32.7
49.3	49.1	50.8	50.6	51.5	54.4	54.4	48.2
12.3	12.4	13.8	14.4	14.1	14.1	14.2	14.8
0.9	1.0	1.4	1.5	1.1	0.7	0.8	1.3
0.2	0.2	0.1	0.2	0.2	0.2	0.2	0.2
0.4	0.2	0.8	0.8	0.3	0.2	0.1	0.2
0.2	0.3	0.5	0.3	0.3		0.1	0.2
0.3	0.3	1.3	1.2	0.8	0.6	0.5	4.0
0.1	0.1	0.2	0.3	0.2	0.1	0.2	0.1
21.6	23.9	28.4	32.1	32.6	36.4	37.2	34.3
68.9	66.4	59.6	56.3	55.9	53.0	52.2	53.0
8.5	8.7	9.2	8.9	9.9	9.7	9.8	8.2
70.1	67.5	60.4	57.7	57.5	55.0	54.1	55.1
14.8	16.1	18.8	19.2	18.7	21.7	22.4	17.4
15.1	16.4	20.9	23.1	23.7	23.3	23.5	27.6
85901.8	86291.0	108907.0	112150.6	115538.0	119209.5	120170.8	114704.4
145244.1	148155.5	181945.7	191268.9	198840.2	203462.4	205615.2	194793.4
276.8	289.9	365.8	368.5	368.0	501.0	468.7	439.9
0.1	0.1						
0.6	0.3	0.3	0.2	0.3	0.4	0.2	0.8
96.3	96.3	95.3	95.1	94.6	95.4	95.7	87.1
1.3	1.5	1.9	2.0	2.6	1.9	1.9	7.9
0.6	0.6	0.7	0.5	0.5	0.4	0.4	0.5
	0.1	0.4	0.4	0.3	0.4	0.4	0.2
0.1	0.1	1.0	1.3	1.2	1.2	1.2	3.0
0.1	0.1				0.1	0.1	
0.2	0.2	0.1	0.2	0.2	0.1		0.1
0.2	0.2		0.1				0.2
0.6	0.5	0.1	0.2	0.3	0.1	0.1	0.1
62.3	63.4	70.7	72.5	73.3	75.1	77.3	59.5
32.1	31.2	24.5	23.9	23.2	22.0	19.9	30.2
0.3	0.3	0.3	0.2	0.2	0.2	0.2	0.2
1.0	1.0	1.8	1.8	2.0	1.6	1.6	8.2
0.2	0.2	0.5	0.6	0.8	0.6	0.6	0.8
				0.1	0.1	0.1	0.1
1.7	1.7	0.2			0.1	0.1	1.0
2.4	2.1	1.9	1.0	0.4	0.3	0.2	

3-24 续表

项目	Item	2015
住户主要饮用水取水位置(%)	**The Main Drinking Water Intake Location of the Households (%)**	
住宅内管道取水	Pipe the Water Intake in the House	
住宅内其他方式取水	Other Ways to Get Water in the House	
院内管道取水	Water Intake in the Courtyard Pipeline	
院内其他方式取水	Other Ways to Get Water in the Courtyard	
其他位置取水	Water Intake in Other Locations	
住户厨房使用情况(%)	**Household Kitchen Use Status (%)**	
住宅内独用	Used Exclusively in the Residence	
住宅内合用	Used Together in the Residence	
院内独用	Used Only in the Courtyard	
院内合用	Used Together in the Courtyard	
其他地方独用	Used Only for Other Places	
其他地方合用	Used Together Elsewhere	
无厨房	No Kitchen	
住户厕所使用情况(%)	**Household Toilet Use Status (%)**	
住宅内独用	Used Exclusively in the Residence	95.6
住宅内合用	Used Together in the Residence	2.3
院内独用	Used Only in the Courtyard	
院内合用	Used Together in the Courtyard	
其他地方独用	Used Only for Other Places	
其他地方合用	Used Together Elsewhere	
公用厕所	Rest Room	2.2
无厕所	No Toilet	
住户厕所类型(%)	**Type of Household Toilet (%)**	
水冲式卫生厕所	Hygiene Water Flush Toilet	27.0
水冲式非卫生厕所	Unhygiene Water Flush Toilet	5.8
卫生旱厕	Hygiene Toilet with no Flush Facilities	16.0
普通旱厕	Common Toilet with no Flush Facilities	49.9
住户洗澡设施情况(%)	**Household Bathing Facilities (%)**	
统一供热水	Unified Supplied Hot Water	1.9
家庭自装热水器	Home Self Installed Water Heater	54.6
其他	Others	10.1
无洗澡设施	No Bathing Facilities	33.4
住宅或院内洗手设施情况(%)	**Handwashing Facilities in the Residence or in the Courtyard (%)**	
有洗手设施，并有肥皂和水	Handwashing Facilities, with Soap and Water Available	
有洗手设施，但是没有肥皂或水	Handwashing Facilities, but no Soap or Water	
没有洗手设施	No Handwashing Facilities	
住户主要炊用能源状况(%)	**The Main Cooking Energy Status of the Households (%)**	
柴草	Firewood	55.7
煤炭	Coal	2.0
罐装液化石油气	Canned with LPG	33.9
管道天然气	Pipeline Natural Gas	0.5
电	Electricity	5.9
沼气	Methane	1.5
其他	Other	
无炊用行为	No Cooking Behavior	

Continued

2016	2017	2018	2019	2020	2021	2022	2023
			90.8	92.7	91.6	91.9	87.4
			4.0	3.4	2.9	2.5	2.3
			2.8	1.2	2.3	2.3	8.2
			1.2	1.9	2.7	2.8	1.2
			1.3	0.7	0.5	0.4	1.0
				94.4	96.2	96.8	84.1
				0.3	0.1		6.8
				4.6	3.6	2.9	8.4
				0.6		0.1	0.1
						0.1	
						0.1	0.4
							0.1
95.9	95.0	96.0	95.6	95.7	87.7	90.8	83.6
2.2	2.9	2.1	1.9	2.0	4.0	2.0	0.8
			2.3	1.9	6.1	5.6	10.6
				0.2	0.3	0.2	4.4
			0.2	0.3	0.6	0.6	0.4
					0.8	0.3	
1.9	2.1	1.9			0.5	0.4	0.3
32.7	32.5	50.8	73.4	76.6	83.5	86.6	94.3
8.2	8.9	9.0	20.8	18.9	9.1	7.6	3.0
16.1	16.5	11.7	1.5	1.7	2.0	2.0	2.1
42.0	41.2	27.7	4.2	2.8	5.4	3.8	0.6
2.0	1.9	2.2	2.0	1.6	2.2	2.0	1.0
63.9	64.9	75.5	78.0	80.6	87.7	88.3	91.9
7.3	6.9	5.9	5.7	5.1	3.9	4.6	6.7
26.7	26.3	16.4	14.3	12.7	6.1	5.2	0.4
			87.6	89.8	90.0	98.7	96.9
			7.3	5.9	10.0	1.3	3.1
			5.1	4.3			
49.5	50.5	31.9	30.6	22.4	21.3	21.8	24.7
1.3	1.1	0.8	0.9	1.9	0.5	0.1	0.6
41.1	39.0	51.6	55.9	65.1	64.6	64.6	55.3
0.8	0.9	1.5	1.4	2.8	3.1	3.6	9.1
5.6	6.8	11.9	9.3	7.2	9.7	9.3	10.3
0.9	0.8	1.0	0.9	0.2	0.5	0.5	
0.1	0.1	0.5	0.4		0.1	0.1	
0.3	0.3	0.2	0.1	0.1	0.1		

3-25 按收入五等份分组农村居民家庭基本情况(2023年)

项　目	Item	低收入户 Low Income Households
户均常住人口(人/户)	Permanent Resident Population per Household (person/household)	3.4
户均常住从业人口(人/户)	Average Household Permanent Resident Population (person/household)	1.6
平均每一从业人口负担人数(人)	Average Number of People per Employed (person)	2.1
平均每人建筑面积(人)	Average Floor Area per Person (person)	43.1
户主文化程度(%)	**The Education Level of the Head of the Household (%)**	
未上过学	No Schooling	2.9
小学	Primary Schools	42.6
初中	Junior Middle Schools	45.0
高中	Senior Middle Schools	7.9
大学专科	College Students	1.4
大学本科及以上	Bachelor Degree or Above	0.2
常住从业人员就业类型(%)	**Employment Type of Permanent Resident Employees (%)**	
雇主	Employer	0.1
公职人员	Public Officer	0.5
事业单位人员	Personnel in Public Institutions	0.7
国有企业雇员	Employees of State-Owned Enterprises	0.2
其他雇员	Other Employees	49.7
农业自营	Agricultural Proprietary	45.7
非农自营	Non-Farm Proprietary	3.2
常住从业人员从事主要行业(%)	**Permanent Resident Employees are Engaged in the Major Industry (%)**	
第一产业	Primary Industry	48.0
第二产业	Secondary Industry	26.1
第三产业	Tertiary Industry	25.9
自有现住房购(建)房总金额(元/户)	Total Amount of Existing Housing Purchase (Construction) (yuan/household)	112994.5
现有住房按市场价估计值(元/户)	Existing Housing at Market Value Estimates(yuan/household)	189306.3
自有现住房市场价月租金(元/户)	Market Price of Self-Owned Housing (yuan/household)	466.6
现住房房屋来源(%)	**Source of Current Housing(%)**	
租赁公房	Rental Public Housing	0.1
租赁私房	Rental Privately Housing	1.2
自建住房	Self Built Housing	88.6
购买商品房	Commercial Housing	2.6
购买房改住房	Privately Owned House after Housing Reform	0.5
购买保障性住房	Affordable Housing	0.3
拆迁安置房	Removal and Resettlement Housing	6.3
继承或获赠住房	Inheritance or Gift of Housing	
免费借用房	Free Housing	0.2
雇主提供免费住房	Free Housing Provide by Employers	0.2
其他来源	Other Sources	
本住户居住空间样式(%)	**Residential Space Style(%)**	
单栋楼房	Single Building	58.4
单栋平房	Single One-storey House	34.4
四居室及以上单元房	Four Bedroom and Above Apartment	0.8
三居室单元房	Three Bedroom Apartment	2.4
二居室单元房	Two Bedroom Apartment	1.8
一居室单元房	One Bedroom Apartment	
筒子楼或连片平房	Tube-shaped Apartment or Gathered One-storey House	2.1
其他	Others	

Basic Conditions of Rural Households by Income Quintile(2023)

中低收入户 Lower Middle Income Households	中等收入户 Middle Income Households	中高收入户 Upper Middle Income Households	高收入户 High Income Households
3.3	3.2	2.8	2.4
1.7	1.7	1.7	1.6
1.9	1.8	1.7	1.5
49.1	47.9	55.1	75.2
4.0	4.7	1.1	1.4
37.3	31.5	27.6	25.8
49.4	56.1	41.9	46.9
8.0	7.4	26.7	23.9
1.1	0.3	2.5	1.5
0.1		0.2	0.4
		0.2	0.5
	0.3		0.2
0.3	13.9	1.2	0.5
	0.1		0.2
31.4	36.0	25.2	28.8
59.2	44.6	65.8	53.0
9.0	5.2	7.6	16.8
60.5	46.9	68.1	54.6
20.7	12.1	14.6	15.6
18.8	41.0	17.3	29.9
104989.6	116200.2	103911.5	132554.5
191299.5	224727.2	155549.8	205226.5
415.6	438.8	393.8	478.9
			0.1
2.5		0.5	0.2
89.2	70.5	96.5	94.7
1.5	26.8	1.1	2.1
0.3	1.1	0.5	
	0.4		
6.2	0.8	0.8	1.8
	0.3		
			1.0
0.3		0.4	0.1
61.3	51.8	58.9	68.9
31.1	21.2	39.0	27.5
0.1		0.1	
5.4	26.5	1.0	1.3
0.8	0.2	0.5	0.7
0.7			
0.7	0.4	0.4	1.6
			0.1

3-25 续表

项　目	Item	低收入户 Low Income Households
住户主要饮用水取水位置(%)	**The Main Drinking Water Intake Location of the Households (%)**	
住宅内管道取水	Pipe the Water Intake in the House	91.9
住宅内其他方式取水	Other Ways to Get Water in the House	2.0
院内管道取水	Water Intake in the Courtyard Pipeline	2.7
院内其他方式取水	Other Ways to Get Water in the Courtyard	3.4
其他位置取水	Water Intake in Other Locations	
住户厨房使用情况(%)	**Household Kitchen Use Status (%)**	
住宅内独用	Used Exclusively in the Residence	89.0
住宅内合用	Used Together in the Residence	1.0
院内独用	Used Only in the Courtyard	7.7
院内合用	Used Together in the Courtyard	0.4
其他地方独用	Used Only for Other Places	0.1
其他地方合用	Used Together Elsewhere	1.7
无厨房	No Kitchen	0.1
住户厕所使用情况(%)	**Household Toilet Use Status (%)**	
住宅内独用	Used Exclusively in the Residence	90.0
住宅内合用	Used Together in the Residence	0.1
院内独用	Used Only in the Courtyard	9.2
院内合用	Used Together in the Courtyard	
其他地方独用	Used Only for Other Places	0.5
其他地方合用	Used Together Elsewhere	
公用厕所	Rest Room	0.2
无厕所	No Toilet	
住户厕所类型(%)	**Type of Household Toilet (%)**	
水冲式卫生厕所	Hygiene Water Flush Toilet	91.5
水冲式非卫生厕所	Unhygiene Water Flush Toilet	2.9
卫生旱厕	Hygiene Toilet with no Flush Facilities	4.7
普通旱厕	Common Toilet with no Flush Facilities	1.0
住户洗澡设施情况(%)	**Household Bathing Facilities (%)**	
统一供热水	Unified Supplied Hot Water	2.2
家庭自装热水器	Home Self Installed Water Heater	87.3
其他	Others	9.8
无洗澡设施	No Bathing Facilities	0.7
住宅或院内洗手设施情况(%)	**Handwashing Facilities in the Residence or in the Courtyard (%)**	
有洗手设施，并有肥皂和水	Handwashing Facilities, with Soap and Water Available	96.8
有洗手设施，但是没有肥皂或水	Handwashing Facilities, but no Soap or Water	3.2
没有洗手设施	No Handwashing Facilities	
住户主要炊用能源状况(%)	**The Main Cooking Energy Status of the Households (%)**	
柴草	Firewood	33.6
煤炭	Coal	0.6
罐装液化石油气	Canned with LPG	53.5
管道天然气	Pipeline Natural Gas	4.5
电	Electricity	7.7
沼气	Methane	
其他	Other	
无炊用行为	No Cooking Behavior	0.1

Continued

中低收入户 Lower Middle Income Households	中等收入户 Middle Income Households	中高收入户 Upper Middle Income Households	高收入户 High Income Households
94.1	93.4	68.4	89.1
1.8	0.8	1.7	5.3
3.2	3.0	28.8	3.6
0.4	0.5	0.8	0.7
0.5	2.3	0.3	1.3
84.0	91.9	67.0	86.8
4.6	1.6	27.4	0.4
11.3	6.4	5.6	12.0
0.1	0.1		
			0.5
			0.4
83.5	92.9	63.7	85.6
0.1	0.3	3.4	0.1
14.1	6.2	11.0	14.0
0.2	0.5	21.2	0.1
0.8	0.1	0.2	0.2
0.3			
0.9		0.4	
92.6	96.8	96.2	93.6
2.9	1.8	2.5	5.1
2.6	0.9	1.3	1.3
1.9	0.6		
1.0	0.8		1.2
91.4	92.7	95.7	91.9
6.9	6.2	3.8	6.9
0.7	0.3	0.5	
93.7	97.7	97.7	97.8
6.3	2.3	2.3	2.2
26.1	19.8	22.0	23.5
0.4	1.0	0.1	0.6
60.9	50.0	47.9	66.3
5.6	24.8	2.1	4.3
7.1	4.5	27.9	5.3

3-26 农村居民家庭人均收入与支出情况

单位：元

项目	Item	2015	2016
家庭总收入	**Total Income**	**15819.2**	**16807.8**
工资性收入	Income of Wages and Salaries	3682.9	4023.0
经营净收入	Net Business Income	8928.7	9242.1
第一产业	Primary Industry	7152.0	7076.1
第二产业	Secondary Industry	271.1	428.3
第三产业	Tertiary Industry	1505.6	1737.7
财产净收入	Net Income from Property	166.9	170.1
转移净收入	Net Income from Transfer	3040.6	3372.6
可支配收入	**Disposable Income**	**11843.9**	**12725.0**
工资性收入	Income of Wages and Salaries	3682.9	4023.0
经营净收入	Net Business Income	5281.4	5534.0
第一产业	Primary Industry	4127.0	4203.9
第二产业	Secondary Industry	147.7	184.1
第三产业	Tertiary Industry	1006.7	1146.0
财产净收入	Net Income from Property	160.8	158.6
转移净收入	Net Income from Transfer	2718.8	3009.3
现金收入	**Disposable Income**	**13958.4**	**15145.9**
工资性收入	Income of Wages and Salaries	3664.0	4000.5
经营净收入	Net Business Income	7336.2	7921.9
第一产业	Primary Industry	5559.5	5755.9
第二产业	Secondary Industry	271.1	428.3
第三产业	Tertiary Industry	1505.6	1737.7
财产净收入	Net Income from Property	166.9	170.1
转移净收入	Net Income from Transfer	2791.3	3053.3
非收入所得	**Non-Income Income**	**1492.7**	**1670.3**
借贷收入	**Lending and Loaning Income**	**1779.8**	**1526.9**
家庭总支出	**Total Expenditures**	**18257.8**	**19372.8**
生活消费支出	Expenses on Household Consumption	9803.1	10938.3
食品烟酒	Food, Tobacco and Liquor	2952.7	3295.3
衣着	Clothing	549.1	568.7
居住	Residence	2150.3	2407.9
生活用品及服务	Household Facilities, Articles and Services	599.9	669.0
交通通信	Transport and Communications	1218.4	1381.4
教育文化娱乐	Education, Culture and Recreation	1118.1	1156.6
医疗保健	Health Care and Medical Services	985.1	1213.5
其他用品及服务	Miscellaneous Goods and Services	229.5	245.9
生产经营费用支出	Production and Operation Expenses	3366.2	3412.3
第一产业	Primary Industry	2880.0	2703.2
第二产业	Secondary Industry	101.0	224.4
第三产业	Tertiary Industry	385.2	484.7
财产性支出	Expenses on Properties	6.1	11.5
转移性支出	Expenses on Transfers	321.7	363.4
部分商业保险支出	Commercial Insurance for Savings	37.4	45.3
购置资产及非经常性转移支出	Asset Purchase and Non-Recurring Transfer Expenses	3874.6	3714.7
借贷支出	Lending and Loaning Expenditure	848.5	887.4
现金消费支出	**Consumption Expenditure in Cash**	**7612.8**	**8364.8**
食品烟酒	Food, Tobacco and Liquor	2276.9	2547.7
衣着	Clothing	548.4	568.0
居住	Residence	881.6	888.8
生活用品及服务	Household Facilities, Articles and Services	598.1	665.2
交通通信	Transport and Communications	1218.2	1350.2
教育文化娱乐	Education, Culture and Recreation	1118.0	1156.5
医疗保健	Health Care and Medical Services	745.3	944.3
其他用品及服务	Miscellaneous Goods and Services	226.4	244.2
服务性消费支出	**Consumption Expenditure on Services**		

注：①2014年起可支配收入是常住居民可支配收入，其中财产性收入、转移性收入及其中项都是净收入；
②2014年起股息与红利收入只包括红利收入；
③2014年起食品支出包括食品和烟酒；
④2014年起借贷收入是家庭总收入的其中项之一，借贷支出是家庭总支出的其中项之一。

Per Capita Income and Consumption Expenditures of Rural Households

(yuan)

2017	2018	2019	2020	2021	2022	2023
17927.3	**20158.7**	**22524.8**	**21908.7**	**24464.1**	**26464.3**	**28631.3**
4389.6	4886.8	5352.9	5271.6	5948.6	6417.6	6922.9
9625.6	10927.5	12299.8	11769.8	13074.3	14131.4	15146.7
7247.5	7187.0	8046.1	8645.0	9698.2	10507.0	11074.9
527.2	900.6	1189.1	817.3	862.1	1002.8	865.7
1850.9	2839.8	3064.7	2307.5	2514.1	2621.6	3206.0
178.8	198.8	226.2	233.7	283.4	309.4	318.2
3733.3	4145.6	4645.9	4633.5	5157.8	5605.9	6243.6
13812.1	**14977.8**	**16390.9**	**16305.9**	**18259.0**	**19709.5**	**21293.4**
4389.6	4886.8	5352.9	5271.6	5948.6	6417.6	6922.9
5963.9	6270.8	6807.7	6745.4	7552.9	8130.0	8813.8
4450.9	4008.0	4261.2	4605.3	4837.4	5258.7	5721.7
222.9	582.0	653.3	567.5	783.9	839.9	738.7
1290.1	1680.8	1893.2	1572.7	1931.5	2031.4	2353.3
165.8	185.9	210.7	214.4	253.9	282.3	290.1
3292.8	3634.2	4019.6	4074.5	4503.7	4879.6	5266.6
16229.0	**18889.0**	**21154.3**	**20517.5**	**22823.6**	**24516.8**	**26394.2**
4370.5	4866.9	5328.8	5233.3	5883.0	6311.5	6818.3
8318.3	10084.5	11390.1	10866.4	11972.4	12805.6	13609.3
5940.2	6344.0	7136.3	7741.5	8596.2	9181.2	9537.8
527.2	900.6	1189.1	817.3	862.1	1002.8	865.7
1850.9	2839.8	3064.7	2307.5	2514.1	2621.6	3205.8
178.8	198.8	226.2	233.7	283.4	309.4	318.2
3361.3	3738.8	4209.3	4184.0	4684.8	5090.2	5648.4
1544.3	**1590.9**	**1821.0**	**1585.4**	**2208.1**	**2050.0**	**2128.8**
937.8	**1528.7**	**1324.8**	**1444.6**	**1421.0**	**841.8**	**923.5**
19739.3	**23946.0**	**26484.3**	**24232.5**	**28789.0**	**30006.4**	**32506.4**
11632.5	13946.3	15328.0	14472.5	17646.9	18991.0	20921.5
3332.4	3928.2	4163.7	4304.5	5630.5	5800.8	6410.3
626.4	783.1	825.7	780.4	958.5	1021.8	1022.9
2512.3	2954.3	3277.9	3197.6	3328.7	3752.5	4436.0
706.2	852.2	839.6	790.9	927.0	1057.7	1284.9
1384.7	1933.1	2228.8	2175.3	2685.8	2886.5	2846.0
1330.7	1551.4	1807.6	1382.3	2032.3	2153.5	2204.6
1438.3	1588.0	1921.8	1558.5	1836.5	1975.6	2324.1
301.6	356.0	262.8	283.0	247.7	342.6	392.9
3349.6	4278.0	5134.7	4670.9	5231.5	5691.5	5791.4
2628.3	3005.5	3612.8	3851.1	4705.1	5074.3	5030.6
273.7	260.6	484.3	224.5	47.0	137.6	49.3
447.5	1011.8	1037.6	595.4	479.5	479.5	711.5
13.1	12.9	15.5	19.4	29.5	27.1	28.1
440.6	511.3	626.3	559.0	654.1	726.3	976.7
50.0	84.0	95.7	74.3	72.0	64.9	113.2
3602.5	4173.7	4455.0	3578.6	4292.1	3845.0	4156.0
651.1	939.9	829.0	857.8	862.8	660.5	519.5
9026.6	**11300.6**	**12431.5**	**11406.9**	**14447.0**	**15609.7**	**17530.8**
2700.7	3436.7	3580.6	3622.0	4966.2	5124.8	5693.4
625.1	782.6	824.4	780.1	958.0	1021.5	1021.5
909.7	1200.0	1398.8	1263.4	1268.2	1559.1	2366.5
704.0	850.4	838.9	789.5	924.7	1053.9	1283.4
1380.1	1928.1	2228.4	2173.3	2675.7	2884.8	2843.1
1330.4	1551.4	1807.5	1381.9	2031.9	2153.4	2199.8
1082.6	1211.1	1497.5	1119.6	1376.6	1470.7	1732.1
294.0	340.4	255.3	277.3	245.7	341.5	391.1
3340.2	**4007.5**	**4643.3**	**3779.4**	**5142.2**	**5569.1**	**6097.7**

Note: ①Since 2014, disposable income is a permanent resident disposable income, in which property income, transfer income, and the item is the net income;

②Dividends and bonus income in 2014 only included the bonus income;

③Since 2014, food expenditure include food, tobacco and liquor;

④Since 2014, lending income is one of a family's total income, loan expenditure is one of the family's total expenditures.

3-27 按收入五等份分组农村居民家庭人均收入与支出情况(2023年)

单位：元

项 目	Item	低收入户 Low Income Households
家庭总收入	**Total Income**	**11559.0**
工资性收入	Income of Wages and Salaries	3109.3
经营净收入	Net Business Income	5147.9
第一产业	Primary Industry	4974.0
第二产业	Secondary Industry	12.2
第三产业	Tertiary Industry	161.7
财产净收入	Net Income from Property	64.7
转移净收入	Net Income from Transfer	3237.1
可支配收入	**Disposable Income**	**6376.5**
工资性收入	Income of Wages and Salaries	3109.3
经营净收入	Net Business Income	869.4
第一产业	Primary Industry	797.4
第二产业	Secondary Industry	8.3
第三产业	Tertiary Industry	63.7
财产净收入	Net Income from Property	41.4
转移净收入	Net Income from Transfer	2356.5
现金收入	**Disposable Income**	**9447.5**
工资性收入	Income of Wages and Salaries	2932.2
经营净收入	Net Business Income	3420.5
第一产业	Primary Industry	3246.6
第二产业	Secondary Industry	12.2
第三产业	Tertiary Industry	161.7
财产净收入	Net Income from Property	64.7
转移净收入	Net Income from Transfer	3030.1
非收入所得	**Non-Income Income**	**1223.5**
借贷收入	**Lending and Loaning Income**	**402.6**
家庭总支出	**Total Expenditures**	**23118.8**
生活消费支出	Expenses on Household Consumption	15174.3
食品烟酒	Food, Tobacco and Liquor	5479.0
衣着	Clothing	789.9
居住	Residence	2658.2
生活用品及服务	Household Facilities, Articles and Services	754.6
交通通信	Transport and Communications	1919.2
教育文化娱乐	Education, Culture and Recreation	1722.0
医疗保健	Health Care and Medical Services	1602.8
其他用品及服务	Miscellaneous Goods and Services	248.6
生产经营费用支出	Production and Operation Expenses	4139.9
第一产业	Primary Industry	4056.1
第二产业	Secondary Industry	3.4
第三产业	Tertiary Industry	80.4
财产性支出	Expenses on Properties	23.3
转移性支出	Expenses on Transfers	880.6
部分商业保险支出	Commercial Insurance for Savings	78.0
购置资产及非经常性转移支出	Asset Purchase and Non-Recurring Transfer Expenses	2197.4
借贷支出	Lending and Loaning Expenditure	625.4
现金消费支出	**Consumption Expenditure in Cash**	**12303.5**
食品烟酒	Food, Tobacco and Liquor	4625.9
衣着	Clothing	785.1
居住	Residence	867.3
生活用品及服务	Household Facilities, Articles and Services	750.6
交通通信	Transport and Communications	1912.5
教育文化娱乐	Education, Culture and Recreation	1701.1
医疗保健	Health Care and Medical Services	1417.5
其他用品及服务	Miscellaneous Goods and Services	243.5
服务性消费支出	**Consumption Expenditure on Services**	**4544.4**

注：2014年起为城镇常住居民人均可支配收入，其中各项均为净收入。
Note: Data since 2014 are about per capita disposable income of urban household , which are net income.

Per Capita Income and Consumption Expenditures of Rural Households by Income Quintile(2023)

(yuan)

中低收入户 Lower Middle Income Households	中等收入户 Middle Income Households	中高收入户 Upper Middle Income Households	高收入户 High Income Households
16103.0	**21751.6**	**31119.7**	**72944.0**
3703.8	8202.5	9153.8	10969.7
6237.8	7561.2	15109.7	49981.9
4945.9	5819.6	12060.5	32888.2
20.7	149.5	1228.5	3619.2
1271.2	1592.0	1820.6	13474.6
143.0	173.7	303.1	1090.1
6018.4	5814.3	6553.0	10902.2
12613.3	**17201.5**	**24937.0**	**52982.3**
3703.8	8202.5	9153.8	10969.7
3524.4	4236.4	9778.5	31233.2
2476.8	3141.9	7309.9	18057.9
11.5	94.1	1006.6	3197.4
1036.0	1000.4	1462.0	9977.9
102.3	171.3	284.2	1018.2
5282.9	4591.2	5720.5	9761.2
14416.8	**20209.1**	**28918.5**	**68835.9**
3615.1	8134.5	9074.2	10862.6
5002.8	6498.3	13853.1	47329.6
3710.8	4756.7	10805.4	30235.9
20.7	149.5	1228.5	3619.2
1271.2	1592.0	1819.2	13474.6
143.0	173.7	302.9	1090.1
5655.9	5402.7	5688.2	9553.7
1980.6	**1318.9**	**3205.1**	**3561.1**
701.7	**500.0**	**1966.2**	**1343.5**
27590.1	**26325.8**	**33734.5**	**58706.5**
20186.0	18648.7	22264.2	31557.5
5343.9	6378.1	6702.5	8515.6
774.5	1080.2	1228.9	1277.5
6021.2	3441.6	4109.8	7126.2
758.7	710.2	1658.4	3031.2
2574.9	2665.8	3041.7	4453.7
2565.6	2296.5	2170.8	2381.0
1781.1	1829.9	2895.0	3999.2
366.2	246.4	457.1	773.1
2348.1	3061.1	4740.2	17096.2
2171.3	2523.8	4331.2	14052.7
8.9	37.9	133.5	76.7
167.9	499.4	275.6	2966.8
40.8	2.4	18.9	71.9
735.5	1222.4	832.5	1141.0
101.5	97.0	138.4	170.0
3876.6	3030.2	5243.1	7643.4
301.6	264.1	497.2	1026.4
17374.6	**15325.8**	**18850.9**	**26771.1**
4711.8	5731.7	6007.6	7761.4
774.2	1079.9	1228.2	1277.1
4210.5	1186.3	2258.7	4447.4
757.6	709.7	1657.7	3030.1
2574.0	2664.7	3037.3	4453.2
2565.2	2296.5	2170.6	2381.0
1415.2	1412.2	2035.0	2647.7
366.0	244.8	455.9	773.1
5809.7	**5439.1**	**6636.1**	**8935.3**

3-28 农村居民家庭人均消费支出情况

单位：元

项　目	Item	2015	2016
消费支出	**Consumer Expenditure**	**9803.1**	**10938.3**
食品烟酒	Food, Tobacco and Liquor	2952.7	3295.3
食品	Food	2176.2	2410.4
烟酒	Tobacco and Liquor	481.7	541.6
饮料	Drink	72.3	77.8
饮食服务	Food Services	222.4	265.6
衣着	Clothing	549.1	568.7
衣类	Clothing Class	410.8	431.5
鞋类	Chaussure	138.3	137.2
居住	Residence	2150.3	2407.9
租赁房房租	Rental House Rent	17.2	27.1
住房维修及管理	Housing Maintenance and Management	517.4	485.4
水电燃料及其他	Hydropower Fuels and Others	456.5	476.2
自有住房折算租金	Owned Housing is Converted into Rent	1159.1	1419.1
生活用品及服务	Daily Goods and Services	599.9	669.0
家具及室内装饰品	Furniture and Interior Decorations	132.8	110.1
家用器具	Home Appliances	166.1	218.0
家用纺织品	Home Textiles	54.3	50.0
家庭日用杂品	Household Miscellaneous Goods	194.3	213.6
个人用品	Personal Products	37.5	57.1
家庭服务	Domestic Service	14.9	20.2
交通通信	Transport and Communications	1218.4	1381.4
交通	Transport	866.3	1006.0
通信	Communications	352.1	375.3
教育文化娱乐	Education, Culture and Recreation	1118.1	1156.6
教育	Education	883.1	933.7
文化娱乐	Culture and Recreation	235.0	222.9
医疗保健	Health Care and Medical Services	985.1	1213.5
医疗器具及药品	Medical Appliances and Medicines	225.1	269.7
医疗服务	Medical Service	759.9	943.7
其他用品和服务	Other Supplies and Services	229.5	245.9
其他用品	Other Supplies	159.6	166.8
其他服务	Other Services	69.9	79.1

注：①2014年起可支配收入是常住居民可支配收入，其中财产性收入、转移性收入及其中项都是净收入；
②2014年起股息与红利收入只包括红利收入；
③2014年起食品支出包括食品和烟酒；
④2014年起借贷收入是家庭总收入的其中项之一，借贷支出是家庭总支出的其中项之一。

Per Capita Consumption Expenditure of Rural Households

(yuan)

2017	2018	2019	2020	2021	2022	2023
11632.5	**13946.3**	**15328.0**	**14472.5**	**17646.9**	**18991.0**	**20921.5**
3332.4	3928.2	4163.7	4304.5	5630.5	5800.8	6410.3
2367.3	2618.4	2739.8	3101.9	3767.2	3660.3	3935.9
563.5	607.7	671.8	579.6	877.3	1034.8	1129.9
81.2	85.1	97.3	98.3	125.9	151.5	164.0
320.3	617.1	654.7	524.7	860.1	954.2	1180.5
626.4	783.1	825.7	780.4	958.5	1021.8	1022.9
481.9	642.0	679.0	634.0	770.8	805.1	830.8
144.5	141.1	146.7	146.4	187.7	216.7	192.1
2512.3	2954.3	3277.9	3197.6	3328.7	3752.5	4436.0
30.2	52.0	62.3	56.2	76.3	68.4	78.1
462.8	732.1	836.5	678.7	561.0	758.5	1611.9
464.7	437.4	527.5	559.5	698.1	849.8	804.3
1554.6	1732.7	1851.6	1903.1	1993.4	2075.8	1941.8
706.2	852.2	839.6	790.9	927.0	1057.7	1284.9
126.3	154.2	149.0	137.2	146.0	162.6	285.9
216.9	260.6	236.8	210.5	244.5	296.5	389.3
44.5	55.2	62.7	47.4	66.3	76.8	88.1
213.2	230.9	227.1	229.6	260.4	271.3	307.3
80.8	124.0	140.9	145.9	183.0	217.4	182.6
24.4	27.3	23.0	20.4	26.8	33.1	31.7
1384.7	1933.1	2228.8	2175.3	2685.8	2886.5	2846.0
989.0	1515.6	1800.8	1665.4	2088.4	2248.7	2235.0
395.6	417.5	428.1	509.9	597.4	637.8	611.0
1330.7	1551.4	1807.6	1382.3	2032.3	2153.5	2204.6
1063.5	1234.4	1473.8	1125.9	1726.4	1841.4	1739.3
267.2	317.1	333.8	256.4	305.9	312.0	465.3
1438.3	1588.0	1921.8	1558.5	1836.5	1975.6	2324.1
303.5	382.5	375.2	351.4	389.9	429.2	608.8
1134.9	1205.6	1546.6	1207.1	1446.6	1546.4	1715.3
301.6	356.0	262.8	283.0	247.7	342.6	392.9
193.9	221.1	160.7	182.2	133.4	205.3	231.2
107.7	134.8	102.1	100.8	114.4	137.3	161.7

Note: ①Since 2014, disposable income is a permanent resident disposable income, in which property income, transfer income, and the item is the net income;

②Dividends and bonus income in 2014 only included the bonus income;

③Since 2014, food expenditure include food, tobacco and liquor;

④Since 2014, lending income is one of a family's total income, loan expenditure is one of the family's total expenditures.

3-29 农村居民家庭人均主要农副产品出售量

单位：千克

项　目	Item	2015	2016
农业产品	**Agricultural Product**		
谷物	Grain	863.1	963.8
小麦	Wheat	129.7	152.0
稻谷	Paddy	588.6	656.0
玉米	Corn	141.8	150.6
大米	Rice	2.9	5.0
薯类	Potato Class	1.7	2.3
红薯	Sweet Potato	0.3	0.5
马铃薯	Potato	0.6	0.4
豆类	Beans	24.1	16.5
大豆	Soybean	23.0	15.6
棉花(籽棉)	Cotton (Seed Cotton)	30.3	19.3
油料	Oil Plants	52.1	46.0
花生	Peanut	11.3	15.9
芝麻	Sesame	2.5	2.0
油菜籽	Rapeseed	38.3	27.9
糖料	Sugar	2.2	3.4
甘蔗	Sugarcane	2.2	3.4
烟草	Tobacco	14.4	13.7
蔬菜及食用菌	Vegetables and Edible Fungi	163.4	126.0
露地蔬菜	Outdoor Vegetables	145.0	107.2
大棚蔬菜	Greenhouse Vegetables	12.4	10.5
鲜菌(人工种植)	Fresh Fungi (Artificial Planting)	1.1	1.8
水果	Fruit	97.7	93.5
桃杏李等	Peach Apricot Plum, etc	1.5	1.2
柑桔类	Citrus Class	93.7	89.2
果用瓜	Fruit with Melon	10.1	15.5
西瓜	Watermelon	9.6	13.8
饮料原料	Beverage Raw Materials	7.6	8.4
茶叶	Tea	7.6	8.4
中草药材(种植)	Chinese Herbal Medicine (Planting)	7.3	3.8
林业产品	**Forestry Products**		
林木种苗	Tree Seedlings	61.5	95.4
竹材	Bamboo Wood	2.9	1.2
柴草	Firewood	0.6	0.5
牧业产品	**Animal Husbandry Products**	**27.7**	**30.0**
家畜	Domestic Animal	44.1	33.9
肉猪	Meat Pig	37.2	27.9
肉牛	Beef	1.5	0.7
家禽	Fowl	4.3	3.6
鸡	Chicken	3.1	3.0
鸭	Duck	1.2	0.6
鹅	Goose		
蛋类	Eggs	14.6	13.6
鸡蛋	Egg	12.1	11.3
鸭蛋	Duck's Egg	2.5	2.2
渔业产品	**Fishery Products**	**70.0**	**63.4**
养殖产品	Breeding Products	64.6	58.4
养殖鱼	Breeding Fish	57.8	50.3
养殖虾	Breeding Shrimp	5.7	7.5
养殖蟹	Breeding Crab		
捕捞产品	Fishing Products	3.7	4.1
捕捞鱼	Fishing Fish	1.4	1.7
捕捞虾	Fishing Shrimp	1.9	2.0
捕捞蟹	Fishing Crab		

Per Capita Number of Main Agricultural Products Sold of Rural Households

(kg)

2017	2018	2019	2020	2021	2022	2023
943.0	897.5	902.7	893.7	987.5	957.3	1004.2
138.0	128.7	112.2	128.6	155.4	108.0	142.5
685.0	674.8	671.0	662.3	697.7	717.7	609.1
116.5	91.3	112.9	98.3	126.1	112.8	238.3
1.6	2.3	5.4	3.2		4.4	1.7
2.1	0.4	0.4	0.6	1.4	1.3	41.6
0.5	0.2	0.2	0.1	0.9	0.6	1.0
0.5	0.2	0.3	0.4	0.5	0.8	40.6
15.0	26.6	34.9	23.5	38.1	42.8	31.3
13.7	24.2	30.7	22.9	36.8	42.1	30.7
23.0	19.0	15.2	8.3	9.9	10.0	5.1
40.0	38.2	53.0	51.5	28.4	25.1	33.8
17.0	17.8	24.0	22.2	11.3	10.2	3.8
2.6	4.0	5.5	2.4	2.0	1.9	4.9
20.4	16.2	23.4	26.9	15.1	12.9	24.9
1.8	0.1			2.3	3.1	0.1
1.8	0.1			2.3	3.1	0.1
7.4	2.8	5.2	3.5	3.3	5.1	14.3
181.7	152.3	155.1	134.4	148.0	161.1	328.6
156.5	138.8	146.4	123.2	137.7	149.8	318.3
19.1	10.4	5.1	8.1	6.8	7.2	10.0
1.4	0.6	1.5	0.8	1.4	1.6	0.0
109.8	104.7	137.0	156.6	155.0	125.2	125.2
2.0	1.0	5.2	2.0	15.4	7.7	12.9
103.9	98.9	125.9	147.2	133.3	110.5	98.9
20.5	7.6	31.7	5.2	13.0	15.2	85.3
18.7	7.5	27.3	4.4	12.4	14.4	24.1
8.0	7.6	8.1	6.7	14.6	10.7	23.7
8.0	7.6	8.1	6.7	14.6	10.7	23.7
8.9	1.5	2.7	2.4	2.7	13.8	4.5
52.6	2.2	3.0	1.3	14.0	0.4	1.1
1.5	1.3	0.6	0.6	0.3	1.2	0.2
0.4	0.1	0.1	0.2	0.1	0.7	27.8
46.1	**94.7**	**106.0**	**89.1**	**101.6**	**70.4**	**79.6**
43.3	34.0	30.4	30.5	51.2	60.0	55.9
36.6	27.3	24.2	23.8	40.4	48.7	44.7
1.9	1.9	1.9	4.1	2.7	2.9	1.8
2.0	13.3	9.8	13.5	11.6	11.3	9.7
1.5	8.0	6.6	10.5	9.4	7.7	8.5
0.4	5.2	2.8	2.2	1.3	1.4	1.2
0.1		0.4	0.7	0.4	0.8	0.0
19.5	78.1	85.0	72.7	57.7	53.6	61.6
17.6	73.2	79.3	64.2	35.6	34.2	48.4
1.8	4.8	5.7	7.7	21.7	18.9	13.2
75.8			**113.2**	**109.1**	**127.0**	**86.6**
68.3	73.3	113.5	102.2	104.4	120.0	80.2
56.9	53.1	83.8	65.1	53.2	65.3	51.0
9.8	18.0	27.7	34.5	48.5	48.1	27.6
	1.6	1.9	2.3	2.0	2.8	0.4
4.3	4.5	3.3	8.7	3.3	4.6	4.2
1.7	2.1	1.9	1.8	0.9	2.5	1.0
2.1	1.8	0.7	1.8	1.0	0.7	1.8
				0.0		

3-30 农村居民家庭人均主要食品消费量

单位：千克

项　　目	Item	2015	2016
粮食	Grain	152.1	137.2
谷物	Cereals	141.8	126.4
小麦	Wheat	17.9	14.7
稻谷	Rice	118.8	107.2
玉米	Corn//Maize	3.2	2.3
薯类	Tubers	2.4	2.0
红薯	Sweet Potato	1.4	0.6
马铃薯	Potato	1.0	1.3
豆类	Beans	7.9	8.7
大豆	Soybean	2.0	1.8
油脂类	Oil Class	16.0	15.5
植物油	Edible Vegetable Oil	15.2	14.9
动物油	Edible Animal Oil	0.8	0.6
蔬菜及菜制品	Vegetable and Vegetable Products	123.1	123.2
鲜菜	Fresh Vegetables	121.4	121.1
干菜及菜制品	Dried Vegetables and Vegetable Products	1.0	1.4
鲜菌	Fresh Fungi	0.6	0.7
肉类	Meat	26.9	24.5
猪肉	Pork	24.1	21.4
牛肉	Beef	0.8	0.8
羊肉	Mutton	0.4	0.5
禽类	Poultry	4.3	4.6
鸡	Chicken	3.2	3.2
鸭	Duck	0.3	0.4
鹅	Goose		
水产品	Aquatic Products	11.7	12.2
鱼类	Fish	11.0	11.2
虾贝蟹类	Shrimp Shellfish Crab	0.2	0.3
蛋类及蛋制品	Eggs and Egg Products	8.3	8.1
鲜蛋	Fresh Eggs	7.9	7.7
奶和奶制品	Milk and Dairy Products	3.6	4.1

Per Capita Consumption of Major Foods of Rural Households

(kg)

2017	2018	2019	2020	2021	2022	2023
136.9	136.1	147.0	150.7	159.2	142.7	135.5
127.4	125.3	135.4	136.3	143.8	128.1	120.7
15.7	16.6	18.1	26.0	24.0	21.5	16.0
106.5	103.4	112.6	105.1	114.7	102.2	98.1
3.0	2.6	2.4	2.9	2.6	2.1	3.8
1.8	1.5	1.7	2.5	2.2	1.8	2.8
0.7	0.5	0.4	0.6	0.6	0.4	0.6
1.0	1.0	1.2	1.7	1.5	1.3	2.1
7.7	9.2	9.8	12.0	13.2	12.7	12.0
1.5	1.2	0.8	1.3	0.9	0.7	1.4
14.1	12.3	14.1	14.6	16.1	15.9	15.8
13.5	11.9	13.6	14.2	15.6	15.4	15.4
0.6	0.4	0.5	0.4	0.5	0.5	0.4
113.0	113.8	118.6	134.5	140.3	128.1	131.6
111.4	111.5	116.3	132.4	137.8	125.8	128.9
1.0	1.5	1.5	1.2	1.1	1.2	1.4
0.6	0.7	0.8	0.8	1.2	1.0	1.2
23.5	26.8	24.3	19.9	33.7	31.9	37.4
20.3	23.4	20.9	16.1	29.5	27.7	31.7
0.9	1.0	1.2	1.6	1.6	1.5	2.0
0.4	0.4	0.3	0.5	0.5	0.6	1.0
4.0	4.7	6.0	6.8	8.1	7.6	9.6
2.7	3.2	4.1	4.6	5.6	5.3	6.8
0.4	0.4	0.7	1.0	1.1	0.8	0.8
			0.1	0.1	0.1	0.1
11.1	13.1	14.9	16.5	17.5	15.8	15.0
10.1	12.0	13.5	14.8	15.5	13.7	12.7
0.4	0.5	0.9	1.1	1.1	1.3	1.5
7.3	6.6	7.4	9.5	9.7	10.0	11.8
6.9	6.3	7.1	9.1	9.3	9.7	11.4
3.7	4.2	4.3	4.8	6.8	6.0	5.4

3-31 农村居民家庭主要生活用品购买量

单位：千克

项　目	Item	2015	2016
食品	Food		
谷物	Cereals	188.5	186.8
小麦	Wheat	0.2	0.3
面粉	Wheat Flour	2.5	2.5
稻谷	Paddy	1.7	1.7
大米	Rice	26.8	25.9
玉米	Corn	1.0	0.6
薯类	Tubers	2.1	2.9
红薯	Sweet Potato	0.1	0.2
马铃薯	Potato	1.7	2.4
豆类	Beans	5.9	7.0
大豆	Soybean	0.1	0.2
其他豆类及制品	Other Legumes and Other Products	5.8	6.8
食用油	Edible Oil	8.6	8.3
食用植物油	Edible Vegetable Oil	8.1	7.9
食用动物油	Edible Animal Oil	0.5	0.4
蔬菜和食用菌	Vegetables and Edible Fungi	27.3	31.3
鲜菜	Fresh Vegetables	25.8	29.3
干菜及菜制品	Dried Vegetables and Vegetable Products	0.9	1.3
鲜菌	Fresh Fungi	0.5	0.5
肉类	Meat	17.0	16.8
猪肉	Pork	14.3	13.8
牛肉	Beef	0.7	0.8
羊肉	Mutton	0.3	0.4
禽类	Poultry	2.5	3.0
鸡	Chicken	1.5	1.6
鸭	Duck	0.3	0.3
鹅	Goose		
水产品	Aquatic Products	10.9	11.2
鱼类	Fish	10.1	10.3
虾类	Decapod	0.2	0.2
蟹类	Crab		
蛋类	Eggs and Egg Products	4.7	4.5
鲜蛋	Fresh Eggs	4.3	4.2
奶类	Milk and Dairy Products	3.6	4.1
干鲜瓜果类	Dried and Fresh Melons and Fruits	21.6	25.2
水电燃料	Water, Electricity and Fuels		
水(吨)	Water(ton)	11.5	12.5
电(度)	Electric(degree)	403.4	433.8
煤炭	Coal	15.2	18.1
管道天然气(立方米)	Pipeline Gas(m^3)	1.1	0.8
罐装液化石油气	Canned Liquefied Petroleum Gas	10.6	10.6

Purchases of Articles for Main Daily Necessities of Rural Households

(kg)

2017	2018	2019	2020	2021	2022	2023
196.9	225.0	252.7	279.9	340.0	323.5	329.1
0.1	0.1	0.1	0.2	0.1	0.1	
2.6	2.4	2.5	5.9	3.7	3.6	3.6
1.3	1.9	2.5	3.3	2.4	2.1	2.3
26.5	31.4	36.0	34.9	44.0	38.8	41.5
0.6	1.5	1.3	1.8	1.5	1.3	1.9
3.1	4.2	4.7	7.1	6.2	5.5	6.7
0.2	0.4	0.5	0.5	0.6	0.5	0.8
2.5	3.3	3.6	6.0	4.8	4.3	4.9
6.3	8.3	9.4	11.4	12.9	12.3	10.5
0.2	0.4	0.3	0.7	0.5	0.3	0.3
6.1	7.9	9.1	10.7	12.4	11.9	10.3
7.9	7.8	9.6	9.9	12.1	11.8	11.8
7.5	7.4	9.2	9.6	11.6	11.4	11.4
0.4	0.4	0.4	0.4	0.4	0.4	0.4
33.1	45.0	41.6	48.4	56.8	54.1	61.6
31.5	42.7	39.3	46.3	54.4	51.9	59.2
1.0	1.5	1.5	1.2	1.1	1.1	1.2
0.6	0.7	0.8	0.8	1.2	1.0	1.1
17.9	21.7	19.0	15.6	30.1	27.4	31.6
14.7	18.3	15.6	11.8	25.9	23.3	26.1
0.9	1.0	1.2	1.6	1.5	1.5	1.9
0.3	0.4	0.3	0.5	0.4	0.5	0.9
2.6	3.6	4.6	4.9	5.3	5.2	6.6
1.4	2.1	2.9	3.0	3.3	3.3	4.2
0.3	0.4	0.6	0.7	0.6	0.5	0.4
			0.1	0.1		
10.2	12.2	14.0	15.0	16.2	14.5	14.0
9.3	11.1	12.7	13.5	14.4	12.6	12.0
0.2	0.4	0.6	0.7	0.9	0.9	1.1
		0.1	0.1	0.1	0.1	0.1
4.1	4.1	4.8	6.1	5.9	6.1	6.8
3.8	3.8	4.4	5.6	5.6	5.7	6.4
3.7	4.2	4.3	4.7	6.8	6.0	5.4
27.7	32.9	31.2	32.9	39.1	35.2	40.0
13.8	15.4	18.7	21.6	26.1	30.4	27.3
444.6	443.9	535.7	558.7	637.6	780.5	649.1
18.2	10.8	14.8	15.4	12.2	8.4	7.2
1.4	1.8	2.5	2.9	3.2	4.9	8.0
11.1	10.3	12.2	14.5	16.5	15.8	13.5

3-32 农村居民平均每百户年末主要耐用消费品拥有量

项　目	Item	2015	2016
家用汽车(辆)	Household Automobile(vehicle)	7.2	10.2
其中：新能源汽车(辆)	Among Them: New Energy Vehicles(vehicle)		
摩托车(辆)	Motorcycle(set)	77.9	78.5
助力车(辆)	Powered Vehicle(set)	23.5	29.9
洗衣机(台)	Washing Machine(set)	65.0	73.1
电冰箱(台)	Refrigerator(set)	84.8	93.0
微波炉(台)	Microwave Oven(set)	9.2	10.1
彩色电视机(台)	Color TV(set)	118.5	120.1
空调(台)	Air Conditioner(set)	43.5	56.5
热水器(台)	Shower Heater(set)	61.7	68.6
烤箱(台)	Oven(platform)		
洗碗机(台)	Dishwasher(set)	0.3	0.5
排油烟机(台)	Kitchen Ventilator(set)	14.9	14.9
固定电话(部)	Fixed Telephone(set)	27.4	20.7
移动电话(部)	Mobile Phone(set)	232.2	236.3
计算机(台)	Household Computer(set)	26.2	27.0
照相机(架)	Camera(set)	3.8	3.0
乐器(件)	Musical Instrument(piece)	0.4	0.3
健身器材(套)	Fitness Equipment(set)	0.2	0.5
空气净化器(含新风系统)(套)	Air Purifier (including fresh air system)(set)		
地面清洁电器(台)	Ground Cleaning Appliances(set)		

3-33 按收入五等份分组农村居民平均每百户年末主要耐用消费品拥有量(2023年)

项　目	Item	低收入户 Low Income Households
家用汽车(辆)	Household Automobile(vehicle)	40.8
其中：新能源汽车(辆)	Among Them: New Energy Vehicles(vehicle)	1.0
摩托车(辆)	Motorcycle(set)	59.2
助力车(辆)	Powered Vehicle(set)	48.9
洗衣机(台)	Washing Machine(set)	97.3
电冰箱(台)	Refrigerator(set)	108.4
微波炉(台)	Microwave Oven(set)	11.6
彩色电视机(台)	Color TV(set)	108.9
空调(台)	Air Conditioner(set)	93.1
热水器(台)	Shower Heater(set)	87.8
烤箱(台)	Oven(platform)	0.5
洗碗机(台)	Dishwasher(set)	1.5
排油烟机(台)	Kitchen Ventilator(set)	42.4
固定电话(部)	Fixed Telephone(set)	2.1
移动电话(部)	Mobile Phone(set)	276.2
计算机(台)	Household Computer(set)	12.4
照相机(架)	Camera(set)	1.7
乐器(件)	Musical Instrument(piece)	2.6
健身器材(套)	Fitness Equipment(set)	
空气净化器(含新风系统)(套)	Air Purifier (including fresh air system)(set)	0.1
地面清洁电器(台)	Ground Cleaning Appliances(set)	1.6

Main Durable Goods Owned per 100 Rural Households at Year-end

2017	2018	2019	2020	2021	2022	2023
11.3	21.6	23.2	24.7	27.1	30.2	33.6
					0.6	0.5
80.2	82.2	83.2	82.7	78.1	77.3	71.3
32.2	39.8	40.3	43.6	49.6	52.9	49.0
75.5	84.5	86.5	86.9	93.3	94.7	97.3
95.8	102.1	104.9	106.7	110.1	111.3	114.2
11.0	12.7	13.2	13.1	16.7	17.0	18.9
121.7	121.0	121.3	121.9	116.4	116.5	110.0
62.7	86.2	88.1	93.8	102.4	106.0	116.2
71.2	84.7	87.2	91.4	90.6	92.0	90.4
					17.7	1.4
0.5	0.6	0.6	0.6	1.0	1.2	0.8
17.3	30.4	32.2	34.4	44.4	46.8	55.2
19.5	9.8	7.6	5.8	4.3	3.2	2.2
238.7	268.1	270.8	274.9	275.3	275.9	285.6
27.9	31.9	33.6	34.3	29.3	30.0	25.7
3.7	2.6	2.6	2.6	2.0	2.0	2.1
0.3	1.1	1.1	1.1	1.0	1.2	1.8
0.6	1.0	1.0	0.8	0.9	1.3	1.0
	0.4	0.5	0.4	0.5	0.5	0.3
0.1	1.4	1.3	1.2	1.4	1.5	3.1

Main Durable Goods Owned per 100 Rural Households at Year-end by Income Quintile(2023)

中低收入户 Lower Middle Income Households	中等收入户 Middle Income Households	中高收入户 Upper Middle Income Households	高收入户 High Income Households
39.5	27.3	29.6	33.5
1.2	0.4	0.2	0.1
64.4	58.6	88.5	86.8
59.1	67.1	27.5	40.7
96.0	97.9	97.4	97.4
107.9	107.2	119.6	127.8
16.0	32.3	10.7	20.0
105.5	107.7	108.5	118.8
110.1	126.1	116.5	131.2
93.7	82.4	98.0	92.8
1.8	0.3	0.8	3.9
0.6	0.8	0.4	0.7
51.1	60.0	65.8	54.9
2.8	2.2	1.8	2.5
313.2	294.5	272.7	275.4
16.6	36.8	30.3	27.7
1.7	0.5	4.3	2.5
1.4	1.1	2.3	1.9
0.5	0.1	0.6	3.8
0.4	0.2	0.5	0.7
2.9	1.0	5.2	5.3

3-34 市、州农村居民人均可支配收入
Per Capita Disposable Income of Rural Households by Cities and Prefectures

单位：元 (yuan)

地 区	Region	农村常住居民人均可支配收入 Per Capita Disposable Income of Rural Permanent Residents								
		2015	2016	2017	2018	2019	2020	2021	2022	2023
武汉市	Wuhan	17722	19152	20887	22652	24776	24057	27209	29304	31560
黄石市	Huangshi	12004	12925	13972	15125	16516	16549	18585	20127	21757
十堰市	Shiyan	7779	8514	9373	10295	11378	11731	13115	14190	15354
宜昌市	Yichang	12990	14057	15253	16514	18134	18515	20764	22571	24479
襄阳市	Xiangyang	13650	14762	16005	17305	18933	18422	20715	22497	24174
鄂州市	Ezhou	13812	14813	16168	17609	19313	18792	21479	23111	24926
荆门市	Jingmen	14716	15811	17167	18776	20556	19980	22198	23952	25772
孝感市	Xiaogan	12655	13554	14744	15988	17510	17090	19346	20913	22681
荆州市	Jingzhou	13728	14707	15962	17300	18893	18817	21207	22904	24680
黄冈市	Huanggang	10252	11076	12116	13238	14490	14693	16456	17855	19346
咸宁市	Xianning	11940	12812	13925	15116	16591	16359	18534	20017	21609
随州市	Suizhou	13022	14077	15268	16538	18094	17624	19756	21297	23012
恩施州	Enshi	7969	8728	9588	10524	11620	11887	13307	14384	15571
仙桃市	Xiantao	14422	15462	16736	18177	19891	20647	22608	24620	26578
潜江市	Qianjiang	14076	15113	16397	17797	19494	18948	21146	22922	24791
天门市	Tianmen	13178	14107	15367	16598	18138	18356	20577	22099	23812
神农架林区	Shennongjia	7578	8342	9205	10091	11171	11417	12547	13488	14661

注：2013年前分城镇和农村开展住户调查，为城镇居民人均可支配收入。2014年起使用城乡一体化住户收支与生活状况调查数据，为城镇常住居民人均可支配收入。

Note: Before 2013, the urban and rural household were investigated separately, and the data is for per capita disposable income of urban household. Since 2014, survey data of income and expenditures of urban and rural household integration has been used, and the data is for per capita disposable income of urban household.

3-35 市、州农村居民人均消费支出
Per Capita Consumption Expenditure of Rural Households by Cities and Prefectures

单位：元 (yuan)

地 区	Region	农村常住居民人均消费支出 Per Capita Consumption Expenditure of Rural Permanent Residents							
		2016	2017	2018	2019	2020	2021	2022	2023
武汉市	Wuhan	14750	15812	17520	19150	18254	21558	23196	25771
黄石市	Huangshi	10798	11685	12690	13934	14076	16694	17879	19989
十堰市	Shiyan	6784	7761	8825	10041	10322	12087	13054	14346
宜昌市	Yichang	11183	12113	13263	14430	13999	17065	18379	20364
襄阳市	Xiangyang	11067	11630	12520	13863	13572	16463	17648	19607
鄂州市	Ezhou	10972	11742	12648	13671	12741	15939	16895	18990
荆门市	Jingmen	9381	10137	11227	12415	11366	14355	15389	16881
孝感市	Xiaogan	10076	11035	12239	13587	12778	15602	16897	18857
荆州市	Jingzhou	9505	10445	11627	12801	12686	15020	16357	18303
黄冈市	Huanggang	9162	10061	11083	12133	11653	13879	15100	16988
咸宁市	Xianning	9699	10579	11607	12855	12032	14727	15905	17861
随州市	Suizhou	10054	10863	12043	13222	12695	15501	16586	18477
恩施州	Enshi	7096	7891	8803	9880	10061	11892	12831	14115
仙桃市	Xiantao	9382	10678	11246	12361	12185	14305	15321	16929
潜江市	Qianjiang	9502	11384	12746	14031	13477	16523	17861	19433
天门市	Tianmen	7996	8975	10020	11172	10892	13158	13908	15299
神农架林区	Shennongjia	6674	7600	8560	8803	8917	10139	10443	11561

注：2013年前分城镇和农村开展住户调查，为城镇居民人均可支配收入。2014年起使用城乡一体化住户收支与生活状况调查数据，为城镇常住居民人均可支配收入。

Note: Before 2013, the urban and rural household were investigated separately, and the data is for per capita disposable income of urban household. Since 2014, survey data of income and expenditures of urban and rural household integration has been used, and the data is for per capita disposable income of urban household.

3-36 脱贫县农村居民家庭人均可支配收入及人均生活消费支出

单位：元

项 目	Item
一、人均可支配收入	**Per Capita Disposable Income**
1.工资性收入	Income from Wages and Salaries
2.家庭经营净收入	Net Income from Household Operations
(1)一产净收入	Net Income from Primary Industry
#农业	Farming
牧业	Animal Husbandry
(2)二三产净收入	Net Income from Secondary and Tertiary Industries
3.财产净收入	Net Income from Properties
4.转移净收入	Net Income from Transfers
二、人均生活消费支出	**Per Capita Expenses on Household Consumption**
1.食品烟酒	Food, Tobacco and Liquor
2.衣着	Clothing
3.居住	Residence
4.生活用品及服务	Household Facilities, Articles and Services
5.交通通信	Transport and Communications
6.教育文化娱乐	Education, Culture and Recreation
7.医疗保健	Health Care and Medical Services
8.其他商品及服务	Miscellaneous Goods and Services

3-37 全省农民工规模

项 目	Item	2015	2016
一、全省农民工规模(万人)	**Scale of Migrant Workers by Province(10000 persons)**	**1453.6**	**1460.3**
1.本地农民工	Local Migrant Workers	367.6	379.4
2.外出农民工	Out Migrant Workers	1086.0	1080.9
二、全省农民工规模增长(%)	**Growth Rate of the Migrant Workers(%)**	**3.0**	**0.5**
1.本地农民工	Local Migrant Workers	10.4	3.2
2.外出农民工	Out Migrant Workers	0.8	-0.5

Per Capita Disposable Income and Expenses on Household Consumption of Rural Households in Out of Poverty Counties

(yuan)

2021	2022	2023
14822.4	**16188.3**	**17612.4**
4924.0	5451.2	6056.9
4866.9	5303.3	5741.3
2957.2	3196.2	3552.4
2099.0	2329.9	2541.9
528.2	576.4	625.9
1909.7	2107.1	2188.9
137.7	148.7	162.2
4893.8	5285.1	5652.0
14711.2	**15735.7**	**17515.2**
4610.9	5059.5	5574.1
730.4	801.3	887.6
2983.7	3053.5	3477.4
926.2	1046.6	1129.6
1767.9	1911.6	2130.2
1608.2	1738.7	2013.6
1762.4	1812.9	1951.6
321.5	311.6	351.1

Scale of Migrant Workers by Province

2017	2018	2019	2020	2021	2022	2023
1491.1	**1504.5**	**1512.9**	**1428.0**	**1517.8**	**1554.3**	**1559.8**
407.1	425.3	426.6	417.6	469.0	504.6	489.1
1084.0	1079.2	1086.3	1010.4	1048.8	1049.7	1070.6
2.1	**0.9**	**0.6**	**-5.6**	**0.3**	**2.4**	**0.4**
7.3	4.5	0.3	-2.1	12.3	7.6	-3.1
0.3	-0.4	0.7	-7.0	3.8	0.1	2.0

主要统计指标解释

一、城镇住户

城镇家庭人口 指居住在一起，经济上合在一起共同生活的家庭成员。凡计算为家庭人口的成员其全部收支都包括在本家庭中。

城镇家庭总收入 指家庭成员得到的工薪收入、经营净收入、财产性收入、转移性收入之和，不包括出售财物收入和借贷收入。

城镇家庭可支配收入 指家庭成员得到可用于最终消费支出和其他非义务性支出以及储蓄的总和，即居民家庭可以用来自由支配的收入。它是家庭总收入扣除交纳的所得税、个人交纳的社会保障支出以及记账补贴后的收入。计算公式为：

可支配收入=家庭总收入-交纳所得税-个人交纳的社会保障支出-记账补贴

城镇家庭总支出 指除借贷支出以外的全部家庭支出。包括消费性支出、购房建房支出、转移性支出、财产性支出、社会保障支出。

城镇家庭消费性支出 指家庭用于日常生活的支出，包括食品、衣着、家庭设备用品及服务、医疗保健、交通通信、教育文化娱乐服务、居住、杂项商品和服务八大类支出。

城镇家庭服务性消费支出 指居民家庭用于本家庭支付社会提供的各种文化和生活方面的非商品性服务费用。不包括为别人付款服务。服务消费与商品消费不同，其特点在于其劳动过程和消费过程在时间与空间上的统一。

城镇家庭收入五等份分组方法 将所有调查户按户人均可支配收入由低到高排序，各按 20%的比例依次分成五等份：低收入户、中等偏低收入户、中等收入户、中等偏上收入户、高收入户。

二、农村住户

农村住户（农村常住户） 指长期（一年以上）居住在乡镇（不包括城关镇）范围内的住户，以及长期居住在城关镇所辖行政村范围内的农村住户。户口不在本地而在本地居住一年及以上的住户也包括在本地农村常住户范围内；有本地户口，但举家外出谋生一年以上的住户，无论是否保留承包耕地都不包括在本地农村住户范围内。

常住人口 指全年经常在家或在家居住 6 个月以上，而且经济和生活与本户连成一体的人口。外出从业人员在外居住时间虽然在 6 个月以上，但收入主要带回家中，经济与本户连为一体，仍视为家庭常住人口；在家居住，生活和本户连成一体的国家职工、退休人员也为家庭常住人口。但是现役军人、中专及以上（走读生除外）的在校学生以及常年在外（不包括探亲、看病等）且已有稳定的职业与居住场所的外出从业人员，不算家庭常住人口。家庭常住人口主要作为计算农村住户平均每人收入、消费和积累水平及分析家庭人口状况的依据。

整、半劳动力 整劳动力指男子 18 周岁到 50 周岁，女子 18 周岁到 45 周岁；半劳动力指男子 16 周岁到 17 周岁，51 周岁到 60 周岁；女子 16 周岁到 17 周岁，46 周岁到 55 周岁，同时具有劳动能力的人。虽然在劳动年龄之内，但已丧失劳动能力的人，不应算为劳动力；超过劳动年龄，但能经常参加劳动，计入半劳动力数内。常住人口中的职工，若这些职工为劳动力，就包括在本户的整半劳动力中。

总收入 指调查期内农村住户和住户成员从各种来源渠道得到的收入总和。按收入的性质划分为工资性收入、家庭经营收入、财产性收入和转移性收入。

工资性收入 指农村住户成员受雇于单位或个人，靠出卖劳动而获得的收入。

家庭经营收入 指农村住户以家庭为生产经营单位进行生产筹划和管理而获得的收入。农村住户家庭经营活动按行业划分为农业、林业、牧业、渔业、工业、建筑业、交通运输业邮电业、批发和零售贸易餐饮业、社会服务业、文教卫生业和其他家庭经营。

财产性收入 指金融资产或有形非生产性资产的所有者向其他机构单位提供资金或将有形非生产性资产供其支配，作为回报而从中获得的收入。

转移性收入 指农村住户和住户成员无须付出任何对应物而获得的货物、服务、资金或资产所有权等，不包括无偿提供的用于固定资本形成的资金。一般情况下，是指农村住户在二次分配中的所有收入。

现金收入 指农村住户和住户成员在调查期内得到以现金形态表现的收入。按来源分成工资性收入、家庭经营现金收入、财产性收入、转移性收入。

纯收入 指农村住户当年从各个来源得到的总收入相应地扣除所发生的费用后的收入总和。纯收入主要用于再生产投入和当年生活消费支出，也可用于储蓄和各种非义务性支出。“农民人均纯收入”按人口平均的纯收入水平，反映的是一个地区农村居民的平均收入水平。计算方法:

纯收入=总收入-家庭经营费用支出-税费支出-生产性固定资产折旧-赠送农村外部亲友支出

总支出 指农村住户用于生产、生活和再分配的全部支出。包括家庭经营费用支出、购置生产性固定资产支出、生产性固定资产折旧、税费支出、生活消费支出、财产性支出和转移性支出。

三、城乡一体化住户（2014 年起）

住户 指居住在一个住宅内，共同分享生活开支或收入的一群人。居住在同一房间内、不共同分享生活开支的人群，每个人都视为一个住户。住家保姆、住家家庭帮工视为单独的住户。根据居住的状态，可将住户分为家庭居住户和集体居住户。家庭居住户指的是以家庭成员关系为主，居住在同一住宅内共同生活的住户。同一住宅内有住家保姆或住家家庭帮工的，仍被视为家庭居住。集体居住户指的是相互没有家庭成员关系，居住在同一房间内，不共同分享生活开支，独立生活的住户。如在工棚、工厂的集体宿舍以及在工作地的集体居住户，每个人都视为一个住户。

住户成员 指居住在一个住宅内，所有与本住户分享生活开支或收入的人员。

常住成员 指住户成员中，经常在家居住或者调查期内居住时间超过一半的人员，以及本住户供养的学生。季度调查的常住成员包括: ①过去三个月已经居住或未来三个月打算居住时间超过 1.5 个月的住户成员。②过去三个月内每月至少在调查住宅居住一天以上，且没有在其他自有或独自租借的普通住宅中住过的人。或者说，在外与人合住或住在工棚、集体宿舍、工作地或其他临时性住所、又定期回家居住的人，也是本住户常住成员。③由本住户供养的在校学生（包括大中专学生和研究生）。常住成员是住户收支的调查对象。

居民可支配收入 指调查户在调查期内获得的、可用于最终消费支出和储蓄的总和，即调查户可以用来自由支配的收入。既包括现金，也包括实物收入。按照收入的来源，可支配收入包含四项，分别为: 工资性收入、经营净收入、财产净收入和转移净收入。

其中: 经营净收入=经营收入-经营费用-生产性固定资产折旧－生产税

财产净收入=财产性收入-财产性支出

转移净收入=转移性收入-转移性支出

工资性收入 指就业人员通过各种途径得到的全部劳动报酬和各种福利，包括受雇于单位或个人、从事各种自由职业、兼职和零星劳动得到的全部劳动报酬和福利。

经营净收入 指住户或住户成员从事生产经营活动所获得的净收入，是全部经营收入中扣除经营费用、生产性固定资产折旧和生产税之后得到的净收入。

财产净收入 指住户或住户成员将其所拥有的金融资产、住房等非金融资产和自然资源交由其他机构单位、住户或个人支配而获得的回报并扣除相关的费用之后得到的净收入。财产净收入包括利息净收入、红利收入、储蓄性保险净收益、转让承包土地经营权租金净收入、出租房屋净收入、出租其他资产净收入和自有住房折算净租金等。不包括转让资产所有权的溢价所得，这应该计入“非收入所得”。

转移性收入 指国家、单位、社会团体对住户的各种经常性转移支付和住户之间的经常性收入转移。包括政府、非行政事业单位、社会团体对居民转移的养老金或退休金、社会救济和补助、惠农补贴、政策性生活补贴、救灾款、经常性捐赠和赔偿以及报销医疗费等；住户之间的赡养收入、经常性捐赠和赔偿以及农村地区（村委会）在外（含国外）工作的本住户非常住成员寄回带回的收入等。不包括住户之间的实物馈赠。

转移性支出 指调查户对国家、单位、住户或个人的经常性或义务性转移支付。包括缴纳的税款、各项社会保障支出、赡养支出、经常性捐赠和赔偿支出以及其他经常转移支出等。

转移净收入=转移性收入-转移性支出

恩格尔系数 指食品支出金额在生活消费总支出金额中所占比例。计算公式为:

$$恩格尔系数=\frac{食品支出额}{消费支出总金额}\times 100\%$$

居民消费支出 指住户用于满足家庭日常生活消费需要的全部支出，包括用于消费品的支出和用于服务性消费的支出。根据用途不同，可划分为食品烟酒、衣着、居住、生活用品及服务、交通通信、教育文化娱乐、医疗保健、其他用品及服务八大类。根据来源不同，可划分为现金消费支出、实物消费支出（含自产自用、来自单位、来自政府和其他社会组织）。

四、农民工监测调查（2008 年起）

农民工：指户籍仍在农村，年内在本地从事非农活动（包括本地非农务工和非农自营活动）或外出从业 6 个月及以上的农村劳动力。

本地农民工：指在户籍所在乡镇地域以内从业的农民工。

外出农民工：指在户籍所在乡镇地域外从业的农民工。

Explanatory Notes on Main Statistical Indicators

I. Urban Households

Population of Urban Households refer to members of the household living and sharing economically together. All income and expenditure of the population of the household are included in the income and expenditure of the household.

Total Income of Urban Households refer to the sum of wage and salary, net business income, income from properties, and income from transfers members of the households during survey period, excluding income from selling of properties and income from borrowings. It is calculated on real income, no matter the income is supplied again or beforehand.

Disposable Income of Urban Households refers to the actual income at the disposal of members of the households which can be used for final consumption, other non-compulsory expenditure and savings. This equals to total income minus income tax, personal contribution to social security and sample household subsidy for keeping diaries. Following formula is used:

Disposable income = total household income - income tax - personal contribution to social security - sample household subsidy for keeping diaries

Total Expenditure of Urban Households refer to all expenditure of the households except expenditure on leading. It includes expenditure on consumption, on purchasing or building houses, on transfers, on properties and on social security.

Consumption Expenditure of Urban Households refers to total expenditure of the sample households for consumption in daily life, including expenditure on eight categories such as food, clothing, household appliances and services, health care and medical services, transport and communications, education, culture and recreation services, housing, miscellaneous goods and services.

Expenditure of Urban Households on Consumption of Services refer to expenditure of households on services of various kinds provided by the society, not including services paid for other persons. Services are offered and consumed at the same time and place.

Urban Households by Five Equal Parts of Income All households in the sample are grouped, by per capita disposable income of the household, into groups of lowest income, low income, lower middle income, middle income, upper middle income, high income and highest income, each group consisting of 20% of all households.

II. Rural Household

Rural Households refer to resident households in rural areas. Resident households in rural areas are the households residing for more than one year in the areas under the jurisdiction of administration of township governments (excluding county towns), and in the areas under the jurisdiction of administration of villages in county towns. Migrated households residing in the current addresses for over one year with their household registration in other places are included in the resident households of their current addresses. For households with their household registration in one place but all members of the households moving away for living in another place for over one year, they will not be included in the rural households of the area where they are registered, irrespective of whether they still keep their contracted land.

Resident Population refers to population staying at home permanently or for over 6 months during a year and sharing life economically with the household. Members of the household staying away from the household for over 6 months but keeping a close economic relation with the household by sending the majority of income to the household are regarded as resident population of the household. Government staff and workers or retirees living as close members of the household are also considered as resident population. However, servicemen, students of secondary technical schools or schools of higher education and persons with stable jobs and residence outside the household (excluding those visiting relatives or seeking medical service) are not included as resident population of the household. Resident population is used in calculating income, consumption, accumulation on per capita basis of rural households and in analyzing composition of rural households.

Full/Semi Labour Force Full labour force refers to persons capable of work, aged 18-50 for males and 18-45 for females. Semi labour force refers to persons capable of work, aged 16-17 and 51-60 for males and 16-17 and 46-55 for females. Persons at their working ages but not capable of work are not to be included as labour force. Persons not at working ages but participating regularly in work are included in semi labour force. For staff and workers as resident population of the household, they are included as full or semi labour force of the household if they are in the labour force.

Total Income refers to the sum of income earned from various sources by the rural households and their members during the reference period, and is classified as income from wages and salaries, income from household operations, income from properties and income from transfers.

Income from Wages and Salaries refers to income from labour earned by the members of rural households employed by other units or individuals.

Income from Household Operations refers to income by the rural households as units of production and operations. Operations by rural households are classified by economic activities as agriculture, forestry, animal husbandry, fishery, manufacturing, construction, transportation, post and telecommunications, wholesale, retail and catering, social service, culture, education, health, and other household operations.

Income from Properties refers to the income received as returns by owners of financial assets or tangible non-productive assets by providing capitals or tangible non-productive assets to other institutional units.

Income from Transfers refers to the receipt by rural households and their members of goods, services, capitals or rights of assets without giving or repaying accordingly, excluding capitals provided to them for the formation of fixed assets. In general, it refers to all income received by rural households through redistribution.

Cash Income refers to income received by rural households and their members in the form of cash during the reference period. It is classified, by source of income, into income from wages and salaries, cash income from household operations, income from properties and income from transfers.

Net Income refers to the total income of rural households from all sources minus all corresponding expenses. Net income is mainly used as input for reproduction and as consumption expenditure of the year, and also used for savings and non-compulsory expenses of various forms. "Per capita net income of farmers" is the level of net income averaged by population which reflects the average income level of rural households in a given area.

The formula for calculation is as follows:

Net income=total income-household operation expenses-taxes and fees depreciation of fixed assets for production-the expenses given to the relatives in rural areas

Total Expenditure refers to total expenses of rural households on production, consumption and redistribution, including expenditure on household operations, on purchase of productive fixed assets, depreciation of productive fixed assets, taxes and fees, expenses on household consumption, expenses on properties and expenses on transfers.

Ⅲ. Urban and Rural Integration (From 2014)

Household means a group of people who live in a dwelling and share living expenses or income. Everyone who live in a same room, but do not share living expenses is considered as a household. Live-in nanny and home domestic workers are considered as separate households. Depending on the state of residence, it can be divided into family households and collective households. family households refer to the family members in the same house. Nanny or home family workers are also regarded as the family residence in the same residential home. Collective households refer to the people who have no family relationships, live in the same room, do not share their living expenses, and live alone. As in the barracks, factory dormitories and work in the collective residential households, everyone as a household.

Household Member refers to the household who are living in a house and share the expenses or income of the household.

Permanent Member refers to a household member, who often lives at home, stay for more than half during the period of survey, and students households support. Permanent members of the quarterly survey are including: ①household members who have lived more than 1.5 months in the past three months, or intend to live for more than 1.5 months in the next three months. ②people who have lived in the investigated house at least one day every month in the past three months, and had not lived in a other owned or rented ordinary residence alone. In other words, people who live outside with others, or live in the shed, dormitories, temporary shelter for work or others, and also regularly return home to live, are also permanent members of the household. ③ Students at school (including college students, undergraduates and graduates) who are supported by households. Permanent members are respondent of income and expenditure of households.

Per Capita Disposable Income of the Household refers to the actual income of the households, which obtained by survey households during the survey period, and can be used for final consumption expenditure and savings according to the survey on household income and expenditure and living conditions, that is the income which can be dominated by survey household freely, dividing per capita income obtained by the resident households. Disposable income includes both cash and in kind income. Divided by source of income, disposable income contains four items, consisting of wage income, net business income, net property income, net transferred income.

Where:

Net Business Income=Business Income-Business Expenditure - Depreciation of Fixed Assets for Production - Taxes on Production

Net Property Income=Property Income-Property Expenditure

Net Transferred Income=Transferred Income-Transferred Expenditure

Wage Income refers to all the labor remuneration and welfare of the employees through various means. All labor remuneration and benefits, including the employment of units or individuals engaged in various free occupations, part-time and sporadic labor.

Net Business Income refers to the income of the household or household members engaged in the production and operation activities, is the net income of all operating expenses, production of fixed assets depreciation and production tax.

Property Net Income refers to the income received by the household or household members of the financial assets, housing, and other non financial assets and natural resources, which are obtained by other institutional units, households or individuals, and net income after deducting expenses. Property net income includes interest income, dividend income, savings insurance net income, transfer contract land management right to rent, rental housing net income, rental income and other assets of the net rent and other assets. Excluding the premium income from the transfer of property rights, which should be included in the "non income".

Transferred Income refers to the country, the unit, the social group to the tenants of a variety of recurrent transfer payments and the transfer of the regular income between households. Including residents' pension or retirement benefits from the government, the non administrative institutions, social groups, social benefits and subsidies, subsidies benefit farmers, policy subsidy, relief funds, regular donation and compensation and reimbursement of medical expenses; between tenants alimony income, often donations and compensation and the income of the rural areas households (village) (including foreign) return back to home. Does not include the physical gifts between households.

Transferred Expenditure refers to regular or voluntary transfer payment from the investigation to the country the unit, the household or the individual. Including the payment of the tax, the social security expenses, maintenance expenses, regular donations and compensation expenses, and other frequent transfer expenses, etc..

Net Transferred Income = Transferred Income - Transferred Expenditure

Engel's Coefficient refers to the percentage of expenditure on food in the total consumption expenditure, using the following formula:

$$\text{Coefficient}=\frac{\text{Engel's Expenditure on Food}}{\text{Total Consumption Expenditure}}\times 100\%$$

Per Capita Consumption Expenditure of Household refers to all expenditure which households used to meet needs of all the daily household consumption during the period of survey, including expenditure on consumer goods and services consumption, dividing per capita expenditure obtained by permanent households. Divided by function, consumption expenditure contains eight categories, consisting of food, tobacco and liquor, clothing, residence, household facilities, articles and services, transport and communications, education, culture and recreation, health care and medical services, miscellaneous goods and services.

Ⅳ. **Monitoring Survey of Migrant Workers (From 2008)**

Migrant workers: refers to the rural labor force whose household registration is still in rural areas, and who engage in non-agricultural activities (including local non-agricultural migrant work and non-agricultural self-employment activities) or go out to work for six months or more during the year.

Local migrant workers: refers to migrant workers who work in the township area where their household registration is located.

Out migrant workers: refers to migrant workers who work outside the township area where their household registration is located.

四

价格调查

Chapter 4

Price Survey

资料整理：李　鹏　蔡燕妮　方　韬
　　　　　邱　慧

4-1 居民消费、商品零售、农业生产资料价格总指数(1989-2023年)
Consumer Goods Retail, Agricultural Production Materials Price Index(1989-2023)

(上年=100)　　(preceding year=100)

年 份 Year	居民消费价格指数 Consumer Price Index			商品零售价格指数 Retail Price Index			农业生产资料价格指数 Price Indices of Farming Production Material
	全 省 Province	城 市 Urban Areas	农 村 Rural Areas	全 省 Province	城 市 Urban Areas	农 村 Rural Areas	全 省 Province
1989	116.3	114.1	118.2	117.0	113.9	119.0	121.5
1990	104.2	103.1	105.1	102.9	102.3	103.3	102.9
1991	104.9	106.2	103.6	104.3	105.6	103.1	102.3
1992	109.6	110.5	108.1	107.0	108.4	104.7	106.6
1993	118.4	118.8	117.6	115.0	116.2	113.2	117.4
1994	125.3	127.0	124.1	124.6	124.0	125.1	122.4
1995	120.0	120.1	119.1	116.6	115.1	118.3	129.0
1996	109.4	110.2	107.9	106.5	106.2	106.9	108.6
1997	103.2	102.6	103.6	101.5	100.8	102.2	96.0
1998	98.4	97.9	99.0	97.1	96.3	98.0	91.9
1999	97.8	97.2	98.3	95.9	95.2	96.7	93.9
2000	99.0	100.0	98.2	97.8	98.1	97.1	97.6
2001	100.3	100.4	99.8	97.4	97.0	98.0	99.3
2002	99.6	99.2	100.8	98.8	98.4	99.5	101.0
2003	102.2	102.6	101.3	101.2	101.4	100.8	100.8
2004	104.9	104.5	105.8	104.1	103.1	105.4	111.3
2005	102.9	102.7	103.3	102.1	101.9	102.4	115.1
2006	101.6	101.4	101.9	101.1	100.8	101.6	101.4
2007	104.8	104.7	105.1	104.2	103.4	105.4	108.0
2008	106.3	105.5	107.4	106.3	105.4	107.6	127.2
2009	99.6	99.3	100.0	98.6	98.4	98.9	95.3
2010	102.9	102.8	103.1	103.1	103.0	103.4	101.9
2011	105.8	105.5	106.3	105.6	105.1	106.2	113.5
2012	102.9	102.8	103.0	102.6	102.4	102.7	103.5
2013	102.8	102.7	103.0	101.8	101.6	102.1	103.1
2014	102.0	102.0	101.9	100.9	100.8	101.0	97.9
2015	101.5	101.4	101.7	100.5	100.4	100.7	100.4
2016	102.2	102.1	102.2	100.8	100.7	100.9	100.3
2017	101.5	101.7	101.2	100.3	100.2	100.9	100.9
2018	101.9	102.0	101.8	101.2	101.2	101.6	100.9
2019	103.1	103.0	103.2	102.6	102.6	102.6	103.0
2020	102.7	102.5	103.5	102.2	102.1	103.0	106.4
2021	100.3	100.4	100.0	101.2	101.2	100.8	—
2022	102.1	102.1	101.9	102.8	102.9	102.4	—
2023	100.1	100.2	99.9	—	—	—	—

注：按照统计制度要求，我国CPI每五年进行一次基期轮换，2021年1月开始使用2020年作为新一轮的对比基期，前四轮基期分别为2000年、2005年、2010年和2015年。与上轮基期相比，新基期调查目录和规格品与国际标准更为接近，一些新产品新服务纳入其中，能进一步反映居民消费和经济结构的变化；同时，CPI权数构成也相应地按照居民收支调查最新数据进行了适当调整。新基期CPI调查目录参考联合国制定的《按目的划分的个人消费分类》(COICOP)和国家统计局发布的《居民消费支出分类(2013)》进行了修订，涵盖全国城乡居民生活消费的食品烟酒、衣着、居住、生活用品及服务、交通通信、教育文化娱乐、医疗保健、其他用品及服务等8大类、268个基本分类的商品与服务价格。

Note: According to the statistical system, China's CPI every five years on a base rotation, in January 2021 started using 2020 as a new round of comparative base period, the first three rounds of base in 2000, 2005, 2010 and 2015 respectively. Compared with the wheel base on the new catalog and specification product base investigation more close with the international standard, new services include some new product, can further reflect the residents' consumption and the change of economic structure; At the same time, the composition of the CPI weighting has been appropriately adjusted according to the latest data of the household income and expenditure survey. New base the CPI investigation directory refer to the United Nations set the purpose according to the division of the personal consumption classification (COICOP) and the national bureau of statistics released by the residents' consumption expenditure classification (2013) revised, covers the national urban and rural residents living consumption of food, tobacco and liquor, clothing, housing, household items and services, transport and communications, education, culture and recreation, health care and other products and services such as 8 categories, 268 basic classification of prices of goods and services.

4-2 居民消费价格分类指数(2023年)
Consumer Price Indices by Category(2023)

(上年=100) (preceding year=100)

指　标	Item	全　省 Province	城　市 Urban Areas	农　村 Rural Areas
居民消费价格总指数	**Consumer Price Index**	**100.1**	**100.2**	**99.9**
非食品烟酒价格指数	**Non-food Tobacco and Alcohol Price Index**	**100.2**	**100.3**	**100.0**
服务价格指数	**Items of Service Price Index**	**100.9**	**101.0**	**100.9**
工业品价格指数	**Industrial Product Price Index**	**99.3**	**99.4**	**99.0**
消费品价格指数	**Consumable Price Index**	**99.6**	**99.7**	**99.3**
扣除食品和能源价格指数	**Deduction Food and Energy Price Index**	**100.6**	**100.7**	**100.4**
扣除鲜菜鲜果总指数	**Deduction Fresh Vegetables Fresh Fruit General Index**	**100.1**	**100.2**	**99.8**
食品烟酒	**Food, Tobacco and Liquor**	**99.9**	**100.0**	**99.6**
食品	Food	99.1	99.1	99.0
粮食	Grain	101.2	100.7	102.0
大米	Rice	100.6	99.4	102.4
面粉	Flour	101.8	103.6	99.4
其他粮食	Other Grains	100.3	99.7	101.8
粮食制品	Grain Products	103.1	103.8	101.6
薯类	Tubers	107.2	107.3	106.8
薯类	Tubers	107.2	107.3	106.8
豆类	Beans	100.6	100.3	101.1
干豆	Dried Beans	99.7	100.5	98.4
豆制品	Bean Products	100.7	100.3	101.5
食用油	Edible Oil and Fats	102.9	103.4	102.0
食用植物油	Edible Vegetable Oil	103.2	103.5	102.4
食用动物油	Edible Animal Oil	95.9	98.4	89.7
菜及食用菌	Vegetables and Edible Mushrooms	97.9	97.3	99.8
鲜菜	Fresh Vegetables	97.4	96.7	99.4
鲜菌	Fresh Mushrooms	102.6	102.3	103.7
干菜干菌及制品	Dried Vegetables, Dried Mushrooms and Products	102.3	102.2	102.6
畜肉类	Meal, Poultry and Processed Products	90.9	91.3	90.1
猪肉	Pork	83.6	83.1	84.6
牛肉	Beef	97.2	96.8	98.7
羊肉	Mutton	99.7	100.7	96.7
其他畜肉及副产品	Other Meat and By-Products	98.1	98.3	97.4
畜肉制品	Animal By-products	101.2	101.4	100.7
禽肉类	Poultry	103.7	104.3	101.9
鸡	Chicken	102.9	104.2	99.2
鸭	Duck	104.3	103.9	105.2
其他禽肉及制品	Other Poultry Meat and Products	104.9	104.5	106.1
水产品	Aquatic Products	97.1	96.7	98.2
淡水鱼	Fish in Fresh Water	94.1	92.9	96.9
海水鱼	Fish in Sea Water	103.3	104.6	99.6
虾蟹类	Decapod Crustacean	98.1	98.1	98.0
其他水产品及制品	Other Aquatic Products and Products	103.0	102.6	104.2
蛋类	Eggs	102.9	103.7	100.9
鸡蛋	Chicken's Eggs	102.0	102.9	99.9
其他蛋及制品	Other Eggs and Products	109.1	109.5	108.0

4-2 续表 1 Continued

(上年＝100) (preceding year=100)

指 标	Item	全 省 Province	城 市 Urban Areas	农 村 Rural Areas
奶类	Milk	101.1	101.7	99.6
鲜奶	Fresh Milk	100.3	100.8	98.3
酸奶	Yogurt	100.5	100.9	98.8
奶粉	Milk Powder	101.8	102.7	100.3
其他奶制品	Other Milk Products	99.1	99.9	97.2
干鲜瓜果类	Dried and Fresh Melons and Fruits	103.8	103.5	104.5
鲜瓜果	Fresh Fruits	104.1	103.6	105.5
坚果	Nuts	101.9	102.7	99.8
瓜果制品	Melon and Fruit Products	103.7	104.5	101.5
糖果糕点类	Confectionery	101.1	101.1	100.9
食糖	Sugar	102.1	101.5	103.3
糖果	Candy	102.8	103.9	99.8
糕点	Pastry	100.7	100.8	100.4
其他糖果糕点	Other Confectionery	101.4	100.6	103.4
调味品	Flavoring	102.2	102.4	102.0
食用盐	Salt	102.1	102.5	101.2
酱油	Soy Sauce	101.2	101.7	100.2
食醋	Vinegar	100.4	99.8	101.7
增味剂	Bechamel	108.3	109.1	106.4
其他调味品	Monosodium Glutamate	101.5	101.3	102.0
其他食品类	Other Food Categories	101.4	101.7	100.8
方便食品	Convenience Foods	100.5	101.2	98.9
淀粉及制品	Starch and Products	102.5	102.3	103.2
其他食品	Puffed Food	102.7	102.3	103.8
茶及饮料	Tea and Beverages	100.0	100.3	99.3
茶叶	Tea	100.8	101.0	100.3
固体咖啡	Solid Coffee	103.2	103.2	101.7
其他固体饮料	Other Solid Beverages	101.4	101.9	100.5
饮用水	Drinking Water	99.3	99.2	99.5
果汁饮料	Fruit Juice Beverages	101.0	101.2	100.4
其他液体饮料	Other Liquid Beverages	99.3	99.7	98.6
烟酒	Tobacco, Liquor	100.3	100.2	100.4
卷烟	Tobacco	100.4	100.3	100.5
卷烟	Tobacco	100.4	100.3	100.5
酒类	Liquor	100.0	100.1	99.8
白酒	Distilled Spirit	99.8	99.7	99.9
葡萄酒	Wine	101.1	101.2	100.4
啤酒	Beer	99.7	100.4	98.9
其他酒类	Other Liquors	101.9	102.2	101.0
在外餐饮	Dining Out	102.0	102.1	101.8
餐馆餐饮	Dinner	101.8	102.1	100.9
饮品店餐饮	Fast Food	100.6	100.6	100.4
外卖	Takeaway Food	101.5	101.5	100.9
其他在外餐饮	Others	104.9	104.2	107.4

4-2 续表 2 Continued

(上年＝100) (preceding year=100)

指　标	Item	全　省 Province	城　市 Urban Areas	农　村 Rural Areas
衣着	**Clothing**	**101.3**	**101.3**	**101.1**
服装	Garments	101.2	101.3	100.8
男式服装	Men's Garment	100.8	100.6	101.3
男式外套	Men's Coat	99.3	98.9	100.6
男式针织衫	Men's Knitwear	100.9	100.4	102.0
男士衬衫T恤	Men's Shirt T-shirts	101.4	101.4	101.3
男士裤子	Men's Trousers	104.1	104.4	103.3
男士内衣	Men's Underwear	101.3	101.9	99.3
女式服装	Women's Dress	101.3	101.4	100.7
女式外套	Women's Overcoat	100.9	100.9	100.7
女式针织衫	Women's Knitwear	99.6	98.9	102.2
女士衬衫T恤	Women's Shirt T-shirts	104.4	105.2	101.0
女士裤子	Women's Trousers	100.5	100.3	101.4
女士裙子	Skirt	105.4	106.5	100.4
女士内衣	Women's Underwear	97.0	96.6	98.4
儿童服装	Children's Garment	102.4	103.0	100.1
婴儿服装	Infants Clothing	102.7	104.7	96.3
儿童上衣	Children's Suits	100.1	100.4	99.1
儿童裤子	Children's Trousers	107.1	108.2	103.4
儿童裙子	Children's Skirt	100.9	101.0	100.3
儿童内衣	Children's Underwear	104.6	105.5	101.5
衣着材料及配件	Clothing Materials & Accessories	99.9	100.0	99.7
袜子	Socks	99.7	99.8	99.4
帽子	Hats	101.4	101.6	100.5
其他衣着材料及配件	Other Clothing Materials & Accessories	99.2	99.1	99.5
衣着服务费	Clothing Service Fee	100.4	100.1	101.8
衣着洗涤保养	Scrubbing Maintenance	100.1	99.8	101.7
其他衣着服务	Other Clothing Service	101.4	101.1	102.0
鞋类	The Footwear	101.8	101.6	102.5
鞋	Shoes	101.8	101.6	102.5
男鞋	Men's Shoes	101.6	101.2	102.8
女鞋	Women's Shoes	101.2	101.0	101.9
童鞋	Children's Shoes	104.3	104.4	104.1
鞋类服务	Footwear Processing Service	102.1	102.4	101.2
鞋类服务	Footwear Processing Service	102.1	102.4	101.2

4-2 续表 3 Continued

(上年＝100) (preceding year=100)

指　　标	Item	全　省 Province	城　市 Urban Areas	农　村 Rural Areas
居住	**Residence**	**100.4**	**100.4**	**100.4**
租赁房房租	Tenancy	100.5	100.6	100.1
公房房租	Public Housing Rent	100.0	100.0	100.0
私房房租	Talk Accommodation	100.5	100.6	100.1
住房保养维修及管理	Housing Maintenance and Management	100.3	99.9	100.9
住房装潢材料	Housing Decoration Materials	99.7	99.6	99.9
木地板	Wood Floor	100.7	100.9	100.0
瓷砖	Ceramic Tile	96.8	95.4	99.0
水泥	Cement	93.5	93.5	93.6
涂料	Paint	100.4	100.9	99.8
板材	Board	100.0	100.0	100.2
管材	Pipe	100.2	100.6	98.9
厨卫设备	Kitchen Equipment	100.4	101.2	99.4
门窗	Doors and Windows	101.1	101.0	101.3
其他住房装潢材料	Other Housing Upholstery Materials	100.1	99.7	100.6
住房维修管理费用	Housing Decoration Maintenance	100.9	100.3	102.5
物业管理费	Property Management Fees	100.0	100.0	100.4
装潢维修费	Housing Decoration Maintenance	101.2	100.4	102.8
其他住房费用	Other Housing Expenses	100.5	99.9	101.3
水电燃料	Water, Electricity and Fuels	99.9	100.1	99.4
水	Water	100.2	100.0	100.9
水	Water	100.2	100.0	100.9
电	Electric	100.0	100.0	100.0
电	Electric	100.0	100.0	100.0
燃气	The Fuel Gas	98.8	99.7	96.2
管道燃气	Pipeline Gas	100.2	100.2	100.6
液化石油气	Liquefied Petroleum Gas	97.6	99.1	95.9
其他水电燃料类	Other Hydroelectric Fuels	101.4	101.6	100.9
其他水电燃料类	Other Hydroelectric Fuels	101.4	101.6	100.9
自有住房	Self-owned House	100.5	100.5	100.5
自有住房	Self-owned House	100.5	100.5	100.5
生活用品及服务	**Articles for Daily Use and Services**	**100.2**	**100.2**	**100.1**
家具及室内装饰品	Furniture and Interior Decorations	100.0	100.0	100.0
家具	Furniture	99.8	99.8	99.9
柜	Counters	99.6	99.6	99.7
床	Beds	100.1	100.0	100.2
桌	Desks	99.4	99.4	99.4
椅	Chairs	99.8	99.6	100.4
沙发	Sofas	99.8	99.9	99.6
其他家具	Lamp	100.2	100.0	100.6
室内装饰品	Interior Decorations	101.8	101.8	101.6
灯具	Lamp	102.6	102.7	102.4
其他室内装饰品	Other Interior Decorations	99.8	99.7	100.0

4-2 续表 4 Continued

(上年＝100) (preceding year=100)

指　　标	Item	全　省 Province	城　市 Urban Areas	农　村 Rural Areas
家用器具	Household Appliances	98.9	98.9	98.9
大型家用器具	Large Household Appliances	99.1	99.1	99.1
洗衣机	Washing Machine	98.4	98.3	98.6
电冰箱(柜)	Refrigerator	96.5	96.0	97.4
抽油烟机	Smoke Exhauster	98.7	99.0	97.5
空调器	Air Conditioner	100.8	101.0	100.4
热水器	Shower Heater	99.7	99.7	99.7
炉具灶具	Cooking Stove	101.4	101.5	101.0
吸尘器	Vacuum Cleaner	100.7	100.6	100.8
空气净化器	Air Purifier	103.8	103.9	103.4
净水器	Water Purifier	97.9	97.8	98.4
其他大型家用器具	Other Large Household Appliances	98.7	98.6	99.1
小家电	Small Home Appliance	98.1	98.2	97.5
厨房小家电	Kitchen Appliances	98.3	98.4	97.8
生活小家电	Household Appliance	97.6	97.8	97.1
家用纺织品	Home Textiles	100.2	100.3	99.7
床上用品	Bed Articles	100.1	100.3	99.1
被子	Quilts	99.9	99.8	100.2
床单被套	Bed Sets	100.6	100.8	99.7
其他床上用品	Other Bedding	99.5	100.2	97.7
窗帘门帘	Curtain	100.3	100.1	100.9
窗帘门帘	Curtain	100.3	100.1	100.9
其他家用纺织品	Other Household Textiles	100.5	100.2	101.6
其他家用纺织品	Other Household Textiles	100.5	100.2	101.6
家庭日用杂品	Household Articles for Daily Use	100.9	100.9	101.2
洗涤卫生用品	Washing Sanitary Articles	101.5	101.1	102.7
清洗用品	Cleaning Supplies	97.0	96.5	98.1
清洁用具	Cleaning Appliance	98.1	97.6	99.5
清洁用纸	Cleaning Paper	106.2	105.8	107.0
厨具餐具茶具	Kitchenware Cooking-set Tea-set	100.7	100.9	100.3
厨具	Kitchenware	100.7	101.0	100.1
餐具	Cooking-set	100.7	100.6	101.0
茶具	Tea-set	100.8	101.1	99.6
其他家庭日用杂品	Other Family Daily Sundry Goods	100.0	100.3	99.2
配电附件	The Power Distribution in Attachment	99.1	99.4	98.4
雨具	Rain Gear	99.1	98.8	99.8
其他日用杂品	Other Daily Sundry Goods	100.8	101.4	99.5
个人护理用品	Personal Care Products	100.4	100.4	100.4
化妆品	Cosmetics	100.6	100.6	100.4
清洁化妆品	Cleaning Cosmetics	102.5	102.5	102.5
护肤化妆品	Skin Care Cosmetics	99.8	99.8	99.8
彩妆化妆品	Make-up Cosmetics	101.2	101.3	101.0
化妆器具	Makeup Tools	100.8	101.4	99.5

4-2 续表 5 Continued

(上年＝100) (preceding year=100)

指　标	Item	全　省 Province	城　市 Urban Areas	农　村 Rural Areas
其他护理用品类	Other Care Products	100.2	100.2	100.4
清洁类护理用品	Cleaning Products	100.3	100.3	100.5
护发美发用品	Hair Care Products	100.5	100.5	100.7
护理器具	Care Tools	104.4	104.6	104.0
其他护理用品	Other Nursing Products	98.4	98.4	98.3
家庭服务	Household Service	103.0	103.2	102.1
家政服务	Housekeeping Service	108.3	108.7	100.3
母婴护理服务	Maternal and Child Care Services	102.7	102.8	100.1
家庭维修服务	Home Maintenance Service	100.7	100.1	102.3
其他家庭服务	Other Home Services	101.6	101.5	102.6
交通通信	**Transport and Communications**	**97.5**	**97.6**	**97.3**
交通	Transport	97.1	97.2	96.8
交通工具	Transport Facility	96.0	96.0	96.0
燃油小汽车	Fuel Car	94.9	95.1	94.3
新能源小汽车	New energy car	100.4	100.7	99.8
电动自行车	Electric Bicycle	99.3	97.9	101.3
自行车	Bicycle	100.8	101.4	99.3
其他交通工具	Other Means of Transport	99.9	99.2	100.4
交通工具使用燃料	Fuels for Transport Facility	94.5	94.5	94.5
汽油	Gasoline	94.4	94.4	94.4
柴油	Diesel Oil	94.0	94.0	94.0
其他车用能源	Other Vehicle Energy	103.1	103.7	101.9
交通工具使用及维修	Use and Maintenance of Transport Facility	100.8	100.4	102.0
停车费	Parking Fee	99.9	99.9	100.6
车辆使用费	Vehicle Usage Fee	100.1	100.1	100.0
交通工具零配件	Vehicle Spare Parts	100.6	100.7	100.5
车辆修理与保养	Vehicle Repair and Maintenance	101.7	100.7	103.9
交通费	Traffic Fee	104.1	104.7	102.4
市内公共交通	City Public Transport	100.2	100.2	100.5
出租汽车	Taxi	100.4	100.2	101.0
飞机票	Plane Ticket	124.2	124.2	124.4
火车票	Train Ticket	100.1	100.0	100.1
长途汽车	Long-distance Coach	102.3	100.4	104.2
网约车	Online Car Hailing	101.0	101.2	100.5
交通工具租赁费	Transportation Rental Fee	103.1	104.3	100.1
其他交通费	Other Transportation Expenses	102.1	102.5	101.2
通信	Communications	99.0	99.0	99.2
通信工具	Communication Facility	97.1	97.2	96.8
电话机	Stationary Telephone	97.0	97.1	96.7
其他通信工具及零配件	Other Communication Tools and Spare Parts	97.8	97.7	98.1
通信服务	Communication Service	100.1	100.0	100.2
电话费	Fixed Telephone Fee	100.0	100.0	100.1
家庭宽带服务	Home Broadband Services	100.1	100.0	100.6
其他通信服务	Other Communication Services	99.9	100.0	99.8

4-2 续表 6 Continued

(上年＝100) (preceding year=100)

指 标	Item	全 省 Province	城 市 Urban Areas	农 村 Rural Areas
邮递服务	Monthly Renting Fee	99.8	99.6	100.4
邮递服务	Monthly Renting Fee	99.8	99.6	100.4
教育文化娱乐	**Education, Culture and Recreation**	**101.8**	**101.9**	**101.4**
教育	Education	101.3	101.2	101.5
教育用品	Education Supplies	104.6	105.5	102.3
工具书	Reference Book	99.8	99.1	101.3
教材	Text-book	103.5	104.6	100.9
参考资料	The Resources	108.6	110.1	105.0
其他教育用品	Other Educational Supplies	100.2	100.3	100.0
教育服务	Education Services	101.2	101.1	101.5
幼儿早期教育	Early Childhood Education	100.2	100.2	100.5
学前教育	Pre-school Education	100.7	100.2	102.0
小学初中教育	Elementary School and Junior High School Education	107.5	110.0	103.8
高中中职教育	High School and Secondary Vocational Education	100.5	100.0	101.2
高等教育	Higher Education	100.0	100.0	100.0
课外教育	Extracurricular Education	97.4	97.0	100.4
专业技能培训	Technical Training	99.0	98.9	99.1
其他教育服务	Other Educational Services	102.7	102.6	102.8
文化娱乐	Culture and Recreation	102.8	103.2	100.8
文娱耐用消费品	Durable Consumer Goods for Recreation	98.6	98.9	97.6
电视机	Television	98.7	98.9	98.1
照相机	Camera	102.1	102.2	101.4
台式计算机	Desktop Computer	99.1	99.7	96.4
笔记本电脑	Portable Computer	97.9	98.7	95.9
平板电脑	Tablet Computer	99.9	100.2	98.9
乐器	Musical Instrument	100.2	100.3	99.9
音响	Audio	94.4	93.8	96.5
可穿戴智能设备	Wearable Smart Devices	97.8	97.7	98.2
其他文娱耐用消费品	Other Recreational Durable Consumer Goods	95.5	94.9	98.4
其他文娱用品	Other Entertainment Products	100.7	100.7	100.6
书报杂志及音像制品	Books, Magazines and Audio-visual Products	99.7	99.5	100.9
纸张文具	Paper Stationery	100.5	100.4	100.9
体育户外用品	Sports Outdoor Goods	104.6	104.7	104.4
游戏用品和玩具	Game Supplies and Toys	99.7	99.7	99.6
园艺花卉及用品	Gardening Flowers and Articles	100.1	99.3	104.2
宠物及用品	Pets and Supplies	101.2	100.8	101.8
其他文化娱乐用品	Other Cultural and Recreational Items	100.8	101.8	99.6
文化娱乐服务	Cultural and Recreational Services	101.5	101.7	100.4
电影及演出票	Movie and Show Tickets	105.9	106.0	103.9
景点门票	Attractions Tickets	101.0	101.0	100.7
电视服务	TV Service	100.0	100.0	100.0
健身活动	Healthy Activities	102.7	102.7	102.6

4-2 续表 7 Continued

(上年＝100) (preceding year=100)

指　　标	Item	全　省 Province	城　市 Urban Areas	农　村 Rural Areas
宠物服务	Pet Service	102.8	103.1	101.2
网络文娱服务	Online Entertainment Services	100.3	100.7	98.7
儿童娱乐项目	Children's Entertainment	104.9	106.0	100.4
其他文娱服务	Other Entertainment Services	99.4	99.2	100.2
旅游	Tourism	108.2	108.4	106.7
旅行社收费	Travel Agency Charges	110.0	110.3	107.0
其他旅游	Other Travel Charges	101.7	101.4	105.3
医疗保健	**Health Care and Medical Services**	**100.5**	**100.5**	**100.7**
药品及医疗器具	Medicines and Medical Devices	102.1	101.7	103.0
中药	Traditional Chinese Medicine	111.2	113.2	107.3
中药材	Chinese Herbal Material	126.0	132.9	114.8
中成药	Chinese Patent Drugs	103.3	103.6	102.8
西药	Western Medicine	99.7	98.6	101.9
抗微生物药	Antimicrobial Agents	101.4	100.2	104.3
消化系统用药	Digestive System	100.1	101.7	96.4
呼吸系统用药	Respiratory System	103.5	100.5	106.3
解热镇痛药	Antipyretic Analgesics	106.3	101.9	113.3
抗肿瘤药	Antineoplastic Agents	85.2	83.1	92.7
激素及影响内分泌药	Hormones and Endocrine Agents	98.3	94.6	103.5
心血管系统用药	Cardiovascular System	100.0	100.7	98.9
血液系统用药	Blood System Medication	99.9	98.5	102.2
治疗精神障碍药	Drugs for the Treatment of Mental Disorders	100.6	101.7	98.1
神经系统用药	Drugs for Nervous System	98.1	96.7	100.1
泌尿系统用药	Urinary System Drugs	100.5	99.4	102.4
维生素、矿物质类药	Vitamin	115.8	118.6	110.7
调节水、电解质及酸碱平衡药	Adjust Water, Electrolyte and Acid-base Balance	101.2	100.7	102.2
其他西药	Other Western Medicine	98.9	98.7	99.3
滋补保健品	Tonic and Healthy Goods	100.1	100.1	100.8
滋补保健品	Tonic and Healthy Goods	100.1	100.1	100.8
医疗卫生器具	Medical Appliance	99.7	99.8	99.4
医疗卫生器具	Medical Appliance	99.7	99.8	99.4
保健器具	Healthy Appliance	100.4	100.4	100.3
保健器具	Healthy Appliance	100.4	100.4	100.3
医疗服务	Medical Services	100.0	100.0	100.0
综合医疗类	Integrated Medical Services	100.0	100.2	99.7
一般医疗服务	General Medical Services	100.5	100.7	100.0
一般治疗操作	General Therapeutic Operation	100.0	100.0	100.0
护理	Nursing	99.3	100.0	98.0
其他综合医疗服务	Other Integrated Medical Services	100.2	100.0	100.6
诊断类	Diagnosis of Class	100.0	100.0	99.9
病理学诊断	Pathological Diagnosis	100.2	100.2	100.2
实验室诊断	Laboratory Diagnosis	100.1	100.0	100.3
影像学诊断	Imaging Diagnosis	99.6	99.9	99.1
临床诊断	Clinical Diagnosis	100.2	100.1	100.4

4-2 续表 8 Continued

(上年＝100) (preceding year=100)

指　标	Item	全　省 Province	城　市 Urban Areas	农　村 Rural Areas
治疗类	Treatment of Class	100.2	100.0	100.5
临床手术治疗	Clinical Surgical Treatment	100.1	100.0	100.3
临床非手术治疗	Clinical Non-surgical Treatment	100.2	100.0	100.7
康复类	Rehabilitation Class	100.2	100.3	100.0
康复医疗	Rehabilitation Medical	100.2	100.3	100.0
中医医疗服务类	TCM Medical Services	100.0	100.0	100.0
中医治疗	TCM Treatment	100.0	100.0	100.0
其他医疗保健服务	Other Medical Services	99.9	99.8	99.9
其他医疗保健服务	Other Medical Services	99.9	99.8	99.9
其他用品及服务	**Other Supplies and Services**	**102.9**	**103.0**	**102.6**
其他用品	Other Supplies	104.6	104.9	103.9
首饰手表	Jewelry and Watches	110.2	110.8	108.6
金饰品	Gold Ornaments	114.2	115.2	111.4
银饰品	Silver Ornaments	99.8	99.4	101.0
铂金饰品	Platinum Ornaments	105.5	106.8	102.1
手表	Watches	100.7	99.8	104.0
母婴用品	Maternal and Child Supplies	100.6	100.6	100.6
母婴洗护喂养用品	Maternal and Infant Care and Feeding Supplies	100.9	100.9	100.9
其他母婴用品	Other Maternity and Baby Products	99.8	99.9	99.8
其他杂项用品	Other Miscellaneous Goods	100.2	100.4	99.7
箱包	Luggage and Bags	100.3	100.5	99.5
眼镜	Glasses	100.1	100.2	99.9
其他服务	Other Service Classes	101.2	101.3	101.0
在外住宿	Hotel Accommodation	108.3	109.1	102.0
宾馆住宿	Hotel	110.2	111.2	102.7
其他住宿	Other	103.7	104.1	100.2
美容美发洗浴	Making-up Hair Salon Bathing	101.5	101.2	102.7
美容	Making-up	102.4	102.0	103.8
美发	Hair Salon	101.0	100.7	102.1
洗浴	Bathing	101.1	101.0	101.5
养老服务	Pension Service	100.5	100.1	101.5
养老服务	Pension Service	100.5	100.1	101.5
金融及保险服务	Finance and Insurance	100.1	100.1	100.4
金融服务	Financial Services	100.0	100.0	100.0
车辆保险	Vehicle Insurance	100.0	100.0	100.1
旅行保险	Travel Insurance	100.8	101.1	100.0
其他保险	Other Insurance	100.2	100.0	101.0
中介法律及其他服务	Intermediary Legal and Other Service	100.0	100.0	100.0
中介服务	Intermediary Service	100.0	100.1	100.0
法律服务	Legal Services	99.9	100.0	99.8
其他杂项服务	Other Services	100.0	100.0	100.0

4-3 分月居民消费价格指数(2023年)

(上年同月=100)

指　标	Item	1 月 January	2 月 February	3 月 March
居民消费价格总指数	**Consumer Price Index**	**102.3**	**101.3**	**100.8**
非食品烟酒价格指数	**Non-food Tobacco and Alcohol Price Index**	**101.4**	**100.9**	**100.3**
服务价格指数	**Items of Service Price Index**	**101.5**	**100.7**	**100.9**
工业品价格指数	**Industrial Product Price Index**	**101.4**	**101.1**	**99.5**
消费品价格指数	**Consumable Price Index**	**102.9**	**101.7**	**100.7**
扣除食品和能源价格指数	**Deduction Food and Energy Price Index**	**101.4**	**101.1**	**100.8**
扣除鲜菜鲜果总指数	**Deduction Fresh Vegetables Fresh Fruit General Index**	**102.0**	**101.2**	**100.7**
食品烟酒	**Food, Tobacco and Liquor**	**104.6**	**102.3**	**102.2**
食品	Food	105.9	102.6	102.5
粮食	Grain	101.3	101.5	100.7
大米	Rice	99.9	100.0	99.5
面粉	Flour	105.9	106.4	104.0
其他粮食	Other Grains	100.6	100.6	100.1
粮食制品	Grain Products	104.4	104.8	103.8
薯类	Tubers	118.0	120.8	118.7
薯类	Tubers	118.0	120.8	118.7
豆类	Beans	102.0	100.8	100.8
干豆	Dried Beans	100.8	100.5	100.4
豆制品	Bean Products	102.1	100.8	100.9
食用油	Edible Oil and Fats	108.7	108.0	107.6
食用植物油	Edible Vegetable Oil	108.9	108.2	107.8
食用动物油	Edible Animal Oil	104.4	102.0	103.7
菜及食用菌	Vegetables and Edible Mushrooms	105.4	98.7	95.7
鲜菜	Fresh Vegetables	105.3	98.1	94.7
鲜菌	Fresh Mushrooms	114.7	106.8	107.3
干菜干菌及制品	Dried Vegetables, Dried Mushrooms and Products	103.3	103.1	102.8
畜肉类	Meal, Poultry and Processed Products	106.3	100.5	101.9
猪肉	Pork	109.9	100.2	103.3
牛肉	Beef	98.8	96.9	97.2
羊肉	Mutton	99.6	100.3	100.3
其他畜肉及副产品	Other Meat and By-Products	109.4	105.6	104.3
畜肉制品	Animal By-products	102.8	102.1	102.6
禽肉类	Poultry	108.4	107.2	107.3
鸡	Chicken	109.8	108.2	107.9
鸭	Duck	105.3	105.3	106.8
其他禽肉及制品	Other Poultry Meat and Products	107.0	106.2	106.4
水产品	Aquatic Products	100.9	94.9	96.3
淡水鱼	Fish in Fresh Water	96.7	89.3	91.1
海水鱼	Fish in Sea Water	103.9	102.5	104.8
虾蟹类	Decapod Crustacean	109.3	101.1	101.0
其他水产品及制品	Other Aquatic Products and Products	106.6	106.1	105.6
蛋类	Eggs	107.2	106.9	108.3
鸡蛋	Chicken's Eggs	107.3	107.0	108.6
其他蛋及制品	Other Eggs and Products	106.6	106.1	106.7

Consumer Price Indices by Month(2023)

(same month of preceding year=100)

4 月 April	5 月 May	6 月 June	7 月 July	8 月 August	9 月 September	10 月 October	11 月 November	12 月 December
100.5	**100.2**	**99.6**	**99.4**	**99.7**	**99.2**	**99.4**	**99.3**	**99.8**
100.0	**99.7**	**98.9**	**99.6**	**100.1**	**100.2**	**100.4**	**100.4**	**100.5**
100.9	**100.7**	**100.4**	**101.0**	**101.3**	**100.9**	**101.0**	**101.0**	**100.9**
98.9	**98.4**	**97.2**	**97.8**	**98.6**	**99.3**	**99.6**	**99.6**	**100.0**
100.1	**99.8**	**99.2**	**98.3**	**98.6**	**98.2**	**98.3**	**98.2**	**99.0**
100.8	**100.5**	**100.1**	**100.5**	**100.5**	**100.4**	**100.4**	**100.6**	**100.7**
100.4	**100.0**	**99.3**	**99.3**	**99.8**	**99.6**	**99.5**	**99.4**	**99.8**
101.6	**101.5**	**101.5**	**98.8**	**98.6**	**96.8**	**96.8**	**96.8**	**97.7**
101.5	101.4	101.6	97.4	97.1	94.7	94.7	94.5	95.9
100.5	101.2	101.0	100.9	101.2	101.4	101.5	101.3	101.9
99.5	100.6	100.6	100.7	100.7	100.9	101.3	101.0	101.8
101.5	102.3	101.8	102.3	101.4	99.4	100.5	98.6	98.6
100.3	100.5	100.4	100.2	100.2	100.3	99.8	99.7	100.7
103.3	102.6	102.4	101.2	102.6	103.4	102.7	102.9	103.3
111.1	108.0	108.9	107.6	105.9	99.0	99.8	97.1	94.0
111.1	108.0	108.9	107.6	105.9	99.0	99.8	97.1	94.0
100.4	100.7	100.7	100.5	100.2	99.9	99.9	100.5	100.7
99.6	99.6	100.2	99.8	99.2	99.4	99.1	98.8	99.4
100.6	100.8	100.7	100.6	100.4	100.0	100.0	100.7	100.9
106.0	106.0	104.1	100.5	100.2	98.6	99.8	98.8	98.4
106.1	106.2	104.2	100.7	100.4	98.8	100.2	99.3	98.8
104.1	101.6	100.9	92.7	93.3	92.8	89.1	84.5	86.3
93.9	100.3	107.1	99.7	95.8	88.4	93.5	97.9	100.9
92.8	99.8	107.6	99.4	95.1	87.2	93.0	97.4	100.9
104.1	107.2	106.8	101.8	100.0	92.6	92.1	102.1	101.1
103.2	102.9	102.3	102.2	101.8	101.7	101.3	101.4	101.4
101.1	98.2	95.7	83.9	87.8	84.9	80.1	78.5	82.2
101.5	95.5	90.6	71.5	79.2	74.9	67.9	65.9	71.7
97.2	97.4	97.5	97.3	97.3	97.4	97.1	96.3	95.8
100.4	100.5	100.5	100.6	100.4	100.4	99.4	97.3	97.2
104.7	103.8	103.3	95.4	95.3	93.6	90.2	87.9	88.0
102.4	101.9	101.6	101.2	100.4	99.9	100.3	99.8	99.8
106.6	105.6	105.0	103.8	102.3	100.8	100.1	99.4	98.6
106.6	105.2	104.1	102.6	101.1	99.6	98.3	97.0	95.5
107.2	106.7	106.4	105.2	103.7	101.8	101.5	101.0	100.8
106.3	105.9	106.0	105.4	104.0	102.7	102.8	103.1	103.2
96.1	97.3	96.8	96.4	96.7	96.2	97.4	98.1	98.4
90.6	93.0	93.9	94.2	94.9	95.1	95.8	97.4	97.6
104.1	104.7	103.9	103.2	102.1	101.2	102.5	103.6	103.6
102.3	101.4	96.6	94.7	95.8	92.4	95.3	93.3	93.8
105.0	104.4	102.6	101.3	100.5	101.0	100.9	101.3	101.6
104.2	103.0	104.0	104.0	105.1	101.4	99.5	96.2	96.6
103.8	102.0	103.0	103.0	104.3	100.2	98.1	94.4	94.9
107.3	110.0	111.0	110.3	110.8	110.4	110.2	109.9	109.4

4-3 续表 1

(上年同月＝100)

指　标	Item	1 月 January	2 月 February	3 月 March
奶类	Milk	103.4	102.6	102.4
鲜奶	Fresh Milk	106.4	103.0	102.0
酸奶	Yogurt	103.2	102.4	102.4
奶粉	Milk Powder	102.4	102.8	102.9
其他奶制品	Other Milk Products	99.2	99.2	99.3
干鲜瓜果类	Dried and Fresh Melons and Fruits	113.9	110.4	111.2
鲜瓜果	Fresh Fruits	116.4	112.1	113.1
坚果	Nuts	102.2	102.0	101.4
瓜果制品	Melon and Fruit Products	102.1	103.0	103.3
糖果糕点类	Confectionery	104.4	102.9	102.4
食糖	Sugar	103.9	102.5	102.8
糖果	Candy	103.0	104.1	103.9
糕点	Pastry	105.1	102.7	102.6
其他糖果糕点	Other Confectionery	101.8	103.2	100.5
调味品	Flavoring	104.9	105.0	104.0
食用盐	Salt	105.3	104.8	103.8
酱油	Soy Sauce	108.7	107.8	106.4
食醋	Vinegar	100.1	101.2	99.4
增味剂	Bechamel	109.2	110.4	110.0
其他调味品	Monosodium Glutamate	103.0	103.0	102.2
其他食品类	Other Food Categories	103.0	102.2	101.4
方便食品	Convenience Foods	103.9	102.8	101.4
淀粉及制品	Starch and Products	103.1	102.9	102.8
其他食品	Puffed Food	101.5	101.1	101.2
茶及饮料	Tea and Beverages	102.7	102.1	101.8
茶叶	Tea	101.6	101.8	101.5
固体咖啡	Solid Coffee	104.4	104.4	103.8
其他固体饮料	Other Solid Beverages	102.5	102.5	101.8
饮用水	Drinking Water	100.9	101.0	100.3
果汁饮料	Fruit Juice Beverages	103.5	100.7	100.3
其他液体饮料	Other Liquid Beverages	103.7	102.6	102.5
烟酒	Tobacco, Liquor	100.4	100.4	100.3
卷烟	Tobacco	100.4	100.5	100.4
卷烟	Tobacco	100.4	100.5	100.4
酒类	Liquor	100.3	100.4	100.1
白酒	Distilled Spirit	99.6	99.8	99.6
葡萄酒	Wine	101.6	101.6	101.4
啤酒	Beer	102.5	101.6	101.3
其他酒类	Other Liquors	103.1	103.2	102.4
在外餐饮	Dining Out	103.4	102.6	102.5
餐馆餐饮	Dinner	103.3	102.6	102.0
饮品店餐饮	Fast Food	101.5	101.3	101.2
外卖	Takeaway Food	101.6	101.2	102.0
其他在外餐饮	Others	107.5	105.1	106.5

Continued

(same month of preceding year=100)

4 月 April	5 月 May	6 月 June	7 月 July	8 月 August	9 月 September	10 月 October	11 月 November	12 月 December
101.6	101.0	101.1	100.5	100.4	99.9	99.8	99.9	100.8
101.1	99.1	99.4	99.2	99.2	98.8	98.5	98.7	98.7
101.5	99.6	99.2	98.1	98.8	99.3	100.1	101.0	100.8
102.0	102.3	102.4	101.8	101.5	100.8	100.5	100.3	102.0
99.5	99.5	99.4	99.2	98.9	98.7	98.3	98.7	98.8
110.1	106.7	106.3	102.7	98.3	95.9	98.5	96.9	96.8
112.0	107.6	107.0	102.6	97.3	94.5	97.7	96.0	95.9
100.7	101.5	102.3	102.5	103.1	102.4	102.0	101.2	101.2
103.4	103.6	104.8	105.3	104.7	105.7	104.7	103.1	101.1
102.1	101.2	100.5	100.1	100.6	100.5	100.3	98.7	99.3
103.1	103.5	102.9	102.9	101.6	100.7	100.6	101.0	100.2
103.2	103.4	102.6	101.9	102.3	103.1	102.5	102.4	101.6
102.1	100.9	100.0	99.6	100.1	100.0	99.8	97.3	98.4
100.9	100.7	100.9	100.2	101.3	101.4	101.5	102.4	102.2
102.1	102.3	101.8	101.8	101.5	101.4	101.1	101.1	100.4
103.0	102.2	101.2	101.2	101.2	101.2	101.7	100.1	100.2
100.8	100.5	99.3	99.3	98.7	98.5	98.6	99.0	98.5
99.4	99.9	100.3	100.5	100.5	100.9	100.5	101.6	101.1
109.6	108.8	108.5	108.6	108.5	108.5	108.1	105.6	104.2
101.3	102.1	101.7	101.7	101.2	101.1	100.5	100.8	100.2
101.1	100.3	100.5	100.8	101.1	101.2	101.9	101.9	101.6
100.5	99.5	99.1	98.5	99.8	100.0	100.8	100.5	100.0
102.8	102.5	102.7	102.9	101.9	102.3	102.3	102.2	101.9
101.8	101.2	102.6	104.3	103.2	103.3	103.9	104.4	104.2
99.9	100.0	99.0	98.9	98.5	98.7	99.0	99.5	100.1
100.5	100.4	99.9	100.0	100.2	100.6	100.6	100.4	101.9
103.5	103.6	102.5	101.7	101.1	101.3	102.5	105.4	104.3
102.1	102.3	102.0	101.5	101.8	100.8	100.1	99.8	99.8
100.1	99.8	99.0	99.3	98.5	97.6	97.6	98.5	99.1
100.8	101.2	100.8	101.0	100.7	101.3	100.3	101.1	100.8
98.9	99.1	97.8	97.5	96.7	97.4	98.1	98.9	99.2
100.3	100.3	100.2	100.2	100.1	100.1	100.0	100.4	100.5
100.4	100.4	100.3	100.3	100.1	100.1	100.1	100.6	100.7
100.4	100.4	100.3	100.3	100.1	100.1	100.1	100.6	100.7
99.8	100.0	99.9	99.9	100.0	100.1	99.5	99.8	100.1
99.3	99.6	99.7	99.9	100.1	100.3	99.4	99.7	100.0
101.5	101.6	101.6	101.2	101.3	100.8	100.8	100.4	99.7
100.9	100.9	99.8	98.9	97.4	97.8	98.2	98.6	98.8
102.2	102.2	100.8	101.0	101.5	101.4	101.6	101.8	101.9
102.6	102.4	102.0	102.0	102.0	101.3	101.3	101.2	101.4
102.2	102.1	101.9	102.0	102.0	101.0	100.9	100.8	101.4
101.3	101.4	98.5	99.4	100.5	100.5	100.5	100.4	100.4
101.9	101.5	101.7	102.0	101.5	101.1	101.4	101.6	100.2
106.3	105.9	105.3	104.2	103.8	103.7	103.6	103.4	103.8

4-3 续表 2

(上年同月=100)

指　　标	Item	1 月 January	2 月 February	3 月 March
衣着	**Clothing**	**100.4**	**101.7**	**102.2**
服装	Garments	100.0	101.4	102.0
男式服装	Men's Garment	100.5	102.3	102.8
男式外套	Men's Coat	98.7	101.0	101.9
男式针织衫	Men's Knitwear	99.2	101.1	100.7
男士衬衫T恤	Men's Shirt T-shirts	102.0	102.4	102.6
男士裤子	Men's Trousers	105.5	106.7	107.3
男士内衣	Men's Underwear	100.3	101.3	101.4
女式服装	Women's Dress	99.3	100.6	101.2
女式外套	Women's Overcoat	98.4	100.7	101.9
女式针织衫	Women's Knitwear	97.1	97.9	97.6
女士衬衫T恤	Women's Shirt T-shirts	100.0	99.9	99.9
女士裤子	Women's Trousers	104.4	105.4	105.7
女士裙子	Skirt	101.6	101.4	101.2
女士内衣	Women's Underwear	95.4	96.2	96.2
儿童服装	Children's Garment	101.3	102.6	103.6
婴儿服装	Infants Clothing	99.3	102.5	103.6
儿童上衣	Children's Suits	98.4	99.4	99.9
儿童裤子	Children's Trousers	107.6	109.1	111.4
儿童裙子	Children's Skirt	100.3	101.0	101.7
儿童内衣	Children's Underwear	105.0	106.4	107.6
衣着材料及配件	Clothing Materials & Accessories	100.0	100.5	100.6
袜子	Socks	100.1	100.4	100.2
帽子	Hats	100.0	100.7	101.1
其他衣着材料及配件	Other Clothing Materials & Accessories	99.7	100.5	100.8
衣着服务费	Clothing Service Fee	100.1	100.0	100.0
衣着洗涤保养	Scrubbing Maintenance	99.6	99.4	99.4
其他衣着服务	Other Clothing Service	101.7	101.9	102.1
鞋类	The Footwear	102.1	103.0	103.2
鞋	Shoes	102.0	103.0	103.2
男鞋	Men's Shoes	103.5	103.7	103.9
女鞋	Women's Shoes	100.5	101.6	101.5
童鞋	Children's Shoes	104.2	106.3	107.8
鞋类服务	Footwear Processing Service	119.8	107.3	101.3
鞋类服务	Footwear Processing Service	119.8	107.3	101.3

Continued

(same month of preceding year=100)

4 月 April	5 月 May	6 月 June	7 月 July	8 月 August	9 月 September	10 月 October	11 月 November	12 月 December
102.0	**100.6**	**100.1**	**100.3**	**99.9**	**100.7**	**100.6**	**102.9**	**104.0**
101.8	100.2	99.8	100.1	100.0	100.9	100.7	103.1	104.2
102.6	100.4	99.3	99.6	99.5	99.8	99.3	101.0	102.1
101.1	97.2	97.3	97.4	97.4	98.4	97.9	100.4	102.7
100.6	100.7	100.7	100.7	100.7	101.4	100.0	102.0	102.4
103.2	105.4	98.9	100.6	100.1	100.6	100.4	100.3	100.3
107.6	104.2	104.2	104.2	103.9	102.1	101.2	102.4	101.0
101.4	101.3	101.0	100.8	100.8	99.1	101.2	102.6	104.9
100.8	99.3	99.3	99.7	99.7	102.1	101.6	105.2	106.5
101.5	98.1	98.1	97.2	97.1	101.9	101.1	105.5	108.3
98.0	97.9	98.0	98.0	97.9	98.7	100.8	106.2	106.9
100.2	103.9	104.4	107.2	107.9	108.1	105.7	107.7	107.8
104.4	98.6	98.4	97.9	97.5	97.8	97.2	100.3	99.1
101.1	103.4	103.4	109.5	109.6	109.7	106.0	108.5	108.9
96.0	95.9	95.1	94.0	93.9	95.5	100.3	102.5	103.3
103.9	102.8	102.7	102.8	102.7	100.1	101.1	102.4	103.1
104.4	104.5	104.4	104.3	104.2	101.1	101.3	100.9	102.5
100.1	99.7	99.9	99.8	99.6	98.0	99.3	103.9	103.8
112.0	108.8	108.8	108.7	108.7	103.7	102.8	101.8	103.6
101.6	100.2	99.6	100.3	100.4	99.2	103.1	101.3	101.9
107.6	107.1	107.2	107.2	107.2	100.8	100.4	100.3	100.3
100.4	100.4	99.2	98.9	98.9	99.0	100.6	100.5	100.3
99.7	99.7	99.7	99.5	99.4	99.6	99.4	99.3	99.5
102.0	102.3	101.7	101.5	101.5	101.2	101.3	101.7	101.5
100.4	100.2	96.2	95.5	96.0	96.1	102.5	101.7	100.8
100.3	100.1	100.9	100.8	100.7	100.7	100.7	100.5	100.5
99.7	99.5	100.7	100.7	100.7	100.6	100.6	100.6	100.6
102.1	102.1	101.8	101.1	101.0	101.0	101.0	100.4	100.2
103.2	103.0	102.2	101.3	99.5	99.6	100.0	101.6	103.0
103.3	103.0	102.2	101.3	99.5	99.6	100.0	101.7	103.1
103.9	103.8	102.7	101.0	99.6	99.2	99.3	99.4	99.8
101.6	101.7	100.9	100.1	98.8	99.5	99.9	103.3	105.1
107.9	105.9	105.9	106.8	101.8	100.7	101.4	101.0	103.0
100.0	100.0	100.0	100.0	100.0	100.0	100.0	100.0	100.0
100.0	100.0	100.0	100.0	100.0	100.0	100.0	100.0	100.0

4-3 续表 3

(上年同月＝100)

指　　标	Item	1 月 January	2 月 February	3 月 March
居住	**Residence**	**100.8**	**100.5**	**100.2**
租赁房房租	Tenancy	100.9	100.4	100.1
公房房租	Public Housing Rent	100.0	100.0	100.0
私房房租	Talk Accommodation	101.0	100.5	100.1
住房保养维修及管理	Housing Maintenance and Management	100.9	100.8	100.7
住房装潢材料	Housing Decoration Materials	100.4	100.7	100.4
木地板	Wood Floor	100.8	101.2	101.1
瓷砖	Ceramic Tile	96.4	96.8	96.1
水泥	Cement	88.9	89.4	93.0
涂料	Paint	102.5	102.2	101.6
板材	Board	101.8	101.9	100.6
管材	Pipe	100.8	100.6	100.5
厨卫设备	Kitchen Equipment	100.2	100.7	100.7
门窗	Doors and Windows	103.5	104.0	103.6
其他住房装潢材料	Other Housing Upholstery Materials	100.4	100.6	100.3
住房维修管理费用	Housing Decoration Maintenance	101.6	100.9	100.9
物业管理费	Property Management Fees	100.0	100.0	100.0
装潢维修费	Housing Decoration Maintenance	102.4	101.4	101.4
其他住房费用	Other Housing Expenses	100.2	100.2	100.2
水电燃料	Water, Electricity and Fuels	100.3	100.5	99.5
水	Water	100.0	100.0	100.0
水	Water	100.0	100.0	100.0
电	Electric	100.0	100.0	100.0
电	Electric	100.0	100.0	100.0
燃气	The Fuel Gas	100.8	101.8	97.1
管道燃气	Pipeline Gas	100.2	100.2	100.2
液化石油气	Liquefied Petroleum Gas	101.4	103.2	94.6
其他水电燃料类	Other Hydroelectric Fuels	**100.6**	**100.8**	**101.3**
其他水电燃料类	Other Hydroelectric Fuels	100.6	100.8	101.3
自有住房	Self-owned House	101.0	100.5	100.3
自有住房	Self-owned House	101.0	100.5	100.3
生活用品及服务	**Articles for Daily Use and Services**	**102.4**	**101.9**	**101.0**
家具及室内装饰品	Furniture and Interior Decorations	99.9	100.0	99.8
家具	Furniture	99.9	99.9	100.0
柜	Counters	99.3	99.5	99.6
床	Beds	100.5	100.4	100.5
桌	Desks	99.6	99.5	99.6
椅	Chairs	99.8	99.9	99.9
沙发	Sofas	99.7	99.9	99.9
其他家具	Lamp	100.9	100.3	100.3
室内装饰品	Interior Decorations	99.6	100.8	97.8
灯具	Lamp	99.7	101.3	97.0
其他室内装饰品	Other Interior Decorations	99.6	99.6	99.9

Continued

(same month of preceding year=100)

4 月 April	5 月 May	6 月 June	7 月 July	8 月 August	9 月 September	10 月 October	11 月 November	12 月 December
100.2	**100.0**	**99.7**	**100.1**	**100.3**	**100.4**	**100.6**	**100.8**	**100.7**
100.2	99.9	99.6	100.1	100.6	100.7	100.9	101.1	100.9
100.0	100.0	100.0	100.0	100.0	100.0	100.0	100.0	100.0
100.2	99.9	99.6	100.1	100.7	100.8	101.0	101.2	101.0
100.5	100.4	100.2	99.8	100.0	100.0	100.0	99.9	99.9
100.2	100.0	99.7	99.0	99.3	99.3	99.3	99.4	99.1
101.1	100.6	100.7	100.6	100.6	100.6	100.6	100.2	100.2
95.9	96.1	95.8	94.7	96.2	98.7	98.7	98.4	98.3
93.1	95.5	94.6	94.4	94.8	94.4	94.6	94.9	95.5
101.3	101.2	100.3	99.8	99.9	98.9	98.9	98.9	99.0
100.4	100.4	100.2	99.4	99.5	99.2	99.2	99.1	98.9
100.5	100.3	100.3	100.3	100.2	99.8	99.8	99.8	99.8
101.4	101.1	101.1	99.9	100.2	100.0	99.8	100.2	99.8
102.6	101.3	101.3	100.2	100.3	99.2	99.2	99.3	99.1
100.3	100.2	99.9	99.4	99.4	100.1	100.3	100.9	99.9
100.9	100.8	100.8	100.8	100.8	100.8	101.0	100.6	100.8
100.0	100.0	100.0	100.0	100.0	100.0	100.0	100.0	100.0
101.3	101.2	101.2	101.1	101.1	101.2	101.2	100.6	101.0
100.2	100.2	100.2	100.2	100.2	100.1	101.5	101.5	101.3
99.5	99.5	99.4	99.5	99.6	99.8	100.0	100.7	100.8
100.0	100.0	100.0	100.0	100.0	100.1	100.7	100.7	100.7
100.0	100.0	100.0	100.0	100.0	100.1	100.7	100.7	100.7
100.0	100.0	100.0	100.0	100.0	100.0	100.0	100.0	100.0
100.0	100.0	100.0	100.0	100.0	100.0	100.0	100.0	100.0
97.2	97.4	97.1	97.6	98.0	98.7	99.6	99.8	100.2
100.2	100.2	100.2	100.2	100.2	100.2	100.2	100.2	100.2
94.8	95.1	94.7	95.4	96.3	97.4	99.2	99.5	100.3
100.9	**100.5**	**100.4**	**100.4**	**100.5**	**100.5**	**100.5**	**105.3**	**105.2**
100.9	100.5	100.4	100.4	100.5	100.5	100.5	105.3	105.2
100.4	100.1	99.7	100.2	100.6	100.6	100.9	101.0	100.9
100.4	100.1	99.7	100.2	100.6	100.6	100.9	101.0	100.9
100.5	**99.9**	**99.4**	**100.0**	**99.5**	**99.6**	**99.3**	**99.3**	**99.7**
99.8	99.7	100.0	99.9	100.0	100.1	99.9	100.6	100.2
99.9	99.7	99.8	99.8	99.8	99.6	99.6	99.9	99.8
99.5	99.4	99.6	99.7	99.8	99.7	99.7	99.8	99.6
100.2	100.0	100.0	100.1	99.8	99.6	99.7	100.0	100.0
99.6	99.4	99.4	99.2	99.3	99.1	99.1	99.5	99.4
100.0	99.7	99.7	99.8	99.7	99.6	99.7	100.1	100.0
99.9	99.7	99.7	99.8	99.8	99.5	99.7	100.0	100.0
100.3	100.2	100.2	100.2	100.0	100.0	100.0	100.0	100.0
98.8	99.9	102.1	100.8	102.2	105.3	102.2	107.9	104.4
98.3	99.7	102.9	101.2	103.3	107.7	103.4	111.5	106.1
100.0	100.4	100.3	99.8	99.5	99.9	99.4	99.3	100.0

4-3 续表 4

(上年同月=100)

指　标	Item	1 月 January	2 月 February	3 月 March
家用器具	Household Appliances	100.0	99.2	99.2
大型家用器具	Large Household Appliances	99.8	98.7	99.1
洗衣机	Washing Machine	94.1	97.4	99.6
电冰箱(柜)	Refrigerator	97.4	96.6	96.4
抽油烟机	Smoke Exhauster	100.8	100.9	98.9
空调器	Air Conditioner	102.9	98.3	100.5
热水器	Shower Heater	101.3	97.7	98.1
炉具灶具	Cooking Stove	104.9	105.9	104.4
吸尘器	Vacuum Cleaner	107.6	107.8	106.2
空气净化器	Air Purifier	109.5	107.8	103.3
净水器	Water Purifier	106.0	102.8	98.6
其他大型家用器具	Other Large Household Appliances	95.4	96.8	96.7
小家电	Small Home Appliance	100.9	100.7	99.8
厨房小家电	Kitchen Appliances	101.2	101.2	100.6
生活小家电	Household Appliance	100.2	99.7	98.2
家用纺织品	Home Textiles	100.2	100.2	100.5
床上用品	Bed Articles	100.1	100.1	100.4
被子	Quilts	101.4	101.9	101.8
床单被套	Bed Sets	99.7	99.3	99.9
其他床上用品	Other Bedding	99.0	99.2	99.4
窗帘门帘	Curtain	100.6	100.6	100.5
窗帘门帘	Curtain	100.6	100.6	100.5
其他家用纺织品	Other Household Textiles	100.2	100.0	100.7
其他家用纺织品	Other Household Textiles	100.2	100.0	100.7
家庭日用杂品	Household Articles for Daily Use	104.8	104.5	103.9
洗涤卫生用品	Washing Sanitary Articles	107.7	107.6	105.6
清洗用品	Cleaning Supplies	98.1	99.1	97.3
清洁用具	Cleaning Appliance	100.7	98.4	95.0
清洁用纸	Cleaning Paper	117.9	117.1	115.2
厨具餐具茶具	Kitchenware Cooking-set Tea-set	105.0	102.4	103.4
厨具	Kitchenware	104.0	100.1	103.8
餐具	Cooking-set	109.2	109.2	104.2
茶具	Tea-set	99.9	96.6	100.4
其他家庭日用杂品	Other Family Daily Sundry Goods	99.4	100.1	101.2
配电附件	The Power Distribution in Attachment	98.8	101.2	102.6
雨具	Rain Gear	99.2	98.1	99.4
其他日用杂品	Other Daily Sundry Goods	99.8	99.9	100.8
个人护理用品	Personal Care Products	106.0	104.3	100.5
化妆品	Cosmetics	106.9	105.4	100.1
清洁化妆品	Cleaning Cosmetics	110.1	106.3	104.7
护肤化妆品	Skin Care Cosmetics	107.2	106.4	97.9
彩妆化妆品	Make-up Cosmetics	102.1	102.1	103.9
化妆器具	Makeup Tools	104.3	100.6	98.9

Continued

(same month of preceding year=100)

4 月 April	5 月 May	6 月 June	7 月 July	8 月 August	9 月 September	10 月 October	11 月 November	12 月 December
98.5	98.1	98.1	98.4	98.2	98.6	99.6	99.5	99.6
98.4	97.9	98.3	98.9	98.9	99.4	100.5	99.9	99.9
98.7	99.9	97.6	97.4	98.5	99.8	99.4	98.9	99.5
98.5	97.7	94.7	95.8	95.9	96.5	97.3	95.9	95.6
98.7	98.5	98.0	97.8	96.7	96.5	98.6	97.1	101.2
99.8	97.6	99.5	101.3	100.9	101.5	104.0	102.8	100.3
97.1	98.6	98.8	100.0	100.0	99.2	102.4	102.0	101.7
100.1	96.4	101.8	99.9	99.4	99.9	99.9	101.4	102.9
97.3	99.6	100.4	98.8	97.8	98.8	96.6	98.8	99.8
101.5	102.7	106.4	106.9	103.3	103.2	103.3	102.0	96.5
95.2	93.7	95.2	94.9	95.8	96.5	97.3	97.7	102.4
97.1	98.2	99.9	100.1	100.2	100.7	100.3	99.7	99.5
98.9	98.6	97.0	96.4	95.9	95.6	96.5	98.0	98.7
99.5	98.8	96.5	96.8	96.9	96.2	97.3	97.2	97.4
97.8	98.1	98.2	95.5	93.7	94.4	94.8	99.6	101.6
99.6	100.0	99.5	100.2	100.0	99.9	100.2	100.8	100.8
99.3	99.8	98.9	100.3	99.8	99.8	100.2	101.1	101.1
99.7	99.7	99.2	99.4	99.0	98.9	99.6	99.1	99.2
98.7	100.1	98.5	101.9	101.4	101.4	101.4	102.6	102.6
99.6	99.4	99.2	98.9	98.6	98.4	99.2	101.2	101.3
100.4	100.5	100.9	100.1	100.1	100.1	100.0	100.0	100.0
100.4	100.5	100.9	100.1	100.1	100.1	100.0	100.0	100.0
100.4	100.4	101.2	100.4	101.5	100.7	100.5	99.9	99.7
100.4	100.4	101.2	100.4	101.5	100.7	100.5	99.9	99.7
102.7	101.4	99.9	100.8	99.2	99.2	97.4	98.1	99.7
105.7	103.2	100.5	101.9	98.5	98.2	95.6	95.8	99.5
94.1	94.6	95.1	96.1	94.4	96.0	95.1	98.8	105.2
97.1	96.7	96.1	96.0	95.9	99.7	98.1	100.5	102.8
118.3	112.4	106.3	108.3	102.5	99.7	95.5	92.6	94.5
100.0	99.3	97.2	99.3	99.5	101.1	100.5	102.6	98.9
99.0	98.5	96.5	100.2	100.3	102.1	101.8	103.6	99.1
100.2	99.4	95.6	96.6	97.2	99.3	100.0	101.4	97.7
102.5	101.4	103.1	102.3	101.9	101.4	98.0	101.8	100.5
98.8	99.5	100.6	99.5	100.2	100.2	99.1	100.1	100.7
97.2	98.9	99.2	97.8	100.7	100.1	98.5	97.7	96.7
98.3	96.9	97.0	96.9	97.1	97.1	98.1	102.1	109.6
100.1	100.6	102.5	101.4	100.7	101.0	99.8	101.2	101.3
100.7	99.8	99.2	100.3	100.0	99.8	99.2	97.6	98.4
101.8	100.4	99.5	100.7	100.1	100.1	99.4	96.5	97.3
104.4	100.5	100.4	100.8	100.6	101.6	100.9	100.9	100.1
101.5	100.2	99.0	100.4	99.6	98.8	98.7	94.0	95.1
100.1	100.7	100.7	101.2	101.2	101.6	99.9	99.4	101.9
99.3	100.4	99.2	102.0	101.0	104.0	99.4	100.4	99.7

4-3 续表 5

(上年同月=100)

指　　标	Item	1 月 January	2 月 February	3 月 March
其他护理用品类	Other Care Products	104.9	103.0	101.0
清洁类护理用品	Cleaning Products	106.3	102.9	100.6
护发美发用品	Hair Care Products	101.0	103.0	101.0
护理器具	Care Tools	106.8	110.9	105.5
其他护理用品	Other Nursing Products	102.9	100.7	100.5
家庭服务	Household Service	101.9	103.5	103.5
家政服务	Housekeeping Service	107.2	109.9	109.9
母婴护理服务	Maternal and Child Care Services	103.2	103.1	103.2
家庭维修服务	Home Maintenance Service	100.1	100.6	100.6
其他家庭服务	Other Home Services	95.3	102.3	102.4
交通通信	**Transport and Communications**	**102.2**	**100.2**	**97.5**
交通	Transport	102.9	100.4	97.1
交通工具	Transport Facility	98.8	99.9	96.0
燃油小汽车	Fuel Car	98.1	99.4	94.4
新能源小汽车	New energy car	101.8	104.0	103.2
电动自行车	Electric Bicycle	101.2	100.2	101.3
自行车	Bicycle	102.6	102.5	100.9
其他交通工具	Other Means of Transport	100.3	101.1	100.1
交通工具使用燃料	Fuels for Transport Facility	105.7	100.5	93.5
汽油	Gasoline	105.6	100.4	93.4
柴油	Diesel Oil	106.1	100.4	92.8
其他车用能源	Other Vehicle Energy	107.1	107.1	107.0
交通工具使用及维修	Use and Maintenance of Transport Facility	105.0	99.8	100.8
停车费	Parking Fee	99.6	99.6	100.0
车辆使用费	Vehicle Usage Fee	100.1	100.1	100.1
交通工具零配件	Vehicle Spare Parts	100.2	100.3	100.3
车辆修理与保养	Vehicle Repair and Maintenance	113.4	99.5	101.8
交通费	Traffic Fee	108.2	102.6	106.9
市内公共交通	City Public Transport	100.3	100.3	100.3
出租汽车	Taxi	105.0	100.1	100.1
飞机票	Plane Ticket	151.1	116.4	151.4
火车票	Train Ticket	100.1	100.1	100.1
长途汽车	Long-distance Coach	102.9	100.6	103.1
网约车	Online Car Hailing	105.8	100.2	100.5
交通工具租赁费	Transportation Rental Fee	98.3	101.6	110.2
其他交通费	Other Transportation Expenses	101.8	100.2	100.2
通信	Communications	99.8	99.3	99.0
通信工具	Communication Facility	99.4	98.1	97.1
电话机	Stationary Telephone	99.5	98.0	97.0
其他通信工具及零配件	Other Communication Tools and Spare Parts	97.5	98.8	98.3
通信服务	Communication Service	100.0	100.0	100.0
电话费	Fixed Telephone Fee	100.0	100.0	100.0
家庭宽带服务	Home Broadband Services	100.0	100.0	100.1
其他通信服务	Other Communication Services	99.9	99.8	99.8

Continued

(same month of preceding year=100)

4 月 April	5 月 May	6 月 June	7 月 July	8 月 August	9 月 September	10 月 October	11 月 November	12 月 December
99.4	99.2	98.9	99.8	99.8	99.4	99.1	98.8	99.7
98.2	98.7	98.6	100.4	100.0	99.9	99.6	98.6	100.6
101.9	101.1	102.6	100.5	100.1	98.3	97.8	99.2	99.9
105.6	105.9	103.1	103.3	103.0	103.2	100.8	105.8	99.4
99.0	97.1	96.0	96.7	97.8	97.6	98.0	97.0	97.5
103.6	103.6	103.4	103.1	103.1	103.0	103.1	103.1	101.6
109.9	110.0	109.9	108.4	108.2	108.2	108.4	108.3	102.3
103.4	103.2	102.2	102.6	102.5	102.2	102.4	102.3	102.3
100.6	100.7	100.7	100.8	100.8	100.8	100.8	100.8	100.9
102.3	102.3	102.2	102.2	102.2	102.2	102.2	102.2	102.0
96.4	**96.0**	**93.4**	**95.0**	**97.4**	**98.2**	**99.0**	**97.5**	**97.8**
95.8	95.3	91.9	94.0	97.0	98.0	99.0	97.2	97.4
96.7	96.9	96.0	95.1	94.3	94.8	94.6	94.6	94.1
95.5	95.9	95.1	93.9	93.0	93.5	93.2	93.4	92.7
102.9	101.8	99.3	101.0	99.4	99.0	98.6	97.5	96.2
99.6	98.6	98.8	97.3	97.1	99.2	99.9	99.3	99.6
100.7	100.7	100.5	100.1	100.2	100.3	100.2	100.1	101.1
99.6	99.8	99.3	98.8	99.6	99.8	100.0	99.8	100.3
89.5	88.7	82.1	86.5	95.4	98.8	101.7	97.0	98.4
89.4	88.6	81.9	86.4	95.4	98.8	101.8	97.0	98.4
88.7	87.8	80.7	85.6	94.9	98.7	102.0	96.8	98.4
106.7	106.0	103.9	100.0	100.0	100.0	100.0	100.0	100.5
100.4	100.2	100.4	100.5	100.5	100.5	100.5	100.5	100.5
100.0	100.0	100.0	100.0	100.0	100.0	100.0	100.0	100.0
100.1	100.1	100.1	100.1	100.1	100.1	100.0	100.0	100.0
100.2	99.8	100.7	101.0	100.9	100.9	101.1	101.1	101.1
100.8	100.5	100.6	100.6	100.6	100.6	100.6	100.7	100.7
105.4	102.9	98.2	104.7	106.8	103.8	104.9	103.0	102.4
100.3	100.3	100.3	100.3	100.3	100.3	100.1	100.0	100.0
100.1	100.1	100.1	100.0	100.0	100.0	100.0	100.0	100.0
132.4	116.0	87.9	124.0	139.4	121.6	131.3	120.9	114.4
100.1	100.1	100.0	100.1	100.0	100.0	100.0	100.0	100.0
103.6	102.9	102.3	101.9	102.1	102.9	101.7	101.7	101.7
100.5	100.4	100.4	100.3	100.4	100.9	100.4	100.4	101.4
103.6	102.6	104.4	100.6	101.2	103.2	108.9	102.8	101.3
100.4	100.2	100.2	103.0	103.0	103.0	104.3	104.3	104.3
98.7	98.9	99.1	98.9	98.8	98.8	98.8	98.7	99.6
96.2	96.5	97.3	96.8	96.2	96.4	96.3	95.9	98.5
96.2	96.5	97.2	96.8	96.1	96.3	96.2	95.8	98.7
96.8	97.8	99.5	96.9	97.6	97.4	99.6	97.6	96.4
100.1	100.1	100.1	100.1	100.1	100.1	100.1	100.1	100.1
100.0	100.1	100.1	100.1	100.1	100.1	100.1	100.1	100.1
100.2	100.2	100.1	100.1	100.2	100.2	100.2	100.2	100.3
99.8	99.8	100.0	100.0	100.0	99.9	99.9	99.9	99.9

4-3 续表 6

(上年同月=100)

指 标	Item	1 月 January	2 月 February	3 月 March
邮递服务	Monthly Renting Fee	100.5	100.0	100.2
邮递服务	Monthly Renting Fee	100.5	100.0	100.2
教育文化娱乐	**Education, Culture and Recreation**	**102.1**	**101.7**	**101.9**
教育	Education	100.5	101.7	101.7
教育用品	Education Supplies	102.5	105.6	105.7
工具书	Reference Book	100.0	99.9	99.7
教材	Text-book	100.8	103.9	103.9
参考资料	The Resources	107.9	111.7	111.4
其他教育用品	Other Educational Supplies	93.6	97.8	100.3
教育服务	Education Services	100.5	101.6	101.6
幼儿早期教育	Early Childhood Education	100.1	100.0	100.0
学前教育	Pre-school Education	101.7	101.0	101.0
小学初中教育	Elementary School and Junior High School Education	110.3	110.2	110.1
高中中职教育	High School and Secondary Vocational Education	100.9	100.9	100.9
高等教育	Higher Education	100.0	100.1	100.0
课外教育	Extracurricular Education	88.4	97.4	97.3
专业技能培训	Technical Training	100.5	99.9	99.9
其他教育服务	Other Educational Services	101.6	101.6	101.6
文化娱乐	Culture and Recreation	105.6	101.8	102.3
文娱耐用消费品	Durable Consumer Goods for Recreation	100.8	100.2	99.9
电视机	Television	98.9	99.0	99.0
照相机	Camera	100.7	98.8	100.0
台式计算机	Desktop Computer	99.4	99.4	99.4
笔记本电脑	Portable Computer	99.9	101.2	101.1
平板电脑	Tablet Computer	116.8	110.1	107.3
乐器	Musical Instrument	100.0	100.0	100.0
音响	Audio	95.2	94.9	93.6
可穿戴智能设备	Wearable Smart Devices	98.4	96.8	97.6
其他文娱耐用消费品	Other Recreational Durable Consumer Goods	88.1	85.5	87.4
其他文娱用品	Other Entertainment Products	102.2	101.9	101.7
书报杂志及音像制品	Books, Magazines and Audio-visual Products	100.2	100.2	100.2
纸张文具	Paper Stationery	100.5	99.5	100.3
体育户外用品	Sports Outdoor Goods	106.2	104.1	103.0
游戏用品和玩具	Game Supplies and Toys	101.8	102.3	101.3
园艺花卉及用品	Gardening Flowers and Articles	101.0	100.4	101.0
宠物及用品	Pets and Supplies	103.5	102.7	102.3
其他文化娱乐用品	Other Cultural and Recreational Items	103.2	103.2	103.1
文化娱乐服务	Cultural and Recreational Services	102.9	101.4	101.5
电影及演出票	Movie and Show Tickets	111.3	100.9	102.2
景点门票	Attractions Tickets	100.5	100.3	101.4
电视服务	TV Service	100.0	100.0	100.0
健身活动	Healthy Activities	101.3	104.5	104.4

Continued

(same month of preceding year=100)

4 月 April	5 月 May	6 月 June	7 月 July	8 月 August	9 月 September	10 月 October	11 月 November	12 月 December
100.0	99.9	99.7	99.6	99.6	99.5	99.6	99.7	99.7
100.0	99.9	99.7	99.6	99.6	99.5	99.6	99.7	99.7
102.0	**101.7**	**101.6**	**102.3**	**102.6**	**101.4**	**101.2**	**101.3**	**101.4**
101.7	101.8	101.8	101.8	101.8	100.7	100.7	100.7	100.7
105.6	105.6	105.5	105.7	105.7	103.2	103.3	103.4	103.5
99.5	99.4	99.4	99.4	99.2	100.2	100.2	100.2	100.3
103.9	103.9	103.9	103.9	104.0	103.1	103.6	103.6	103.6
111.3	111.2	111.3	111.2	111.0	104.2	104.6	104.6	104.5
99.6	99.8	99.7	101.4	101.3	103.4	101.4	102.2	103.2
101.6	101.7	101.7	101.7	101.7	100.7	100.7	100.6	100.6
100.2	100.2	100.2	100.2	100.4	100.4	100.4	100.4	100.5
101.0	101.0	101.0	101.0	101.0	100.1	100.1	100.1	100.1
110.1	110.1	110.1	110.1	110.1	102.8	102.8	102.8	102.8
100.9	100.9	100.9	100.9	100.9	99.8	99.8	99.8	99.8
100.0	100.0	100.0	100.0	100.0	100.0	100.0	100.0	100.0
97.2	97.2	97.2	97.2	97.1	100.2	100.2	100.2	100.2
100.0	99.8	99.4	98.3	98.2	98.3	98.1	97.6	97.6
101.6	103.0	103.0	104.1	104.1	102.9	102.9	102.9	102.9
102.6	101.7	101.2	103.2	104.3	102.7	102.4	102.5	102.8
99.7	99.7	99.2	98.5	97.9	96.4	96.9	96.9	97.1
99.4	98.5	98.7	98.8	98.9	98.9	99.5	97.4	96.8
101.1	105.7	102.3	105.1	103.9	101.8	104.4	103.5	98.0
99.4	99.4	99.1	98.4	98.5	98.9	98.5	99.4	99.4
99.9	99.1	99.5	96.8	98.4	92.3	94.0	96.3	96.8
105.0	106.8	101.3	99.5	92.9	91.6	90.0	89.7	93.3
100.0	100.0	100.0	100.0	100.3	100.4	100.4	100.4	101.5
94.6	93.5	94.2	94.3	94.2	94.1	94.4	95.9	93.5
99.5	99.8	98.3	99.7	95.7	96.1	96.1	97.5	98.0
87.7	93.9	97.6	98.3	101.3	101.6	102.3	104.7	104.4
101.4	100.7	100.1	100.3	100.3	100.5	99.9	99.6	99.8
100.2	100.2	99.4	99.4	99.4	99.4	99.4	99.4	99.4
100.7	100.6	100.8	100.7	100.9	101.1	101.1	100.4	99.8
101.2	100.4	103.4	103.4	105.1	108.3	105.8	109.9	105.2
100.8	100.6	98.4	100.0	99.8	99.6	97.8	95.3	98.7
100.8	100.6	100.5	99.7	99.7	99.2	99.3	99.3	99.2
101.7	101.2	100.5	100.7	100.7	100.2	100.2	100.2	100.1
103.0	100.9	99.9	100.0	99.5	99.5	99.4	99.3	99.3
101.5	101.0	100.4	101.5	101.7	102.0	101.2	101.7	101.3
105.8	108.4	103.1	105.0	108.9	108.2	106.6	106.4	104.2
101.0	100.9	101.1	101.4	101.5	100.6	101.2	101.0	101.0
100.0	100.0	100.0	100.0	100.0	100.0	100.0	100.0	100.0
103.5	103.7	102.2	102.6	102.6	102.3	102.3	101.9	100.8

4-3 续表 7

(上年同月=100)

指 标	Item	1 月 January	2 月 February	3 月 March
宠物服务	Pet Service	103.4	102.4	101.8
网络文娱服务	Online Entertainment Services	107.4	101.5	102.1
儿童娱乐项目	Children's Entertainment	109.3	109.3	102.8
其他文娱服务	Other Entertainment Services	105.5	98.3	99.2
旅游	Tourism	114.1	103.0	105.1
旅行社收费	Travel Agency Charges	117.8	103.7	106.4
其他旅游	Other Travel Charges	100.6	100.4	100.4
医疗保健	**Health Care and Medical Services**	**100.4**	**100.3**	**100.3**
药品及医疗器具	Medicines and Medical Devices	101.4	101.2	101.3
中药	Traditional Chinese Medicine	106.2	107.3	107.7
中药材	Chinese Herbal Material	113.4	114.3	115.4
中成药	Chinese Patent Drugs	102.6	103.8	103.7
西药	Western Medicine	99.5	98.8	98.9
抗微生物药	Antimicrobial Agents	101.1	101.2	101.3
消化系统用药	Digestive System	98.4	98.4	98.4
呼吸系统用药	Respiratory System	102.4	103.9	103.0
解热镇痛药	Antipyretic Analgesics	102.7	102.3	103.9
抗肿瘤药	Antineoplastic Agents	97.3	84.4	83.9
激素及影响内分泌药	Hormones and Endocrine Agents	98.2	98.1	97.3
心血管系统用药	Cardiovascular System	99.9	100.1	99.7
血液系统用药	Blood System Medication	97.7	98.5	99.0
治疗精神障碍药	Drugs for The Treatment of Mental Disorders	100.4	99.1	99.4
神经系统用药	Drugs for Nervous System	97.1	97.3	97.7
泌尿系统用药	Urinary System Drugs	97.7	98.7	99.8
维生素、矿物质类药	Vitamin	107.7	113.9	114.4
调节水、电解质及酸碱平衡药	Adjust Water, Electrolyte and Acid-base Balance	100.1	100.5	101.0
其他西药	Other Western Medicine	96.2	95.5	99.1
滋补保健品	Tonic and Healthy Goods	100.5	100.5	100.4
滋补保健品	Tonic and Healthy Goods	100.5	100.5	100.4
医疗卫生器具	Medical Appliance	103.9	103.1	102.6
医疗卫生器具	Medical Appliance	103.9	103.1	102.6
保健器具	Healthy Appliance	100.1	100.2	100.4
保健器具	Healthy Appliance	100.1	100.2	100.4
医疗服务	Medical Services	100.0	100.0	100.0
综合医疗类	Integrated Medical Services	99.9	100.0	100.0
一般医疗服务	General Medical Services	100.3	100.5	100.5
一般治疗操作	General Therapeutic Operation	100.0	100.0	100.0
护理	Nursing	98.7	98.7	98.6
其他综合医疗服务	Other Integrated Medical Services	100.6	100.6	100.6
诊断类	Diagnosis of Class	100.1	100.0	100.0
病理学诊断	Pathological Diagnosis	100.2	100.2	100.2
实验室诊断	Laboratory Diagnosis	100.0	100.0	100.1
影像学诊断	Imaging Diagnosis	100.1	100.0	99.7
临床诊断	Clinical Diagnosis	100.1	100.1	100.2

Continued

(same month of preceding year=100)

4 月 April	5 月 May	6 月 June	7 月 July	8 月 August	9 月 September	10 月 October	11 月 November	12 月 December
101.8	102.8	102.8	102.8	103.0	103.1	103.1	103.1	103.5
101.8	92.5	91.4	97.6	98.5	109.3	96.8	104.9	101.8
102.8	102.5	102.5	107.0	104.5	104.8	104.8	104.8	104.8
99.3	99.3	99.2	99.1	98.8	98.6	98.2	98.3	99.3
106.3	104.3	104.1	110.0	113.8	109.2	108.9	109.5	110.6
107.8	105.2	105.0	112.2	116.9	110.7	110.2	111.2	112.5
100.6	100.9	100.8	101.4	101.7	103.1	103.5	103.4	103.4
100.3	**100.4**	**100.5**	**100.5**	**100.6**	**100.7**	**100.8**	**100.8**	**100.9**
101.3	101.4	102.0	101.8	102.3	102.8	103.0	103.2	103.3
108.0	108.0	108.9	109.2	112.5	115.1	115.6	116.9	117.8
117.4	118.5	121.9	120.3	129.1	136.6	137.5	139.9	143.3
103.2	102.5	102.2	103.2	103.5	103.3	103.6	104.4	104.0
99.1	99.4	99.7	99.8	100.3	100.3	100.3	100.2	100.1
101.4	101.3	101.3	100.6	101.7	101.7	101.7	101.7	101.3
99.4	99.5	100.7	101.0	101.2	101.4	101.4	100.9	101.1
102.1	102.5	103.6	103.6	105.4	104.7	104.7	103.2	103.1
103.9	104.1	104.0	105.7	110.0	110.1	109.9	109.6	109.6
83.9	84.4	84.1	83.9	84.1	84.1	84.1	84.1	84.2
97.0	98.7	100.2	98.2	98.4	98.4	98.4	98.5	98.7
99.7	99.5	99.5	100.8	100.3	100.2	100.3	100.2	100.2
99.1	99.9	100.5	100.8	100.8	100.6	100.6	100.8	100.6
100.0	98.9	99.5	100.9	100.9	100.9	102.6	102.5	102.4
97.7	98.0	98.3	98.4	98.2	98.2	98.4	98.6	98.7
99.4	100.1	100.0	102.0	101.5	101.4	101.4	101.5	102.4
116.9	117.4	118.0	117.4	118.3	118.1	116.9	115.5	114.7
101.1	101.7	101.4	101.5	101.4	101.4	101.6	101.7	101.3
99.1	99.4	99.4	99.5	99.4	99.9	99.7	99.9	99.9
100.4	100.5	101.7	100.2	98.9	98.9	99.9	99.9	99.9
100.4	100.5	101.7	100.2	98.9	98.9	99.9	99.9	99.9
100.7	100.5	100.8	100.4	97.2	97.3	97.3	97.2	96.4
100.7	100.5	100.8	100.4	97.2	97.3	97.3	97.2	96.4
100.4	100.5	100.8	100.6	100.5	100.3	100.3	100.3	100.3
100.4	100.5	100.8	100.6	100.5	100.3	100.3	100.3	100.3
100.0	100.0	100.1	100.1	100.0	100.0	100.0	100.0	100.0
100.0	100.0	100.1	100.1	100.1	100.1	100.1	100.1	100.1
100.5	100.5	100.5	100.5	100.5	100.5	100.3	100.4	100.4
100.0	100.0	100.0	100.0	100.0	100.0	100.0	100.0	100.0
98.6	98.6	99.9	99.9	99.9	99.9	99.9	99.9	99.9
100.6	100.6	100.0	100.0	100.0	100.0	100.0	100.0	100.0
100.0	100.0	100.0	100.0	99.9	99.9	99.9	99.9	99.9
100.2	100.2	100.2	100.2	100.2	100.2	100.2	100.2	100.2
100.1	100.1	100.1	100.1	100.1	100.1	100.1	100.1	100.1
99.7	99.7	99.7	99.7	99.5	99.5	99.5	99.5	99.5
100.2	100.2	100.2	100.2	100.2	100.2	100.2	100.2	100.2

4-3 续表 8

(上年同月=100)

指 标	Item	1 月 January	2 月 February	3 月 March
治疗类	Treatment of Class	100.1	100.1	100.2
临床手术治疗	Clinical Surgical Treatment	100.1	100.1	100.1
临床非手术治疗	Clinical Non-surgical Treatment	100.1	100.1	100.3
康复类	Rehabilitation Class	100.0	100.2	100.2
康复医疗	Rehabilitation Medical	100.0	100.2	100.2
中医医疗服务类	TCM Medical Services	100.0	100.0	100.0
中医治疗	TCM Treatment	100.0	100.0	100.0
其他医疗保健服务	Other Medical Services	99.9	99.9	99.9
其他医疗保健服务	Other Medical Services	99.9	99.9	99.9
其他用品及服务	**Other Supplies and Services**	**104.5**	**102.8**	**102.5**
其他用品	Other Supplies	107.7	105.6	104.2
首饰手表	Jewelry and Watches	110.7	106.2	104.4
金饰品	Gold Ornaments	113.1	109.1	106.5
银饰品	Silver Ornaments	99.4	99.4	99.5
铂金饰品	Platinum Ornaments	113.6	101.3	100.1
手表	Watches	100.8	101.5	101.5
母婴用品	Maternal and Child Supplies	109.1	108.8	107.4
母婴洗护喂养用品	Maternal and Infant Care and Feeding Supplies	108.9	111.4	111.4
其他母婴用品	Other Maternity and Baby Products	109.6	103.2	99.0
其他杂项用品	Other Miscellaneous Goods	100.9	100.8	100.1
箱包	Luggage and Bags	101.6	101.2	100.2
眼镜	Glasses	99.8	100.1	100.1
其他服务	Other Service Classes	101.3	99.9	100.7
在外住宿	Hotel Accommodation	98.9	98.6	104.1
宾馆住宿	Hotel	98.9	99.8	105.5
其他住宿	Other	98.9	95.9	100.8
美容美发洗浴	Making-up Hair Salon Bathing	105.6	99.9	100.9
美容	Making-up	108.3	100.7	100.9
美发	Hair Salon	103.2	100.7	100.9
洗浴	Bathing	107.7	94.8	101.0
养老服务	Pension Service	100.9	100.3	100.6
养老服务	Pension Service	100.9	100.3	100.6
金融及保险服务	Finance and Insurance	100.1	100.1	100.1
金融服务	Financial Services	100.0	100.0	100.0
车辆保险	Vehicle Insurance	100.0	100.0	100.0
旅行保险	Travel Insurance	100.0	100.0	100.0
其他保险	Other Insurance	100.2	100.2	100.2
中介法律及其他服务	Intermediary Legal and Other Service	99.8	100.1	100.0
中介服务	Intermediary Service	100.0	100.0	100.0
法律服务	Legal Services	99.2	100.2	100.0
其他杂项服务	Other Services	100.0	100.0	100.0

Continued

(same month of preceding year=100)

4 月 April	5 月 May	6 月 June	7 月 July	8 月 August	9 月 September	10 月 October	11 月 November	12 月 December
100.2	100.2	100.2	100.2	100.2	100.2	100.2	100.2	100.2
100.1	100.1	100.1	100.1	100.1	100.1	100.1	100.1	100.1
100.3	100.3	100.3	100.3	100.3	100.3	100.3	100.3	100.3
100.2	100.2	100.2	100.2	100.2	100.2	100.2	100.2	100.2
100.2	100.2	100.2	100.2	100.2	100.2	100.2	100.2	100.2
100.0	100.0	100.0	100.0	100.0	100.0	100.0	100.0	100.0
100.0	100.0	100.0	100.0	100.0	100.0	100.0	100.0	100.0
99.9	99.9	99.9	99.9	100.0	99.6	99.6	100.0	100.0
99.9	99.9	99.9	99.9	100.0	99.6	99.6	100.0	100.0
103.3	**102.3**	**101.8**	**103.4**	**102.8**	**103.6**	**102.9**	**103.0**	**102.5**
104.8	103.1	102.1	105.6	104.2	105.6	103.9	104.8	103.9
109.4	110.2	110.4	113.7	111.2	114.4	111.1	111.5	109.2
110.6	111.9	113.3	118.4	115.7	120.2	117.2	119.0	115.2
99.5	99.5	99.7	99.8	100.0	100.3	100.0	100.2	100.3
114.8	114.0	109.6	110.3	105.8	107.4	99.3	96.2	96.0
101.1	101.1	101.1	101.1	100.2	100.5	100.6	98.9	99.5
101.5	97.0	93.5	99.3	97.8	98.9	97.5	98.8	99.7
103.4	98.5	92.8	100.0	97.5	97.5	95.1	98.5	99.1
97.5	93.7	95.1	97.7	98.6	102.0	102.9	99.6	101.0
101.1	99.1	99.8	100.2	100.5	99.4	99.9	100.6	100.0
101.8	98.5	99.3	100.1	100.8	99.2	99.8	101.0	100.1
100.1	100.1	100.5	100.5	99.9	99.9	99.9	99.9	99.9
101.8	101.5	101.4	101.1	101.4	101.6	101.7	101.2	100.9
116.9	112.9	110.4	107.6	109.9	112.8	114.2	107.6	105.1
121.6	117.4	112.7	110.5	110.9	114.3	115.4	110.0	105.5
105.8	102.5	105.0	100.8	107.5	109.3	111.4	101.9	104.1
100.9	101.0	101.6	101.5	101.4	101.2	101.3	101.5	101.4
101.0	101.0	102.6	102.6	102.6	102.0	102.4	102.4	102.4
100.9	100.9	101.1	100.9	100.8	100.7	100.7	100.8	100.6
101.0	101.2	101.1	100.7	100.7	100.8	100.8	101.6	101.6
100.3	100.3	100.3	100.4	100.4	100.6	100.6	100.5	100.5
100.3	100.3	100.3	100.4	100.4	100.6	100.6	100.5	100.5
100.1	100.1	100.1	100.1	100.2	100.2	100.2	100.2	100.2
100.0	100.0	100.0	100.0	100.0	100.0	100.0	100.0	100.0
100.0	100.0	100.0	100.0	100.0	100.0	100.0	100.0	100.0
100.0	100.0	100.0	100.0	101.9	101.9	101.9	101.9	101.9
100.2	100.2	100.2	100.2	100.2	100.1	100.2	100.2	100.2
100.0	100.0	100.0	100.0	100.0	100.0	100.0	100.0	100.0
100.0	100.0	100.1	100.1	100.1	100.1	100.1	100.1	100.1
100.0	100.0	100.0	100.0	100.0	100.0	100.0	100.0	100.0
100.0	100.0	100.0	100.0	100.0	100.0	100.0	100.0	100.0

4-4 分月居民消费价格指数(2023年)

(上月=100)

指标	Item	1月 January	2月 February	3月 March
居民消费价格总指数	**Consumer Price Index**	**100.6**	**99.6**	**99.6**
非食品烟酒价格指数	**Non-food Tobacco and Alcohol Price Index**	**100.3**	**99.9**	**99.9**
服务价格指数	**Items of Service Price Index**	**100.9**	**99.5**	**100.0**
工业品价格指数	**Industrial Product Price Index**	**99.5**	**100.5**	**99.7**
消费品价格指数	**Consumable Price Index**	**100.4**	**99.7**	**99.3**
扣除食品和能源价格指数	**Deduction Food and Energy Price Index**	**100.5**	**99.9**	**99.9**
扣除鲜菜鲜果总指数	**Deduction Fresh Vegetables Fresh Fruit General Index**	**100.2**	**99.6**	**99.7**
食品烟酒	**Food, Tobacco and Liquor**	**101.5**	**98.9**	**98.9**
食品	Food	101.9	98.3	98.4
粮食	Grain	100.3	100.3	99.2
大米	Rice	100.3	100.1	99.3
面粉	Flour	99.1	100.4	98.0
其他粮食	Other Grains	100.0	100.0	99.6
粮食制品	Grain Products	100.6	101.1	99.2
薯类	Tubers	106.8	104.7	99.1
薯类	Tubers	106.8	104.7	99.1
豆类	Beans	101.2	99.4	100.0
干豆	Dried Beans	100.1	100.1	100.1
豆制品	Bean Products	101.4	99.3	100.0
食用油	Edible Oil and Fats	99.9	99.6	100.1
食用植物油	Edible Vegetable Oil	100.0	99.8	100.1
食用动物油	Edible Animal Oil	97.4	94.8	97.7
菜及食用菌	Vegetables and Edible Mushrooms	116.7	99.1	96.5
鲜菜	Fresh Vegetables	118.6	99.0	96.3
鲜菌	Fresh Mushrooms	107.4	98.7	96.0
干菜干菌及制品	Dried Vegetables, Dried Mushrooms and Products	100.2	100.3	99.9
畜肉类	Meal, Poultry and Processed Products	94.4	92.8	96.0
猪肉	Pork	89.3	87.2	93.5
牛肉	Beef	100.6	98.3	99.4
羊肉	Mutton	101.6	100.4	99.3
其他畜肉及副产品	Other Meat and By-Products	99.3	97.5	95.3
畜肉制品	Animal By-products	101.2	99.9	99.9
禽肉类	Poultry	101.3	100.0	99.5
鸡	Chicken	101.7	99.7	99.1
鸭	Duck	101.2	101.0	100.2
其他禽肉及制品	Other Poultry Meat and Products	100.8	100.3	100.1
水产品	Aquatic Products	103.6	97.9	98.4
淡水鱼	Fish in Fresh Water	102.7	96.7	98.1
海水鱼	Fish in Sea Water	100.7	99.8	100.2
虾蟹类	Decapod Crustacean	111.6	98.7	97
其他水产品及制品	Other Aquatic Products and Products	100.6	100.1	99.9
蛋类	Eggs	98.6	98.5	99.6
鸡蛋	Chicken's Eggs	98.2	98.2	99.6
其他蛋及制品	Other Eggs and Products	101.7	100.4	100.1

Consumer Price Indices by Month(2023)

(preceding month=100)

4 月 April	5 月 May	6 月 June	7 月 July	8 月 August	9 月 September	10 月 October	11 月 November	12 月 December
99.8	**99.8**	**99.7**	**100.2**	**100.3**	**100.4**	**100.1**	**99.6**	**100.0**
100.0	**99.8**	**99.6**	**100.5**	**100.3**	**100.4**	**100.1**	**99.8**	**99.9**
100.2	**99.9**	**99.9**	**100.8**	**100.2**	**99.8**	**100.0**	**99.7**	**100.0**
99.6	**99.7**	**99.3**	**100.2**	**100.4**	**101.1**	**100.3**	**100.0**	**99.8**
99.5	**99.8**	**99.5**	**99.8**	**100.3**	**100.8**	**100.1**	**99.5**	**100.0**
100.0	**99.8**	**99.7**	**100.4**	**100.0**	**100.3**	**100.0**	**100.0**	**100.2**
99.9	**99.9**	**99.7**	**100.4**	**100.4**	**100.3**	**100.0**	**99.7**	**99.9**
99.4	**99.9**	**99.8**	**99.5**	**100.3**	**100.5**	**99.9**	**98.9**	**100.2**
99.0	99.9	99.7	99.2	100.6	100.7	99.8	98.2	100.1
100.2	100.6	99.9	100.2	99.8	100.5	100.0	100.2	100.5
100.4	100.8	99.7	100.3	99.7	100.4	99.9	100.3	100.5
97.9	102.0	99.9	100.8	100.1	99.8	101.7	98.5	100.6
100.0	99.7	99.9	99.9	100.4	100.5	99.6	100.0	101.1
100.2	99.9	100.6	99.8	100.0	101.2	99.7	100.5	100.5
100.6	99.9	99.9	100.1	97.9	95.2	96.3	95.4	98.6
100.6	99.9	99.9	100.1	97.9	95.2	96.3	95.4	98.6
99.9	99.9	100.0	99.9	99.8	100.2	100.0	100.2	100.2
99.8	99.7	99.7	99.8	99.8	100.5	99.8	99.6	100.6
99.9	100.0	100.0	99.9	99.8	100.2	100.0	100.2	100.1
99.8	100.4	99.1	99.6	100.3	99.3	101.2	99.2	99.7
99.8	100.5	99.1	99.6	100.3	99.2	101.3	99.2	99.7
98.3	97.7	98.9	98.7	102.0	101.0	98.9	99.2	101.0
94.5	98.0	99.3	98.6	98.4	103.1	101.2	95.4	101.9
93.8	97.5	99.0	98.3	97.9	103.6	101.9	94.9	102.1
99.1	105.4	103.0	101.0	104.7	98.9	89.8	96.4	101.9
100.5	99.8	99.8	99.9	99.8	100.5	100.2	100.2	100.3
98.4	99.1	99.1	99.6	105.8	100.7	99.2	97.5	98.5
97.2	98.3	98.4	99.7	112.3	101.3	98.5	95.9	97.7
99.8	99.7	99.7	99.6	100.0	100.0	99.8	99.0	99.7
99.9	100.0	99.9	99.9	100.0	100.2	99.2	97.7	99.1
98.5	99.5	99.7	99.2	101.9	100.6	99.3	98.6	98.0
99.8	99.8	99.8	99.8	99.5	99.8	100.6	99.8	100.1
99.8	99.7	99.8	99.6	99.6	99.9	100.1	99.6	99.5
99.5	99.4	99.7	99.5	99.4	99.7	99.6	99.1	99.1
100.9	99.8	99.9	99.5	99.2	100.0	99.8	99.9	99.6
100.1	100.1	100.1	99.8	99.9	100.2	101.1	100.5	100.2
100.4	100.8	99.1	99.7	101.4	100.8	99.0	98.1	99.4
100.2	102.2	100.6	100.6	101.6	100.0	98.6	97.7	98.8
100.1	100.1	99.9	99.9	100.8	101.8	100.6	99.8	99.8
101.8	97.4	93.3	96.3	102.1	102.3	97.9	96	100.4
99.5	99.8	99.6	99.6	99.9	101.2	100.3	100.8	100.3
99.7	99.6	99	100.1	102.9	102.2	99.1	97.3	100
99.6	99.2	98.6	100	103.3	102.4	99	96.9	100
100.4	102.8	101.7	100.3	100.4	101.2	100.4	99.9	99.7

4-4 续表 1

(上月＝100)

指　　标	Item	1 月 January	2 月 February	3 月 March
奶类	Milk	100.4	99.7	99.8
鲜奶	Fresh Milk	99.4	99.3	99.7
酸奶	Yogurt	99.8	99.5	100.0
奶粉	Milk Powder	101.1	100.0	99.8
其他奶制品	Other Milk Products	100.2	100.0	100.0
干鲜瓜果类	Dried and Fresh Melons and Fruits	104.0	100.2	99.1
鲜瓜果	Fresh Fruits	104.7	100.3	98.9
坚果	Nuts	100.5	99.6	99.7
瓜果制品	Melon and Fruit Products	100.9	100.3	99.8
糖果糕点类	Confectionery	99.7	99.6	100.1
食糖	Sugar	99.9	98.7	100.6
糖果	Candy	99.0	101.1	100.7
糕点	Pastry	99.9	99.3	100.0
其他糖果糕点	Other Confectionery	99.1	100.9	100.0
调味品	Flavoring	100.1	99.9	99.7
食用盐	Salt	100.0	100.2	100.2
酱油	Soy Sauce	100.3	98.9	100.0
食醋	Vinegar	101.0	100.0	99.0
增味剂	Bechamel	100.0	101.6	100.2
其他调味品	Monosodium Glutamate	99.7	99.8	99.6
其他食品类	Other Food Categories	99.6	99.6	100.1
方便食品	Convenience Foods	99.8	99.2	100.1
淀粉及制品	Starch and Products	101.1	100.2	100.1
其他食品	Puffed Food	99.0	100.3	100.2
茶及饮料	Tea and Beverages	99.5	100.3	100.2
茶叶	Tea	99.7	100.1	100.0
固体咖啡	Solid Coffee	100.4	100.0	100.0
其他固体饮料	Other Solid Beverages	100.1	100.1	99.9
饮用水	Drinking Water	100.3	99.8	99.6
果汁饮料	Fruit Juice Beverages	99.3	99.9	100.4
其他液体饮料	Other Liquid Beverages	99.0	100.6	100.6
烟酒	Tobacco, Liquor	100.0	100.0	100.0
卷烟	Tobacco	100.1	100.0	100.0
卷烟	Tobacco	100.1	100.0	100.0
酒类	Liquor	99.9	99.9	100.0
白酒	Distilled Spirit	99.9	100.1	100.1
葡萄酒	Wine	99.7	99.9	100.1
啤酒	Beer	99.3	98.8	99.8
其他酒类	Other Liquors	100.3	100.0	99.9
在外餐饮	Dining Out	101.2	100.0	99.7
餐馆餐饮	Dinner	101.1	100.1	99.5
饮品店餐饮	Fast Food	100.0	100.0	100.2
外卖	Takeaway Food	100.4	100.0	100.0
其他在外餐饮	Others	103.8	99.6	100.1

Continued

(preceding month=100)

4 月 April	5 月 May	6 月 June	7 月 July	8 月 August	9 月 September	10 月 October	11 月 November	12 月 December
99.8	100.2	100.0	100.0	100.1	100.0	99.7	100.0	101.0
100.1	100.3	100.1	99.9	99.8	100.1	100.0	99.9	100.1
99.6	99.8	99.7	100.6	100.6	100.2	100.5	100.1	100.2
99.7	100.2	100.1	100.0	100.2	99.9	99.3	100.0	101.7
100.3	100.0	100.0	99.6	99.4	99.6	99.6	100.2	100.0
100.1	101.1	101.3	96.5	96.4	100.6	99.2	97.9	100.6
100.2	101.2	101.4	95.8	95.6	100.7	99.0	97.6	100.7
99.6	100.7	100.7	100.0	101.1	99.6	100.1	99.7	99.8
100.0	99.9	100.1	99.9	99.5	100.5	100.4	99.7	100.1
100.0	100.3	100.1	99.3	100.8	100.2	100.1	98.3	100.7
100.2	100.4	99.8	100.2	100.3	100.2	100.2	100.1	99.6
99.7	100.4	100.1	99.7	100.7	100.5	100.4	100.1	99.2
100.0	100.3	100.1	99.2	100.8	100.1	100.0	97.6	101.2
100.4	100.2	100.0	99.6	101.2	100.2	99.9	100.2	100.3
100.2	100.4	99.8	100.1	100.0	100.1	99.7	100.2	100.1
99.8	100.0	100.2	100.0	100.0	99.9	100.0	99.9	100.0
99.9	100.2	99.9	99.3	100.2	99.9	99.7	100.0	100.3
100.2	100.1	99.9	100.1	99.9	100.0	99.8	100.9	100.2
101.1	100.2	100.4	100.5	100.3	100.0	100.1	99.6	100.2
100.2	100.7	99.5	100.6	99.9	100.3	99.6	100.2	100.1
100.6	99.8	100.0	100.6	100.5	100.2	100.4	99.7	100.2
100.6	99.7	99.8	99.9	101.3	100.2	100.1	99.3	100.1
100.1	99.9	100.3	100.0	99.6	100.5	100.2	99.6	100.3
100.8	100.1	100.4	102.0	99.2	100.2	100.9	100.5	100.5
99.7	100.1	99.4	99.6	99.7	100.2	100.1	100.7	100.5
99.9	100.0	99.8	99.8	100.4	100.4	100.3	100.1	101.4
100.0	100.2	99.6	99.9	99.9	100.1	100.5	103.8	100.0
100.2	100.0	99.4	99.8	101.0	99.8	99.6	99.9	100.1
100.1	99.8	99.6	100.1	99.1	99.5	100.2	100.7	100.2
100.6	100.5	99.9	100.4	99.6	100.2	99.1	101.4	99.7
99.3	100.2	98.9	99.3	99.3	100.5	100.2	101.0	100.3
100.0	100.0	99.9	100.1	99.9	100.0	100.0	100.5	100.1
100.0	100.0	100.0	100.0	99.9	100.0	100.1	100.5	100.0
100.0	100.0	100.0	100.0	99.9	100.0	100.1	100.5	100.0
100.0	100.0	99.8	100.4	100.0	100.0	99.5	100.4	100.2
99.9	100.0	99.8	100.5	100.0	99.9	99.4	100.4	100.2
100.1	100.1	100.0	100.3	100.0	99.8	99.9	99.8	100.0
100.1	100.4	99.4	99.8	99.2	100.5	100.2	100.6	100.8
100.2	100.0	100.0	100.3	100.9	99.8	100.1	100.0	100.3
100.1	100.0	100.0	100.0	100.0	100.1	100.1	99.9	100.4
100.0	100.0	100.0	100.0	100.1	100.0	100.0	100.0	100.6
100.1	100.1	100.1	100.0	100.0	100.0	100.0	100.0	100.0
100.4	99.7	100.2	100.1	99.5	100.3	100.3	99.7	99.5
100.0	100.0	100.0	100.0	99.9	100.0	100.0	100.0	100.4

4-4 续表 2

(上月＝100)

指　标	Item	1 月 January	2 月 February	3 月 March
衣着	**Clothing**	**98.6**	**101.1**	**102.0**
服装	Garments	98.8	101.2	102.0
男式服装	Men's Garment	98.6	101.4	102.4
男式外套	Men's Coat	98.0	101.7	103.1
男式针织衫	Men's Knitwear	99.2	100.0	100.2
男士衬衫T恤	Men's Shirt T-shirts	100.0	101.4	102.2
男士裤子	Men's Trousers	99.1	101.6	102.8
男士内衣	Men's Underwear	97.6	100.0	99.9
女式服装	Women's Dress	98.8	101.2	102.0
女式外套	Women's Overcoat	98.0	101.9	103.1
女式针织衫	Women's Knitwear	99.2	99.9	100.6
女士衬衫T恤	Women's Shirt T-shirts	99.8	100.0	101.6
女士裤子	Women's Trousers	99.6	102.6	103.0
女士裙子	Skirt	99.8	100.3	100.3
女士内衣	Women's Underwear	98.1	100.0	99.9
儿童服装	Children's Garment	98.5	100.9	101.7
婴儿服装	Infants Clothing	97.5	103.6	102.8
儿童上衣	Children's Suits	98.2	100.1	101.1
儿童裤子	Children's Trousers	98.7	101.2	102.8
儿童裙子	Children's Skirt	99.5	100.8	100.7
儿童内衣	Children's Underwear	98.4	101.1	101.5
衣着材料及配件	Clothing Materials & Accessories	100.0	100.2	100.2
袜子	Socks	100.0	100.0	100.0
帽子	Hats	100.0	100.3	100.5
其他衣着材料及配件	Other Clothing Materials & Accessories	100.0	100.6	100.3
衣着服务费	Clothing Service Fee	100.0	100.0	100.1
衣着洗涤保养	Scrubbing Maintenance	100.0	100.1	100.0
其他衣着服务	Other Clothing Service	100.0	100.0	100.2
鞋类	The Footwear	97.8	100.9	101.7
鞋	Shoes	97.8	100.9	101.7
男鞋	Men's Shoes	98.1	100.8	101.6
女鞋	Women's Shoes	97.5	100.8	101.3
童鞋	Children's Shoes	98.1	101.4	103.4
鞋类服务	Footwear Processing Service	100.0	100.0	100.0
鞋类服务	Footwear Processing Service	100.0	100.0	100.0

Continued

(preceding month=100)

4 月 April	5 月 May	6 月 June	7 月 July	8 月 August	9 月 September	10 月 October	11 月 November	12 月 December
98.4	**99.9**	**99.3**	**99.3**	**99.4**	**103.6**	**100.6**	**101.8**	**100.1**
98.1	99.9	99.1	99.3	99.4	103.9	100.7	101.8	100.1
97.5	99.1	98.5	99.5	99.6	103.0	100.4	102.3	99.9
96.4	95.9	99.9	99.9	100.0	103.3	99.6	104.6	100.5
99.6	99.7	100.0	100.0	100.0	104.9	99.1	100.4	99.3
98.8	111.3	91.6	97.8	98.2	101.1	99.5	99.4	99.9
97.5	96.9	99.9	99.6	99.5	103.0	102.7	100.2	98.5
99.9	100.0	99.9	99.7	99.9	102.1	105.1	100.3	100.6
97.9	100.4	99.5	99.1	99.3	105.4	100.7	101.9	100.3
97.0	96.4	99.7	98.9	99.9	107.6	99.7	105.2	101.2
99.6	99.9	100.0	99.8	99.8	105.4	103.4	99.2	100.0
99.9	109.6	98.3	98.6	98.7	102.7	99.2	99.8	99.9
95.3	94.8	99.5	99.2	99.4	105.1	102.1	100.1	98.9
100.0	113.2	99.5	99.3	97.1	103.1	98.3	98.4	100.1
99.7	100.1	99.3	98.8	99.8	102.9	105.7	99.8	99.6
99.7	100.2	99.5	99.2	99.3	102.7	101.0	101.1	99.5
99.5	98.4	100.0	99.7	99.9	101.3	100.2	99.9	99.9
99.3	98.9	100.0	99.9	99.8	102.8	101.4	103.7	98.7
100.0	98.4	99.9	98.4	99.8	105.7	98.9	99.6	100.4
100.1	106.8	97.8	98.2	96.8	99.5	103.9	98.2	100.0
99.8	99.3	100.0	100.0	100.0	101.5	100.0	99.8	98.9
99.9	100.0	98.9	99.7	99.7	100.1	101.7	100.0	99.8
99.9	100.2	100.1	99.8	99.6	100.2	100.0	99.8	100.1
100.2	99.9	100.1	99.9	99.9	100.1	100.1	100.4	100.0
99.7	99.8	95.8	99.2	99.8	100.0	106.6	99.9	99.3
100.3	100.0	100.0	100.0	100.0	100.0	100.0	100.0	100.0
100.4	100.0	100.0	100.0	100.0	100.0	100.0	100.0	100.0
100.0	100.0	100.0	100.0	100.0	100.0	100.0	100.0	100.0
99.6	99.7	99.8	99.4	99.4	101.9	100.2	102.1	100.5
99.6	99.7	99.8	99.4	99.4	101.9	100.2	102.1	100.5
99.6	99.6	99.6	99.4	99.1	101.7	99.8	100.1	100.4
99.7	100.1	99.9	99.5	99.0	102.3	100.5	104.0	100.6
99.7	98.7	100.0	99.1	101.4	100.8	100.1	99.9	100.5
100.0	100.0	100.0	100.0	100.0	100.0	100.0	100.0	100.0
100.0	100.0	100.0	100.0	100.0	100.0	100.0	100.0	100.0

4-4 续表 3

(上月=100)

指　标	Item	1 月 January	2 月 February	3 月 March
居住	**Residence**	**100.0**	**100.2**	**100.0**
租赁房房租	Tenancy	99.9	100.3	100.0
公房房租	Public Housing Rent	100.0	100.0	100.0
私房房租	Talk Accommodation	99.9	100.4	100.0
住房保养维修及管理	Housing Maintenance and Management	100.2	100.0	100.0
住房装潢材料	Housing Decoration Materials	100.0	100.0	99.9
木地板	Wood Floor	100.0	100.2	100.0
瓷砖	Ceramic Tile	100.0	99.8	99.3
水泥	Cement	100.0	100.0	100.3
涂料	Paint	100.0	99.9	100.0
板材	Board	100.0	100.0	100.1
管材	Pipe	100.0	100.0	100.0
厨卫设备	Kitchen Equipment	100.1	100.1	100.0
门窗	Doors and Windows	100.0	100.0	100.0
其他住房装潢材料	Other Housing Upholstery Materials	100.0	100.1	100.0
住房维修管理费用	Housing Decoration Maintenance	100.3	100.0	100.0
物业管理费	Property Management Fees	100.0	100.0	100.0
装潢维修费	Housing Decoration Maintenance	100.5	99.9	100.1
其他住房费用	Other Housing Expenses	100.0	100.0	100.0
水电燃料	Water, Electricity and Fuels	100.1	100.0	99.9
水	Water	100.0	100.0	100.0
水	Water	100.0	100.0	100.0
电	Electric	100.0	100.0	100.0
电	Electric	100.0	100.0	100.0
燃气	The Fuel Gas	100.3	100.1	99.5
管道燃气	Pipeline Gas	100.0	100.0	100.0
液化石油气	Liquefied Petroleum Gas	100.6	100.1	99.1
其他水电燃料类	Other Hydroelectric Fuels	**100.1**	**100.0**	**100.0**
其他水电燃料类	Other Hydroelectric Fuels	100.1	100.0	100.0
自有住房	Self-owned House	100.0	100.2	100.0
自有住房	Self-owned House	100.0	100.2	100.0
生活用品及服务	**Articles for Daily Use and Services**	**99.8**	**100.0**	**99.4**
家具及室内装饰品	Furniture and Interior Decorations	99.7	100.1	100.0
家具	Furniture	100.0	100.0	100.0
柜	Counters	100.0	100.0	100.0
床	Beds	100.0	100.0	100.0
桌	Desks	100.0	99.9	100.0
椅	Chairs	100.0	99.9	100.1
沙发	Sofas	100.0	99.9	100.0
其他家具	Lamp	100.0	100.1	100.0
室内装饰品	Interior Decorations	97.0	101.2	99.8
灯具	Lamp	95.8	101.7	99.7
其他室内装饰品	Other Interior Decorations	99.8	100.0	100.3

Continued

(preceding month=100)

4 月 April	5 月 May	6 月 June	7 月 July	8 月 August	9 月 September	10 月 October	11 月 November	12 月 December
100.1	**99.9**	**99.9**	**100.4**	**100.3**	**100.0**	**100.1**	**100.1**	**99.9**
100.0	99.8	99.9	100.6	100.6	100.0	100.0	99.9	99.8
100.0	100.0	100.0	100.0	100.0	100.0	100.0	100.0	100.0
100.0	99.8	99.9	100.7	100.6	100.0	100.0	99.9	99.8
100.1	99.9	99.9	99.7	100.1	99.9	100.1	100.0	100.1
100.1	99.8	99.9	99.3	100.2	99.9	100.1	100.0	100.0
100.0	99.7	100.1	99.9	100.0	99.9	100.1	100.2	100.0
100.0	100.0	100.1	98.8	101.1	99.5	100.0	99.8	100.0
99.8	98.6	98.4	98.3	99.2	99.7	100.8	100.1	100.1
100.0	100.0	99.5	99.5	100.1	100.0	100.0	100.0	100.0
100.0	100.0	100.0	99.2	100.1	99.8	100.0	99.9	99.9
100.0	99.9	100.0	100.1	99.9	100.0	100.0	100.0	100.0
100.9	99.9	100.0	99.0	100.0	99.6	100.1	100.2	99.9
100.0	99.5	100.0	99.6	100.0	99.9	100.1	100.0	100.0
99.8	100.0	99.9	99.4	100.2	100.6	100.0	100.0	100.0
100.0	100.0	100.0	100.1	100.0	100.0	100.2	100.0	100.2
100.0	100.0	100.0	100.0	100.0	100.0	100.0	100.0	100.0
100.0	100.0	100.0	100.1	100.0	100.0	100.0	100.0	100.3
100.0	100.0	100.0	100.0	100.0	99.9	101.5	100.0	100.0
100.0	99.9	99.9	99.9	100.1	100.1	100.2	100.7	100.0
100.0	100.0	100.0	100.0	100.0	100.1	100.5	100.0	100.0
100.0	100.0	100.0	100.0	100.0	100.1	100.5	100.0	100.0
100.0	100.0	100.0	100.0	100.0	100.0	100.0	100.0	100.0
100.0	100.0	100.0	100.0	100.0	100.0	100.0	100.0	100.0
100.1	99.5	99.5	99.4	100.3	100.6	100.5	100.2	100.1
100.0	100.0	100.0	100.0	100.0	100.0	100.0	100.1	100.1
100.2	99.1	99.1	99.0	100.6	101.1	100.9	100.4	100.0
99.9	**100.0**	**100.0**	**100.0**	**100.0**	**100.0**	**100.0**	**105.2**	**100.0**
99.9	100.0	100.0	100.0	100.0	100.0	100.0	105.2	100.0
100.1	99.8	99.9	100.7	100.4	99.9	100.0	100.0	99.9
100.1	99.8	99.9	100.7	100.4	99.9	100.0	100.0	99.9
100.2	**99.6**	**99.2**	**100.9**	**99.9**	**100.1**	**100.0**	**99.7**	**101.0**
100.1	100.0	99.9	100.1	99.9	99.8	100.0	100.6	100.0
100.0	99.9	100.0	100.0	100.0	99.7	100.1	100.2	99.9
100.0	100.0	100.0	99.7	100.0	99.8	100.0	100.3	99.8
100.0	100.0	100.0	100.0	100.0	99.6	100.0	100.4	100.0
100.0	99.9	100.0	99.7	100.1	99.7	100.1	100.1	99.9
100.1	99.8	100.0	100.1	99.9	99.8	100.1	100.2	99.9
100.2	99.9	100.0	100.1	100.0	99.4	100.2	100.2	100.0
99.9	100.0	100.0	100.0	100.0	99.9	100.1	100.0	100.0
101.3	101.2	99.0	101.9	99.2	100.7	98.7	104.2	100.1
101.8	101.8	98.6	102.7	99.1	100.8	98.4	106.0	99.9
100.0	99.9	100.0	100.0	99.6	100.4	99.4	99.9	100.7

4-4 续表 4

(上月=100)

指　　标	Item	1 月 January	2 月 February	3 月 March
家用器具	Household Appliances	100.2	99.9	100.3
大型家用器具	Large Household Appliances	100.3	100.0	100.4
洗衣机	Washing Machine	101.1	101.8	100.2
电冰箱(柜)	Refrigerator	100.2	100.3	99.2
抽油烟机	Smoke Exhauster	99.5	100.3	98.3
空调器	Air Conditioner	101.2	98.9	102.5
热水器	Shower Heater	99.3	98.3	100.6
炉具灶具	Cooking Stove	100.2	101.7	101.0
吸尘器	Vacuum Cleaner	96.3	105.1	100.2
空气净化器	Air Purifier	100.1	102.1	98.0
净水器	Water Purifier	100.7	99.5	99.1
其他大型家用器具	Other Large Household Appliances	100.1	99.9	99.7
小家电	Small Home Appliance	99.8	99.7	99.9
厨房小家电	Kitchen Appliances	99.9	99.9	99.7
生活小家电	Household Appliance	99.5	99.4	100.3
家用纺织品	Home Textiles	99.9	99.8	100.1
床上用品	Bed Articles	99.9	99.8	100.1
被子	Quilts	100.0	100.1	100.0
床单被套	Bed Sets	99.8	99.5	100.0
其他床上用品	Other Bedding	99.8	99.9	100.2
窗帘门帘	Curtain	100.0	100.0	100.0
窗帘门帘	Curtain	100.0	100.0	100.0
其他家用纺织品	Other Household Textiles	100.2	99.6	100.7
其他家用纺织品	Other Household Textiles	100.2	99.6	100.7
家庭日用杂品	Household Articles for Daily Use	99.4	100.1	99.5
洗涤卫生用品	Washing Sanitary Articles	99.5	99.8	98.7
清洗用品	Cleaning Supplies	98.4	100.3	100.1
清洁用具	Cleaning Appliance	100.8	98.9	96.5
清洁用纸	Cleaning Paper	100.1	99.6	98.0
厨具餐具茶具	Kitchenware Cooking-set Tea-set	99.6	99.6	100.5
厨具	Kitchenware	99.4	99.7	100.9
餐具	Cooking-set	101.8	98.7	99.5
茶具	Tea-set	95.6	101.1	101.2
其他家庭日用杂品	Other Family Daily Sundry Goods	99.0	100.9	100.3
配电附件	The Power Distribution in Attachment	98.4	101.9	100.0
雨具	Rain Gear	99.4	102.5	99.8
其他日用杂品	Other Daily Sundry Goods	99.2	99.9	100.6
个人护理用品	Personal Care Products	99.1	99.9	97.1
化妆品	Cosmetics	98.0	100.4	95.4
清洁化妆品	Cleaning Cosmetics	98.6	99.6	100.1
护肤化妆品	Skin Care Cosmetics	97.2	100.9	92.4
彩妆化妆品	Make-up Cosmetics	99.8	99.8	100.5
化妆器具	Makeup Tools	100.1	100.0	99.0

Continued

(preceding month=100)

4 月 April	5 月 May	6 月 June	7 月 July	8 月 August	9 月 September	10 月 October	11 月 November	12 月 December
99.5	99.4	99.1	101.2	99.3	100.2	101.2	98.5	100.8
99.5	99.3	99.4	101.6	99.3	100.2	101.4	98.1	100.5
99.8	100.5	96.9	102.1	99.1	100.9	100.4	96.1	100.7
100.4	99.0	97.7	102.1	98.2	100.0	102.5	96.4	99.7
100.2	99.8	99.5	99.9	98.8	100.5	102.4	98.0	104.2
98.8	98.7	99.3	102.5	100.0	100.5	102.3	97.6	98.3
99.6	99.8	100.7	101.7	98.8	99.4	102.3	100.1	101.2
98.0	96.4	103.2	100.4	99.6	100.0	100.1	100.4	102.0
98.5	100.4	100.2	101.0	97.8	98.1	102.1	97.5	103.0
99.1	100.6	98.1	103.7	98.4	102.2	98.7	97.3	98.3
98.2	99.1	99.7	101.5	99.5	99.6	99.6	100.2	106.0
100.4	99.9	100.3	100.2	100.0	100.4	99.6	99.2	99.8
99.4	99.9	98.4	100.0	99.5	100.2	100.4	99.8	101.7
99.5	99.5	97.9	100.2	100.0	100.6	100.2	98.9	101.1
99.1	100.9	99.4	99.6	98.5	99.5	100.8	101.8	102.9
99.7	100.4	99.7	100.9	99.6	99.9	100.2	100.7	100.0
99.5	100.5	99.6	101.3	99.3	99.9	100.3	101.0	100.0
99.9	100.0	99.5	100.1	99.4	100.2	100.4	99.6	99.9
98.9	101.5	99.6	103.4	99.3	99.8	99.7	101.3	100.0
100.0	99.6	99.7	99.8	99.3	99.7	100.9	102.5	100.0
100.0	100.1	100.0	99.8	100.1	100.0	100.0	100.0	100.0
100.0	100.1	100.0	99.8	100.1	100.0	100.0	100.0	100.0
100.0	100.0	100.0	99.6	100.4	99.9	100.1	99.4	99.8
100.0	100.0	100.0	99.6	100.4	99.9	100.1	99.4	99.8
99.8	98.6	98.6	101.2	100.3	100.1	98.8	101.1	102.4
101.0	97.4	97.3	101.9	100.3	100.2	98.1	101.0	104.4
98.1	100.6	100.1	99.9	98.9	101.3	99.7	102.6	105.4
101.7	99.0	99.3	99.9	101.3	101.8	99.2	99.9	104.9
103.2	94.7	94.8	104.0	101.2	99.2	96.7	99.9	103.4
98.9	100.3	98.8	101.3	101.1	99.7	99.6	100.5	99.0
97.5	100.4	100.1	101.5	101.6	99.4	99.5	101.5	97.6
99.6	99.8	96.6	101.4	100.6	100.4	100.5	99.1	99.9
101.9	101.0	99.2	100.4	100.4	99.5	98.2	100.4	101.7
97.9	100.0	101.1	99.9	100.0	100.1	99.5	101.5	100.6
95.1	100.7	102.5	99.0	100.8	100.8	98.8	100.1	98.7
98.9	97.8	99.0	102.2	99.3	99.4	101.8	101.3	108.1
99.6	100.2	100.7	99.9	99.6	99.9	99.3	102.5	100.1
102.1	100.3	99.1	101.0	100.1	100.5	99.6	98.7	100.8
103.9	100.8	98.9	100.9	100.2	101.0	99.2	98.2	100.5
101.8	99.7	99.7	100.6	99.8	100.8	99.9	98.0	101.4
105.9	101.4	98.3	100.8	100.6	101.0	99.3	97.8	100.1
100.0	100.0	99.5	101.3	100.0	100.7	98.7	99.8	101.7
100.3	100.0	100.3	101.8	99.2	102.6	96.8	100.2	99.6

4-4 续表 5

(上月=100)

指　　标	Item	1 月 January	2 月 February	3 月 March
其他护理用品类	Other Care Products	100.5	99.2	99.1
清洁类护理用品	Cleaning Products	100.7	98.5	98.5
护发美发用品	Hair Care Products	99.9	102.7	98.2
护理器具	Care Tools	101.3	101.3	101.8
其他护理用品	Other Nursing Products	100.0	98.5	99.9
家庭服务	Household Service	101.4	99.9	100.0
家政服务	Housekeeping Service	102.1	99.7	100.0
母婴护理服务	Maternal and Child Care Services	102.1	100.0	100.0
家庭维修服务	Home Maintenance Service	100.4	100.1	100.0
其他家庭服务	Other Home Services	103.0	99.1	100.1
交通通信	**Transport and Communications**	**100.8**	**99.7**	**98.7**
交通	Transport	101.1	99.6	98.4
交通工具	Transport Facility	100.4	101.2	96.2
燃油小汽车	Fuel Car	100.5	101.3	95.1
新能源小汽车	New energy car	100.0	101.8	99.2
电动自行车	Electric Bicycle	99.8	99.1	101.8
自行车	Bicycle	100.3	99.9	99.9
其他交通工具	Other Means of Transport	99.8	100.8	99.1
交通工具使用燃料	Fuels for Transport Facility	97.6	101.1	99.8
汽油	Gasoline	97.6	101.1	99.8
柴油	Diesel Oil	97.5	101.1	99.7
其他车用能源	Other Vehicle Energy	100.2	100.0	100.0
交通工具使用及维修	Use and Maintenance of Transport Facility	104.4	96.1	100.0
停车费	Parking Fee	100.0	100.0	100.0
车辆使用费	Vehicle Usage Fee	100.0	100.0	100.0
交通工具零配件	Vehicle Spare Parts	100.2	100.1	100.0
车辆修理与保养	Vehicle Repair and Maintenance	111.4	90.3	99.9
交通费	Traffic Fee	109.0	95.0	100.7
市内公共交通	City Public Transport	101.9	100.0	98.1
出租汽车	Taxi	100.0	100.0	100.0
飞机票	Plane Ticket	149.9	80.5	106.6
火车票	Train Ticket	100.0	100.0	100.0
长途汽车	Long-distance Coach	107.0	95.2	99.9
网约车	Online Car Hailing	106.8	93.9	100.0
交通工具租赁费	Transportation Rental Fee	117.3	89.2	102.7
其他交通费	Other Transportation Expenses	104.3	95.8	100.0
通信	Communications	99.6	100.1	99.9
通信工具	Communication Facility	98.8	100.3	99.6
电话机	Stationary Telephone	98.8	100.2	99.7
其他通信工具及零配件	Other Communication Tools and Spare Parts	99.5	102.0	99.0
通信服务	Communication Service	100.0	100.0	100.0
电话费	Fixed Telephone Fee	100.0	100.0	100.0
家庭宽带服务	Home Broadband Services	100.0	100.0	100.2
其他通信服务	Other Communication Services	100.0	100.0	100.0

Continued

(preceding month=100)

4 月 April	5 月 May	6 月 June	7 月 July	8 月 August	9 月 September	10 月 October	11 月 November	12 月 December
100.2	99.8	99.4	101.1	100.0	99.9	100.1	99.3	101.2
100.9	100.2	99.1	101.5	100.1	100.1	100.1	99.1	101.9
99.4	100.2	100.1	99.8	99.5	99.6	100.0	99.6	100.8
99.8	100.8	98.2	101.3	97.8	99.7	99.4	100.8	97.3
98.9	97.9	100.3	100.9	100.9	99.9	100.5	99.0	100.9
100.0	100.0	100.0	100.2	100.0	100.0	100.1	100.0	100.1
100.0	100.1	100.0	100.1	100.0	100.0	100.1	100.0	100.3
100.0	100.0	100.0	100.3	99.9	99.8	100.2	100.0	100.0
100.0	100.0	100.0	100.3	100.0	100.0	100.0	100.0	100.2
100.0	100.0	100.0	100.0	100.0	100.0	100.0	100.0	100.0
100.0	**99.5**	**99.0**	**100.9**	**101.0**	**100.3**	**100.3**	**98.7**	**98.9**
100.0	99.4	98.9	101.0	101.4	100.4	100.4	98.6	98.2
100.5	99.3	98.5	98.9	99.6	100.4	99.7	100.1	99.3
100.7	99.1	98.3	98.6	99.6	100.4	99.7	100.2	99.1
100.4	99.6	97.8	101.0	99.4	99.6	99.7	98.7	98.9
99.0	99.2	100.1	99.5	99.3	101.7	100.5	99.3	100.4
99.8	100.1	100.1	100.0	100.1	100.0	100.0	99.8	101.0
100.1	100.7	99.7	99.3	99.9	100.5	99.7	100.4	100.3
98.3	99.8	98.7	101.8	105.0	102.3	101.7	97.3	95.3
98.3	99.8	98.7	101.9	105.0	102.3	101.8	97.2	95.3
98.4	99.6	98.6	102.2	105.2	102.6	102.0	96.9	95.0
100.0	99.9	100.0	100.1	100.0	100.0	100.0	99.9	100.2
100.0	100.0	100.2	100.0	100.0	100.0	100.0	100.1	100.0
100.0	100.0	100.0	100.0	100.0	100.0	100.0	100.0	100.0
100.0	100.0	100.0	100.0	100.0	100.0	100.0	100.0	100.0
100.0	100.0	100.7	100.0	100.0	100.0	100.0	100.1	100.0
100.0	100.0	100.1	100.0	100.0	100.0	100.0	100.1	100.0
102.4	98.1	99.1	106.6	99.7	96.2	99.3	96.5	100.7
100.0	101.9	100.0	100.0	100.0	100.0	100.0	98.1	100.0
100.0	100.0	100.0	100.0	100.0	100.0	100.0	100.0	100.0
112.5	89.7	94.2	139.8	98.6	80.5	97.0	84.3	103.0
100.0	100.0	100.0	100.1	100.0	100.0	100.0	99.9	100.0
100.4	99.6	100.0	100.0	100.0	101.3	98.8	100.0	100.0
100.1	99.9	100.0	99.9	100.1	100.6	99.5	100.0	101.1
107.2	89.2	102.3	100.5	99.2	106.0	98.1	89.2	104.2
100.0	100.0	100.0	102.7	100.0	100.0	101.5	100.0	100.0
99.9	99.7	99.6	100.4	99.6	100.1	99.9	99.2	101.6
99.7	99.0	99.0	101.4	98.7	100.2	99.8	97.4	104.8
99.7	99.0	98.9	101.5	98.6	100.3	99.7	97.3	105.2
99.4	99.5	100.4	98.9	99.3	99.0	101.1	99.6	98.8
100.0	100.0	100.0	100.0	100.0	100.0	100.0	100.0	100.0
100.0	100.0	100.0	100.0	100.0	100.0	100.0	100.0	100.0
100.0	100.0	100.0	100.0	100.0	100.0	100.0	100.0	100.2
100.0	100.0	100.0	100.0	100.0	100.0	100.0	100.0	100.0

4-4 续表 6

(上月=100)

指　标	Item	1 月 January	2 月 February	3 月 March
邮递服务	Monthly Renting Fee	101.3	98.5	100.2
邮递服务	Monthly Renting Fee	101.3	98.5	100.2
教育文化娱乐	**Education, Culture and Recreation**	**101.4**	**99.1**	**100.0**
教育	Education	100.0	100.1	100.0
教育用品	Education Supplies	100.2	102.8	100.1
工具书	Reference Book	100.0	100.0	100.0
教材	Text-book	100.0	102.9	100.0
参考资料	The Resources	100.0	103.3	100.0
其他教育用品	Other Educational Supplies	101.8	103.2	100.7
教育服务	Education Services	100.0	100.0	100.0
幼儿早期教育	Early Childhood Education	100.0	100.0	100.0
学前教育	Pre-school Education	100.0	100.0	100.0
小学初中教育	Elementary School and Junior High School Education	100.0	100.0	100.0
高中中职教育	High School and Secondary Vocational Education	100.0	100.0	100.0
高等教育	Higher Education	100.0	100.0	100.0
课外教育	Extracurricular Education	100.0	100.0	100.0
专业技能培训	Technical Training	100.0	100.0	100.0
其他教育服务	Other Educational Services	100.3	100.0	100.0
文化娱乐	Culture and Recreation	104.5	97.1	100.1
文娱耐用消费品	Durable Consumer Goods for Recreation	99.4	100.2	99.9
电视机	Television	100.0	100.0	99.9
照相机	Camera	100.5	99.1	100.4
台式计算机	Desktop Computer	99.8	100.1	100.2
笔记本电脑	Portable Computer	98.0	100.8	99.8
平板电脑	Tablet Computer	98.4	100.6	100.3
乐器	Musical Instrument	100.0	100.0	100.0
音响	Audio	99.5	99.0	98.4
可穿戴智能设备	Wearable Smart Devices	99.1	100.5	100.6
其他文娱耐用消费品	Other Recreational Durable Consumer Goods	103.8	101.0	100.1
其他文娱用品	Other Entertainment Products	100.2	100.1	100.1
书报杂志及音像制品	Books, Magazines and Audio-visual Products	100.1	100.0	100.0
纸张文具	Paper Stationery	100.0	98.5	101.2
体育户外用品	Sports Outdoor Goods	99.3	102.4	99.8
游戏用品和玩具	Game Supplies and Toys	100.7	100.5	99.9
园艺花卉及用品	Gardening Flowers and Articles	100.4	100.2	99.8
宠物及用品	Pets and Supplies	101.1	99.5	100.0
其他文化娱乐用品	Other Cultural and Recreational Items	100.0	100.0	100.0
文化娱乐服务	Cultural and Recreational Services	101.7	99.1	100.0
电影及演出票	Movie and Show Tickets	110.6	94.5	96.5
景点门票	Attractions Tickets	99.8	99.9	101.2
电视服务	TV Service	100.0	100.0	100.0
健身活动	Healthy Activities	100.3	103.3	99.9

Continued

(preceding month=100)

4 月 April	5 月 May	6 月 June	7 月 July	8 月 August	9 月 September	10 月 October	11 月 November	12 月 December
99.8	100.0	99.9	100.0	100.0	99.9	100.1	100.0	99.9
99.8	100.0	99.9	100.0	100.0	99.9	100.1	100.0	99.9
100.3	**100.0**	**99.9**	**100.9**	**100.2**	**99.9**	**100.0**	**99.4**	**100.1**
100.0	100.1	100.0	100.1	100.0	100.5	100.0	100.0	100.0
100.0	100.0	99.9	100.1	99.9	100.3	100.3	100.0	100.0
100.0	100.1	100.0	100.0	99.8	100.4	100.0	100.0	100.0
100.0	100.0	100.0	100.0	100.1	100.0	100.5	100.0	100.0
100.0	100.0	100.0	100.0	99.9	100.7	100.5	100.0	100.0
99.9	99.7	99.1	101.2	99.6	99.5	99.0	100.0	99.7
100.0	100.1	100.0	100.0	100.0	100.5	100.0	100.0	100.0
100.0	100.0	100.0	100.0	100.2	100.2	100.0	100.0	100.0
100.0	100.0	100.0	100.0	100.1	100.1	100.0	100.0	100.0
100.0	100.0	100.0	100.0	100.0	102.8	100.0	100.0	100.0
100.0	100.0	100.0	100.0	100.0	99.8	100.0	100.0	100.0
100.0	100.0	100.0	100.0	100.0	100.0	100.0	100.0	100.0
100.0	100.0	100.0	100.0	100.1	100.0	100.0	100.0	100.0
99.9	100.0	99.5	98.9	99.9	100.1	99.7	99.5	100.0
100.0	101.3	100.0	101.1	100.0	100.1	100.0	100.0	100.0
101.0	99.7	99.7	102.9	100.6	98.7	100.0	98.2	100.3
99.6	99.2	99.0	99.7	100.0	99.8	100.3	99.4	100.5
100.2	98.9	99.7	100.2	100.2	100.2	100.3	97.6	99.6
101.9	104.1	97.3	100.2	98.3	97.5	103.0	97.8	98.0
100.0	99.5	99.6	100.0	99.9	100.3	100.2	99.6	100.1
98.7	98.7	100.0	97.3	101.2	99.0	101.5	101.8	100.2
98.8	98.9	96.2	99.8	98.5	99.1	98.7	99.7	104.2
100.0	100.0	100.0	100.0	100.3	100.0	100.0	100.0	101.1
100.0	99.0	96.9	101.0	99.0	100.0	100.8	100.4	99.4
98.7	100.0	96.8	102.2	100.6	100.7	99.3	99.1	100.6
99.4	100.2	100.4	100.3	99.0	99.7	100.1	99.8	100.6
100.2	100.1	99.8	100.2	99.7	100.1	99.9	99.2	100.3
100.0	100.0	99.2	100.0	100.0	100.0	100.0	100.0	100.0
100.3	100.0	100.1	100.0	99.9	100.3	99.9	100.1	99.5
100.0	102.6	101.5	100.9	99.9	101.3	101.2	98.8	97.5
100.8	99.4	98.7	101.1	99.3	99.7	99.1	96.5	103.2
99.8	99.9	100.0	99.2	100.0	100.0	100.0	100.0	100.0
99.5	100.1	100.0	100.3	100.1	99.7	100.0	100.0	99.9
100.0	100.0	100.0	100.0	99.5	100.0	99.9	99.9	100.0
100.0	99.7	99.6	100.8	100.2	100.0	99.8	100.0	100.5
101.3	99.0	99.1	101.7	103.9	97.0	100.1	99.5	101.8
99.8	99.9	100.0	99.9	100.0	99.9	100.7	100.0	99.8
100.0	100.0	100.0	100.0	100.0	100.0	100.0	100.0	100.0
99.4	100.2	98.6	100.4	100.0	100.0	100.0	100.0	98.9

4-4 续表 7

(上月＝100)

指　　标	Item	1 月 January	2 月 February	3 月 March
宠物服务	Pet Service	103.7	98.1	100.1
网络文娱服务	Online Entertainment Services	103.1	97.9	99.3
儿童娱乐项目	Children's Entertainment	100.1	100.0	100.0
其他文娱服务	Other Entertainment Services	106.2	93.3	100.0
旅游	Tourism	114.3	91.4	100.2
旅行社收费	Travel Agency Charges	118.1	89.5	100.3
其他旅游	Other Travel Charges	100.4	99.8	100.0
医疗保健	**Health Care and Medical Services**	**100.1**	**99.9**	**100.0**
药品及医疗器具	Medicines and Medical Devices	100.2	99.7	100.1
中药	Traditional Chinese Medicine	101.4	101.1	100.8
中药材	Chinese Herbal Material	102.6	101.2	102.1
中成药	Chinese Patent Drugs	100.7	101.1	100.0
西药	Western Medicine	99.9	99.2	100.1
抗微生物药	Antimicrobial Agents	100.1	100.0	100.1
消化系统用药	Digestive System	99.9	100.0	99.8
呼吸系统用药	Respiratory System	101.5	101.6	99.4
解热镇痛药	Antipyretic Analgesics	100.5	100.7	101.8
抗肿瘤药	Antineoplastic Agents	98.2	86.7	99.5
激素及影响内分泌药	Hormones and Endocrine Agents	100.2	99.5	99.0
心血管系统用药	Cardiovascular System	99.9	100.1	99.7
血液系统用药	Blood System Medication	100.0	100.2	100.5
治疗精神障碍药	Drugs for The Treatment of Mental Disorders	99.7	98.8	100.2
神经系统用药	Drugs for Nervous System	98.4	100.2	100.2
泌尿系统用药	Urinary System Drugs	100.1	100.3	101.1
维生素、矿物质类药	Vitamin	102.4	105.9	100.5
调节水、电解质及酸碱平衡药	Adjust Water, Electrolyte and Acid-base Balance	100.0	100.3	100.7
其他西药	Other Western Medicine	100.0	99.3	100.3
滋补保健品	Tonic and Healthy Goods	100.0	100.0	99.9
滋补保健品	Tonic and Healthy Goods	100.0	100.0	99.9
医疗卫生器具	Medical Appliance	100.1	99.2	99.5
医疗卫生器具	Medical Appliance	100.1	99.2	99.5
保健器具	Healthy Appliance	100.0	100.0	100.1
保健器具	Healthy Appliance	100.0	100.0	100.1
医疗服务	Medical Services	100.0	100.0	100.0
综合医疗类	Integrated Medical Services	100.0	100.1	100.0
一般医疗服务	General Medical Services	100.0	100.2	100.0
一般治疗操作	General Therapeutic Operation	100.0	100.0	100.0
护理	Nursing	100.0	100.0	99.9
其他综合医疗服务	Other Integrated Medical Services	100.0	100.0	100.0
诊断类	Diagnosis of Class	100.1	100.0	99.9
病理学诊断	Pathological Diagnosis	100.2	100.0	100.0
实验室诊断	Laboratory Diagnosis	100.0	100.0	100.1
影像学诊断	Imaging Diagnosis	100.1	99.9	99.7
临床诊断	Clinical Diagnosis	100.1	100.0	100.1

Continued

(preceding month=100)

4 月 April	5 月 May	6 月 June	7 月 July	8 月 August	9 月 September	10 月 October	11 月 November	12 月 December
100.0	100.9	100.0	100.2	100.1	100.0	100.0	100.0	100.4
100.2	96.4	98.0	104.9	98.6	103.1	94.4	100.2	106.4
100.0	100.0	100.0	104.5	100.0	100.2	100.0	100.0	100.0
100.0	100.0	99.9	100.0	99.7	100.0	99.6	99.9	101.1
103.4	99.7	100.2	108.7	102.0	96.3	100.0	95.6	100.1
104.2	99.5	100.2	110.8	102.4	95.1	99.9	94.6	100.1
100.4	100.3	100.0	100.6	100.3	101.3	100.4	99.8	100.0
100.0	**100.0**	**100.1**	**100.1**	**100.2**	**100.1**	**100.1**	**100.1**	**100.1**
100.1	100.0	100.4	100.4	100.9	100.6	100.3	100.2	100.3
101.2	100.1	101.1	102.4	103.0	102.6	100.5	101.2	101.2
103.3	101.3	103.1	104.4	106.9	106.7	100.7	101.5	102.7
100.0	99.4	100.0	101.1	100.5	99.8	100.3	100.9	100.1
100.1	100.0	100.2	100.2	100.5	100.0	100.0	99.9	100.1
100.1	100.0	100.0	99.9	101.1	100.0	100.0	100.0	100.1
99.8	100.0	101.3	100.2	100.4	100.0	100.0	99.7	100.0
100.0	100.4	100.0	100.0	101.7	99.6	100.0	98.9	100.0
100.0	100.0	99.9	101.7	103.9	100.0	100.0	100.0	100.9
100.0	99.9	99.6	100.0	99.9	100.0	100.0	100.0	100.0
100.0	99.9	99.9	100.0	100.0	100.0	100.0	100.0	100.1
99.9	100.0	100.0	101.4	99.4	100.0	100.1	99.8	100.0
99.9	100.0	100.0	100.0	100.0	100.0	99.9	100.0	100.0
100.5	100.0	100.5	101.4	100.0	100.0	101.7	99.9	99.9
100.0	100.0	100.1	99.9	99.8	99.9	100.1	100.2	100.0
99.9	100.3	100.1	100.5	99.4	99.9	100.0	100.0	100.8
104.4	100.0	100.5	100.6	101.1	99.9	98.9	99.9	100.0
100.0	100.0	100.0	100.0	100.0	100.0	100.2	100.1	100.0
100.0	100.0	100.2	100.0	100.0	100.0	100.0	100.0	100.0
100.0	100.0	99.9	98.9	100.0	100.0	101.1	100.0	100.1
100.0	100.0	99.9	98.9	100.0	100.0	101.1	100.0	100.1
98.1	99.8	100.4	99.5	100.1	100.0	100.0	99.9	99.7
98.1	99.8	100.4	99.5	100.1	100.0	100.0	99.9	99.7
100.0	100.0	100.3	99.9	99.8	100.0	100.0	100.0	100.0
100.0	100.0	100.3	99.9	99.8	100.0	100.0	100.0	100.0
100.0	100.0	100.0	100.0	100.0	100.0	100.0	100.0	100.0
100.0	100.0	100.0	100.0	100.0	100.0	100.0	100.1	100.0
100.0	100.0	100.0	100.0	100.0	100.0	100.0	100.2	100.0
100.0	100.0	100.0	100.0	100.0	100.0	100.0	100.0	100.0
100.0	100.0	100.0	100.0	100.0	100.0	100.0	100.0	100.0
100.0	100.0	100.0	100.0	100.0	100.0	100.0	100.0	100.0
100.0	100.0	100.0	100.0	99.9	100.0	100.0	100.0	100.0
100.0	100.0	100.0	100.0	100.0	100.0	100.0	100.0	100.0
100.0	100.0	100.0	100.0	100.0	100.0	100.0	100.0	100.0
100.0	100.0	100.0	100.0	99.8	100.0	100.0	100.0	100.0
100.0	100.0	100.0	100.0	100.0	100.0	100.0	100.0	100.0

4-4 续表 8

(上月＝100)

指　　标	Item	1 月 January	2 月 February	3 月 March
治疗类	Treatment of Class	100.1	100.0	100.1
临床手术治疗	Clinical Surgical Treatment	100.1	100.0	100.0
临床非手术治疗	Clinical Non-surgical Treatment	100.1	100.0	100.2
康复类	Rehabilitation Class	100.0	100.2	100.0
康复医疗	Rehabilitation Medical	100.0	100.2	100.0
中医医疗服务类	TCM Medical Services	100.0	100.0	100.0
中医治疗	TCM Treatment	100.0	100.0	100.0
其他医疗保健服务	Other Medical Services	100.0	100.0	100.0
其他医疗保健服务	Other Medical Services	100.0	100.0	100.0
其他用品及服务	**Other Supplies and Services**	**101.4**	**99.0**	**100.9**
其他用品	Other Supplies	101.0	99.8	101.3
首饰手表	Jewelry and Watches	102.0	98.0	102.5
金饰品	Gold Ornaments	102.4	98.7	103.5
银饰品	Silver Ornaments	100.0	100.0	100.1
铂金饰品	Platinum Ornaments	103.1	92.7	101.5
手表	Watches	99.9	100.8	100.0
母婴用品	Maternal and Child Supplies	100.1	101.9	100.4
母婴洗护喂养用品	Maternal and Infant Care and Feeding Supplies	100.0	102.1	100.4
其他母婴用品	Other Maternity and Baby Products	100.2	101.3	100.3
其他杂项用品	Other Miscellaneous Goods	100.2	100.3	100.4
箱包	Luggage and Bags	100.4	100.3	100.7
眼镜	Glasses	100.0	100.4	100.0
其他服务	Other Service Classes	101.9	98.1	100.5
在外住宿	Hotel Accommodation	98.4	101.5	103.3
宾馆住宿	Hotel	98.4	102.6	103.6
其他住宿	Other	98.4	99.0	102.7
美容美发洗浴	Making-up Hair Salon Bathing	109.1	91.6	100.9
美容	Making-up	108.6	92.8	100.0
美发	Hair Salon	109.0	92.3	100.0
洗浴	Bathing	110.5	86.0	106.5
养老服务	Pension Service	100.6	99.6	100.0
养老服务	Pension Service	100.6	99.6	100.0
金融及保险服务	Finance and Insurance	100.1	100.0	100.0
金融服务	Financial Services	100.0	100.0	100.0
车辆保险	Vehicle Insurance	100.0	100.0	100.0
旅行保险	Travel Insurance	100.0	100.0	100.0
其他保险	Other Insurance	100.1	100.0	100.0
中介法律及其他服务	Intermediary Legal and Other Service	100.0	100.0	100.0
中介服务	Intermediary Service	100.0	100.0	100.0
法律服务	Legal Services	100.0	100.0	100.0
其他杂项服务	Other Services	100.0	100.0	100.0

Continued

(preceding month=100)

4 月 April	5 月 May	6 月 June	7 月 July	8 月 August	9 月 September	10 月 October	11 月 November	12 月 December
100.0	100.0	100.0	100.0	100.0	100.0	100.0	100.0	100.0
100.0	100.0	100.0	100.0	100.0	100.0	100.0	100.0	100.0
100.0	100.0	100.0	100.0	100.0	100.0	100.0	100.0	100.0
100.0	100.0	100.0	100.0	100.0	100.0	100.0	100.0	100.0
100.0	100.0	100.0	100.0	100.0	100.0	100.0	100.0	100.0
100.0	100.0	100.0	100.0	100.0	100.0	100.0	100.0	100.0
100.0	100.0	100.0	100.0	100.0	100.0	100.0	100.0	100.0
100.0	100.0	100.0	100.0	100.0	100.0	100.0	100.0	100.0
100.0	100.0	100.0	100.0	100.0	100.0	100.0	100.0	100.0
101.0	**99.9**	**99.6**	**100.5**	**99.9**	**100.4**	**99.8**	**99.6**	**100.4**
100.8	100.1	99.3	101.2	99.4	100.7	99.4	99.8	101.0
103.3	100.8	99.4	100.3	100.2	101.4	99.3	100.5	101.1
103.6	101.1	100.1	101.1	100.3	102.0	99.5	101.0	101.0
100.0	100.0	100.1	99.9	99.9	100.2	99.7	100.3	100.1
106.1	100.8	95.5	97.2	101.0	99.4	97.6	99.7	102.1
100.1	99.9	100.1	100.0	99.3	100.4	99.9	98.3	100.7
97.8	100.0	98.1	103.0	98.3	100.7	98.5	99.5	101.6
97.1	100.0	97.6	104.2	97.4	99.8	97.6	100.8	102.2
99.5	99.8	99.1	100.2	100.4	102.7	100.5	96.6	100.5
99.9	98.8	100.5	100.8	99.2	99.6	100.8	99.1	100.2
99.9	98.1	100.9	101.2	99.0	99.4	101.3	98.5	100.4
100.0	100.0	100.0	100.0	99.6	100.0	100.0	100.0	100.0
101.2	99.7	99.9	99.8	100.3	100.1	100.2	99.3	99.8
113.3	96.9	97.9	98.3	102.9	101.6	101.8	92.9	97.5
116.2	96.7	96.2	98.9	101.2	101.7	101.6	93.9	96.1
106.3	97.3	102.2	96.7	107.2	101.4	102.4	90.5	101.1
100.0	100.0	100.6	99.8	100.0	99.8	100.1	100.2	100.1
100.0	100.0	101.6	100.0	100.0	99.4	100.4	100.0	100.2
100.0	100.0	100.0	99.8	100.0	100.0	100.0	100.1	100.0
100.0	100.0	99.8	99.7	99.9	100.1	100.0	100.8	100.1
100.0	100.0	100.0	100.2	100.0	100.2	100.0	100.0	100.0
100.0	100.0	100.0	100.2	100.0	100.2	100.0	100.0	100.0
100.0	100.0	100.0	100.0	100.1	100.0	100.0	100.0	100.0
100.0	100.0	100.0	100.0	100.0	100.0	100.0	100.0	100.0
100.0	100.0	100.0	100.0	100.0	100.0	100.0	100.0	100.0
100.0	100.0	100.0	100.0	101.9	100.0	100.0	100.0	100.0
100.0	100.0	100.0	100.0	100.0	100.0	100.1	100.0	100.0
100.0	100.0	100.0	100.0	100.0	100.0	100.0	100.0	100.0
100.0	100.0	100.1	100.0	100.0	100.0	100.0	100.0	100.0
100.0	100.0	100.0	100.0	100.0	100.0	100.0	100.0	100.0
100.0	100.0	100.0	100.0	100.0	100.0	100.0	100.0	100.0

4-5 主要城市居民消费价格总指数(1989-2023年)
Major Urban Consumer Price Index(1989-2023)

(上年＝100) (preceding year=100)

年 份 Year	武汉市 Wuhan	黄石市 Huangshi	十堰市 Shiyan	宜昌市 Yichang	襄阳市 Xiangyang	孝感市 Xiaogan	荆州市 Jingzhou	咸宁市 Xianning
1989	113.4	117.4	112.3	116.1	113.3	114.9	113.9	113.9
1990	103.0	102.6	107.1	104.1	103.9	102.5	104.4	103.4
1991	107.3	107.8	109.5	107.0	107.4	105.0	105.0	107.4
1992	111.4	111.8	108.2	110.8	111.8	110.5	107.4	110.3
1993	119.8	120.5	119.9	121.8	117.3	111.3	119.8	120.0
1994	126.3	125.9	128.1	136.6	124.8	122.0	127.2	125.6
1995	118.4	120.0	119.8	124.1	118.6	115.5	117.4	122.1
1996	112.2	108.0	110.0	109.6	110.4	108.3	107.3	108.8
1997	103.1	101.0	102.9	101.5	104.4	102.3	99.2	101.5
1998	97.4	97.1	98.4	100.8	97.8	99.2	99.2	98.0
1999	96.1	94.7	97.7	101.5	97.8	97.5	98.0	99.8
2000	100.6	96.9	98.8	101.3	99.8	99.0	100.6	98.6
2001	99.5	98.3	98.8	99.5	99.1	99.1	99.8	99.5
2002	98.6	100.8	98.3	101.2	100.0	99.2	99.8	100.0
2003	102.3	101.4	101.6	104.5	102.5	101.9	102.1	101.3
2004	103.3	104.1	103.6	104.0	104.4	105.0	104.2	106.0
2005	102.7	101.9	102.1	102.4	101.9	101.9	101.5	102.0
2006	101.4	101.3	101.4	101.2	101.3	102.8	102.0	103.2
2007	104.1	104.8	105.8	106.4	105.1	104.7	105.3	106.4
2008	105.7	106.8	106.3	105.1	105.2	106.9	106.4	108.4
2009	99.4	99.5	100.8	100.1	98.7	99.2	98.8	99.3
2010	103.0	102.2	102.7	103.1	102.1	103.2	102.4	103.1
2011	105.2	105.3	106.0	106.8	105.8	105.6	105.3	105.7
2012	102.8	103.1	102.4	103.4	102.8	103.1	102.7	102.8
2013	102.4	102.5	103.4	103.3	102.9	103.1	103.1	102.8
2014	101.9	102.2	101.5	102.2	101.5	102.0	102.1	101.8
2015	101.4	101.6	101.4	101.5	102.0	101.3	101.5	101.4
2016	102.4	102.1	101.9	102.3	102.2	102.2	101.8	101.7
2017	101.9	101.5	101.8	101.1	101.4	101.4	101.9	101.5
2018	101.9	102.6	102.3	101.7	102.9	101.6	101.5	102.7
2019	103.2	102.8	103.1	102.7	102.4	103.3	103.2	102.7
2020	102.4	102.3	102.3	102.7	102.9	102.4	102.6	102.5
2021	100.6	100.2	100.6	99.8	100.2	100.6	100.2	100.4
2022	102.3	101.8	101.8	101.8	102.2	101.6	101.7	101.6
2023	100.4	99.6	100.0	100.1	100.2	99.3	99.3	100.2

4-6 主要城市居民消费价格分类指数(2023年)
Major Urban Consumer Price Indices by Category(2023)

(上年=100) (preceding year=100)

指 标	Item	武汉市 Wuhan	黄石市 Huangshi	十堰市 Shiyan	宜昌市 Yichang
居民消费价格总指数	**Consumer Price Index**	**100.4**	**99.6**	**100.0**	**100.1**
非食品烟酒价格指数	**Non-food Tobacco and Alcohol Price Index**	**100.6**	**99.4**	**99.9**	**99.6**
服务价格指数	**Items of Service Price Index**	**101.2**	**100.1**	**100.1**	**101.0**
工业品价格指数	**Industrial Product Price Index**	**99.6**	**98.7**	**99.7**	**98.2**
消费品价格指数	**Consumable Price Index**	**99.8**	**99.3**	**99.9**	**99.5**
扣除食品和能源价格指数	**Deduction Food and Energy Price Index**	**101.0**	**100.0**	**100.3**	**100.2**
扣除鲜菜鲜果总指数	**Deduction Fresh Vegetables Fresh Fruit General Index**	**100.4**	**99.5**	**100.0**	**99.8**
食品烟酒	**Food, Tobacco and Liquor**	**100.0**	**100.1**	**100.1**	**101.2**
食品	Food	99.0	98.8	99.5	100.7
粮食	Grain	100.4	99.0	101.6	102.4
薯类	Tubers	107.8	109.6	103.6	107.1
豆类	Beans	100.1	104.3	102.3	100.5
食用油	Edible Oil and Fats	104.6	97.1	104.7	102.7
菜及食用菌	Vegetables and Edible Mushrooms	96.3	98.3	96.6	99.8
畜肉类	Meal, Poultry and Processed Products	91.3	91.4	92.8	92.9
禽肉类	Poultry	104.7	102.2	106.5	102.7
水产品	Aquatic Products	96.9	98.2	97.0	98.5
蛋类	Eggs	105.4	102.3	95.3	102.7
奶类	Milk	101.9	94.4	101.0	100.4
干鲜瓜果类	Dried and Fresh Melons and Fruits	103.2	108.2	104.6	110.2
糖果糕点类	Confectionery	100.5	97.2	102.1	101.1
调味品	Flavoring	103.1	100.7	98.9	101.8
其他食品类	Other Food Categories	101.8	103.0	100.2	102.7
茶及饮料	Tea and Beverages	101.1	99.1	98.7	97.3
烟酒	Tobacco, Liquor	100.2	100.6	101.2	100.5
卷烟	Tobacco	100.2	100.7	100.4	100.7
酒类	Liquor	100.1	100.2	102.8	100.3
在外餐饮	Dining Out	102.0	103.5	101.4	103.1
衣着	**Clothing**	**101.1**	**102.1**	**100.9**	**97.9**
服装	Garments	101.0	102.1	100.7	98.1
男式服装	Men's Garment	99.7	102.9	100.8	98.3
女式服装	Women's Dress	101.1	101.0	99.6	98.6
儿童服装	Children's Garment	104.1	104.5	104.2	94.7
衣着材料及配件	Clothing Materials & Accessories	100.0	99.5	101.2	98.0
衣着服务费	Clothing Service Fee	99.3	102.2	101.9	100.0
鞋类	The Footwear	101.7	101.9	101.9	97.4
居住	**Residence**	**100.6**	**99.5**	**99.6**	**100.4**
租赁房房租	Tenancy	100.9	97.9	101.8	99.5
住房保养维修及管理	Housing Maintenance and Management	99.8	101.2	100.5	101.2
水电燃料	Water, Electricity and Fuels	100.3	100.0	100.8	100.2
自有住房	Self-owned House	100.8	99.2	99.0	100.4
生活用品及服务	**Articles for Daily Use and Services**	**100.5**	**99.7**	**100.5**	**99.5**
家具及室内装饰品	Furniture and Interior Decorations	100.2	98.5	99.0	100.5
家具	Furniture	100.0	98.3	98.7	100.4
室内装饰品	Interior Decorations	102.4	100.1	101.8	101.6

4-6 续表 1 Continued

(上年=100) (preceding year=100)

指 标	Item	武汉市 Wuhan	黄石市 Huangshi	十堰市 Shiyan	宜昌市 Yichang
家用器具	Household Appliances	99.2	98.6	100.4	97.6
家用纺织品	Home Textiles	102.0	100.1	95.7	98.0
家庭日用杂品	Household Articles for Daily Use	101.0	100.6	100.2	100.0
个人护理用品	Personal Care Products	100.5	99.7	100.7	100.7
家庭服务	Household Service	103.7	101.8	109.0	101.7
交通通信	**Transport and Communications**	**98.0**	**95.8**	**98.2**	**96.9**
交通	Transport	97.7	95.1	97.9	96.6
交通工具	Transport Facility	96.7	91.6	98.5	94.9
交通工具用燃料	Fuels for Transport Facility	94.5	94.5	94.6	94.5
交通工具使用及维修	Use and Maintenance of Transport Facility	100.4	100.7	100.0	99.9
交通费	Traffic Fee	105.6	104.0	103.1	103.6
通信	Communications	99.2	98.8	99.6	97.9
通信工具	Communication Facility	97.6	96.4	99.0	93.9
通信服务	Communication Service	100.0	100.0	100.0	100.0
邮递服务	Monthly Renting Fee	99.3	100.8	97.5	101.9
教育文化娱乐	**Education, Culture and Recreation**	**102.4**	**100.5**	**100.7**	**101.9**
教育	Education	101.4	101.4	99.3	101.3
教育用品	Education Supplies	109.6	100.0	100.3	101.4
教育服务	Education Services	101.2	101.4	99.3	101.3
文化娱乐	Culture and Recreation	104.1	98.6	103.7	103.0
文娱耐用消费品	Durable Consumer Goods for Recreation	99.4	97.1	103.0	99.1
其他文娱用品	Other Entertainment Products	101.0	100.4	101.2	98.0
文化娱乐服务	Cultural and Recreational Services	101.9	100.9	104.9	100.8
旅游	Tourism	109.6	95.6	105.8	110.3
医疗保健	**Health Care and Medical Services**	**100.6**	**100.3**	**100.3**	**100.2**
药品及医疗器具	Medicines and Medical Devices	102.5	101.1	101.2	100.3
中药	Traditional Chinese Medicine	119.4	102.2	108.6	102.2
西药	Western Medicine	98.0	101.4	99.2	99.9
滋补保健品	Tonic and Healthy Goods	100.0	100.1	100.4	99.9
医疗卫生器具	Medical Appliance	100.9	99.9	99.1	97.2
保健器具	Healthy Appliance	100.2	102.3	101.6	98.8
医疗服务	Medical Services	100.0	100.0	100.0	100.2
综合医疗类	Integrated Medical Services	100.0	100.0	100.0	101.5
诊断类	Diagnosis of Class	100.0	100.0	100.0	99.3
治疗类	Treatment of Class	100.0	100.0	100.0	100.0
康复类	Rehabilitation Class	100.0	100.0	100.0	105.6
中医医疗服务类	TCM Medical Services	100.0	100.0	100.0	100.0
其他医疗服务	Other Medical Services	99.9	100.0	100.0	100.0
其他用品及服务	**Other Supplies and Services**	**103.4**	**101.8**	**103.1**	**102.7**
其他用品	Other Supplies	105.2	104.1	104.5	105.1
首饰手表	Jewelry Watches	111.6	112.2	108.9	109.2
母婴用品	Maternal and Child Supplies	100.7	96.6	98.5	102.0
其他杂项用品	Other Miscellaneous Goods	100.5	101.3	102.3	98.4
其他服务	Other Service Classes	101.6	99.6	101.6	100.1
在外住宿	Hotel Accommodation	111.9	97.4	103.7	102.0
美容美发洗浴	Making-up Hair Salon Bathing	101.4	99.9	102.2	99.8
养老服务	Pension Service	100.0	98.5	100.0	100.0
金融及保险服务	Finance and Insurance	100.0	99.8	101.4	100.0
中介法律及其他服务	Intermediary Legal and Other Service	100.0	100.0	100.0	100.0

4-6 续表 2 Continued

(上年＝100) (preceding year=100)

指标	Item	襄阳市 Xiangyang	孝感市 Xiaogan	荆州市 Jingzhou	咸宁市 Xianning
居民消费价格总指数	**Consumer Price Index**	**100.2**	**99.3**	**99.3**	**100.2**
非食品烟酒价格指数	**Non-food Tobacco and Alcohol Price Index**	**100.0**	**99.5**	**99.7**	**100.0**
服务价格指数	**Items of Service Price Index**	**100.3**	**100.6**	**100.6**	**100.8**
工业品价格指数	**Industrial Product Price Index**	**99.6**	**98.2**	**98.7**	**99.2**
消费品价格指数	**Consumable Price Index**	**100.1**	**98.5**	**98.6**	**99.9**
扣除食品和能源价格指数	**Deduction Food and Energy Price Index**	**100.6**	**100.0**	**100.0**	**100.7**
扣除鲜菜鲜果总指数	**Deduction Fresh Vegetables Fresh Fruit General Index**	**100.0**	**99.5**	**99.4**	**100.0**
食品烟酒	**Food, Tobacco and Liquor**	**100.6**	**98.9**	**98.4**	**100.7**
食品	Food	99.8	97.7	97.3	99.9
粮食	Grain	100.3	103.0	100.6	99.0
薯类	Tubers	112.0	102.5	101.9	115.2
豆类	Beans	99.9	99.5	98.5	99.6
食用油	Edible Oil and Fats	98.8	100.3	102.4	101.8
菜及食用菌	Vegetables and Edible Mushrooms	102.1	95.2	100.3	100.9
畜肉类	Meal, Poultry and Processed Products	91.6	89.4	87.6	93.2
禽肉类	Poultry	102.9	100.6	104.9	100.6
水产品	Aquatic Products	95.6	94.3	92.6	97.4
蛋类	Eggs	100.3	101.3	103.2	98.3
奶类	Milk	105.9	103.5	100.6	100.4
干鲜瓜果类	Dried and Fresh Melons and Fruits	104.9	98.2	96.3	108.6
糖果糕点类	Confectionery	104.9	107.8	100.2	103.2
调味品	Flavoring	99.1	104.0	104.0	101.1
其他食品类	Other Food Categories	97.5	103.0	103.6	101.9
茶及饮料	Tea and Beverages	96.6	102.7	100.0	104.1
烟酒	Tobacco, Liquor	99.4	100.3	99.9	102.0
卷烟	Tobacco	100.5	100.0	100.0	101.8
酒类	Liquor	97.4	101.5	99.6	102.8
在外餐饮	Dining Out	103.6	101.2	100.4	101.6
衣着	**Clothing**	**106.3**	**101.5**	**99.8**	**101.8**
服装	Garments	106.7	101.3	99.7	101.7
男式服装	Men's Garment	107.2	100.6	100.4	101.8
女式服装	Women's Dress	107.5	101.8	99.7	101.7
儿童服装	Children's Garment	104.6	100.9	96.2	101.5
衣着材料及配件	Clothing Materials & Accessories	99.7	101.9	102.6	99.7
衣着服务费	Clothing Service Fee	100.0	102.3	101.6	106.1
鞋类	The Footwear	103.5	102.6	100.4	102.1
居住	**Residence**	**99.9**	**99.9**	**100.3**	**99.2**
租赁房房租	Tenancy	99.7	100.0	100.3	97.0
住房保养维修及管理	Housing Maintenance and Management	100.1	99.5	98.9	100.3
水电燃料	Water, Electricity and Fuels	99.2	99.1	99.8	98.4
自有住房	Self-owned House	100.0	100.1	100.7	99.4
生活用品及服务	**Articles for Daily Use and Services**	**99.3**	**100.3**	**99.5**	**101.1**
家具及室内装饰品	Furniture and Interior Decorations	99.6	99.2	99.6	101.0
家具	Furniture	99.4	99.2	99.5	101.0
室内装饰品	Interior Decorations	102.1	99.6	100.4	100.4

4-6 续表 3 Continued

(上年＝100) (preceding year=100)

指 标	Item	襄阳市 Xiangyang	孝感市 Xiaogan	荆州市 Jingzhou	咸宁市 Xianning
家用器具	Household Appliances	97.9	99.0	98.3	100.0
家用纺织品	Home Textiles	93.8	101.8	99.1	99.2
家庭日用杂品	Household Articles for Daily Use	101.4	102.1	100.1	101.6
个人护理用品	Personal Care Products	100.0	100.4	100.6	102.1
家庭服务	Household Service	101.0	100.7	100.2	102.2
交通通信	**Transport and Communications**	**96.4**	**95.4**	**97.7**	**98.3**
交通	Transport	95.9	94.5	97.3	98.2
交通工具	Transport Facility	95.2	90.4	96.6	96.7
交通工具用燃料	Fuels for Transport Facility	94.5	94.5	94.5	94.6
交通工具使用及维修	Use and Maintenance of Transport Facility	100.0	100.8	99.9	105.1
交通费	Traffic Fee	99.2	103.1	103.8	107.9
通信	Communications	98.4	98.6	99.4	98.7
通信工具	Communication Facility	95.8	96.0	98.2	95.9
通信服务	Communication Service	100.0	100.0	100.0	100.0
邮递服务	Monthly Renting Fee	100.0	100.0	100.0	99.6
教育文化娱乐	**Education, Culture and Recreation**	**100.6**	**101.1**	**100.5**	**101.8**
教育	Education	100.9	100.9	100.6	101.9
教育用品	Education Supplies	100.2	99.5	100.9	101.1
教育服务	Education Services	100.9	101.0	100.6	101.9
文化娱乐	Culture and Recreation	99.9	101.5	100.4	101.5
文娱耐用消费品	Durable Consumer Goods for Recreation	94.5	96.2	99.5	98.7
其他文娱用品	Other Entertainment Products	100.6	100.2	99.4	100.8
文化娱乐服务	Cultural and Recreational Services	101.5	103.3	99.4	100.2
旅游	Tourism	102.4	105.9	103.3	106.8
医疗保健	**Health Care and Medical Services**	**100.0**	**100.1**	**100.3**	**99.3**
药品及医疗器具	Medicines and Medical Devices	99.3	100.3	100.9	96.7
中药	Traditional Chinese Medicine	101.9	104.7	105.3	100.0
西药	Western Medicine	98.8	100.6	101.2	94.0
滋补保健品	Tonic and Healthy Goods	98.3	100.1	98.7	99.2
医疗卫生器具	Medical Appliance	97.1	91.6	89.6	100.0
保健器具	Healthy Appliance	100.0	100.7	101.7	99.2
医疗服务	Medical Services	100.3	100.0	100.0	100.1
综合医疗类	Integrated Medical Services	101.5	100.0	100.0	99.7
诊断类	Diagnosis of Class	100.0	100.0	100.0	100.9
治疗类	Treatment of Class	100.0	100.0	100.0	100.0
康复类	Rehabilitation Class	100.0	100.0	100.0	100.0
中医医疗服务类	TCM Medical Services	100.0	100.0	100.0	100.0
其他医疗服务	Other Medical Services	100.0	100.0	100.0	95.6
其他用品及服务	**Other Supplies and Services**	**102.3**	**101.8**	**102.0**	**102.7**
其他用品	Other Supplies	104.2	102.5	103.9	104.8
首饰手表	Jewelry Watches	108.1	106.6	110.6	110.7
母婴用品	Maternal and Child Supplies	100.8	99.9	100.7	101.6
其他杂项用品	Other Miscellaneous Goods	98.9	100.1	99.3	100.2
其他服务	Other Service Classes	100.5	101.1	100.4	100.5
在外住宿	Hotel Accommodation	102.0	100.0	101.8	103.5
美容美发洗浴	Making-up Hair Salon Bathing	101.2	102.7	100.2	99.9
养老服务	Pension Service	100.0	100.0	102.4	103.8
金融及保险服务	Finance and Insurance	100.0	100.5	100.0	100.0
中介法律及其他服务	Intermediary Legal and Other Service	100.0	100.0	100.0	103.9

4-7 工业生产者出厂价格分类指数(1995-2023年)
Producer Price Indices for Industrial Producers by Category(1995-2023)

(上年=100) (preceding year=100)

年 份 Year	工业生产者出厂价格指数 Producer Price Indices for Industrial Products	轻工业 Light Industry	以农产品为原料 Agricultural products as raw materials	以非农产品为原料 Non-agricultural Products as Raw Materials	重工业 Heavy Industry	采 掘 Mining & Quarrying Industry	原材料 Raw Materials Industry	加 工 Processing Industry	生产资料 Means of Production	生活资料 Consumer Goods
1995	113.1	121.8	123.2	115.6	106.4	114.9	100.1	113.9	108.4	120.3
1996	102.7	101.1	101.1	101.3	103.8	105.6	103.7	103.7	103.4	101.4
1997	98.7	98.0	98.2	97.0	99.2	97.7	100.4	98.8	98.8	98.5
1998	96.2	95.3	95.5	94.5	97.1	97.4	95.0	99.2	97.0	95.3
1999	97.8	97.3	97.1	96.9	98.3	100.4	97.7	98.6	98.0	97.5
2000	101.6	98.6	97.9	101.3	103.5	114.8	107.8	98.6	103.3	97.6
2001	98.9	97.7	98.2	94.3	99.6	104.0	100.0	98.7	99.4	97.7
2002	98.2	97.7	97.9	95.8	98.4	101.9	99.2	97.5	98.0	98.5
2003	103.5	101.9	103.7	99.6	104.5	118.6	108.9	99.5	104.3	100.8
2004	105.7	105.3	107.4	102.3	106.0	118.1	109.5	102.3	106.4	103.1
2005	104.5	100.9	100.5	101.4	106.5	120.6	109.8	102.9	105.9	99.4
2006	102.9	101.3	100.8	102.3	103.8	115.8	106.0	101.3	103.7	99.9
2007	103.9	104.5	104.8	103.9	103.5	105.9	105.7	102.0	104.0	103.3
2008	106.1	106.0	106.0	105.9	106.2	111.4	108.3	104.4	106.3	105.2
2009	95.6	97.2	97.4	96.8	94.7	81.3	94.1	96.4	94.7	98.9
2010	104.9	103.5	105.3	101.4	105.6	119.2	109.1	101.8	105.8	101.9
2011	106.6	109.6	111.1	104.0	105.5	120.2	106.8	103.7	107.3	104.5
2012	100.3	101.9	101.9	102.0	99.8	101.8	98.7	100.1	99.5	102.6
2013	99.2	101.6	101.8	101.0	98.3	96.5	97.6	98.8	98.1	101.7
2014	98.4	99.9	100.0	99.5	97.9	96.0	96.6	98.7	97.8	100.1
2015	96.7	99.3	99.3	99.3	95.7	84.5	93.0	97.9	95.2	100.5
2016	99.0	99.9	99.6	101.0	98.5	97.7	99.0	98.4	98.4	100.2
2017	105.6	102.9	102.5	104.9	107.0	115.3	111.0	105.4	107.6	101.3
2018	104.2	101.9	101.8	102.5	105.4	107.0	107.7	104.6	105.6	101.2
2019	100.2	100.1	100.3	99.0	100.3	106.2	98.1	100.6	99.9	101.0
2020	99.1	101.0	101.3	99.8	98.1	101.3	95.3	98.7	98.1	101.2
2021	104.1	101.2	101.8	99.7	105.6	116.2	111.3	103.7	105.8	100.2
2022	103.4	102.7	102.9	102.4	103.8	108.4	111.6	101.4	103.8	102.4
2023	97.4	99.6	99.1	100.7	96.3	105.2	94.3	96.6	96.2	100.3

4-8 按工业部门分工业生产者出厂价格指数(1995-2023年)
Producer Price Indices for Industrial Producers by Sector(1995-2023)

(上年＝100) (preceding year=100)

年 份 Year	冶金工业 Metallurgical Industry	电力工业 Power Industry	煤炭及炼焦工业 Coal and Coking Industry	化学工业 Chemical Industry	机械工业 Machine Manufacturing Industry
1995	92.7	110.6	119.9	127.4	107.9
1996	102.2	110.3	118.9	105.5	101.6
1997	95.8	112.3	98.4	93.7	100.3
1998	92.4	101.9	95.2	92.7	100.4
1999	96.2	101.3	97.7	95.4	99.0
2000	103.1	103.2	97.8	96.9	98.9
2001	99.0	100.9	113.2	98.1	98.3
2002	97.9	102.3	119.3	99.0	97.0
2003	110.5	104.4	122.3	101.7	98.0
2004	115.8	100.7	118.2	106.3	99.8
2005	108.6	103.6	116.9	107.3	100.7
2006	102.5	102.1	98.2	100.3	102.2
2007	109.7	102.6	104.1	107.1	101.5
2008	112.3	102.4	126.6	110.3	102.7
2009	86.8	103.8	100.6	92.8	97.8
2010	112.3	102.6	108.4	105.0	99.7
2011	107.8	103.1	118.3	108.6	100.0
2012	94.0	103.3	103.3	100.6	100.9
2013	95.5	100.8	93.5	98.4	99.4
2014	93.1	100.1	94.2	98.7	99.4
2015	89.7	98.9	91.8	98.5	99.5
2016	99.7	97.3	94.8	97.6	99.0
2017	122.1	100.8	133.3	107.1	101.4
2018	108.4	100.5	104.4	106.0	101.2
2019	101.2	99.3	97.7	98.4	99.6
2020	101.6	98.9	88.5	95.4	99.0
2021	118.8	100.2	—	109.1	100.6
2022	98.7	115.6	—	111.5	101.2
2023	94.5	100.7	—	93.8	98.5

注：本轮基期没有煤炭和炼焦工业指数。
Note: There is no coal and coking industry index in the base period of this round。

4-8 续表 Continued

(上年＝100) (preceding year=100)

年 份 Year	建筑材料工业 Building Material Industry	森林工业 Timber Industry	食品工业 Food Industry	纺织工业 Textile Industry	造纸工业 Paper Industry
1995	105.4	91.5	123.6	120.4	150.7
1996	104.3	104.3	105.2	96.5	97.5
1997	98.4	96.6	94.8	104.2	92.6
1998	99.3	96.7	96.9	93.4	93.1
1999	98.8	97.4	98.3	96.3	96.4
2000	98.4	95.6	94.2	104.0	100.1
2001	98.5	94.8	98.4	96.3	100.2
2002	99.0	95.8	100.0	93.2	98.1
2003	100.0	98.4	102.5	106.8	99.3
2004	103.9	100.0	107.8	108.7	99.4
2005	101.7	100.3	101.2	99.6	102.5
2006	105.0	100.3	100.0	102.4	100.2
2007	106.2	104.8	106.4	99.0	99.5
2008	107.9	106.0	108.5	101.6	106.2
2009	99.3	100.1	99.3	96.3	94.5
2010	101.0	101.3	103.2	113.4	101.9
2011	113.5	104.5	109.2	119.0	107.3
2012	98.9	102.7	103.5	96.7	100.1
2013	98.4	102.7	102.0	99.4	100.6
2014	100.5	101.4	100.4	98.6	98.9
2015	96.0	99.7	100.0	97.0	98.4
2016	100.1	100.9	99.7	98.7	99.3
2017	107.9	100.8	100.8	107.9	106.3
2018	112.8	102.2	100.6	103.5	111.1
2019	105.4	100.3	100.9	99.0	98.6
2020	99.7	98.9	102.2	99.2	97.4
2021	100.5	97.3	102.0	102.0	104.3
2022	97.3	100.7	103.5	101.9	101.3
2023	93.0	98.6	100.4	95.2	93.8

4-9 分月工业生产者出厂价格指数(2023年)

(上年同月＝100)

类 别	Item	全 年 Annual Year	1 月 January	2 月 February	3 月 March
工业生产者出厂价格指数	**Producer Price Indices for Industrial Products**	**97.4**	**99.3**	**98.9**	**98.3**
#轻工业	Light Industry	99.6	101.8	101.4	101.0
以农产品为原料	Agricultural Products as Raw Materials	99.1	101.8	101.5	100.9
以非农产品为原料	Non-agricultural Products as Raw Materials	100.7	101.8	101.1	101.3
重工业	Heavy Industry	96.3	98.1	97.6	97.0
采掘	Mining and Quarrying	105.2	113.9	114.6	112.0
原材料	Raw Material	94.3	98.5	96.1	94.3
加工	Processing	96.6	97.5	97.5	97.4
#生产资料	Means of Production	96.2	98.1	97.6	97.0
采掘	Mining and Quarrying	105.2	113.9	114.6	112.0
原材料	Raw Material	94.5	98.9	96.4	94.6
加工	Processing	96.3	97.4	97.4	97.1
生活资料	Consumer Goods	100.3	102.3	101.8	101.6
食品	Food	100.2	103.0	102.9	102.4
衣着	Clothing	101.7	104.2	104.4	104.8
一般日用品	Articles for Daily Use	102.2	103.2	102.9	102.8
耐用消费品	Durable Consumers' Goods	98.3	99.5	98.2	98.2
按工业部门分	**Grouped by Department of Industry**				
冶金工业	Metallurgical Industry	94.5	93.0	93.3	93.0
电力工业	Power Industry	100.7	108.1	101.7	98.8
石油工业	Petroleum Industry	94.5	107.5	102.9	96.4
化学工业	Chemical Industry	93.8	99.7	99.7	99.5
机械工业	Machine Building Industry	98.5	99.0	98.9	98.9
建筑材料工业	Building Material Industry	93.0	91.8	91.2	91.3
森林工业	Timber Industry	98.6	99.6	99.7	99.8
食品工业	Food Industry	100.4	104.0	103.8	103.0
纺织工业	Textile Industry	95.2	95.1	94.4	93.7
缝纫工业	Tailoring Industry	102.6	105.4	104.9	105.5
皮革工业	Leather Industry	96.8	96.2	99.4	99.3
造纸工业	Paper Industry	93.8	96.5	96.2	96.9
文教艺术用品工业	Cultural, Educational and Handicraft Articles	100.6	101.2	101.8	101.5
其他工业	Other Industry	104.6	104.1	103.9	103.4

Producer Price Indices for Industrial Producers by Month(2023)

(same month of preceding year=100)

4 月 April	5 月 May	6 月 June	7 月 July	8 月 August	9 月 September	10 月 October	11 月 November	12 月 December
97.6	**96.8**	**95.9**	**96.1**	**96.9**	**97.3**	**97.2**	**97.2**	**97.7**
100.2	99.7	98.9	98.6	98.8	99.1	99.1	98.5	98.4
99.9	99.2	98.3	97.8	98.2	98.5	98.5	97.8	97.7
101.0	100.9	100.2	100.5	100.3	100.5	100.5	100.0	100.0
96.3	95.4	94.5	94.8	95.9	96.3	96.3	96.6	97.3
110.1	107.0	102.6	98.6	99.7	99.6	101.1	102.5	104.1
92.9	91.7	90.2	92.2	94.4	95.0	95.0	94.7	96.4
96.9	96.1	95.4	95.4	96.1	96.6	96.5	96.9	97.3
96.0	95.2	94.2	94.5	95.7	96.3	96.3	96.5	97.1
110.1	107.0	102.6	98.6	99.7	99.6	101.1	102.5	104.1
93.0	91.8	90.3	92.5	94.8	95.3	95.3	95.0	96.8
96.4	95.7	94.9	94.9	95.8	96.5	96.4	96.7	97.0
101.4	100.8	100.0	99.7	99.5	99.5	99.4	98.8	98.9
101.5	100.8	99.7	99.0	98.9	99.2	99.2	98.2	98.4
105.0	103.3	102.3	100.9	100.1	99.8	99.4	98.6	98.3
102.6	102.2	102.0	102.0	102.0	101.8	101.7	101.6	101.6
99.0	98.7	98.3	98.5	98.3	97.9	97.8	97.6	97.5
90.8	88.9	88.5	94.9	96.9	98.0	97.9	100.0	100.4
98.5	99.9	102.5	101.8	102.6	100.9	97.9	97.5	99.0
95.6	92.6	84.5	86.6	92.1	93.3	96.8	93.4	95.9
97.4	93.9	89.8	87.2	88.6	91.0	92.3	92.9	94.9
98.7	98.4	98.4	98.4	98.5	98.4	98.2	98.1	98.0
92.4	94.0	94.3	93.1	93.9	94.0	93.0	93.3	93.8
99.7	99.2	98.7	98.2	98.2	97.5	97.6	97.5	97.5
101.8	101.0	99.8	99.1	99.0	99.3	99.1	98.0	98.0
92.9	93.1	93.2	93.9	96.2	97.2	97.7	97.6	97.3
105.8	103.9	102.9	102.3	101.4	101.1	100.3	99.4	99.0
99.5	99.7	99.5	94.5	94.4	93.6	94.8	95.5	95.6
95.5	95.5	92.0	91.3	91.4	91.2	92.5	93.8	93.3
100.9	100.6	100.9	100.5	100.0	99.8	100.3	100.0	100.0
103.7	103.7	104.3	105.0	106.1	106.0	105.5	105.2	104.6

4-10 分行业工业生产者出厂价格指数(2023年)

(上年同月=100)

类　别	Item	全　年 Annual Year	1 月 January	2 月 February
石油和天然气开采业	Oil and Gas Industry	90.0	104.9	96.9
石油开采	Oil Drilling	90.0	104.9	96.9
黑色金属矿采选业	Black Metal Mineral Mining and Selecting Industry	99.5	102.4	104.5
铁矿采选	The Iron Mineral Mining and Selecting	99.5	102.4	104.5
有色金属矿采选业	Colored Metal Mineral Mining and Selecting	100.6	94.5	95.7
常用有色金属矿采选	The Regular Colored Metal Mineral Mining and Selecting	100.6	94.5	95.7
非金属矿采选业	Non-Metal Mineral Mining and Selecting	107.3	118.3	119.2
土砂石开采	Soil Sand Mining	96.6	95.5	96.4
化学矿采选	Chemical Mineral Mining and Selecting	123.2	163.9	164.6
采盐	Salt Mining	84.6	82.9	82.9
农副食品加工业	Farm and Side-Line Food Processed Industry	100.1	106.2	106.0
谷物磨制	Corn Whetted	102.1	103.1	103.7
饲料加工	Forage Processed	103.2	113.6	113.2
植物油加工	Planting-Oil Processed	92.7	107.4	106.3
屠宰及肉类加工	Slaughtered Meta and Meat Processes	92.2	107.9	105.9
水产品加工	Fishery Product Processed	100.0	114.2	114.0
蔬菜、菌类、水果和坚果加工	Vegetable, Fungus, Fruit and Nut Processing	99.4	99.3	96.8
其他农副食品加工	Other Farm and Side-line Food Processed	105.3	102.8	104.3
食品制造业	Manufacture of Foods	101.2	101.7	101.7
焙烤食品制造	Baked Food Manufacturing	107.1	105.6	103.9
糖果、巧克力及蜜饯制造	Made of Candy, Chocolate and Preserves	103.8	105.2	106.2
方便食品制造	Convenient Food Manufacturing	100.4	101.6	100.8
乳制品制造	Dairy Products Manufacturing	100.8	99.6	100.2
罐头食品制造	Dairy Products Manufacturing	97.6	101.0	102.9
调味品、发酵制品制造	Condiment, Ferment Product Manufacturing	101.4	103.0	102.4
其他食品制造	Other Food Manufacturing	95.8	96.3	96.8
酒、饮料和精制茶制造业	Manufacture of Liquor, Beverages and Refined Tea	100.6	101.6	101.2
酒的制造	Wine Manufacturing	101.4	103.1	103.0
饮料制造	Beverage Manufacturing	100.3	100.6	99.6
精制茶加工	Refined-tea Process	99.7	100.3	100.0
烟草制品业	Manufacture of Tobacco	100.0	100.0	100.0
卷烟制造	Cigarette Manufacturing	100.0	100.0	100.0
其他烟草制品制造	Other Tobacco Products Manufacturing	100.0	100.0	100.0

Producer Price Indices for Industrial Producers by Industry(2023)

(same month of preceding year=100)

3 月 March	4 月 April	5 月 May	6 月 June	7 月 July	8 月 August	9 月 September	10 月 October	11 月 November	12 月 December
79.1	86.2	75.6	71.6	81.2	93.8	101.4	102.0	96.6	102.5
79.1	86.2	75.6	71.6	81.2	93.8	101.4	102.0	96.6	102.5
98.5	93.1	87.4	86.7	87.1	92.7	104.7	109.1	120.7	119.9
98.5	93.1	87.4	86.7	87.1	92.7	104.7	109.1	120.7	119.9
94.8	92.9	91.3	92.2	105.7	114.6	111.5	108.8	106.3	106.0
94.8	92.9	91.3	92.2	105.7	114.6	111.5	108.8	106.3	106.0
119.2	117.2	116.1	110.1	101.7	100.1	97.0	98.5	98.3	99.7
96.4	96.4	96.9	96.9	95.9	96.0	96.0	97.0	97.6	97.9
164.6	156.3	151.3	131.2	107.8	103.8	96.3	100.7	99.6	103.0
82.9	86.7	82.9	82.9	77.1	79.1	81.4	82.9	93.2	104.4
105.0	102.9	101.0	98.9	97.8	97.6	98.1	97.7	95.5	95.5
104.1	102.7	101.6	101.5	101.8	100.0	101.9	102.6	100.8	101.1
108.1	103.9	103.4	102.1	100.9	101.3	101.4	99.6	97.6	96.2
99.0	96.6	93.5	86.9	87.9	88.4	89.7	87.7	85.6	86.3
114.9	111.5	104.5	98.8	80.8	85.5	83.1	78.4	76.1	81.6
111.5	110.8	100.6	95.3	95.4	95.6	93.0	95.7	89.7	88.8
99.4	96.3	99.0	100.6	101.0	101.0	100.8	99.9	99.2	99.3
104.6	103.5	104.1	103.8	107.8	106.4	106.8	110.6	107.0	101.6
100.3	99.8	101.5	101.2	100.9	100.8	101.4	101.4	101.9	101.8
102.9	102.6	111.0	109.1	108.5	108.0	108.0	107.9	109.2	107.9
104.8	104.8	103.5	103.5	102.9	102.9	102.9	102.9	102.9	102.9
98.9	97.3	99.7	100.6	100.5	99.7	100.9	101.9	101.4	101.3
100.8	100.8	100.8	100.8	100.8	101.3	101.3	101.3	101.0	101.0
96.3	96.2	96.3	97.7	96.7	95.5	96.2	95.7	98.0	99.6
101.6	101.5	99.3	99.6	100.3	101.9	101.9	102.7	101.3	101.2
96.6	95.9	95.6	94.5	94.5	94.4	95.8	95.5	96.5	96.7
100.1	100.2	100.1	100.4	100.4	100.5	100.3	100.1	101.5	101.3
100.7	100.8	100.7	100.7	100.5	100.4	100.4	100.3	103.6	102.0
99.6	99.8	99.8	100.6	100.7	101.0	100.6	100.1	99.8	101.3
99.6	99.3	99.4	99.6	99.7	99.6	99.5	99.8	99.7	99.6
100.0	100.0	100.0	100.0	100.0	100.0	100.0	100.0	100.0	100.0
100.0	100.0	100.0	100.0	100.0	100.0	100.0	100.0	100.0	100.0
100.0	100.0	100.0	100.0	100.0	100.0	100.0	100.0	100.0	100.0

4-10 续表 1

(上年同月＝100)

类　别	Item	全　年 Annual Year
纺织业	Manufacture of Textile	95.2
棉纺织及印染精加工	Cotton Textiles and Dyeing and Finishing Processing	95.8
麻纺织及染整精加工	Hemp and Dyeing and Finishing	109.2
化纤织造及印染精加工	Chemical Fiber Weaving and Printing and Dyeing Finishing	98.0
针织或钩针编织物及其制品制造	Manufacture of Knitted or Crocheted Fabrics and Their Products	103.0
家用纺织制成品制造	Domestic Textile Manufactured Goods	101.8
产业用纺织制成品制造	Manufacturing of Industrial Textile Products	91.4
纺织服装、服饰业	Manufacture of Textile, Wearing Apparel and Accessories	102.6
机织服装制造	Woven Clothing Manufacturing	102.9
针织或钩针编织服装制造	Knitting or Crochet Clothing Manufacturing	99.6
服饰制造	Clothing Manufacturing	101.5
皮革、毛皮、羽毛及其制品和制鞋业	Manufacture of Leather, Fur, Feather and Related Products and Footware	99.4
皮革制品制造	Leather Goods Manufacturing	93.8
毛皮鞣制及制品加工	Fur Tanning and Processing of Products	97.7
制鞋业	Shoemaking	103.2
木材加工及木、竹、藤、棕、草制品业	Processing of Timber, Manufacture of Wood, Bamboo, Palm and Straw Products	98.3
人造板制造	Artificial Plank Manufacturing	97.5
木制品制造	Timber Product Manufacturing	99.4
竹、藤、棕、草等制品制造	Bamboo, Rattan, Palm, Grass and Other Products Manufacturing	99.2
家具制造业	Manufacture of Furniture	99.3
木质家具制造	Timber Furniture Manufacturing	99.3
金属家具制造	Metal Furniture Manufacturing	100.7
其他家具制造	Other Furniture Manufacturing	98.6
造纸和纸制品业	Manufacture of Paper and Paper Products	93.8
纸浆制造	Pulp Manufacturing	88.8
造纸	Paper Making	90.5
纸制品制造	Paper Products Manufacturing	98.8
印刷和记录媒介复制业	Printing and Reproduction of Recording Media	100.3
印刷	Printing	100.3
装订及印刷相关服务	Binding and Printing Related Services	99.9
文教、工美、体育和娱乐用品制造业	Manufacture of Articles for Culture, Education, Arts and Crafts, Sport and Entertainment Activities	111.3
乐器制造	Musical Instrument Manufacturing	101.3
工艺美术及礼仪用品制造	Manufacturing of Arts and Crafts and Ceremonial Articles	114.7
体育用品制造	Sporting Goods Manufacturing	101.1
玩具制造	Toy Manufacturing	102.6
石油、煤炭及其他燃料加工业	Processing of Petroleum, Coking and Processing of Other Fuel	91.9
精炼石油产品制造	Refined Coking Petroleum Manufacturing	91.9
化学原料及化学制品制造业	Manufacture of Raw Chemical Materials and Products	89.5
基础化学原料制造	Basic Chemical Material Manufacturing	87.3

Continued

(same month of preceding year=100)

1 月 January	2 月 February	3 月 March	4 月 April	5 月 May	6 月 June	7 月 July	8 月 August	9 月 September	10 月 October	11 月 November	12 月 December
95.3	94.5	93.8	93.1	93.2	93.3	94.0	96.3	97.3	97.7	97.6	97.4
94.5	93.6	93.0	92.4	92.9	93.1	94.6	98.0	99.0	99.7	99.9	99.4
106.4	105.1	99.5	100.9	107.4	109.6	108.2	111.8	111.9	111.1	117.2	120.9
95.2	101.5	98.2	97.5	97.1	94.6	95.5	96.6	99.3	101.4	101.1	98.9
105.3	104.7	104.4	104.1	103.7	102.7	102.9	102.8	102.3	101.9	101.5	99.6
102.3	102.2	102.4	102.0	101.8	99.9	100.9	101.7	102.0	102.0	101.6	102.7
95.1	93.9	93.5	92.2	91.3	91.3	90.0	89.8	90.7	90.5	89.2	89.3
105.6	105.3	105.8	106.0	104.0	102.8	102.0	101.0	100.8	100.1	99.1	98.7
105.8	105.6	106.6	106.9	104.9	103.3	102.4	101.3	101.0	100.3	99.0	98.7
105.1	103.5	101.6	100.8	99.5	98.9	96.8	96.7	97.8	98.2	98.9	98.5
104.7	104.1	103.0	103.3	100.5	101.1	101.6	101.1	101.1	99.7	99.2	99.0
99.2	100.5	100.9	101.4	101.2	101.6	98.5	98.4	97.5	97.6	98.0	97.9
89.4	106.4	105.4	107.0	105.8	105.3	86.7	86.5	85.6	84.2	83.1	83.7
97.9	97.9	98.0	97.9	98.4	98.3	96.5	96.5	95.7	97.5	98.7	98.7
103.7	102.0	103.3	104.2	103.3	104.5	104.6	104.4	103.4	101.7	101.7	101.3
100.5	100.0	99.8	99.0	98.8	98.5	97.9	97.8	96.9	96.9	96.7	97.1
100.1	99.2	98.9	97.7	97.3	97.6	96.5	96.3	96.4	96.5	96.6	97.2
101.0	101.3	101.0	101.0	101.0	100.3	99.7	99.7	97.2	97.1	96.6	96.6
100.0	100.0	100.0	98.3	98.3	94.5	100.0	100.0	100.0	100.0	100.0	100.0
98.2	99.2	100.0	101.1	100.2	99.2	99.1	99.3	99.0	99.2	99.1	98.3
97.8	99.0	100.0	101.2	100.2	99.1	99.0	99.3	99.0	99.3	99.1	98.3
101.4	101.5	101.4	101.4	101.4	100.0	100.0	100.2	100.2	100.1	101.2	99.8
99.7	99.6	99.1	99.4	99.0	99.2	99.0	98.2	97.5	97.2	97.4	97.6
96.5	96.2	96.9	95.5	95.5	92.0	91.3	91.4	91.2	92.5	93.8	93.3
112.1	106.6	105.0	96.7	89.5	79.3	78.9	78.4	79.3	79.0	81.4	84.2
91.1	91.0	92.2	90.4	91.1	88.1	87.9	87.7	89.7	92.4	92.6	91.6
103.7	103.4	103.2	102.8	102.1	98.1	96.7	97.2	93.9	93.4	96.2	96.2
100.6	101.2	101.1	100.5	100.5	101.0	100.3	99.6	99.6	99.6	99.6	99.6
100.6	101.2	101.2	100.6	100.5	101.1	100.3	99.6	99.6	99.6	99.6	99.6
100.0	100.0	98.5	100.0	100.0	100.0	100.0	100.0	100.0	100.0	100.0	100.0
108.7	107.7	107.8	108.7	108.0	110.6	113.1	115.5	114.6	114.8	112.9	112.8
100.5	100.1	101.1	102.2	100.3	100.5	100.5	101.7	101.9	102.7	101.9	102.8
110.6	109.0	109.5	111.0	110.6	114.4	117.5	120.8	119.7	119.1	117.0	116.8
99.0	99.0	98.2	98.6	98.1	95.7	99.6	102.9	101.6	103.9	108.1	109.7
106.3	106.9	105.1	103.6	101.8	101.6	102.1	101.1	100.4	103.1	99.7	99.6
106.7	101.3	94.5	92.9	89.8	80.1	82.8	89.0	90.3	94.8	91.3	94.0
106.7	101.3	94.5	92.9	89.8	80.1	82.8	89.0	90.3	94.8	91.3	94.0
96.3	96.5	96.0	93.4	88.4	83.2	80.3	82.7	86.6	88.8	89.8	92.8
97.3	97.4	93.2	89.5	83.4	80.5	78.4	81.8	88.1	88.0	83.7	87.7

4-10 续表 2

(上年同月＝100)

类别	Item	全年 Annual Year
肥料制造	Fertilizer Manufacture	87.3
农药制造	Insecticide Manufacture	74.3
涂料、油墨、颜料及类似产品制造	Coating, Printing Ink, Pigment and the Similar Products Manufacture	98.8
合成材料制造	Compounded Material Manufacture	85.0
专用化学产品制造	Specialized Chemical Product Manufacture	93.3
炸药、火工及焰火产品制造	The Manufacture of Explosives, Firework and Fireworks	97.8
日用化学产品制造	Daily Chemical Product Manufacture	100.0
医药制造业	Manufacture of Medicines	100.9
化学药品原药制造	Original Medicine of Chemical Medicine Manufacture	97.8
化学药品制剂制造	Chemical Medicine Agent Manufacture	104.8
中药饮片加工	Processing of Chinese Herbal Pieces	106.9
中成药生产	Medium Patent Manufacture	101.7
兽用药品制造	Medicine in Herbs Manufacture	87.1
生物药品制品制造	Biology, Bio-chemical Product Manufacture	98.6
卫生材料及医药用品制造	Sanitary Materials and Medical Supplies Manufacturing	96.3
化学纤维制造业	Manufacture of Chemical Fibres	107.9
纤维素纤维原料及纤维制造	Cellulose Fiber Raw Materials and Fiber Manufacturing	116.5
合成纤维制造	Synthetic Fiber Manufacturing	102.1
橡胶和塑料制品业	Manufacture of Rubber and Plastics Products	96.3
橡胶制品业	Manufacture of Rubber	99.2
塑料制品业	Manufacture of Plastics	95.8
非金属矿物制品业	Manufacture of Non-metallic Mineral Products	93.0
水泥、石灰和石膏制造	Cement, Lime and Gypsum Manufacture	85.3
石膏、水泥制品及类似制品制造	Cement and Gypsum Product Manufacture	93.3
砖瓦、石材等建筑材料制造	Brick, Stone Material and Other Buildings Material Manufacture	93.5
玻璃制造	Glass Manufacturing	96.6
玻璃制品制造	Glass Goods Manufacturing	100.7
玻璃纤维和玻璃纤维增强塑料制品制造	Manufacture of Fiberglass and Fiberglass-Reinforced Plastic Products	97.0
陶瓷制品制造	Ceramic Product Manufacturing	96.9
耐火材料制品制造	Refractory Products Manufacturing	98.9
石墨及其他非金属矿物制品制造	Graphite and Other Non-metal Mineral Product Manufacture	95.4
黑色金属冶炼及压延加工业	Smelting and Pressing of Ferrous Metals	91.9
炼钢	Steel Making	91.8
钢压延加工	Pressed Steel Processing	91.5
铁合金冶炼	Iron-alloy Smelting	97.1

Continued

(same month of preceding year=100)

1 月 January	2 月 February	3 月 March	4 月 April	5 月 May	6 月 June	7 月 July	8 月 August	9 月 September	10 月 October	11 月 November	12 月 December
104.4	105.7	104.1	98.0	87.6	77.1	71.1	72.7	78.2	81.5	85.4	91.1
82.9	82.2	77.7	80.6	72.7	67.9	67.0	68.6	73.2	70.0	74.8	73.5
99.3	96.5	96.4	98.8	100.6	97.7	99.2	99.6	99.9	99.4	99.6	98.6
78.3	79.1	88.1	83.7	81.9	78.5	76.4	82.9	86.2	95.5	96.9	98.1
92.0	91.6	90.9	92.4	92.8	92.7	93.6	94.6	94.8	94.9	94.7	95.4
96.4	96.5	96.7	97.8	98.1	97.8	97.8	98.0	98.0	98.7	98.7	98.7
103.3	104.0	101.8	100.7	100.3	100.3	98.4	98.4	98.4	98.4	98.4	98.4
102.7	101.7	103.2	102.9	102.4	100.8	100.3	98.8	99.8	99.5	99.4	99.5
100.0	97.9	97.7	100.3	98.8	98.1	100.9	96.6	96.8	95.6	95.9	95.3
108.8	108.7	109.9	106.9	105.7	103.8	100.6	100.5	102.6	103.2	103.1	104.7
105.3	105.1	103.7	104.5	105.8	106.6	108.2	107.0	110.6	109.1	108.8	107.6
100.3	100.5	101.8	102.6	102.6	102.0	102.0	101.5	101.7	101.9	101.4	101.8
92.0	92.0	92.8	90.9	89.8	89.4	81.8	83.3	83.3	83.9	83.9	80.7
106.5	99.6	110.0	110.0	110.1	100.4	98.5	91.5	92.2	89.9	89.9	89.2
95.9	95.6	96.1	95.1	95.4	95.2	96.8	97.1	97.2	97.2	97.1	97.2
110.8	113.1	110.6	108.8	107.0	104.7	106.0	106.9	106.1	106.5	107.7	107.4
110.2	120.8	119.1	118.8	118.6	116.8	115.7	115.0	114.9	114.7	117.1	116.8
111.0	107.9	104.9	102.2	99.3	96.8	99.5	101.4	100.2	101.0	101.4	101.1
97.6	97.8	97.1	96.1	95.9	95.1	95.0	95.7	96.3	96.2	96.1	96.3
98.8	100.7	100.7	100.7	100.2	98.9	98.0	98.6	97.9	98.7	98.7	98.1
97.4	97.3	96.6	95.4	95.3	94.6	94.5	95.3	96.1	95.8	95.8	96.0
92.2	91.5	91.4	92.4	94.0	94.3	93.1	93.9	94.1	93.0	93.3	93.8
84.5	84.9	83.6	86.3	86.7	87.2	86.4	86.7	84.6	84.2	83.9	85.0
92.4	92.1	92.4	92.9	94.1	95.4	94.4	93.7	93.8	92.4	93.7	92.7
92.5	91.5	91.7	92.2	94.4	94.3	92.2	94.5	95.9	94.1	93.8	95.5
89.1	80.9	82.2	92.1	101.2	99.0	98.2	104.9	105.8	104.5	103.5	104.2
104.4	102.3	100.1	99.7	100.9	100.9	100.7	100.4	100.5	98.6	99.8	100.5
93.0	92.8	91.6	99.4	97.9	98.5	98.6	98.9	98.9	98.4	98.4	98.4
97.3	95.3	96.8	96.0	98.6	97.8	98.0	96.7	96.6	95.4	97.2	97.6
97.8	98.2	99.7	99.3	98.9	99.5	99.4	99.3	99.2	99.5	97.9	98.5
96.4	97.3	96.9	95.1	95.3	93.6	92.7	93.1	94.2	96.1	97.5	97.2
89.2	90.6	90.8	88.3	84.9	84.6	90.8	94.0	96.4	95.6	99.8	101.0
91.9	94.8	94.9	93.6	85.6	82.9	87.9	90.2	93.0	91.3	97.5	99.1
87.9	88.9	89.4	86.4	84.1	84.3	91.4	94.9	97.3	96.6	100.5	101.5
97.7	99.3	97.1	97.6	95.3	95.5	94.4	96.4	96.0	97.8	97.9	100.0

4-10 续表 3

(上年同月=100)

类　　别	Item	全　年 Annual Year
有色金属冶炼及压延加工业	Smelting and Pressing of Non-ferrous Metals	98.2
常用有色金属冶炼	General Non-ferrous Metal Coking	97.9
有色金属合金制造	Non-ferrous Metal Alloy Manufacture	96.7
有色金属压延加工	Non-ferrous Metal Pressing Processing	98.8
金属制品业	Manufacture of Metal Products	98.0
结构性金属制品制造	Structural Metal Product	100.4
金属工具制造	Metal Tools Manufacture	96.8
集装箱及金属包装容器制造	Container and Metal Packing Container Manufacture	97.3
金属丝绳及其制品的制造	Metal Silk Rope and Its Product Manufacture	89.0
建筑、安全用金属制品制造	Manufacture of Metal Products for Construction and Safety	96.6
金属表面处理及热处理加工	Metal Surface Treatment and Heat Treatment Processing	96.7
搪瓷制品制造	Manufacture of Enamel Products	99.9
金属制日用品制造	Metal Producing Manufacture	101.3
锻造及其他金属制品制造	Other Metal Product Manufacture	95.2
通用设备制造业	Manufacture of General Purpose Machinery	99.7
锅炉及原动设备制造	Boiler and Original Equipment	100.0
金属加工机械制造	Metal Process and Machinery Manufacture	102.0
物料搬运设备制造	Material Handling Equipment Manufacturing	100.3
泵、阀门、压缩机及类似机械的制造	Pump, Valve, Compressor and Its Similar Mechanical Manufacture	99.5
轴承、齿轮和传动部件制造	Manufacturing of Bearings, Gears and Transmission Parts	99.7
烘炉、风机、包装等设备制造	Ovens, Fans, Packaging and Other Equipment Manufacturing	99.3
文化、办公用机械制造	Manufacturing of Cultural and Office Machinery	99.1
通用零部件制造	General Parts Manufacturing	97.9
专用设备制造业	Manufacture of Special Purpose Machinery	99.5
采矿、冶金、建筑专用设备制造	Ore Mountain, Metallurgy, Building Special Equipment Manufacture	98.8
化工、木材、非金属加工专用设备制造	Chemical Engineering, Timber, Non-Metal Processed Special Equipments Manufacture	99.4
食品、饮料、烟草及饲料生产专用设备制造	The Food, Beverage, Tobacco and Fodder Production Special Equipments Manufacture	102.0
印刷、制药、日化及日用品生产专用设备制造	Manufacturing of Special Equipment for Printing, Pharmaceuticals, Daily Chemicals and Daily Necessities	99.4
纺织、服装和皮革加工专用设备制造	Manufacture of Special Equipment for Textile, Garment and Leather Processing	100.5
电子和电工机械专用设备制造	Manufacture of Special Equipment for Electronic and Electrical Machinery	95.9
医疗仪器设备及器械制造	Medical Equipment and Equipment Manufacturing	100.3
环保、邮政、社会公共服务及其他专用设备制造	Environmental Protection, Postal Services, Social Public Services and Other Manufacturing of Special Equipment	100.7
汽车制造业	Manufacture of Automobiles	99.4
汽车整车制造	The Car is Made by Car	99.4
汽车用发动机制造	Automobile Engine Manufacturing	96.3
改装汽车制造	Refitted Automobiles	100.2
汽车车身、挂车制造	Car Body, Trailer Manufacturing	100.4
汽车零部件及配件制造	Auto Parts and Accessories Manufacturing	99.2
铁路、船舶、航空航天和其他运输设备制造业	Manufacturing of Railways, Ships, Aerospace and Other Transport Equipment	99.5
铁路运输设备制造	Railway Transport Equipment Manufacturing	99.4
城市轨道交通设备制造	Urban Rail Transit Equipment Manufacturing	98.8
船舶及相关装置制造	Ship and Related Equipment Manufacturing	99.8
摩托车制造	Motorcycle Manufacturing	99.2
助动车制造	Moped Manufacturing	100.4

Continued

(same month of preceding year=100)

1 月 January	2 月 February	3 月 March	4 月 April	5 月 May	6 月 June	7 月 July	8 月 August	9 月 September	10 月 October	11 月 November	12 月 December
97.3	97.1	95.1	93.0	91.8	92.5	103.6	104.5	104.2	102.8	99.8	99.4
94.3	95.5	93.7	91.0	91.0	90.2	105.5	105.7	104.3	104.1	100.8	102.5
110.8	106.5	104.7	101.0	93.2	95.4	97.8	98.4	99.3	91.1	84.3	79.9
97.9	96.9	94.4	93.6	92.5	94.6	102.5	104.5	105.2	104.1	102.1	100.1
98.6	98.1	98.1	98.4	97.8	97.4	97.5	98.0	98.0	98.1	97.5	98.4
100.1	99.7	100.7	100.5	100.4	100.4	100.9	101.3	100.7	100.6	99.7	99.5
103.0	101.5	97.7	97.0	95.8	95.6	95.2	95.2	93.9	95.0	95.3	97.2
99.2	98.9	98.3	98.3	97.5	95.2	95.4	95.3	96.5	96.9	98.1	98.1
87.1	83.3	85.9	87.1	84.1	83.8	86.4	90.2	92.4	97.6	95.0	99.0
98.0	98.0	96.0	96.1	95.8	91.7	93.4	98.7	98.1	98.2	98.1	97.9
95.4	93.6	98.6	94.8	93.9	95.1	96.9	97.8	98.1	98.2	99.5	99.1
94.9	95.9	94.9	97.4	78.7	77.9	110.1	110.1	110.1	110.1	110.1	117.6
103.2	103.2	103.2	103.2	103.2	102.0	100.1	100.1	100.0	99.8	99.0	98.6
96.0	96.4	94.8	96.5	96.0	96.0	94.4	94.0	94.6	94.0	93.1	96.1
100.2	100.3	100.3	100.4	100.3	99.9	99.7	99.1	99.2	99.1	99.3	99.1
100.5	99.8	99.8	99.8	99.8	100.2	100.2	100.2	99.9	99.9	100.1	100.1
102.1	105.1	106.5	106.0	105.2	103.7	102.7	100.0	99.4	98.3	98.2	97.3
101.2	100.0	99.8	101.2	101.1	99.8	100.0	99.9	99.9	99.9	100.4	100.3
99.8	99.9	99.4	99.5	100.0	99.3	99.1	99.3	99.2	99.1	99.5	99.4
99.9	100.0	100.1	100.0	100.0	100.0	99.8	99.5	99.5	99.6	99.3	99.3
101.5	100.3	99.1	98.7	98.9	99.4	99.3	98.7	99.6	98.6	99.1	98.9
98.7	98.7	99.0	97.7	99.0	99.0	99.0	99.0	99.0	99.7	100.4	100.4
97.3	97.2	97.4	97.7	97.6	97.3	97.3	97.6	98.0	99.0	99.5	99.5
99.8	99.8	99.6	99.4	99.7	99.7	99.4	99.6	99.2	99.1	99.5	99.7
97.8	98.2	98.0	98.3	99.2	99.1	98.5	99.2	99.2	98.6	100.0	100.2
99.9	99.9	99.9	99.9	100.2	100.2	100.2	100.2	98.0	98.0	97.9	98.0
102.9	102.0	102.0	101.4	101.1	101.3	102.0	102.1	102.1	102.2	102.3	102.3
97.6	100.1	99.3	100.1	101.4	101.1	100.9	100.0	98.4	97.4	98.0	98.7
100.3	100.3	100.3	100.3	100.7	100.7	100.7	100.7	100.7	100.7	100.7	100.7
98.9	97.6	97.4	96.7	96.4	96.1	93.7	92.9	94.2	96.0	95.7	95.7
100.0	99.1	99.4	98.8	98.8	99.6	100.7	100.6	102.3	101.9	101.2	101.8
102.3	101.9	101.5	100.8	100.4	100.4	100.2	100.2	100.2	100.2	100.2	100.5
99.6	99.1	99.1	99.2	99.1	99.3	99.2	99.5	99.4	99.5	99.7	99.8
99.8	98.8	98.7	99.4	99.3	99.3	99.3	99.4	99.3	99.3	99.9	100.3
96.4	96.9	97.5	95.2	95.2	96.3	96.3	96.3	96.3	96.3	96.3	96.3
99.7	99.1	101.1	102.7	100.9	100.7	99.2	100.9	101.2	100.7	98.4	98.4
103.5	103.9	102.9	98.9	98.9	99.9	100.6	100.3	99.0	99.1	100.1	97.4
99.0	98.6	98.7	98.7	98.7	99.1	98.9	99.4	99.5	99.6	99.6	100.0
100.0	100.0	100.1	99.9	100.3	99.4	99.2	99.2	99.1	98.9	99.0	98.8
99.6	99.6	99.6	99.6	100.0	100.0	99.2	99.2	98.9	98.9	98.9	98.9
100.1	100.1	100.1	100.1	100.1	97.9	97.9	97.9	97.9	97.9	97.9	97.8
100.1	100.2	100.2	100.1	100.8	99.4	99.4	99.4	99.5	99.7	99.8	98.6
98.7	98.7	99.5	98.0	98.5	98.7	98.8	98.9	100.0	100.0	100.2	100.3
102.7	102.8	104.1	102.2	101.9	99.5	100.8	101.6	99.6	95.0	95.7	99.0

4-10 续表 4

(上年同月＝100)

类　　别	Item	全　年 Annual Year
电气机械及器材制造业	Electricity Machine and Its Equipment Manufacture	98.0
电机制造	Electric Engineering Manufacture	96.7
输配电及控制设备制造	Electricity Mixed and Control Equipments Manufacture	99.8
电线、电缆、光缆及电工器材制造	Wire, Cable, Fiber Optic Cable and the Electric Device Manufacture	99.5
电池制造	Battery Manufacture	96.8
家用电力器具制造	Electric Power Apparatus Manufacture	96.0
非电力家用器具制造	Non-electric Household Appliance Manufacturing	97.0
照明器具制造	Light Manufacture	98.5
计算机、通信和其他电子设备制造业	Manufacture of Computers, Communication and Other Electronic Equipment	95.2
计算机制造	Computer Manufacturing	95.7
通信设备制造	Tele-communication Equipment Manufacture	97.7
非专业视听设备制造	Non-Professional Audio-Visual Equipment Manufacturing	97.0
智能消费设备制造	Smart Consumer Device Manufacturing	99.4
电子器件制造	Electronic Appliances	92.9
电子元件制造及电子专用材料制造	Electronic Components	92.8
其他电子设备制造	Other Electronic Equipment Manufacturing	99.8
仪器仪表制造业	Manufacture of Measuring Instruments and Machinery	99.7
通用仪器仪表制造	General Instrument and Meters	99.1
专用仪器仪表制造	Manufacturing of Special Instruments and Meters	100.3
光学仪器制造	Optical Instrument Manufacturing	103.6
衡器制造	Weighing Apparatus Manufacturing	93.9
其他制造业	Other Manufacturing	102.5
日用杂品制造	Manufacturing of Daily Necessities	102.5
废弃资源综合利用业	Utilization of Waste Resources	82.6
金属废料和碎屑加工处理	Metal Waste and Debris Processing	81.8
非金属废料和碎屑加工处理	Non-Metallic Scrap and Scrap Processing	88.2
金属制品、机械和设备修理业	Repair of Metal Products, Machinery and Equipment	108.4
铁路、船舶、航空航天等运输设备修理	Railway, Ship, Aerospace and Other Transportation Equipment Repair	108.4
电力、热力生产和供应业	Production and Supply of Electric Power and Heat Power	100.7
电力生产	Electric Power Production	100.1
电力供应	Electric Power Supply	100.8
热力生产和供应	Thermal Production and Supply	105.0
燃气生产和供应业	Production and Supply of Gas	107.5
燃气生产和供应业	Production and Supply of Gas	107.5
水的生产和供应业	Production and Supply of Water	100.1
自来水的生产和供应	Tapping-water Production and Supply	100.0
污水处理及其再生利用	Sewage Treatment and Its Recycling	100.5

Continued

(same month of preceding year=100)

1 月 January	2 月 February	3 月 March	4 月 April	5 月 May	6 月 June	7 月 July	8 月 August	9 月 September	10 月 October	11 月 November	12 月 December
99.7	99.3	99.0	98.1	97.8	97.1	97.8	98.1	97.8	97.4	96.9	96.6
92.8	97.1	93.7	95.4	94.9	95.3	95.7	100.2	99.8	98.6	98.4	99.0
104.4	102.5	101.9	102.4	101.8	101.4	100.1	99.1	97.8	95.3	96.8	95.2
98.3	99.4	100.8	99.2	98.7	97.7	100.1	100.3	100.9	100.5	99.0	98.4
102.1	101.5	99.6	96.5	94.3	94.5	94.2	94.9	96.0	99.3	95.5	93.2
97.5	95.9	96.3	95.2	96.1	94.7	96.1	96.4	95.6	95.3	95.4	97.4
104.6	103.8	99.6	99.8	98.3	98.1	95.5	93.9	94.5	94.0	91.1	92.0
95.5	95.5	95.9	95.4	97.9	95.5	101.2	101.0	101.0	101.4	101.4	101.5
95.6	96.9	97.0	96.5	95.3	95.6	95.3	95.4	95.0	94.2	93.4	92.0
99.0	95.7	99.4	96.0	94.8	98.9	97.9	95.1	95.2	93.1	93.1	90.2
99.9	100.8	99.4	99.1	99.1	98.2	98.0	99.6	97.0	96.5	93.8	90.5
99.6	99.0	101.1	101.1	101.1	100.1	100.1	93.8	93.8	93.8	90.0	90.0
100.0	100.0	100.0	105.4	97.9	100.0	100.0	100.0	96.3	100.0	96.6	96.6
90.5	94.3	94.0	93.5	92.4	92.4	92.1	92.4	94.0	92.9	93.1	93.3
95.1	95.3	95.5	95.5	92.7	92.2	92.2	92.9	91.2	91.0	90.8	90.0
99.9	98.8	99.9	99.9	99.9	99.9	99.9	99.9	99.9	99.8	99.8	99.8
100.7	100.1	99.8	99.5	99.1	99.0	99.4	99.6	99.5	99.5	99.7	100.0
101.3	100.1	99.5	98.9	98.1	98.1	98.8	98.8	98.8	98.8	99.1	99.1
100.2	100.2	100.2	100.2	100.2	100.0	100.0	100.6	100.6	100.6	100.6	100.6
102.6	103.6	103.7	103.9	104.1	104.0	104.1	104.1	103.1	103.0	103.2	103.3
93.4	93.4	93.4	93.4	93.4	93.4	93.4	93.4	93.4	93.4	93.4	100.0
106.1	104.2	104.0	104.6	104.6	101.7	103.0	104.4	103.0	99.7	99.0	96.6
106.1	104.2	104.0	104.6	104.6	101.7	103.0	104.4	103.0	99.7	99.0	96.6
82.0	80.6	79.8	75.9	76.2	74.1	86.1	86.9	85.0	85.6	92.8	93.6
80.2	78.6	78.1	73.7	74.7	72.3	85.8	86.2	84.8	86.8	95.5	94.8
95.6	95.9	92.9	95.5	88.5	88.4	87.1	91.2	85.5	76.4	76.0	85.6
103.8	108.9	111.0	112.2	113.3	105.9	108.1	110.5	110.0	107.6	108.4	102.4
103.8	108.9	111.0	112.2	113.3	105.9	108.1	110.5	110.0	107.6	108.4	102.4
108.1	101.7	98.8	98.5	99.9	102.5	101.8	102.6	100.9	97.9	97.5	99.0
103.1	100.1	99.9	100.1	99.8	99.3	99.6	100.0	99.6	99.3	100.1	100.4
112.0	102.6	97.8	97.0	99.6	104.7	103.3	104.1	101.3	96.6	95.2	97.6
105.9	105.9	105.9	105.9	100.0	100.0	100.0	107.1	107.1	107.1	107.8	107.8
111.2	111.7	111.7	111.1	111.1	111.1	105.8	105.8	105.0	105.0	101.9	100.9
111.2	111.7	111.7	111.1	111.1	111.1	105.8	105.8	105.0	105.0	101.9	100.9
100.3	100.1	100.1	100.1	100.2	100.2	100.0	100.0	100.0	99.9	100.0	100.1
100.1	100.0	99.9	100.0	100.0	100.0	100.0	99.9	100.0	99.9	99.9	100.1
101.3	100.6	100.6	100.6	101.0	101.0	100.1	100.1	100.1	100.1	100.1	100.1

4-11 分月工业生产者出厂价格环比指数(2023年)

(上月＝100)

类 别	Item	全 年 Annual Year	1 月 January	2 月 February
全部工业品	**Total Industrial Products**	**97.7**	**99.9**	**99.9**
#轻工业	Light Industry	98.4	99.5	99.9
以农产品为原料	Agricultural Products as Raw Materials	97.7	99.1	99.9
以非农产品为原料	Non-agricultural Products as Raw Materials	100.0	100.3	99.8
重工业	Heavy Industry	97.3	100.1	99.9
采掘	Mining and Quarrying	104.1	100.4	102.1
原材料	Raw Material	96.4	100.2	99.9
加工	Processing	97.3	100.0	99.8
#生产资料	Means of Production	97.1	100.0	100.0
采掘	Mining and Quarrying	104.1	100.4	102.1
原材料	Raw Material	96.8	100.4	100.0
加工	Processing	97.0	99.9	99.9
生活资料	Consumer Goods	98.9	99.6	99.7
食品	Food	98.4	98.9	100.0
衣着	Clothing	98.3	100.1	99.8
一般日用品	Articles for Daily Use	101.6	100.2	100.0
耐用消费品	Durable Consumers' Goods	97.5	100.0	99.0
按工业部门分	**Grouped by Department of Industry**			
冶金工业	Metallurgical Industry	100.4	101.1	101.5
电力工业	Power Industry	99.0	101.0	98.6
石油工业	Petroleum Industry	95.9	98.8	101.0
化学工业	Chemical Industry	94.9	100.1	99.9
机械工业	Machine Building Industry	98.0	99.7	99.7
建筑材料工业	Building Material Industry	93.8	99.7	98.8
森林工业	Timber Industry	97.5	100.0	100.3
食品工业	Food Industry	98.0	99.0	100.0
纺织工业	Textile Industry	97.3	99.0	99.9
缝纫工业	Tailoring Industry	99.0	100.0	99.6
皮革工业	Leather Industry	95.6	100.2	99.9
造纸工业	Paper Industry	93.3	99.4	99.8
文教艺术用品工业	Cultural, Educational and Handicraft Articles	100.0	101.5	100.1
其他工业	Other Industry	104.6	100.2	100.6

Producer Price Chain Index for Industrial Producers by Month(2023)

(preceding month=100)

3 月 March	4 月 April	5 月 May	6 月 June	7 月 July	8 月 August	9 月 September	10 月 October	11 月 November	12 月 December
100.0	**99.7**	**99.3**	**99.2**	**99.6**	**100.0**	**100.3**	**100.0**	**99.8**	**100.0**
100.0	99.7	100.0	99.6	99.9	100.0	100.4	100.3	99.5	99.7
99.8	99.6	99.9	99.6	99.9	100.0	100.5	100.3	99.4	99.6
100.3	100.0	100.1	99.6	100.0	99.9	100.1	100.2	99.7	100.0
100.0	99.6	99.0	99.0	99.4	100.0	100.3	99.9	100.0	100.2
100.8	100.2	99.5	99.6	97.4	100.3	101.0	101.3	100.9	100.8
99.8	99.1	97.9	98.2	99.8	100.7	100.9	100.2	99.4	100.2
100.0	99.8	99.2	99.2	99.3	99.9	100.1	99.7	100.1	100.1
100.0	99.5	99.0	98.9	99.3	100.1	100.3	99.9	99.9	100.1
100.8	100.2	99.5	99.6	97.4	100.3	101.0	101.3	100.9	100.8
99.9	99.0	97.9	98.2	99.8	100.7	100.9	100.3	99.4	100.3
100.0	99.6	99.3	99.1	99.3	99.9	100.2	99.8	100.0	100.0
100.0	100.0	99.9	99.8	100.0	99.9	100.3	100.2	99.6	99.8
99.8	99.6	99.9	99.7	100.1	99.9	100.8	100.5	99.3	99.7
100.3	99.9	99.8	99.9	99.4	99.7	99.7	100.1	99.8	99.9
100.6	99.9	100.2	100.1	100.1	100.2	100.1	100.0	100.0	100.1
99.8	100.9	99.4	99.5	100.0	99.6	99.7	99.9	99.8	99.8
101.3	99.4	97.1	98.1	100.5	100.3	100.5	99.3	100.5	101.0
99.9	99.3	98.7	99.8	100.2	100.5	100.3	100.6	99.9	100.3
99.5	98.9	98.4	97.3	100.9	103.9	101.4	100.7	97.9	97.2
99.9	98.8	98.3	97.6	98.1	99.6	101.3	100.5	100.1	100.6
99.9	100.0	99.8	99.8	99.9	99.9	99.8	99.8	99.9	99.8
99.1	100.4	100.1	98.7	97.6	99.5	100.0	99.3	99.9	100.5
100.3	99.8	99.7	99.5	99.7	99.7	99.4	99.9	99.9	99.5
99.8	99.5	99.9	99.7	100.1	100.0	100.8	100.4	99.3	99.7
99.8	99.8	100.1	99.9	99.8	100.1	100.2	100.0	99.3	99.4
100.5	100.0	99.8	100.0	100.0	99.6	99.8	100.1	99.7	99.9
99.8	100.1	100.1	100.1	95.9	100.3	99.1	99.9	100.4	99.7
99.7	99.2	99.5	97.2	98.1	100.2	99.7	101.1	100.1	99.1
100.1	99.1	100.2	100.1	99.7	99.2	100.0	100.3	99.7	100.1
100.9	101.3	100.2	100.5	99.6	100.6	100.1	100.3	100.4	99.8

4-12 分行业工业生产者出厂价格环比指数(2023年)

(上月=100)

类 别	Item	全 年 Annual Year
石油和天然气开采业	Oil and Gas Industry	102.5
石油开采	Oil Drilling	102.5
黑色金属矿采选业	Black Metal Mineral Mining and Selecting Industry	119.9
铁矿采选	The Iron Mineral Mining and Selecting	119.9
有色金属矿采选业	Colored Metal Mineral Mining and Selecting	106.0
常用有色金属矿采选	The Regular Colored Metal Mineral Mining and Selecting	106.0
非金属矿采选业	Non-Metal Mineral Mining and Selecting	99.7
土砂石开采	Soil Sand Mining	97.9
化学矿采选	Chemical Mineral Mining and Selecting	103.0
采盐	Salt Mining	104.4
农副食品加工业	Farm and Side-Line Food Processed Industry	95.5
谷物磨制	Corn Whetted	101.1
饲料加工	Forage Processed	96.2
植物油加工	Planting-Oil Processed	86.3
屠宰及肉类加工	Slaughtered Meta and Meat Processes	81.6
水产品加工	Fishery Product Processed	88.8
蔬菜、菌类、水果和坚果加工	Vegetable, Fungus, Fruit and Nut Processing	99.3
其他农副食品加工	Other Farm and Side-line Food Processed	101.6
食品制造业	Manufacture of Foods	101.8
焙烤食品制造	Baked Food Manufacturing	107.9
糖果、巧克力及蜜饯制造	Made of Candy, Chocolate and Preserves	102.9
方便食品制造	Convenient Food Manufacturing	101.3
乳制品制造	Dairy Products Manufacturing	101.0
罐头食品制造	Dairy Products Manufacturing	99.6
调味品、发酵制品制造	Condiment, Ferment Product Manufacturing	101.2
其他食品制造	Other Food Manufacturing	96.7
酒、饮料和精制茶制造业	Manufacture of Liquor, Beverages and Refined Tea	101.3
酒的制造	Wine Manufacturing	102.0
饮料制造	Beverage Manufacturing	101.3
精制茶加工	Refined-tea Process	99.6
烟草制品业	Manufacture of Tobacco	100.0
卷烟制造	Cigarette Manufacturing	100.0
其他烟草制品制造	Other Tobacco Products Manufacturing	100.0

Producer Price Chain Indices for Industrial Producers by Industry(2023)

(preceding month=100)

1 月 January	2 月 February	3 月 March	4 月 April	5 月 May	6 月 June	7 月 July	8 月 August	9 月 September	10 月 October	11 月 November	12 月 December
100.8	102.5	97.8	103.5	93.2	101.2	105.5	108.7	106.3	99.1	93.6	91.9
100.8	102.5	97.8	103.5	93.2	101.2	105.5	108.7	106.3	99.1	93.6	91.9
103.4	107.2	103.8	100.5	95.0	100.8	98.5	99.3	102.8	100.1	105.0	102.3
103.4	107.2	103.8	100.5	95.0	100.8	98.5	99.3	102.8	100.1	105.0	102.3
101.2	102.5	101.8	100.5	97.9	98.4	102.4	101.3	100.3	98.4	100.6	100.7
101.2	102.5	101.8	100.5	97.9	98.4	102.4	101.3	100.3	98.4	100.6	100.7
99.5	100.6	100.0	99.8	101.4	99.2	96.2	99.9	100.1	102.1	100.2	100.9
99.2	101.0	100.0	100.0	100.0	99.9	100.0	99.5	100.0	98.9	100.0	99.4
100.2	100.0	100.1	99.3	104.2	97.7	89.2	100.7	100.1	108.4	100.7	103.4
97.3	100.0	100.0	104.5	95.7	100.0	95.5	100.0	102.9	101.9	100.0	107.3
98.1	100.0	99.7	99.1	99.3	99.3	100.1	100.0	101.3	100.8	98.4	99.4
100.0	100.7	100.0	99.3	99.7	100.4	100.1	98.7	102.3	101.0	98.7	100.1
99.5	100.2	99.5	99.0	99.6	99.3	99.8	100.3	100.7	100.1	99.0	99.2
97.4	100.2	96.7	97.4	99.6	96.9	98.6	99.7	101.5	99.1	98.8	99.4
87.6	96.8	100.0	99.8	98.3	97.8	100.0	105.9	100.0	98.6	95.5	100.6
99.8	100.4	99.9	99.1	96.2	96.9	98.9	99.8	99.0	103.5	96.4	98.7
100.2	99.4	101.4	99.2	98.7	100.6	98.8	100.3	100.5	100.0	99.7	100.5
97.7	100.0	100.8	100.3	100.7	99.6	104.0	99.9	101.5	103.8	98.6	95.1
100.3	100.0	99.3	99.9	101.8	100.0	100.1	99.8	100.4	100.3	100.0	99.9
100.0	100.0	100.0	100.0	108.2	100.0	100.0	99.7	100.0	100.0	101.2	98.9
104.3	100.0	98.6	100.0	100.0	100.0	100.0	100.0	100.0	100.0	100.0	100.0
100.7	99.9	99.2	99.6	99.8	100.0	100.0	100.0	101.9	100.5	99.7	100.0
100.0	100.8	100.0	100.0	100.0	100.0	100.0	100.5	100.0	100.0	99.7	100.0
98.3	100.2	98.2	100.6	100.1	102.1	100.7	98.9	100.7	100.0	98.5	101.4
99.8	99.4	99.1	100.6	100.2	100.9	101.5	100.0	100.0	101.2	98.7	99.9
98.9	99.9	99.6	99.3	99.7	98.6	99.6	99.5	100.3	100.5	100.6	100.2
99.8	99.8	100.1	100.1	99.9	100.3	100.0	100.0	99.8	99.9	101.2	100.1
99.6	100.0	100.2	100.1	99.8	100.0	99.9	100.0	100.1	99.9	103.2	99.2
100.1	99.7	100.2	100.2	100.0	100.9	100.1	100.1	99.4	99.7	99.5	101.4
100.0	99.7	100.0	100.1	99.9	100.0	100.0	100.0	99.8	100.3	99.9	99.9
100.0	100.0	100.0	100.0	100.0	100.0	100.0	100.0	100.0	100.0	100.0	100.0
100.0	100.0	100.0	100.0	100.0	100.0	100.0	100.0	100.0	100.0	100.0	100.0
100.0	100.0	100.0	100.0	100.0	100.0	100.0	100.0	100.0	100.0	100.0	100.0

4-12 续表 1

(上月=100)

类　别	Item	全　年 Annual Year
纺织业	Manufacture of Textile	97.4
棉纺织及印染精加工	Cotton Textiles and Dyeing and Finishing Processing	99.4
麻纺织及染整精加工	Hemp and Dyeing and Finishing	120.9
化纤织造及印染精加工	Chemical Fiber Weaving and Printing and Dyeing Finishing	98.9
针织或钩针编织物及其制品制造	Manufacture of Knitted or Crocheted Fabrics and Their Products	99.6
家用纺织制成品制造	Domestic Textile Manufactured Goods	102.7
产业用纺织制成品制造	Manufacturing of Industrial Textile Products	89.3
纺织服装、服饰业	Manufacture of Textile, Wearing Apparel and Accessories	98.7
机织服装制造	Woven Clothing Manufacturing	98.7
针织或钩针编织服装制造	Knitting or Crochet Clothing Manufacturing	98.5
服饰制造	Clothing Manufacturing	99.0
皮革、毛皮、羽毛及其制品和制鞋业	Manufacture of Leather, Fur, Feather and Related Products and Footware	97.9
皮革制品制造	Leather Goods Manufacturing	83.7
毛皮鞣制及制品加工	Fur Tanning and Processing of Products	98.7
制鞋业	Shoemaking	101.3
木材加工及木、竹、藤、棕、草制品业	Processing of Timber, Manufacture of Wood, Bamboo, Palm and Straw Products	97.1
人造板制造	Artificial Plank Manufacturing	97.2
木制品制造	Timber Product Manufacturing	96.6
竹、藤、棕、草等制品制造	Bamboo, Rattan, Palm, Grass and Other Products Manufacturing	100.0
家具制造业	Manufacture of Furniture	98.3
木质家具制造	Timber Furniture Manufacture	98.3
金属家具制造	Metal Furniture Manufacturing	99.8
其他家具制造	Other Furniture Manufacturing	97.6
造纸和纸制品业	Manufacture of Paper and Paper Products	93.3
纸浆制造	Pulp Manufacturing	84.2
造纸	Paper Making	91.6
纸制品制造	Paper Products Manufacturing	96.2
印刷和记录媒介复制业	Printing and Reproduction of Recording Media	99.6
印刷	Printing	99.6
装订及印刷相关服务	Binding and Printing Related Services	100.0
文教、工美、体育和娱乐用品制造业	Manufacture of Articles for Culture, Education, Arts and Crafts, Sport and Entertainment Activities	112.8
乐器制造	Musical Instrument Manufacturing	102.8
工艺美术及礼仪用品制造	Manufacturing of Arts and Crafts and Ceremonial Articles	116.8
体育用品制造	Sporting Goods Manufacturing	109.7
玩具制造	Toy Manufacturing	99.6
石油、煤炭及其他燃料加工业	Processing of Petroleum, Coking and Processing of Other Fuel	94.0
精炼石油产品制造	Refined Coking Petroleum Manufacturing	94.0
化学原料及化学制品制造业	Manufacture of Raw Chemical Materials and Products	92.8
基础化学原料制造	Basic Chemical Material Manufacturing	87.7

Continued

(preceding month=100)

1 月 January	2 月 February	3 月 March	4 月 April	5 月 May	6 月 June	7 月 July	8 月 August	9 月 September	10 月 October	11 月 November	12 月 December
99.0	99.9	99.8	99.8	100.1	99.9	99.8	100.1	100.2	100.0	99.3	99.4
99.8	100.0	100.2	99.8	100.5	100.1	100.4	100.0	100.2	100.1	99.4	98.9
100.0	101.1	96.3	100.7	104.0	101.7	98.8	103.4	100.8	101.5	104.4	106.8
98.4	100.6	100.3	100.1	100.2	99.1	100.5	100.0	101.8	100.2	98.6	99.1
100.0	99.4	100.0	100.0	99.8	99.8	100.2	100.3	100.0	100.0	100.0	100.0
100.2	101.2	101.3	99.3	99.7	98.3	100.5	100.7	100.1	99.8	100.0	101.6
96.8	99.2	98.6	99.7	98.9	99.7	98.1	100.0	100.1	99.5	98.5	99.7
100.1	99.8	100.4	99.9	99.8	99.8	100.0	99.5	99.8	100.1	99.7	99.9
100.0	99.9	100.7	99.7	100.0	99.6	100.0	99.4	99.8	100.1	99.6	99.9
99.8	98.6	100.0	100.0	99.9	99.6	98.9	100.5	100.5	100.0	100.8	100.0
100.8	99.6	98.6	101.1	98.2	101.0	100.7	99.7	100.0	99.9	99.9	99.6
99.8	99.3	100.3	100.4	100.1	100.9	97.6	100.3	99.4	99.9	100.2	99.7
100.9	99.5	99.0	101.5	99.1	99.9	83.8	100.0	100.0	100.0	100.0	100.0
100.1	100.0	100.0	99.8	100.4	100.2	99.0	100.4	98.9	99.9	100.5	99.6
99.2	98.4	101.1	100.9	100.0	102.1	100.0	100.3	99.8	99.9	100.0	99.7
100.0	99.8	100.4	99.7	99.9	99.7	99.5	99.5	99.0	99.8	99.8	99.7
100.0	99.7	100.1	99.5	99.9	100.0	99.5	99.2	100.1	99.7	100.1	99.5
100.1	100.1	100.9	99.9	100.1	99.3	99.5	99.9	97.5	100.0	99.5	100.0
100.0	100.0	100.0	100.0	100.0	100.0	100.0	100.0	100.0	100.0	100.0	100.0
100.0	101.0	100.0	100.1	99.2	99.1	100.0	99.9	100.0	100.0	100.0	99.1
100.0	101.2	100.0	100.1	99.0	98.9	100.0	100.0	100.0	100.0	99.9	99.0
100.0	100.0	100.0	100.0	100.0	100.0	100.0	100.2	100.0	100.0	101.1	98.6
100.0	99.9	99.6	100.3	99.7	99.8	99.8	98.9	99.6	99.7	100.2	100.2
99.4	99.8	99.7	99.2	99.5	97.2	98.1	100.2	99.7	101.1	100.1	99.1
98.4	97.7	101.5	92.6	92.5	92.1	99.0	99.8	101.1	101.0	103.0	105.2
99.2	99.8	99.8	98.9	99.2	96.8	97.7	99.7	100.5	101.9	99.8	98.2
99.8	99.9	99.4	100.0	100.1	97.9	98.7	101.0	98.7	100.1	100.5	100.1
101.5	100.0	100.0	98.9	100.5	100.0	99.3	99.3	100.0	100.0	100.0	100.0
101.6	100.0	100.0	98.9	100.5	100.0	99.2	99.3	100.0	100.0	100.0	100.0
100.0	100.0	100.0	100.0	100.0	100.0	100.0	100.0	100.0	100.0	100.0	100.0
101.3	101.1	102.3	102.6	100.3	101.3	100.0	101.2	100.1	100.9	100.0	101.2
101.1	100.9	100.0	99.1	98.5	101.8	100.9	100.0	100.0	99.2	100.6	100.8
101.3	101.3	102.9	103.7	100.6	101.6	99.5	102.1	100.0	100.8	100.5	101.4
104.8	100.0	101.4	99.6	100.0	100.0	104.1	100.0	98.7	100.0	99.5	101.5
100.5	100.4	100.5	99.8	99.2	100.3	100.6	97.9	100.6	102.0	97.6	100.1
98.3	101.0	99.5	98.3	98.2	96.3	101.0	104.9	101.5	101.1	97.6	96.7
98.3	101.0	99.5	98.3	98.2	96.3	101.0	104.9	101.5	101.1	97.6	96.7
100.3	100.0	100.0	98.7	96.9	96.2	97.5	99.4	102.0	100.6	100.2	101.0
100.0	99.5	98.7	96.9	96.3	95.9	97.5	99.8	104.7	99.9	95.9	102.1

4-12 续表 2

(上月=100)

类　　别	Item	全　年 Annual Year
肥料制造	Fertilizer Manufacture	91.1
农药制造	Insecticide Manufacture	73.5
涂料、油墨、颜料及类似产品制造	Coating, Printing Ink, Pigment and the Similar Products Manufacture	98.6
合成材料制造	Compounded Material Manufacture	98.1
专用化学产品制造	Specialized Chemical Product Manufacture	95.4
炸药、火工及焰火产品制造	The Manufacture of Explosives, Firework and Fireworks	98.7
日用化学产品制造	Daily Chemical Product Manufacture	98.4
医药制造业	Manufacture of Medicines	99.5
化学药品原药制造	Original Medicine of Chemical Medicine Manufacture	95.3
化学药品制剂制造	Chemical Medicine Agent Manufacture	104.7
中药饮片加工	Processing of Chinese Herbal Pieces	107.6
中成药生产	Medium Patent Manufacture	101.8
兽用药品制造	Medicine in Herbs Manufacture	80.7
生物药品制品制造	Biology, Bio-chemical Product Manufacture	89.2
卫生材料及医药用品制造	Sanitary Materials and Medical Supplies Manufacturing	97.2
化学纤维制造业	Manufacture of Chemical Fibres	107.4
纤维素纤维原料及纤维制造	Cellulose Fiber Raw Materials and Fiber Manufacturing	116.8
合成纤维制造	Synthetic Fiber Manufacturing	101.1
橡胶和塑料制品业	Manufacture of Rubber and Plastics Products	96.3
橡胶制品业	Manufacture of Rubber	98.1
塑料制品业	Manufacture of Plastics	96.0
非金属矿物制品业	Manufacture of Non-metallic Mineral Products	93.8
水泥、石灰和石膏制造	Cement, Lime and Gypsum Manufacture	85.0
石膏、水泥制品及类似制品制造	Cement and Gypsum Product Manufacture	92.7
砖瓦、石材等建筑材料制造	Brick, Stone Material and Other Buildings Material Manufacture	95.5
玻璃制造	Glass Manufacturing	104.2
玻璃制品制造	Glass Goods Manufacturing	100.5
玻璃纤维和玻璃纤维增强塑料制品制造	Manufacture of Fiberglass and Fiberglass-Reinforced Plastic Products	98.4
陶瓷制品制造	Ceramic Product Manufacturing	97.6
耐火材料制品制造	Refractory Products Manufacturing	98.5
石墨及其他非金属矿物制品制造	Graphite and Other Non-metal Mineral Product Manufacture	97.2
黑色金属冶炼及压延加工业	Smelting and Pressing of Ferrous Metals	101.0
炼钢	Steel Making	99.1
钢压延加工	Pressed Steel Processing	101.5
铁合金冶炼	Iron-alloy Smelting	100.0

Continued

(preceding month=100)

1 月 January	2 月 February	3 月 March	4 月 April	5 月 May	6 月 June	7 月 July	8 月 August	9 月 September	10 月 October	11 月 November	12 月 December
101.6	101.0	101.2	97.7	94.2	93.6	95.5	98.1	102.6	100.3	102.7	102.7
99.3	98.2	94.9	96.8	90.1	96.0	99.1	105.3	103.0	94.5	99.2	94.1
100.3	97.9	99.8	102.5	100.9	97.7	100.2	99.8	100.0	100.2	100.2	99.1
100.4	99.9	101.1	97.6	98.3	95.5	97.4	99.4	102.9	105.7	100.8	99.6
98.8	99.7	99.0	101.0	99.5	99.3	98.5	99.8	99.8	99.9	99.6	100.3
99.0	100.0	100.3	99.6	100.0	99.8	100.0	100.2	100.0	100.0	100.0	100.0
99.1	100.7	100.0	99.3	100.0	100.0	99.3	100.0	100.0	100.0	100.0	100.0
100.2	99.5	100.5	99.1	99.8	99.9	100.4	100.3	100.6	99.6	100.1	99.5
99.9	97.5	99.8	100.2	99.4	98.0	101.5	99.8	100.2	98.9	100.6	99.6
100.9	100.0	101.2	97.3	100.0	101.3	100.9	101.2	100.8	99.8	99.9	101.2
99.7	100.1	100.4	100.2	101.4	101.5	100.7	99.9	103.4	100.2	100.0	99.9
99.9	101.3	100.3	100.1	100.0	99.9	100.1	99.9	100.1	99.8	100.3	100.4
100.0	100.0	96.2	98.0	95.4	100.0	92.7	100.0	100.0	100.7	100.0	96.3
100.0	95.1	102.4	99.0	98.9	97.6	97.7	99.2	101.2	98.4	100.0	99.3
100.0	99.8	100.5	99.6	100.3	99.8	102.2	100.3	100.0	99.9	100.0	94.8
98.5	104.1	100.7	99.6	99.2	100.2	102.2	99.7	99.5	102.9	101.0	99.9
96.1	109.7	101.7	101.3	101.1	101.4	101.8	98.9	100.2	101.7	102.5	99.7
100.0	100.5	100.0	98.4	97.8	99.3	102.4	100.2	99.0	103.8	99.9	100.0
99.7	100.1	99.1	98.9	100.3	99.4	99.0	99.5	100.0	100.1	99.9	100.1
99.6	100.7	99.8	100.0	99.8	99.8	99.7	99.3	99.7	100.5	99.6	99.6
99.7	100.0	99.0	98.8	100.4	99.4	98.9	99.6	100.0	100.1	99.9	100.2
99.8	98.7	99.2	100.3	100.1	98.7	97.5	99.5	100.0	99.5	99.8	100.5
98.6	97.5	97.8	101.1	97.6	96.9	94.6	96.6	98.5	100.6	101.8	102.4
99.8	99.1	99.3	100.0	99.0	99.5	98.3	99.6	99.5	98.9	100.2	99.3
100.4	98.6	98.8	100.5	101.4	98.6	96.9	100.4	101.1	98.8	98.7	101.3
100.7	97.3	101.4	105.3	109.0	93.5	95.5	105.0	100.5	100.5	96.4	100.0
100.5	99.6	100.4	99.3	101.0	100.2	99.9	99.3	99.8	100.4	100.3	99.9
100.3	99.7	100.0	100.0	98.4	100.0	100.0	100.0	100.0	100.0	100.0	100.0
100.6	99.0	100.3	99.2	100.9	98.9	99.9	98.8	98.9	100.1	101.1	99.9
97.1	100.3	101.1	99.8	100.1	100.5	100.3	99.8	100.2	100.0	99.9	99.6
100.1	100.0	99.8	98.9	99.4	100.0	99.1	99.7	100.4	101.2	99.7	99.0
101.8	102.4	102.4	98.8	95.1	96.6	100.4	100.4	100.9	99.2	101.8	101.4
100.5	104.3	102.1	100.4	91.7	95.4	101.2	100.3	101.0	98.2	103.0	101.6
102.2	102.0	102.6	98.4	95.8	96.7	100.3	100.4	101.0	99.3	101.7	101.3
100.5	101.2	99.0	99.6	98.8	100.2	99.4	99.8	99.6	101.4	99.0	101.5

4-12 续表 3

(上月=100)

类别	Item	全年 Annual Year
有色金属冶炼及压延加工业	Smelting and Pressing of Non-ferrous Metals	99.4
常用有色金属冶炼	General Non-ferrous Metal Coking	102.5
有色金属合金制造	Non-ferrous Metal Alloy Manufacture	79.9
有色金属压延加工	Non-ferrous Metal Pressing Processing	100.1
金属制品业	Manufacture of Metal Products	98.4
结构性金属制品制造	Structural Metal Product	99.5
金属工具制造	Metal Tools Manufacture	97.2
集装箱及金属包装容器制造	Container and Metal Packing Container Manufacture	98.1
金属丝绳及其制品的制造	Metal Silk Rope and Its Product Manufacture	99.0
建筑、安全用金属制品制造	Manufacture of Metal Products for Construction and Safety	97.9
金属表面处理及热处理加工	Metal Surface Treatment and Heat Treatment Processing	99.1
搪瓷制品制造	Manufacture of Enamel Products	117.6
金属制日用品制造	Metal Producing Manufacture	98.6
锻造及其他金属制品制造	Other Metal Product Manufacture	96.1
通用设备制造业	Manufacture of General Purpose Machinery	99.1
锅炉及原动设备制造	Boiler and Original Equipment	100.1
金属加工机械制造	Metal Process and Machinery Manufacture	97.3
物料搬运设备制造	Material Handling Equipment Manufacturing	100.3
泵、阀门、压缩机及类似机械的制造	Pump, Valve, Compressor and Its Similar Mechanical Manufacture	99.4
轴承、齿轮和传动部件制造	Manufacturing of Bearings, Gears and Transmission Parts	99.3
烘炉、风机、包装等设备制造	Ovens, Fans, Packaging and Other Equipment Manufacturing	98.9
文化、办公用机械制造	Manufacturing of Cultural and Office Machinery	100.4
通用零部件制造	General Parts Manufacturing	99.5
专用设备制造业	Manufacture of Special Purpose Machinery	99.7
采矿、冶金、建筑专用设备制造	Ore Mountain, Metallurgy, Building Special Equipment Manufacture	100.2
化工、木材、非金属加工专用设备制造	Chemical Engineering, Timber, Non-Metal Processed Special Equipments Manufacture	98.0
食品、饮料、烟草及饲料生产专用设备制造	The Food, Beverage, Tobacco and Fodder Production Special Equipments Manufacture	102.3
印刷、制药、日化及日用品生产专用设备制造	Manufacturing of Special Equipment for Printing, Pharmaceuticals, Daily Chemicals and Daily Necessities	98.7
纺织、服装和皮革加工专用设备制造	Manufacture of Special Equipment for Textile, Garment and Leather Processing	100.7
电子和电工机械专用设备制造	Manufacture of Special Equipment for Electronic and Electrical Machinery	95.7
医疗仪器设备及器械制造	Medical Equipment and Equipment Manufacturing	101.8
环保、邮政、社会公共服务及其他专用设备制造	Environmental Protection, Postal Services, Social Public Services and Other Manufacturing of Special Equipment	100.5
汽车制造业	Manufacture of Automobiles	99.8
汽车整车制造	The Car is Made by Car	100.3
汽车用发动机制造	Automobile Engine Manufacturing	96.3
改装汽车制造	Refitted Automobiles	98.4
汽车车身、挂车制造	Car Body, Trailer Manufacturing	97.4
汽车零部件及配件制造	Auto Parts and Accessories Manufacturing	100.0
铁路、船舶、航空航天和其他运输设备制造业	Manufacturing of Railways, Ships, Aerospace and Other Transport Equipment	98.8
铁路运输设备制造	Railway Transport Equipment Manufacturing	98.9
城市轨道交通设备制造	Urban Rail Transit Equipment Manufacturing	97.8
船舶及相关装置制造	Ship and Related Equipment Manufacturing	98.6
摩托车制造	Motorcycle Manufacturing	100.3
助动车制造	Moped Manufacturing	99.0

Continued

(preceding month=100)

1 月 January	2 月 February	3 月 March	4 月 April	5 月 May	6 月 June	7 月 July	8 月 August	9 月 September	10 月 October	11 月 November	12 月 December
99.1	102.0	100.0	99.6	97.7	98.5	102.0	100.6	100.7	99.4	99.4	100.4
99.2	102.7	99.8	98.5	98.3	97.8	103.4	100.7	100.3	100.2	100.2	101.5
101.5	99.7	104.0	100.2	93.2	94.4	100.0	100.4	99.8	95.4	93.4	96.5
98.3	101.7	99.4	100.9	98.1	100.4	100.6	100.6	101.4	99.3	99.7	99.9
100.1	99.8	99.8	100.2	99.8	99.7	99.6	100.1	100.1	100.0	99.2	100.1
100.3	99.7	100.5	100.2	99.8	100.0	100.0	100.2	99.7	99.9	99.2	100.0
100.4	98.5	96.2	99.8	100.0	100.0	100.0	100.0	99.6	101.3	99.5	102.0
99.7	100.2	99.8	99.5	99.9	99.3	100.2	100.2	100.3	99.8	99.8	99.3
100.8	99.4	103.7	99.9	99.9	97.3	96.8	100.3	101.5	99.8	98.0	101.7
100.1	100.0	100.0	100.0	100.0	95.8	100.4	101.2	100.8	100.0	99.9	99.7
100.3	100.1	103.0	96.9	98.9	99.4	99.7	99.9	100.3	99.9	100.5	100.2
100.0	101.1	98.9	100.0	100.0	100.0	117.6	100.0	100.0	100.0	100.0	100.0
100.0	100.0	100.0	100.0	100.0	100.0	100.0	100.0	100.2	99.6	99.2	99.5
99.6	100.0	98.4	100.7	99.6	100.3	98.4	99.5	100.6	100.3	99.1	99.7
100.4	99.5	100.1	100.2	100.1	99.8	99.7	99.3	100.1	99.5	100.3	100.1
100.0	99.6	100.2	100.0	100.0	100.0	100.0	100.1	100.0	100.0	100.2	100.0
102.1	99.1	101.0	99.8	100.4	99.3	99.5	96.9	100.2	97.9	101.0	100.3
100.0	98.8	100.0	101.5	100.0	100.0	100.0	100.0	100.0	100.0	100.0	100.0
100.1	100.2	99.6	100.3	100.0	99.8	99.8	100.0	100.0	99.8	100.0	99.8
100.0	100.0	100.0	100.0	100.0	99.9	100.0	99.8	100.0	99.9	99.8	100.0
100.3	98.7	99.3	99.8	99.9	100.0	99.7	99.8	100.7	99.7	100.6	100.5
100.0	100.0	100.4	100.0	100.0	100.0	100.0	100.0	100.0	100.0	100.0	100.0
99.8	100.1	100.0	100.3	100.0	100.0	99.6	100.0	100.0	99.7	100.0	100.0
100.3	100.0	99.8	100.0	100.2	100.0	99.8	100.0	99.5	99.8	100.1	100.2
100.6	100.2	99.7	100.0	100.0	100.0	99.7	100.0	100.0	99.4	100.4	100.2
100.0	100.0	100.0	100.0	100.0	100.0	100.0	100.0	98.0	100.0	100.0	100.0
100.0	100.0	100.7	100.0	100.6	100.7	100.6	99.9	100.0	100.0	99.9	99.9
100.0	100.0	99.2	100.6	101.5	99.6	100.0	99.1	98.4	99.0	100.6	100.7
100.7	100.0	100.0	100.0	100.0	100.0	100.0	100.0	100.0	100.0	100.0	100.0
100.0	99.0	99.0	100.0	100.0	100.0	97.7	100.0	100.0	100.0	100.0	100.0
100.0	99.9	99.5	101.1	100.9	100.0	100.3	100.0	100.0	100.0	99.7	100.3
100.4	100.0	100.0	99.7	100.0	100.0	100.1	100.0	100.0	100.0	100.0	100.4
100.1	99.7	99.9	100.2	99.7	100.0	100.0	100.1	100.0	100.0	100.2	100.1
100.1	99.5	99.9	100.9	99.4	100.0	100.1	100.0	99.9	100.0	100.5	100.0
98.6	100.0	100.6	97.1	100.0	100.0	100.0	100.0	100.0	100.0	100.0	100.0
99.7	99.8	100.2	100.4	99.5	99.9	99.8	99.7	100.4	99.8	98.9	100.2
100.0	100.4	99.0	97.5	100.0	100.0	99.9	99.8	99.8	100.0	100.9	100.0
100.2	99.8	100.0	99.9	99.8	100.0	99.9	100.2	100.0	100.0	100.0	100.2
99.9	100.0	100.0	99.9	100.1	99.6	99.7	100.1	99.9	100.0	100.0	99.5
100.0	100.0	100.0	100.0	100.0	100.0	99.2	100.0	99.7	100.0	100.0	100.0
100.0	100.0	100.0	100.0	100.0	97.8	100.0	100.0	100.0	100.0	100.0	100.0
100.0	100.1	100.0	100.0	100.1	99.6	100.0	100.0	100.1	100.1	100.0	98.7
100.0	100.2	99.8	100.1	99.9	100.0	99.7	100.1	99.9	100.2	100.3	100.0
98.7	100.0	101.3	98.1	100.7	99.8	101.1	101.4	99.2	98.2	100.4	100.2

4-12 续表 4

(上月=100)

类别	Item	全年 Annual Year
电气机械及器材制造业	Electricity Machine and Its Equipment Manufacture	96.6
电机制造	Electric Engineering Manufacture	99.0
输配电及控制设备制造	Electricity Mixed and Control Equipments Manufacture	95.2
电线、电缆、光缆及电工器材制造	Wire, Cable, Fiber Optic Cable and the Electric Device Manufacture	98.4
电池制造	Battery Manufacture	93.2
家用电力器具制造	Electric Power Apparatus Manufacture	97.4
非电力家用器具制造	Non-electric Household Appliance Manufacturing	92.0
照明器具制造	Light Manufacture	101.5
计算机、通信和其他电子设备制造业	Manufacture of Computers, Communication and Other Electronic Equipment	92.0
计算机制造	Computer Manufacturing	90.2
通信设备制造	Tele-communication Equipment Manufacture	90.5
非专业视听设备制造	Non-Professional Audio-Visual Equipment Manufacturing	90.0
智能消费设备制造	Smart Consumer Device Manufacturing	96.6
电子器件制造	Electronic Appliances	93.3
电子元件制造及电子专用材料制造	Electronic Components	90.0
其他电子设备制造	Other Electronic Equipment Manufacturing	99.8
仪器仪表制造业	Manufacture of Measuring Instruments and Machinery	100.0
通用仪器仪表制造	General Instrument and Meters	99.1
专用仪器仪表制造	Manufacturing of Special Instruments and Meters	100.6
光学仪器制造	Optical Instrument Manufacturing	103.3
衡器制造	Weighing Apparatus Manufacturing	100.0
其他制造业	Other Manufacturing	96.6
日用杂品制造	Manufacturing of Daily Necessities	96.6
废弃资源综合利用业	Utilization of Waste Resources	93.6
金属废料和碎屑加工处理	Metal Waste and Debris Processing	94.8
非金属废料和碎屑加工处理	Non-Metallic Scrap and Scrap Processing	85.6
金属制品、机械和设备修理业	Repair of Metal Products, Machinery and Equipment	102.4
铁路、船舶、航空航天等运输设备修理	Railway, Ship, Aerospace and Other Transportation Equipment Repair	102.4
电力、热力生产和供应业	Production and Supply of Electric Power and Heat Power	99.0
电力生产	Electric Power Production	100.4
电力供应	Electric Power Supply	97.6
热力生产和供应	Thermal Production and Supply	107.8
燃气生产和供应业	Production and Supply of Gas	100.9
燃气生产和供应业	Production and Supply of Gas	100.9
水的生产和供应业	Production and Supply of Water	100.1
自来水的生产和供应	Tapping-water Production and Supply	100.1
污水处理及其再生利用	Sewage Treatment and Its Recycling	100.1

Continued

(preceding month=100)

1 月 January	2 月 February	3 月 March	4 月 April	5 月 May	6 月 June	7 月 July	8 月 August	9 月 September	10 月 October	11 月 November	12 月 December
100.2	99.4	100.2	99.7	99.8	99.1	99.7	99.4	99.8	99.8	99.6	99.8
101.2	99.4	100.4	100.8	100.1	100.0	98.4	100.1	100.0	99.3	99.6	99.7
99.9	98.3	99.2	100.5	99.6	99.7	99.9	99.3	99.4	98.2	101.3	99.8
100.4	100.8	101.8	99.1	99.5	98.9	99.7	99.1	101.0	99.7	100.0	98.3
100.3	100.9	99.9	98.1	98.0	99.1	99.7	99.8	100.0	102.9	96.2	98.3
100.0	98.4	99.9	100.1	100.9	98.3	99.9	99.5	98.9	99.7	99.9	102.0
99.4	99.2	99.0	100.5	99.5	100.0	97.6	98.5	100.5	99.5	96.9	101.1
100.3	100.0	99.7	100.0	100.1	100.0	101.4	99.8	100.0	100.0	100.0	100.2
97.6	99.7	99.4	99.5	99.6	99.8	99.8	100.0	99.4	99.5	99.0	98.4
99.9	96.8	102.8	96.5	100.5	101.7	99.2	97.6	100.5	98.0	99.9	96.6
100.0	100.4	99.0	99.4	99.9	99.2	100.1	101.6	97.8	99.7	97.0	96.2
100.0	99.4	100.0	100.0	100.0	99.0	100.0	93.7	100.0	100.0	97.6	100.0
100.0	100.0	100.0	105.4	94.9	100.0	100.0	100.0	100.0	100.0	96.6	100.0
95.5	100.2	98.3	99.8	99.7	99.7	99.5	99.9	100.3	99.8	100.3	100.1
93.8	100.1	100.1	99.9	99.2	99.3	100.1	100.3	98.3	99.7	99.9	98.9
100.2	99.0	100.7	100.0	100.0	100.0	100.0	100.0	100.0	100.0	100.0	100.0
100.2	100.2	100.0	99.7	99.6	100.0	100.0	100.2	99.9	100.0	100.0	100.0
100.3	100.3	100.0	99.4	99.2	100.0	100.0	100.0	100.0	100.0	100.0	100.0
100.0	100.0	100.0	100.0	100.0	100.0	100.0	100.5	100.0	100.0	100.0	100.0
100.5	100.5	100.5	100.5	100.5	100.2	100.5	99.9	98.9	100.2	100.5	100.5
100.0	100.0	100.0	100.0	100.0	100.0	100.0	100.0	100.0	100.0	100.0	100.0
96.0	98.6	99.8	100.2	100.4	100.0	101.4	101.7	100.3	99.0	99.3	100.0
96.0	98.6	99.8	100.2	100.4	100.0	101.4	101.7	100.3	99.0	99.3	100.0
103.8	98.9	100.6	99.3	97.3	98.7	98.8	99.5	99.8	95.7	98.1	103.2
104.7	98.7	101.1	99.1	97.3	98.5	99.7	99.4	99.0	97.0	97.9	102.5
97.6	100.3	96.9	101.1	97.5	99.7	91.9	100.0	106.7	86.0	100.0	109.0
101.0	100.0	101.0	99.0	101.0	97.7	102.0	102.6	100.3	99.7	100.7	97.6
101.0	100.0	101.0	99.0	101.0	97.7	102.0	102.6	100.3	99.7	100.7	97.6
101.0	98.6	99.9	99.3	98.7	99.8	100.2	100.5	100.3	100.6	99.9	100.3
100.3	99.6	100.0	100.6	99.2	100.0	100.0	100.7	99.7	99.8	100.3	100.2
101.7	97.6	99.8	98.3	98.2	99.6	100.3	100.1	100.9	101.4	99.5	100.4
100.0	100.0	100.0	100.0	100.0	100.0	100.0	107.1	100.0	100.0	100.7	100.0
100.3	100.5	100.0	100.0	100.0	100.0	100.0	100.0	100.0	100.0	100.0	100.2
100.3	100.5	100.0	100.0	100.0	100.0	100.0	100.0	100.0	100.0	100.0	100.2
99.9	100.0	99.9	100.1	100.1	99.9	100.0	100.0	100.0	99.9	100.0	100.1
100.0	100.1	99.8	100.1	100.1	99.9	100.1	100.0	100.1	99.9	100.0	100.1
99.6	100.0	100.0	100.0	100.5	100.0	100.0	100.0	100.0	100.0	100.0	100.0

4-13 工业生产者购进价格指数(1995-2023年)
Purchasing Price Indices for Industrial Producers(1995-2023)

(上年=100) (preceding year=100)

年 份 Year	总指数 General Index	燃料、动力类 Fuel and Power	黑色金属材料类 Ferrous Metals	钢 材 Rolle Steel	有色金属材料和电线类 Nonferrous Metals and Wires	化工原料类 Raw Chemical Materials
1995	118.2	109.4	98.6	100.3	130.2	118.2
1996	108.4	108.9	101.0	100.5	92.7	106.6
1997	100.7	107.6	98.8	99.2	98.7	97.4
1998	95.2	96.3	96.4	97.6	96.1	92.3
1999	95.6	98.3	95.6	96.4	101.5	94.8
2000	105.6	121.4	99.2	100.6	108.8	106.2
2001	100.2	103.2	101.6	100.0	94.4	98.9
2002	97.7	99.0	99.2	98.2	98.5	96.4
2003	108.2	109.0	111.5	108.5	106.2	104.9
2004	113.1	109.0	120.6	118.2	117.5	111.2
2005	107.0	114.3	106.5	105.1	112.1	107.9
2006	104.9	112.2	95.2	96.9	125.3	101.6
2007	104.6	104.1	105.7	103.3	109.1	105.1
2008	110.9	113.1	119.3	115.4	101.0	113.2
2009	93.4	93.4	92.1	92.7	83.3	86.9
2010	110.4	115.3	107.2	105.0	124.1	106.6
2011	111.5	115.0	110.7	104.1	108.7	114.3
2012	98.9	101.9	91.7	94.8	97.0	96.9
2013	98.2	97.5	94.5	95.5	95.5	95.6
2014	97.8	96.8	95.9	96.3	95.2	98.9
2015	92.8	88.1	90.7	93.2	92.8	97.3
2016	98.3	95.0	103.5	102.8	98.6	97.3
2017	108.3	116.2	119.2	116.5	117.1	107.2
2018	104.8	108.0	107.1	109.3	105.0	105.6
2019	99.3	96.3	100.4	97.9	97.9	95.8
2020	98.4	89.6	100.6	99.4	100.3	94.1
2021	108.5	112.8	121.6	115.6	129.8	109.6
2022	107.8	123.6	94.6	98.2	102.1	123.1
2023	95.9	94.9	93.9	93.4	99.6	91.6

4-13 续表 Continued

(上年＝100) (preceding year=100)

年 份 Year	木材及纸浆类 Timber and Paper Pulp	建筑材料及非金属矿类 Building Material and Non-metal Ore	其他工业原材料及半成品类 Other Materials and Semi-finished Category	农副产品类 Agricultural Products	纺织原料类 Textile Materials
1995	112.6	108.0	97.7	159.3	124.3
1996	95.1	105.7	100.1	124.5	92.1
1997	103.5	93.8	91.1	100.3	97.7
1998	98.9	101.1	93.5	93.9	95.1
1999	102.3	100.7	95.4	86.8	94.8
2000	104.3	97.4	98.3	97.2	102.4
2001	96.6	98.7	101.2	99.5	97.5
2002	96.5	99.3	98.9	92.0	97.7
2003	100.7	101.0	100.9	115.7	103.0
2004	107.2	110.0	114.0	113.0	103.6
2005	102.3	112.3	102.3	96.0	101.4
2006	103.5	99.4	104.5	103.8	102.0
2007	106.3	101.9	112.0	98.9	101.4
2008	108.7	110.3	108.1	105.3	104.4
2009	91.7	95.5	97.6	99.6	97.2
2010	105.8	104.2	106.2	106.9	109.5
2011	106.8	110.0	106.9	108.5	114.5
2012	100.8	104.7	101.1	103.3	94.1
2013	100.0	99.4	100.8	105.4	102.4
2014	99.6	97.5	98.8	102.4	99.3
2015	100.2	97.0	96.9	99.8	91.3
2016	98.8	98.1	97.4	101.2	99.7
2017	108.8	104.7	101.6	102.1	106.9
2018	107.5	111.1	102.1	98.9	104.1
2019	95.3	104.6	100.2	103.8	99.1
2020	95.9	98.5	100.5	108.6	99.0
2021	104.3	106.0	103.5	106.6	112.2
2022	102.6	107.8	101.3	108.4	108.2
2023	96.9	100.9	96.0	96.2	95.3

4-14 分月工业生产者购进价格同比指数(2023年)

(上年同月=100)

类　别	Item	1 月 January	2 月 February	3 月 March
总指数	**General Index**	**99.8**	**99.7**	**98.3**
燃料、动力类	Fuels and Power	108.3	109.9	104.2
黑色金属材料类	Material of Black Metal	92.7	94.0	93.1
#钢材	Rolled Steel	90.7	91.8	92.3
其他	Other	97.5	98.6	94.3
有色金属材料和电线类	Material of Non-ferrous Metal Material and Electric Wire	95.0	95.4	93.3
化工原料类	Chemical Material	101.4	101.9	98.5
木材及纸浆类	Wood and Paper Pulp	101.4	101.2	100.7
建筑材料及非金属矿类	Building Material and Non-metal Ore	104.7	104.4	104.6
其他工业原材料及半成品类	Other Industrial Raw Material and Semi-finished Category	97.1	96.5	96.0
农副产品类	Agricultural and Side-line Produces	103.8	102.9	102.4
纺织原料类	Raw Textile Material	90.7	90.1	89.4

4-15 分月工业生产者购进价格环比指数(2023年)

(上月=100)

类　别	Item	1 月 January	2 月 February	3 月 March
总指数	**General Index**	**99.6**	**100.1**	**99.8**
燃料、动力类	Fuels and Power	100.9	101.4	98.2
黑色金属材料类	Material of Black Metal	100.4	101.7	101.6
#钢材	Rolled Steel	99.9	100.4	101.2
其他	Other	101.4	104.6	102.4
有色金属材料和电线类	Material of Non-ferrous Metal Material and Electric Wire	99.9	102.0	100.1
化工原料类	Chemical Material	100.0	99.6	98.9
木材及纸浆类	Wood and Paper Pulp	100.1	100.0	99.5
建筑材料及非金属矿类	Building Material and Non-metal Ore	99.9	99.9	100.8
其他工业原材料及半成品类	Other Industrial Raw Material and Semi-finished Category	99.9	99.9	99.8
农副产品类	Agricultural and Side-line Produces	97.6	99.2	100.0
纺织原料类	Raw Textile Material	100.0	100.7	100.0

Purchasing Price Indices for Industrial Producer by Month(2023)

(same month of preceding year=100)

4 月 April	5 月 May	6 月 June	7 月 July	8 月 August	9 月 September	10 月 October	11 月 November	12 月 December
97.0	**94.7**	**93.5**	**92.6**	**93.8**	**95.5**	**96.0**	**94.9**	**95.5**
99.9	93.3	92.2	86.1	87.7	91.6	92.8	88.7	87.8
91.6	89.6	90.7	92.5	93.0	94.0	97.3	99.9	100.8
91.4	90.4	91.3	93.9	94.6	94.7	96.2	97.2	97.7
91.6	87.5	89.2	89.2	89.5	92.3	99.4	105.5	107.2
92.8	94.7	96.2	106.5	107.9	107.2	104.7	102.6	101.8
96.6	89.3	82.9	80.9	82.9	91.5	95.7	91.2	88.5
98.3	97.1	95.8	94.9	94.4	94.5	94.8	94.9	95.1
106.3	104.5	101.9	98.4	97.2	98.0	97.0	97.0	97.9
95.5	94.9	94.9	95.1	95.5	95.6	96.1	96.4	98.2
99.9	96.7	94.4	92.1	94.2	94.0	92.5	90.8	92.3
90.0	90.4	92.2	94.8	99.5	101.6	102.5	102.3	102.9

Purchasing Price Chain Indices for Industrial Producer by Month(2023)

(preceding year=100)

4 月 April	5 月 May	6 月 June	7 月 July	8 月 August	9 月 September	10 月 October	11 月 November	12 月 December
99.6	**98.6**	**98.6**	**99.3**	**100.2**	**100.9**	**100.5**	**98.8**	**99.4**
98.8	95.5	96.9	98.8	98.5	102.0	103.1	97.0	96.3
100.2	98.7	99.7	98.4	97.9	99.6	100.7	100.6	101.3
100.0	99.0	99.6	99.3	98.7	99.4	99.6	99.9	100.6
100.7	98.2	99.9	96.5	96.3	99.9	103.0	101.9	102.6
100.7	100.0	99.7	101.0	100.3	100.4	97.4	100.2	100.2
98.9	94.2	94.5	98.1	100.5	106.9	105.0	95.2	96.9
97.8	98.8	99.1	99.0	99.6	100.3	100.5	100.2	100.2
100.6	100.2	98.6	97.4	99.2	100.5	100.3	100.1	100.5
99.8	99.6	99.6	99.6	100.0	99.9	99.8	99.9	100.4
99.3	98.9	98.5	99.8	102.0	100.4	99.2	98.2	99.1
100.3	100.8	101.3	100.8	101.2	99.7	99.5	98.9	99.8

4-16　武汉市房地产价格指数(2023年)

(上年同月=100)

指　　标	Item	1 月 January	2 月 February	3 月 March
新建商品住宅销售价格指数	**Sales Price Indices of New Commercialized Houses**	**94.3**	**95.3**	**96.9**
90m²及以下	90m² and Below	94.1	94.9	96.3
90-144m²	90-144m²	94.6	95.5	97.1
144m²以上	Above 144m²	92.9	94.4	96.2
二手住宅销售价格指数	**Sales Price Indices of Second-hand Housing**	**93.9**	**94.7**	**95.8**
90m²及以下	90m² and Below	93.6	94.1	95.0
90-144m²	90-144m²	94.0	95.2	96.4
144m²以上	Above 144m²	94.4	94.6	95.7

4-17　宜昌市房地产价格指数(2023年)

(上年同月=100)

指　　标	Item	1 月 January	2 月 February	3 月 March
新建商品住宅销售价格指数	**Sales Price Indices of New Commercialized Houses**	**94.8**	**95.8**	**96.2**
90m²及以下	90m² and Below	94.1	95.9	96.1
90-144m²	90-144m²	94.7	95.7	96.1
144m²以上	Above 144m²	95.8	96.0	96.3
二手住宅销售价格指数	**Sales Price Indices of Second-hand Housing**	**93.2**	**93.4**	**93.6**
90m²及以下	90m² and Below	93.7	93.9	93.9
90-144m²	90-144m²	92.5	92.8	93.2
144m²以上	Above 144m²	94.7	95.1	94.9

4-18　襄阳市房地产价格指数(2023年)

(上年同月=100)

指　　标	Item	1 月 January	2 月 February	3 月 March
新建商品住宅销售价格指数	**Sales Price Indices of New Commercialized Houses**	**96.0**	**96.6**	**96.8**
90m²及以下	90m² and Below	95.3	95.7	95.7
90-144m²	90-144m²	96.2	96.8	97.1
144m²以上	Above 144m²	95.1	96.1	96.3
二手住宅销售价格指数	**Sales Price Indices of Second-hand Housing**	**94.3**	**94.4**	**94.6**
90m²及以下	90m² and Below	94.9	95.0	95.2
90-144m²	90-144m²	94.2	94.4	94.5
144m²以上	Above 144m²	93.1	93.3	94.0

Price Indices for Real Estate of Wuhan(2023)

(same month of preceding year=100)

4 月 April	5 月 May	6 月 June	7 月 July	8 月 August	9 月 September	10 月 October	11 月 November	12 月 December
98.3	**99.2**	**99.6**	**99.7**	**100.5**	**101.1**	**101.6**	**101.4**	**100.3**
98.4	99.7	100.2	100.5	100.9	100.5	100.9	100.9	100.0
98.3	99.0	99.4	99.5	100.4	100.9	101.6	101.2	100.3
98.2	99.7	100.2	100.3	101.0	102.2	102.3	102.4	100.3
96.5	**96.5**	**96.6**	**96.1**	**95.9**	**96.2**	**96.3**	**95.7**	**94.6**
95.8	95.5	95.4	95.0	95.5	96.2	96.4	96.3	95.1
97.1	97.6	97.9	97.2	96.5	96.3	96.3	95.4	94.3
96.7	96.0	95.7	95.7	95.1	95.7	96.1	95.2	94.1

Price Indices for Real Estate of Yichang(2023)

(same month of preceding year=100)

4 月 April	5 月 May	6 月 June	7 月 July	8 月 August	9 月 September	10 月 October	11 月 November	12 月 December
96.3	**95.5**	**96.7**	**96.2**	**96.5**	**96.6**	**97.1**	**97.4**	**97.5**
96.3	96.1	97.0	95.7	96.0	96.7	97.3	97.9	98.3
96.3	95.3	96.6	96.4	96.8	96.7	97.4	97.7	97.7
96.4	95.9	97.1	95.4	95.7	95.7	95.8	96.0	95.8
93.5	**93.6**	**93.9**	**93.5**	**94.4**	**94.4**	**94.6**	**94.6**	**94.8**
93.4	93.7	94.3	93.9	95.1	95.7	95.8	95.7	95.9
93.2	93.3	93.5	92.9	93.7	93.6	93.7	93.8	94.0
94.9	94.9	94.5	94.6	95.1	94.8	95.4	95.0	95.2

Price Indices for Real Estate of Xiangyang(2023)

(same month of preceding year=100)

4 月 April	5 月 May	6 月 June	7 月 July	8 月 August	9 月 September	10 月 October	11 月 November	12 月 December
98.2	**98.9**	**99.5**	**99.1**	**99.3**	**99.2**	**98.8**	**99.0**	**98.6**
97.4	98.2	99.1	99.3	99.7	99.5	99.3	99.3	99.6
98.4	99.1	99.6	99.1	99.2	99.1	98.7	99.1	98.5
97.6	98.4	99.0	98.6	99.1	99.7	98.6	98.3	98.3
95.4	**96.1**	**96.4**	**96.0**	**96.1**	**96.4**	**95.8**	**95.1**	**94.0**
96.2	96.7	96.3	95.7	95.5	95.8	95.3	95.1	94.5
95.3	96.1	96.5	96.3	96.5	96.8	96.1	95.2	93.6
94.4	95.0	96.1	95.6	95.8	95.7	95.4	95.1	94.4

4-19 农产品生产者价格指数(2008-2023年)
Producers Price Indices for Farm Products(2008-2023)

(上年＝100) (preceding year=100)

年 份 Year	农产品生产者价格指数 Producers Price Indices for Farm Products	年 份 Year	农产品生产者价格指数 Producers Price Indices for Farm Products
2008	117.0	2016	106.2
2009	96.3	2017	99.3
2010	112.3	2018	96.6
2011	111.7	2019	110.9
2012	103.3	2020	118.3
2013	101.8	2021	101.0
2014	100.0	2022	100.6
2015	99.5	2023	97.1

4-20 农产品生产者价格指数(2023年)
Producers Price Indices for Farm Products(2023)

(上年＝100) (preceding year=100)

指　标	Item	全年 Annual Year	1季度 First Quarter	2季度 Second Quarter	3季度 Third Quarter	4季度 Fourth Quarter
总指数	**General Index**	**97.1**	**102.8**	**98.8**	**95.3**	**94.1**
农业产品	**Crop Products**	**101.6**	**105.6**	**99.4**	**100.4**	**100.7**
谷物	Cereals	101.0	104.5	98.6	105.8	102.4
稻谷	Rice	104.4	104.5	104.8	108.2	102.4
早籼稻	Early Long Grained Nonglutinous Rice	103.4			103.4	
中籼稻	Mid Long Grained Nonglutinous Rice	105.2	104.5	104.8	109.3	102.4
晚籼稻	Late Long Grained Nonglutinous Rice	102.3				102.3
小麦	Wheat	83.7		83.7		
玉米	Corn//Maize	104.2		107.7	102.0	103.0
薯类	Tubers	103.9	100.0	126.9	100.6	98.1
马铃薯	Potato	110.1		135.4	100.8	98.8
油料	Oil-bearing Crops	97.5		90.6	98.4	102.2
花生	Peanuts	104.4			106.5	102.2
油菜籽	Rapeseeds	94.0		90.6	97.9	
芝麻	Sesames	104.6			103.9	
豆类	Beans	109.2	120.0		103.8	100.0
大豆	Soybean	109.2	120.0		103.8	100.0
棉花(籽棉)	Cotton	109.6			116.9	102.8
蔬菜及食用菌	Vegetable and Edible Mushroom	99.7	104.6	101.9	92.1	98.9
蔬菜	Vegetables	98.0	103.3	101.3	90.1	96.8
叶菜类蔬菜	Leaf Vegetables	103.5	111.4	100.6	99.3	100.1
芹菜	Celery	96.2	85.1	98.5	100.0	89.5
菠菜	Spinach	112.3	132.8	99.3		103.6
苋菜	Amaranth	100.9	99.6	97.5	99.0	104.3
空心菜	Swamp Morningglory	100.6		96.5		
小白菜	Chinese White Cabbage	98.7		101.4		95.5
大白菜	Chinese Cabbage	76.0	83.0		68.2	92.8
普通白菜	Cabbage	86.2	101.1	69.3	112.5	91.4
菜心(菜薹)	Flowering Chinese Cabbage	97.2	107.7	81.7		101.7
紫菜薹	Purple Tsai-tai	99.9	102.6			97.1
甘蓝类蔬菜	Cabbage Vegetables	113.2	96.1	160.0	100.4	102.6

4-20 续表 1 Continued

(上年＝100) (preceding year=100)

指　标	Item	全年 Annual Year	1季度 First Quarter	2季度 Second Quarter	3季度 Third Quarter	4季度 Fourth Quarter
结球甘蓝	Wild Cabbage	99.1	83.2	92.5	100.4	90.9
花椰菜	Cauliflower	127.9	105.6	206.1		111.9
根茎类蔬菜	Root and Tuber Vegetable	86.2	94.6	113.1	78.7	85.5
白萝卜	Radish	94.9	102.0	115.5	78.7	103.0
红萝卜	Red Radish	52.1	58.3			49.4
胡萝卜	Carrot	103.3	100.5	105.8		92.3
瓜菜类蔬菜	Gourd Vegetable	110.8	127.0	102.0	96.8	98.4
黄瓜	Cucumber	109.7	138.8	92.1	95.5	97.3
冬瓜	White Gourd	114.6	100.0	200.0	99.9	100.0
苦瓜	Balsam Pear	98.2		105.7		
南瓜	Pumpkin	97.1		88.0		
丝瓜	Towed Gourd	100.3		111.7		
豆类蔬菜	Garden Beans	96.2		98.4	92.6	99.5
豇豆	Cowpeas	97.6		102.4	86.6	101.0
四季豆	Kidney Beans	95.4		92.5	96.3	98.2
茄果类蔬菜	Eggplant, Tomato and Chile, etc.	102.9	133.9	100.9	90.9	98.8
茄子	Eggplant	115.3	145.4	100.4	86.0	102.1
青椒	Sweetbell	104.2	114.3	106.0	85.1	103.1
辣椒	Chili	89.4		101.3	76.9	86.5
西红柿	Tomato	97.9	103.6	86.7	108.3	91.3
莴苣及菊苣类蔬菜	Lettuce Vegetables	89.7	93.9	93.7	68.7	106.6
莴笋	Lettuce	89.7	93.9	93.7	68.7	106.6
葱蒜类蔬菜	Onion and Garlic	97.8	97.2	98.9	72.7	101.8
大葱	Scallion	65.2	64.6		58.3	75.0
细香葱	Shallot	96.2		95.1		91.7
大蒜	Garlic Heat	107.2	95.0			120.0
蒜苗	Garlic Bolt	99.3		106.1	82.0	107.5
蒜苔	Young Garlic Shoot	100.0	100.0			
水生蔬菜	Water Vegetable	97.9		93.3		100.0
食用菌	Mushroom	104.4	106.0	103.3	103.0	109.2
香菇	Mushroom	106.7	106.8	103.4	103.6	111.3
黑木耳	Black Edible Fungus	100.0	100.0			

4-20 续表 2 Continued

(上年＝100) (preceding year=100)

指 标	Item	全年 Annual Year	1季度 First Quarter	2季度 Second Quarter	3季度 Third Quarter	4季度 Fourth Quarter
水果及坚果	Fruits and Nuts	97.0	114.0	105.4	81.0	83.4
水果(园林水果)	Garden Fruits	98.6	116.0	105.4	80.6	76.8
柑橘类水果	Citrus	103.6	116.0	102.0	112.0	76.7
柑橘	Mandarin Orange	105.6	137.0		112.0	74.5
橙	Oranges	99.4	107.6	102.0		88.7
葡萄	Grapes	98.0			92.0	100.0
其他葡萄	Other Grapes	98.0			92.0	100.0
瓜类水果	Melons	89.2		111.8	71.0	78.9
西瓜	Watermelons	89.2		111.8	71.0	78.9
其他水果	Other Fruits	72.7		95.9	65.1	
桃	Peaches	72.7		95.9	65.1	
食用坚果	Edible Nuts	90.4	62.5		90.6	95.3
核桃	Walnuts	84.2	62.5			95.3
栗子	Chestnuts	90.6			90.6	
板栗	Chinese Chestnut	90.6			90.6	
茶及饮料原料	Tea and Beverage Ingredients	105.2	110.1	107.8	102.2	101.1
茶叶	Tea	105.2	110.1	107.8	102.2	101.1
绿茶	Green Tea	105.2	110.1	107.8	102.2	101.1
中草药材	Chinese Medicinal Materials	104.7	99.4	109.3	108.5	112.5
当归	Angelica	101.3		101.4		
天麻	Gastrodia Elata	108.4	99.5	117.8	103.8	118.3
杜仲	Eucommia Ulmoides	109.8	97.6	115.0	125.0	111.0
茯苓	Poria Cocos	105.7		102.3		109.3
林业产品	**Forestry Products**	**102.5**	**109.5**	**100.1**	**100.0**	**100.0**
育种和育苗	Breeding and Seedling Raising	100.0	122.0	100.1	100.0	
苗木类	Seedlings	100.0	122.0	100.1	100.0	
针叶乔木苗类	Coniferous Tree Seedlings	100.1	139.7	100.0		
杉树树苗	China Fir	100.1	160.0	100.0		
松树树苗	Pine Tree	100.0	100.0	100.0		
阔叶乔木苗类	Broadleaf Tree Seedlings	99.8	98.5	100.2	100.0	
樟树类树苗	Camphor	99.8	98.5	100.2	100.0	

4-20 续表 3 Continued

(上年＝100) (preceding year=100)

指　　标	Item	全年 Annual Year	1季度 First Quarter	2季度 Second Quarter	3季度 Third Quarter	4季度 Fourth Quarter
木材采伐产品	Felling and Transport of Wood	104.3	102.9			
薪材	Firewood	104.3	102.9			
竹材采伐产品	Felling and Transport of Bamboo	97.4	88.5	100.0	100.0	100.0
竹材	Bamboo	97.4	88.5	100.0	100.0	100.0
毛竹	Mao Bamboo	97.4	88.5	100.0	100.0	100.0
畜牧业产品	**Animal Husbandry Products**	**87.1**	**101.0**	**97.7**	**86.0**	**73.3**
活牲畜	Live Domestic Animals	84.2	100.0	97.4	80.2	68.5
猪	Hogs	83.5	100.1	97.3	79.8	67.4
仔猪	Piglets	83.0	121.1	103.5		
其他活猪	Other Pigs	83.5	99.2	97.1	79.8	67.4
牛	The Cow	95.1	96.8	96.4	96.3	90.3
黄牛	Scalpers	95.2	96.8	97.1	96.3	90.3
水牛	The Water Buffalo	93.9		91.4		
羊	The Sheep	101.7	101.7	101.7	102.3	101.4
山羊	The Goat	101.7	101.7	101.7	102.3	101.4
其他山羊	Other Goats	101.7	101.7	101.7	102.3	101.4
活家禽	Live Poultry	96.1	99.4	100.1	94.6	91.4
活鸡	Chicken	96.9	99.1	100.1	92.2	94.3
蛋鸡	Laying Hens	97.5	99.9		88.7	
其他蛋鸡	Other Layers	97.5	99.9		88.7	
肉鸡	Broiler Chicken	96.4	98.0	100.1	94.0	94.3
其他肉鸡	The Other Broilers	96.4	98.0	100.1	94.0	94.3
活鸭	Duck	95.0	100.0		100.0	87.8
成鸭	A Duck	95.0	100.0		100.0	87.8
其他成鸭	The Other Ducks	95.0	100.0		100.0	87.8
畜禽产品	Livestock and Poultry Products	98.2	110.9	98.3	101.4	93.4
生奶	Raw Milk	103.0		106.7		100.0
生牛奶	Raw Cow Milk	103.0		106.7		100.0
禽蛋	Poultry Eggs	97.6	110.9	97.5	101.4	91.2
鸡蛋	Eggs	97.2	108.3	89.4	101.4	91.2
其他鲜鸡蛋	Other Fresh Eggs	97.2	108.3	89.4	101.4	91.2

4-20 续表 4 Continued

(上年＝100) (preceding year=100)

指　标	Item	全年 Annual Year	1季度 First Quarter	2季度 Second Quarter	3季度 Third Quarter	4季度 Fourth Quarter
鸭蛋	Duck's Eggs	100.9	115.5	115.6	98.9	77.2
其他鲜鸭蛋	Other Fresh Duck Eggs	100.9	115.5	115.6	98.9	77.2
渔业产品	**Fishery Products**	**97.6**	**98.3**	**98.4**	**90.3**	**96.4**
淡水养殖产品	Freshwater Artificially Cultured Products	97.6	98.3	98.4	90.3	96.4
养殖淡水鱼	Freshwater Fish Cultured Products	96.9	94.1	99.5	99.5	97.9
养殖淡水鲤鱼	Carp	94.2	100.5	96.9	89.6	90.6
养殖淡水草鱼	Grass Carp	95.1	91.7	92.3	99.0	97.7
养殖淡水鳙鱼(胖头鱼)	Variegated Carp	91.4	90.4	85.8		96.1
养殖淡水青鱼	Black Carp	85.0	86.7	75.8		92.5
养殖淡水鲢鱼	Silver Carp	102.5	93.6	116.1	104.4	98.8
养殖淡水鲫鱼	Crucian Carp	96.2	96.3	91.6	94.1	103.8
养殖淡水鳊鲂	Bream	99.6	95.8	115.0	94.4	91.0
养殖淡水鮰鱼	Catfish	103.5	98.1	107.0		
养殖淡水黄颡鱼	Yellow Catfish	105.7	95.4	102.4	112.5	114.8
养殖淡水黄鳝	Ricefield Eel	99.1	102.9	97.5	100.0	95.8
养殖淡水鳜鱼	Mandarin Fish	101.7	99.8	105.4	103.3	97.6
养殖淡水泥鳅	Loach	98.4	100.0			96.7
淡水养殖虾	Freshwater Shrimps Cultured	100.0	129.2	90.0	65.9	84.8
淡水养殖罗氏沼虾	Roche Spermatogenesis					
淡水养殖克氏原鳌虾	Crataegus Crustaceans	100.1	129.2	90.0	65.9	
其他淡水养殖虾	Other Freshwater Shrimp	100.3				
淡水养殖蟹	Freshwater Crab	101.3	102.1		100.0	101.7
淡水养殖活河蟹	Freshwater Crab Cultured	101.3	102.1		100.0	101.7
其他淡水养殖产品	Other Freshwater Aquaculture Products	102.0	104.3	103.3		103.2
淡水养殖鳖	Freshwater Turtle	101.8	104.3	103.3		102.1

4-21 农产品集贸市场价格(2023年)

单位：元/公斤

指　标	Item	1 月 January	2 月 February	3 月 March	4 月 April
粮食类	**Grain**				
籼稻	Nonglutinous Rice	2.64	2.67	2.67	2.68
粳稻	Round-Grained Rice	2.61	2.62	2.63	2.66
小麦	Wheat	3.01	3.01	2.99	2.95
玉米	Corn//Maize	3.02	3.00	2.98	2.96
大豆	Soybean	7.82	7.82	7.79	7.73
籼米	Long-Grained Nonglutinous Rice	5.28	5.30	5.30	5.32
粳米	Polished Round-Grained Rice	5.44	5.45	5.45	5.46
经济作物类	**Economic Crops**				
棉花(籽棉)	Cotton	7.17	7.17	7.43	7.17
花生仁	Peanut	14.80	14.80	14.70	14.78
油菜籽	Rapeseeds	6.40	6.47	6.40	6.33
畜产品类	**Livestock Products**				
活猪	Live Hogs	18.84	16.50	16.58	15.69
仔猪	Piglet	41.11	40.03	42.53	41.69
猪肉	Pork	34.70	29.60	28.30	27.94
活牛	Live Cattle	35.39	34.67	34.96	34.68
牛肉	Beef	90.67	89.22	89.22	88.89
活羊	Live Sheep	38.68	36.88	37.25	36.44
羊肉	Mutton	74.89	74.11	73.89	73.56
活鸡	Live Chickens	22.80	22.30	22.04	21.94
鸡蛋	Chicken's Eggs	12.20	11.72	11.56	11.57
水产品类	**Aquatic Products**				
草鱼	Grass Carp	16.70	16.12	15.72	15.38
鲤鱼	Carp	10.27	9.68	9.59	9.56
鲢鱼	Silver Carp	11.76	11.69	11.70	11.54
带鱼	Hairtail	33.89	33.76	34.11	34.06
蔬菜类	**Vegetables**				
大白菜	Chinese Cabbage	2.96	2.92	2.98	2.80
黄瓜	Cucumber	11.81	10.72	8.95	6.60
西红柿	Tomato	9.77	9.58	9.70	8.83
菜椒	Sweetbell	10.15	11.49	9.56	8.88
四季豆	Kidney Beans	20.60	18.58	15.24	14.35
水果类	**Fruits**				
红富士苹果	Hongfushi Apples	11.83	11.98	12.28	12.62
香蕉	Bananas	7.96	7.78	8.00	8.06
橙子	Oranges	11.18	11.14	11.02	11.50

Rural Market Fairs Prices of Agricultural Products(2023)

(yuan/kg)

5 月 May	6 月 June	7 月 July	8 月 August	9 月 September	10 月 October	11 月 November	12 月 December
2.68	2.70	2.70	2.67	2.68	2.72	2.75	2.74
2.67	2.70	2.70	2.68	2.68	2.71	2.74	2.74
2.85	2.78	2.76	2.81	2.82	2.81	2.81	2.80
2.91	2.94	2.94	2.96	2.94	2.93	2.91	2.88
7.67	7.63	7.63	7.63	7.61	7.66	7.50	7.50
5.31	5.35	5.37	5.32	5.30	5.30	5.31	5.30
5.46	5.49	5.49	5.48	5.48	5.48	5.49	5.47
7.19	7.16	7.12	7.12	7.44	7.57	7.55	7.42
14.84	14.98	15.02	15.16	15.31	15.09	15.08	15.10
6.20	6.08	6.15	6.21	6.19	6.16	6.25	6.25
15.27	15.19	15.13	17.12	17.13	16.16	15.40	15.52
42.92	41.84	39.40	37.25	35.98	34.06	30.83	30.03
26.60	25.98	25.96	28.80	28.60	27.86	27.50	27.55
34.16	33.57	33.24	33.61	33.88	34.01	34.00	33.25
88.90	89.10	88.66	88.64	89.66	89.10	88.46	86.40
36.04	35.62	35.30	35.94	36.00	36.25	36.46	36.95
74.30	74.33	73.22	72.33	72.60	72.56	72.56	72.43
21.48	21.36	21.15	21.30	21.05	20.89	20.88	20.70
11.30	11.07	11.08	11.31	12.02	11.60	11.29	11.24
14.96	14.97	14.99	14.75	14.82	14.80	14.57	15.32
9.56	9.51	9.52	9.62	9.71	9.40	9.39	9.43
11.26	11.39	11.56	11.70	11.72	11.54	11.45	11.35
33.38	33.30	33.60	33.50	33.60	33.84	34.15	34.36
3.13	3.35	3.38	3.62	3.77	3.48	2.91	2.46
5.73	5.23	5.32	5.90	6.72	6.63	7.98	8.10
7.40	6.36	6.56	6.60	6.66	6.78	7.20	8.44
7.60	6.90	7.42	7.13	7.32	6.84	6.58	7.02
10.97	10.30	10.82	11.62	11.84	12.24	12.22	12.56
12.68	12.71	13.06	13.14	13.02	12.99	12.56	12.07
8.22	7.69	7.16	7.18	7.16	7.11	7.02	6.92
11.40	11.03	11.16	11.46	11.80	11.65	11.54	11.04

主要统计指标解释

居民消费价格指数 是反映一定时期内城乡居民所购买的生活消费品价格和服务项目价格变动趋势和程度的相对数，是对城市居民消费价格指数和农村居民消费价格指数进行综合汇总计算的结果。该指数可以观察和分析消费品的零售价格和服务价格变动对城乡居民实际生活费支出的影响程度。

城市居民消费价格指数 是反映一定时期内城市居民家庭所购买的生活消费品价格和服务项目价格变动趋势和程度的相对数。该指数可以观察和分析消费品的零售价格和服务项目价格变动对城镇职工货币工资的影响，作为研究职工生活和确定工资政策的依据。

农村居民消费价格指数 是反映一定时期内农村居民家庭所购买的生活消费品价格和服务项目价格变动趋势和程度的相对数。该指数可以观察农村消费品的零售价格和服务项目价格变动对农村居民生活消费支出的影响，直接反映农民生活水平的实际变化情况，为分析和研究农村居民生活问题提供依据。

商品零售价格指数 是反映一定时期内城乡商品零售价格变动趋势和程度的相对数。商品零售价格的变动直接影响到城乡居民的生活支出和国家的财政收入，影响居民购买力和市场供需的平衡，影响到消费与积累的比例关系。因此，该指数可以从一个侧面对上述经济活动进行观察和分析。自 2023 年起不再编制该指数。

农业生产资料价格指数 指反映一定时期内农业生产资料价格变动趋势和程度的相对数。农业生产资料价格指数分为小农具、饲料、产品畜、役畜、半机械化农具、机械化农具、化学肥料、农药及农药械、农机用油、其他农业生产资料十大类。其编制目的是了解农业生产中物质资料投入价格的变动状况，服务于国民经济核算。1994 年以前，农业生产资料价格指数仅仅是商品零售价格指数的一个类别，此后，从商品零售价格指数中分离出来，单独编制。2021 年基期轮换后，不再编制该指数。

农产品生产者价格指数 是反映一定时期内，农产品生产者出售农产品价格水平变动趋势及幅度的相对数。该指数可以客观反映全国农产品生产价格水平和结构变动情况，满足农业与国民经济核算需要。其中某代表品生产价格指数是通过对全部有出售该产品行为的调查单位的个体指数进行几何平均求得的，类价格指数是通过对其所属的类（或代表品）的价格指数进行加权平均求得的。季度累计价格指数的计算方法与分季指数的计算方法相同。

工业生产者出厂价格指数 是反映一定时期内全部工业产品出厂价格总水平的变动趋势和程度的相对数，包括工业企业售给本企业以外所有单位的各种产品和直接售给居民用于生活消费的产品。该指数可以观察出厂价格变动对工业总产值及增加值的影响。

工业生产者购进价格指数 是反映工业企业作为生产投入，而从物资交易市场和能源、原材料生产企业购买原材料、燃料和动力产品时，所支付的价格水平变动趋势和程度的统计指标，是扣除工业企业物质消耗成本中的价格变动影响的重要依据。

目前，我国编制的原材料、燃料和动力购进价格指数所调查的产品包括燃料动力、黑色金属、有色金属、化工、建材等九大类的近 1800 种产品。

固定资产投资价格指数 是反映一定时期内固定资产投资品及项目的价格变动趋势和程度的相对数。固定资产投资额是由建筑安装工程投资完成额、设备工器具购置投资完成额和其他费用投资完成额三部分组成的。编制固定资产投资价格指数应首先分别编制上述三部分投资的价格指数，然后采用加权算术平均法求出固定资产投资价格总指数。

该指数可以准确地反映固定资产投资中涉及的各类投资品和取费项目价格变动趋势和变动幅度，消除按现价计算的固定资产投资指标中的价格变动因素，真实地反映固定资产投资的规模、速度、结构和效益，为国家科学地制定、检查固定资产投资计划并提高宏观调控水平，为完善国民经济核算体系提供科学的、可靠的依据。

房地产价格指数 是反映一定时期内房地产价格变动趋势和程度的相对数，包括新建住宅销售价格指数、二手住宅销售价格指数。

Explanatory Notes on Main Statistical Indicators

Consumer Price Indices reflect the trend and degree of changes in prices of consumer goods and services purchased by urban and rural households during a given period. It can be used to observe and analyze the impact of price changes in consumer goods and services on wages (in monetary terms) of urban and rural staff and workers, and provide basis for policy-making concerning the living cost and wages of staff and workers.

Urban Consumer Price Indices reflect the trend and degree of changes in prices of consumer goods and services purchased by urban households during a given period. It can be used to observe the impact of change in retail prices of consumer goods and service prices in urban areas on the wage of urban workers' money. It provides basis for analysis and research on condition of life in urban areas.

Rural Consumer Price Indices reflect the trend and degree of changes in prices of consumer goods and services purchased by rural households during a given period. It can be used to observe the impact of change in retail prices of consumer goods and service prices in rural areas on living expenditure of rural households, and to show the changes in the living standard of peasants. It provides basis for analysis and research on condition of life in rural areas.

Retail Price Indices reflect the trend and degree of change in retail prices of commodities during a given period. The change in retail prices of commodities directly affect the living expenditure of urban and rural residents, government revenue, purchasing power of residents and the equilibrium of market supply and demand, and the ratio of consumption to accumulation. Therefore, the retail price indices are useful to analyze the changes of the above economic activities. Since 2023, the index will not be compiled.

Price Indices of Means of Agricultural Production reflect the trend and degree of changes in prices of means of agricultural production during a given period. Price indices of means of agricultural production are composed of 10 categories including small farm tools, feeds, domestic animals for meat, draught domestic animals, semi-mechanized farm machinery, mechanized farm machinery, chemical fertilizers, pesticides and spraying machinery, fuels for farm machinery and other means of agricultural production. Compilation of these indices helps to understand the changes in prices of input into agricultural production and facilitate the compilation of national account statistics. Before 1994, price indices of means of agricultural production was a sub-category in the in the retail price indices of commodities, and it has been compiled separately since 1994. After the rotation of the base period in 2021, the index will not be compiled.

Indices of Producers' Prices for Farm Products reflect the trend and degree of changes in producers' prices received by farmers when they sell farm products during a given period. These indices depict the change in the level and structure of producers' prices of farm products of the country and meet the needs of agriculture statistics and national account statistics. The producers' price index of a given product is calculated through geometrical mean of individual indices of all surveyed units who sell such product, and the indices of a product category is obtained through weighted mean of price indices of all products in the category. Method for calculating accumulative quarterly indices is the same as for calculating the distinctive quarterly indices.

Producer Price Indices for Industrial Producers reflect the trend and degree of changes in general ex-factory prices of all industrial products during a given period, including sales of industrial products by an industrial enterprise to all units outside the enterprise, as well as sales of consumer goods to residents. It can be used to analyze the impact of ex-factory prices on gross output value and value-added of the industrial sector.

Purchasing Price Indices for Industrial Producers reflect changes in the level and degree of prices paid by industrial enterprises when they purchase production input such as raw materials, fuels and power from the market or from other energy or raw materials producing enterprises. These indices provide important basis for measuring the material consumption of industrial enterprises after removing influence of price changes.

At present, close to 1800 products in 9 categories, including fuels and power, ferrous metals, non-ferrous metals, chemicals, building materials, are covered in China for the survey to produce indices of purchasing prices of raw materials, fuels and power.

Price Indices of Investment in Fixed Assets reflect the trend and degree of changes in prices of investment goods and projects in fixed assets during a given period. The investment in fixed assets consists of three components, namely the investment in construction and installation, the investment in purchases of equipment and instrument, and the investment in other items. Price indices of investment in fixed assets are calculated as the weighted arithmetic mean of the price indices of the three components of investment in fixed assets.

Removing the factor of price change in the aggregates of investment at current prices, this indicator shows the changes in the prices of commodities and fees involved in the investment of fixed assets, and can be used to observe the actual size, growth, structure, and efficiency of investment in fixed assets and provides reliable and scientific data for government planning, management, decision-making, and further improving the current national accounting system.

Price Indices for Real Estate reflect the trend and degree of changes in prices of real estate during a given period, including sales price indices of new houses，sales price indices of second-hand housing.

五 全国及各省（自治区、直辖市）主要指标

Chapter 5

Main Statistics of Provinces (Autonomous Regions, Municipalities) in the Whole Country

资料整理：盛 坤 李 鹏 李 晖
蔡燕妮 邱 慧

附录1 全国及各省区市全体居民家庭人均可支配收入

Per Capita Disposable Income of All Households by Provinces and Regions

单位：元 (yuan)

地 区	Region	2015	2016	2017	2018	2019	2020	2021	2022	2023
全 国	**National**	**21966.2**	**23821.0**	**25973.8**	**28228.0**	**30732.8**	**32188.8**	**35128.1**	**36883.3**	**39218.0**
北 京	Beijing	48458.0	52530.4	57229.8	62361.2	67755.9	69433.5	75002.2	77414.5	81752.4
天 津	Tianjin	31291.4	34074.5	37022.3	39506.1	42404.1	43854.1	47449.4	48976.1	51271.3
河 北	Hebei	18118.1	19725.4	21484.1	23445.7	25664.7	27135.9	29383.0	30867.0	32903.0
山 西	Shanxi	17853.7	19048.9	20420.0	21990.1	23828.5	25213.7	27425.9	29178.2	30924.0
内蒙古	Inner Mongolia	22310.1	24126.6	26212.2	28375.7	30555.0	31497.3	34108.4	35920.6	38129.6
辽 宁	Liaoning	24575.6	26039.7	27835.4	29701.4	31819.7	32738.3	35111.7	36088.8	37992.1
吉 林	Jilin	18683.7	19967.0	21368.3	22798.4	24562.9	25751.0	27769.8	27974.5	29797.4
黑龙江	Heilongjiang	18592.7	19838.5	21205.8	22725.8	24253.6	24902.0	27159.0	28345.5	29694.4
上 海	Shanghai	49867.2	54305.3	58988.0	64182.6	69441.6	72232.4	78026.6	79609.8	84834.3
江 苏	Jiangsu	29538.9	32070.1	35024.1	38095.8	41399.7	43390.4	47498.3	49861.7	52673.5
浙 江	Zhejiang	35537.1	38529.0	42045.7	45839.8	49898.8	52397.4	57540.5	60302.5	63830.5
安 徽	Anhui	18362.6	19998.1	21863.3	23983.6	26415.1	28103.2	30904.3	32745.2	34892.7
福 建	Fujian	25404.4	27607.9	30047.7	32643.9	35616.1	37202.4	40659.3	43117.7	45426.3
江 西	Jiangxi	18437.1	20109.6	22031.4	24079.7	26262.4	28016.5	30609.9	32418.7	34242.1
山 东	Shandong	22703.2	24685.3	26929.9	29204.6	31597.0	32885.7	35705.1	37560.1	39889.8
河 南	Henan	17124.8	18443.1	20170.0	21963.5	23902.7	24810.1	26811.2	28222.4	29932.9
湖 北	Hubei	20025.6	21786.6	23757.2	25814.5	28319.5	27880.6	30829.3	32913.6	35146.1
湖 南	Hunan	19317.5	21114.8	23102.7	25240.7	27679.7	29379.9	31992.7	34036.0	35895.0
广 东	Guangdong	27858.9	30295.8	33003.3	35809.9	39014.3	41028.6	44993.3	47064.6	49327.4
广 西	Guangxi	16873.4	18305.1	19904.8	21485.0	23328.2	24562.3	26726.7	27980.7	29513.9
海 南	Hainan	18979.0	20653.4	22553.2	24579.0	26679.5	27904.1	30456.8	30956.6	33192.1
重 庆	Chongqing	20110.1	22034.1	24153.0	26385.8	28920.4	30823.9	33802.6	35665.9	37594.6
四 川	Sichuan	17221.0	18808.3	20579.8	22460.6	24703.1	26522.1	29080.1	30679.2	32514.0
贵 州	Guizhou	13696.6	15121.1	16703.6	18430.2	20397.4	21795.4	23996.2	25508.2	27098.0
云 南	Yunnan	15222.6	16719.9	18348.3	20084.2	22082.4	23294.9	25666.2	26936.8	28420.6
西 藏	Xizang	12254.3	13639.2	15457.3	17286.1	19501.3	21744.1	24949.9	26674.8	28983.4
陕 西	Shaanxi	17395.0	18873.7	20635.2	22528.3	24666.3	26226.0	28568.0	30115.8	32127.6
甘 肃	Gansu	13466.6	14670.3	16011.0	17488.4	19139.0	20335.1	22066.0	23273.1	25010.7
青 海	Qinghai	15812.7	17301.8	19001.0	20757.3	22617.7	24037.4	25919.5	27000.0	28586.9
宁 夏	Ningxia	17329.1	18832.3	20561.7	22400.4	24411.9	25734.9	27904.5	29599.3	31603.5
新 疆	Xinjiang	16859.1	18354.7	19975.1	21500.2	23103.4	23844.7	26075.0	27062.7	28946.6

附录2 全国及各省区市全体居民家庭人均消费支出

Per Capita Consumption Expenditure of All Households by Provinces and Regions

单位：元 (yuan)

地 区	Region	2015	2016	2017	2018	2019	2020	2021	2022	2023
全 国	**National**	**15712.4**	**17110.7**	**18322.1**	**19853.1**	**21558.9**	**21209.9**	**24100.1**	**24538.2**	**26795.7**
北 京	Beijing	33802.8	35415.7	37425.3	39842.7	43038.3	38903.3	43640.4	42683.2	47586.5
天 津	Tianjin	24162.5	26129.3	27841.4	29902.9	31853.6	28461.4	33188.4	31323.7	34913.9
河 北	Hebei	13030.7	14247.5	15437.0	16722.0	17987.2	18037.0	19953.6	20890.3	22920.2
山 西	Shanxi	11729.1	12682.9	13664.4	14810.1	15862.6	15732.7	17191.2	17536.7	19755.7
内蒙古	Inner Mongolia	17178.5	18072.3	18945.5	19665.2	20743.4	19794.5	22658.3	22298.4	27025.5
辽 宁	Liaoning	17199.8	19852.7	20463.4	21398.3	22202.8	20672.1	23830.8	22603.7	24865.3
吉 林	Jilin	13763.9	14772.6	15631.9	17200.4	18075.4	17317.7	19604.6	17897.5	21410.6
黑龙江	Heilongjiang	13402.5	14445.8	15577.5	16994.0	18111.5	17056.4	20635.9	20411.9	22052.2
上 海	Shanghai	34783.6	37458.3	39791.9	43351.3	45605.1	42536.3	48879.3	46045.4	52508.5
江 苏	Jiangsu	20555.6	22129.9	23468.6	25007.4	26697.3	26225.1	31451.4	32848.1	35491.2
浙 江	Zhejiang	24116.9	25526.6	27079.1	29470.7	32025.8	31294.7	36668.1	38971.1	42194.3
安 徽	Anhui	12840.1	14711.5	15751.7	17044.6	19137.4	18877.3	21910.9	22541.9	23606.9
福 建	Fujian	18850.2	20167.5	21249.3	22996.0	25314.3	25125.8	28440.1	30041.7	31868.5
江 西	Jiangxi	12403.4	13258.6	14459.0	15792.0	17650.5	17955.3	20289.9	21707.9	23379.2
山 东	Shandong	14578.4	15926.4	17280.7	18779.8	20427.5	20940.1	22820.9	22640.4	24293.2
河 南	Henan	11835.1	12712.3	13729.6	15168.5	16331.8	16142.6	18391.3	19019.5	21010.9
湖 北	Hubei	14316.5	15888.7	16937.6	19537.8	21567.0	19245.9	23846.1	24827.8	27105.7
湖 南	Hunan	14267.3	15750.5	17160.4	18807.9	20478.9	20997.6	22798.2	24082.7	25462.3
广 东	Guangdong	20975.7	23448.4	24819.6	26054.0	28994.7	28491.9	31589.3	32168.7	34331.5
广 西	Guangxi	11401.0	12295.2	13423.7	14934.8	16418.3	16356.8	18087.9	18342.8	19749.3
海 南	Hainan	13575.0	14275.4	15402.7	17528.4	19554.9	18971.6	22241.9	21500.4	23751.5
重 庆	Chongqing	15139.5	16384.8	17898.1	19248.5	20773.9	21678.1	24597.8	25371.1	26514.8
四 川	Sichuan	13632.1	14838.5	16179.9	17663.6	19338.3	19783.4	21518.0	22301.9	23550.3
贵 州	Guizhou	10413.8	11931.6	12969.6	13798.1	14780.0	14873.8	17957.3	17938.7	20161.2
云 南	Yunnan	11005.4	11768.8	12658.1	14249.9	15779.8	16792.4	18851.0	18950.8	20995.3
西 藏	Xizang	8245.8	9318.7	10320.1	11520.2	13029.2	13224.8	15342.5	15885.6	17220.2
陕 西	Shaanxi	13087.2	13943.0	14899.7	16159.7	17464.9	17417.6	19346.5	19848.4	22011.5
甘 肃	Gansu	10950.8	12254.2	13120.1	14624.0	15879.1	16174.9	17456.2	17489.4	19012.6
青 海	Qinghai	13611.3	14774.7	15503.1	16557.2	17544.8	18284.2	19020.1	17260.8	20327.1
宁 夏	Ningxia	13815.6	14965.4	15350.3	16715.1	18296.8	17505.8	20023.8	19136.3	21629.3
新 疆	Xinjiang	12867.4	14066.5	15087.3	16189.1	17396.6	16512.1	18960.6	17927.1	19714.6

附录3 全国及各省区市城镇居民家庭人均可支配收入
Per Capita Disposable Income of Urban Households by Provinces and Regions

单位：元 (yuan)

地 区	Region	2015	2016	2017	2018	2019	2020	2021	2022	2023
全 国	**National**	**31194.8**	**33616.2**	**36396.2**	**39250.8**	**42358.8**	**43833.8**	**47411.9**	**49282.9**	**51820.7**
北 京	Beijing	52859.2	57275.3	62406.3	67989.9	73848.5	75601.5	81517.5	84023.1	88650.2
天 津	Tianjin	34101.3	37109.6	40277.5	42976.3	46118.9	47658.5	51485.7	53003.2	55354.5
河 北	Hebei	26152.2	28249.4	30547.8	32977.2	35737.7	37285.7	39791.0	41277.7	43630.5
山 西	Shanxi	25827.7	27352.3	29131.8	31034.8	33262.4	34792.7	37433.1	39532.0	41327.4
内蒙古	Inner Mongolia	30594.1	32974.9	35670.0	38304.7	40782.5	41353.1	44376.9	46295.4	48675.7
辽 宁	Liaoning	31125.7	32876.1	34993.4	37341.9	39777.2	40375.9	43050.8	44002.6	45896.0
吉 林	Jilin	24900.9	26530.4	28318.7	30171.9	32299.2	33395.7	35645.8	35470.9	37503.5
黑龙江	Heilongjiang	24202.6	25736.4	27446.0	29191.3	30944.6	31114.7	33646.1	35042.1	36492.0
上 海	Shanghai	52961.9	57691.7	62595.7	68033.6	73615.3	76437.3	82428.9	84034.0	89476.7
江 苏	Jiangsu	37173.5	40151.6	43621.8	47200.0	51056.1	53101.7	57743.5	60178.1	63211.1
浙 江	Zhejiang	43714.5	47237.2	51260.7	55574.3	60182.3	62699.3	68486.8	71267.9	74996.8
安 徽	Anhui	26935.8	29156.0	31640.3	34393.1	37540.0	39442.1	43008.7	45133.2	47445.9
福 建	Fujian	33275.3	36014.3	39001.4	42121.3	45620.5	47160.3	51140.5	53817.1	56152.8
江 西	Jiangxi	26500.1	28673.3	31198.1	33819.4	36545.9	38555.8	41684.4	43696.5	45553.6
山 东	Shandong	31545.3	34012.1	36789.4	39549.4	42329.2	43726.3	47066.4	49049.7	51570.9
河 南	Henan	25575.6	27232.9	29557.9	31874.2	34201.0	34750.3	37094.8	38483.7	40234.5
湖 北	Hubei	27051.5	29385.8	31889.4	34454.6	37601.4	36705.7	40277.8	42625.8	44989.7
湖 南	Hunan	28838.1	31283.9	33947.9	36698.3	39841.9	41697.5	44866.1	47301.2	49242.8
广 东	Guangdong	34757.2	37684.3	40975.1	44341.0	48117.6	50257.0	54853.6	56905.3	59306.6
广 西	Guangxi	26415.9	28324.4	30502.1	32436.1	34744.9	35859.3	38529.9	39703.0	41286.6
海 南	Hainan	26356.4	28453.5	30817.4	33348.7	36016.7	37097.0	40213.2	40117.5	42661.0
重 庆	Chongqing	27238.8	29610.0	32193.2	34889.3	37938.6	40006.2	43502.5	45508.9	47434.8
四 川	Sichuan	26205.3	28335.3	30726.9	33215.9	36153.7	38253.1	41443.8	43233.3	45227.4
贵 州	Guizhou	24579.6	26742.6	29079.8	31591.9	34404.2	36096.2	39211.2	41085.7	42772.4
云 南	Yunnan	26373.2	28610.6	30995.9	33487.9	36237.7	37499.5	40904.9	42167.9	43563.2
西 藏	Xizang	25456.6	27802.4	30671.1	33797.4	37410.0	41156.4	46503.3	48752.9	51900.5
陕 西	Shaanxi	26420.2	28440.1	30810.3	33319.3	36098.2	37868.2	40713.1	42431.3	44713.0
甘 肃	Gansu	23767.1	25693.5	27763.4	29957.0	32323.4	33821.8	36187.3	37572.4	39832.8
青 海	Qinghai	24542.3	26757.4	29168.9	31514.5	33830.3	35505.8	37745.3	38735.8	40408.5
宁 夏	Ningxia	25186.0	27153.0	29472.3	31895.2	34328.5	35719.6	38290.7	40193.7	42395.0
新 疆	Xinjiang	26274.7	28463.4	30774.8	32763.5	34663.7	34838.4	37642.4	38410.2	40578.0

附录4　全国及各省区市城镇居民家庭人均消费支出
Per Capita Consumption Expenditure of Urban Households by Provinces and Regions

单位：元　　　　(yuan)

地　区	Region	2015	2016	2017	2018	2019	2020	2021	2022	2023
全　国	**National**	**21392.4**	**23078.9**	**24445.0**	**26112.3**	**28063.4**	**27007.4**	**30307.2**	**30390.8**	**32994.2**
北　京	Beijing	36642.0	38255.5	40346.3	42925.6	46358.2	41726.3	46775.7	45616.9	50897.4
天　津	Tianjin	26229.5	28344.6	30283.6	32655.1	34810.7	30894.7	36066.9	33823.6	37585.6
河　北	Hebei	17586.6	19105.9	20600.3	22127.4	23483.1	23167.4	24192.4	25071.3	27905.6
山　西	Shanxi	15818.6	16992.8	18404.0	19789.8	21159.0	20331.9	21965.5	21922.6	24523.9
内蒙古	Inner Mongolia	21876.5	22744.5	23637.8	24437.1	25382.5	23887.7	27194.2	26666.8	32248.9
辽　宁	Liaoning	21556.7	24995.9	25379.4	26447.9	27355.0	24849.1	28438.4	26652.2	29090.6
吉　林	Jilin	17972.6	19166.4	20051.2	22393.7	23394.3	21623.2	24420.9	21834.9	26676.7
黑龙江	Heilongjiang	17152.1	18145.2	19269.8	21035.5	22164.9	20397.3	24422.1	24011.0	25882.2
上　海	Shanghai	36946.1	39856.8	42304.3	46015.2	48271.6	44839.3	51294.6	48110.5	54918.8
江　苏	Jiangsu	24966.0	26432.9	27726.3	29461.9	31329.1	30882.2	36558.0	37795.7	40460.7
浙　江	Zhejiang	28661.3	30067.7	31924.2	34597.9	37507.9	36196.9	42193.5	44511.2	47761.7
安　徽	Anhui	17233.5	19606.2	20740.2	21522.7	23781.5	22682.7	26495.1	26832.4	27900.2
福　建	Fujian	23520.2	25005.5	25980.5	28145.1	30945.5	30486.5	33942.0	35692.1	37673.7
江　西	Jiangxi	16731.8	17695.6	19244.5	20760.0	22714.3	22134.3	24586.5	25975.5	27732.6
山　东	Shandong	19853.8	21495.3	23072.1	24798.4	26731.5	27291.1	29314.3	28555.2	30251.0
河　南	Henan	17154.3	18087.8	19422.3	20989.2	21971.6	20644.9	23177.5	23539.3	25570.4
湖　北	Hubei	18192.3	20040.0	21275.6	23995.9	26421.8	22885.5	28505.6	29120.9	31500.1
湖　南	Hunan	19501.4	21420.0	23162.6	25064.2	26924.0	26796.4	28293.8	29580.1	31035.5
广　东	Guangdong	25673.1	28613.3	30197.9	30924.3	34424.1	33511.3	36621.1	36936.2	39333.3
广　西	Guangxi	16321.2	17268.5	18348.6	20159.4	21590.9	20906.5	22555.3	22438.1	24427.1
海　南	Hainan	18448.4	19015.5	20371.9	22971.2	25316.7	23559.9	27564.8	26417.6	28930.3
重　庆	Chongqing	19742.3	21030.9	22759.2	24154.2	25785.5	26464.4	29849.6	30573.9	31530.9
四　川	Sichuan	19276.8	20659.8	21990.6	23483.9	25367.4	25133.2	26970.8	27637.3	29279.6
贵　州	Guizhou	16914.2	19201.7	20347.8	20787.9	21402.4	20587.0	25333.0	24229.9	27692.7
云　南	Yunnan	17675.0	18622.4	19559.7	21626.4	23454.9	24569.4	27440.7	26239.7	28338.5
西　藏	Xizang	17022.0	19440.5	21087.5	23029.4	25636.7	24927.4	28159.2	28265.4	28858.4
陕　西	Shaanxi	18463.9	19368.9	20388.2	21966.4	23514.3	22866.4	24783.7	24765.8	27303.3
甘　肃	Gansu	17450.9	19539.2	20659.4	22606.0	24453.9	24614.6	25756.6	25207.0	27044.4
青　海	Qinghai	19200.6	20853.2	21473.0	22997.5	23799.2	24315.2	24512.5	21700.2	25372.5
宁　夏	Ningxia	18983.9	20364.2	20219.5	21976.7	24161.0	22379.1	25385.6	24213.4	27075.5
新　疆	Xinjiang	19414.7	21228.5	22796.9	24191.4	25594.2	22951.8	25724.0	24142.3	26133.7

附录5　全国及各省区市农村居民家庭人均可支配收入

Per Capita Disposable Income of Rural Households by Provinces and Regions

单位：元　　　　(yuan)

地　区	Region	2015	2016	2017	2018	2019	2020	2021	2022	2023
全　国	**National**	**11421.7**	**12363.4**	**13432.4**	**14617.0**	**16020.7**	**17131.5**	**18930.9**	**20132.8**	**21690.9**
北　京	Beijing	20568.7	22309.5	24240.5	26490.3	28928.4	30125.7	33302.7	34753.8	37358.0
天　津	Tianjin	18481.6	20075.6	21753.7	23065.2	24804.1	25690.6	27954.5	29017.8	30851.0
河　北	Hebei	11050.5	11919.4	12880.9	14030.9	15373.1	16467.0	18178.9	19364.2	20688.4
山　西	Shanxi	9453.9	10082.5	10787.5	11750.0	12902.4	13878.0	15308.3	16322.7	17676.7
内蒙古	Inner Mongolia	10775.9	11609.0	12584.3	13802.6	15282.8	16566.9	18336.8	19640.9	21220.5
辽　宁	Liaoning	12056.9	12880.7	13746.8	14656.3	16108.3	17450.3	19216.6	19908.0	21483.2
吉　林	Jilin	11326.2	12122.9	12950.4	13748.2	14936.0	16067.0	17641.7	18134.5	19472.0
黑龙江	Heilongjiang	11095.2	11831.9	12664.8	13803.7	14982.1	16168.4	17889.3	18577.4	19755.9
上　海	Shanghai	23205.2	25520.4	27825.0	30374.7	33195.2	34911.3	38520.7	39729.4	42988.0
江　苏	Jiangsu	16256.7	17605.6	19158.0	20845.1	22675.4	24198.5	26790.8	28486.5	30488.4
浙　江	Zhejiang	21125.0	22866.1	24955.8	27302.4	29875.8	31930.5	35247.4	37565.0	40310.8
安　徽	Anhui	10820.7	11720.5	12758.2	13996.0	15416.0	16620.2	18371.7	19574.9	21143.9
福　建	Fujian	13792.7	14999.2	16334.8	17821.2	19568.4	20880.3	23228.9	24986.6	26721.7
江　西	Jiangxi	11139.1	12137.7	13241.8	14459.9	15796.3	16980.8	18684.2	19936.0	21358.2
山　东	Shandong	12930.4	13954.1	15117.5	16297.0	17775.5	18753.2	20793.9	22109.9	23776.0
河　南	Henan	10852.9	11696.7	12719.2	13830.7	15163.7	16107.9	17533.3	18697.3	20052.9
湖　北	Hubei	11843.9	12725.0	13812.1	14977.8	16390.9	16305.9	18259.0	19709.5	21293.4
湖　南	Hunan	10992.5	11930.4	12935.8	14092.5	15394.8	16584.6	18295.2	19546.3	20921.0
广　东	Guangdong	13360.4	14512.2	15779.7	17167.7	18818.4	20143.4	22306.0	23597.8	25141.8
广　西	Guangxi	9466.6	10359.5	11325.5	12434.8	13675.7	14814.9	16362.9	17432.7	18655.7
海　南	Hainan	10857.6	11842.9	12901.8	13988.9	15113.1	16278.8	18076.3	19117.4	20708.3
重　庆	Chongqing	10504.7	11548.8	12637.9	13781.2	15133.3	16361.4	18099.6	19312.7	20819.8
四　川	Sichuan	10247.4	11203.1	12226.9	13331.4	14670.1	15929.1	17575.3	18672.4	19977.9
贵　州	Guizhou	7386.9	8090.3	8869.1	9716.1	10756.3	11642.3	12856.1	13706.7	14817.2
云　南	Yunnan	8242.1	9019.8	9862.2	10767.9	11902.4	12841.9	14197.3	15146.9	16361.3
西　藏	Xizang	8243.7	9093.8	10330.2	11449.8	12951.0	14598.4	16932.3	18209.5	19923.9
陕　西	Shaanxi	8688.9	9396.4	10264.5	11212.8	12325.7	13316.5	14744.8	15704.3	16991.8
甘　肃	Gansu	6936.2	7456.9	8076.1	8804.1	9628.9	10344.3	11432.8	12165.2	13131.2
青　海	Qinghai	7933.4	8664.4	9462.3	10393.3	11499.4	12342.5	13604.2	14456.2	15613.9
宁　夏	Ningxia	9118.7	9851.6	10737.9	11707.6	12858.4	13889.4	15336.6	16430.3	17772.1
新　疆	Xinjiang	9425.1	10183.2	11045.3	11974.5	13121.7	14056.1	15575.3	16549.9	17947.9

附录6　全国及各省区市农村居民家庭人均消费支出

Per Capita Consumption Expenditure of Rural Households by Provinces and Regions

单位：元　　(yuan)

地　区	Region	2015	2016	2017	2018	2019	2020	2021	2022	2023
全　国	**National**	**9222.6**	**10129.8**	**10954.5**	**12124.3**	**13327.7**	**13713.4**	**15915.6**	**16632.1**	**18175.1**
北　京	Beijing	15811.2	17329.0	18810.5	20195.3	21881.0	20912.7	23574.0	23745.4	26277.1
天　津	Tianjin	14739.4	15912.1	16385.9	16863.3	17843.3	16844.1	19285.5	18934.2	21552.9
河　北	Hebei	9022.8	9798.3	10535.9	11382.8	12372.0	12644.2	15390.7	16270.6	17243.8
山　西	Shanxi	7421.2	8028.8	8424.0	9172.2	9728.4	10290.1	11410.1	12090.9	13684.1
内蒙古	Inner Mongolia	10637.4	11462.6	12184.4	12661.5	13816.0	13593.7	15691.4	15443.6	18650.5
辽　宁	Liaoning	8872.8	9953.1	10787.3	11455.0	12030.2	12311.2	14605.9	14326.1	16039.9
吉　林	Jilin	8783.3	9521.4	10279.4	10826.2	11456.6	11863.6	13411.0	12729.2	14354.5
黑龙江	Heilongjiang	8391.5	9423.8	10523.9	11416.8	12494.9	12360.0	15225.0	15161.8	16452.6
上　海	Shanghai	16152.3	17070.8	18089.8	19964.7	22448.9	22095.5	27204.8	27430.3	30781.9
江　苏	Jiangsu	12882.5	14428.2	15611.5	16567.0	17715.9	17021.7	21130.1	22596.9	25028.8
浙　江	Zhejiang	16107.7	17358.9	18093.4	19706.8	21351.7	21555.4	25415.2	27483.4	30467.9
安　徽	Anhui	8975.2	10287.3	11106.1	12748.1	14545.8	15023.5	17163.3	17980.4	18904.6
福　建	Fujian	11960.8	12910.8	14003.4	14942.8	16281.4	16338.9	19290.4	20466.5	21745.7
江　西	Jiangxi	8485.6	9128.3	9870.4	10885.2	12496.7	13579.4	15663.1	16984.4	18420.6
山　东	Shandong	8747.6	9518.9	10342.1	11270.1	12308.9	12660.4	14298.7	14686.7	16074.7
河　南	Henan	7887.4	8586.6	9211.5	10392.0	11546.0	12201.1	14073.2	14823.9	16638.2
湖　北	Hubei	9803.1	10938.3	11632.5	13946.3	15328.0	14472.5	17646.9	18991.0	20921.5
湖　南	Hunan	9690.6	10629.9	11533.6	12720.5	13968.8	14974.0	16950.7	18077.7	19210.2
广　东	Guangdong	11103.0	12414.8	13199.6	15411.3	16949.4	17132.3	20011.8	20800.0	22209.1
广　西	Guangxi	7582.0	8351.2	9436.6	10617.0	12045.0	12431.1	14165.3	14657.7	15434.9
海　南	Hainan	8210.3	8921.2	9599.4	10955.8	12417.5	13169.3	15487.3	15145.5	16923.8
重　庆	Chongqing	8937.7	9954.4	10936.1	11976.8	13112.1	14139.5	16095.7	16727.1	17963.5
四　川	Sichuan	9250.6	10191.6	11396.7	12723.2	14055.6	14952.6	16444.0	17199.0	17900.8
贵　州	Guizhou	6644.9	7533.3	8299.0	9170.2	10221.7	10817.6	12557.0	13172.5	14260.4
云　南	Yunnan	6830.1	7330.5	8027.3	9122.9	10260.2	11069.5	12386.3	13308.6	15147.4
西　藏	Xizang	5579.7	6070.3	6691.5	7452.1	8417.9	8917.1	10576.6	11138.9	12619.3
陕　西	Shaanxi	7900.7	8567.7	9305.6	10070.8	10934.7	11375.7	13158.0	14094.2	15647.5
甘　肃	Gansu	6829.8	7487.0	8029.7	9064.6	9694.0	9922.9	11206.1	11494.2	12575.4
青　海	Qinghai	8566.5	9222.2	9902.7	10352.4	11343.1	12134.2	13300.2	12515.8	14790.2
宁　夏	Ningxia	8414.9	9138.4	9982.1	10789.6	11464.6	11724.3	13535.7	12825.3	14648.9
新　疆	Xinjiang	7697.9	8277.0	8712.6	9421.3	10318.4	10778.2	12821.4	12169.1	13644.7

附录7　湖北与全国主要分类价格指数

Consumer Price Indices by Category in China and Hubei

(上年=100)　　(preceding year=100)

指　标	Item	2018		2019		2020	
		全国平均 National Average	湖北 HuBei	全国平均 National Average	湖北 HuBei	全国平均 National Average	湖北 HuBei
居民消费价格指数	**Consumer Price Index**	**102.1**	**101.9**	**102.9**	**103.1**	**102.5**	**102.7**
食品烟酒	Food, Tobacco and Liquor	101.9	101.8	107.0	107.0	108.3	109.3
粮食	Grain	100.8	100.9	100.5	100.4	101.2	101.3
鲜菜	Fresh Vegetables	107.1	107.3	104.1	105.5	107.1	109.6
畜肉	Meal, Poultry and Processed Products	96.2	96.3	129.1	127.8	138.4	143.8
水产品	Aquatic Products	102.3	98.6	100.3	99.5	103.0	106.4
蛋	Eggs	112.0	110.1	105.1	105.8	90.6	93.5
鲜果	Fresh Fruits	105.6	108.2	112.3	116.9	88.9	87.0
衣着	Clothing	101.2	100.8	101.6	101.6	99.8	99.7
居住	Residence	102.4	102.5	101.4	101.9	99.6	99.2
生活用品及服务	Articles for Daily Use and Services	101.6	101.3	100.9	100.4	100.0	100.1
交通通信	Transport and Communications	101.7	102.2	98.3	99.3	96.5	96.5
教育文化娱乐	Education, Culture and Recreation	102.2	101.5	102.2	102.5	101.3	100.9
医疗保健	Health Care and Medical Services	104.3	103.5	102.4	101.8	101.8	102.2
其他用品服务	Other Supplies and Services	101.2	100.6	103.4	102.6	104.3	104.8
商品零售价格指数	**Retail Price Index**	**101.9**	**101.2**	**102.0**	**102.6**	**101.4**	**102.2**
食品	Food	102.1	101.9	107.8	108.7	109.0	111.0
饮料、烟酒	Beverages, Tobacco and Liquor	101.5	101.0	101.3	101.1	101.2	100.4
服装、鞋帽	Garments, Shoes and Hats	101.3	100.6	101.6	101.5	99.7	99.2
纺织品	Textiles	100.8	99.7	100.7	101.3	99.8	100.4
家用电器及音像器材	Household Appliances, Music and Video Equipment	99.5	99.0	98.8	97.3	98.0	96.9
文化办公用品	Cultural and Office Appliances	100.0	98.9	99.9	98.2	100.2	101.4
日用品	Articles for Daily Use	101.1	100.8	100.7	100.4	100.2	100.6
体育娱乐用品	Sports and Recreation Articles	100.8	101.2	100.3	100.8	99.8	100.2
交通、通信用品	Transport and Communication Appliances	98.6	98.1	98.4	99.9	98.6	97.4
家具	Furniture	102.5	103.1	101.1	101.7	99.8	100.5
化妆品	Cosmetics	101.0	101.6	101.5	101.9	101.3	102.8
金银珠宝	Gold, Silver and Jewelry	97.9	97.2	108.3	107.7	117.0	116.1
中西药品及医疗保健用品	Traditional Chinese and Western Medicines and Health Care Articles	104.5	102.3	103.9	103.5	100.9	102.3
书报杂志及电子出版物	Books, Newspapers, Magazines and Electronic Publications	103.5	100.4	104.6	106.8	101.5	100.2
燃料	Fuels	109.7	108.2	97.0	98.2	91.1	92.7
建筑材料及五金电料	Building Materials and Hardware	102.8	102.1	101.0	100.8	100.3	100.4
农业生产资料价格指数	**Price Index of Means of Agricultural Production**	**103.1**	**100.9**	**104.6**	**103.0**	**106.1**	**106.4**

附录9 全国和36个大中城市居民消费价格指数

Price Indices of Consumer in China and 36 Large and Medium-sized Cities

(上年=100) (preceding year=100)

地区	Region	2018		2019		2020		2021		2022		2023	
		指数 Index	排位 Rank	指数 Index	排位 Rank	指数 Index	排位 Rank	指数 Index	排位 Rank	指数 Index	排位 Rank	指数 Index	排位 Rank
全国平均	**National Average**	**102.2**		**102.8**		**102.1**		**101.1**		**102.1**		**100.4**	
北京	Beijing	102.5	6	102.3	31	101.7	32	101.1	18	101.8	24	100.4	13
天津	Tianjin	102.0	21	102.7	18	102.0	24	101.3	10	101.9	20	100.4	13
石家庄	Shijiazhuang	102.3	13	102.7	18	102.3	14	100.9	24	101.2	34	100.7	4
太原	Taiyuan	101.8	28	102.7	18	102.6	3	101.0	22	102.1	15	99.7	33
呼和浩特	Hohhot	102.1	19	102.6	24	102.0	24	100.9	24	102.1	15	100.5	11
沈阳	Shenyang	103.0	1	102.4	29	102.3	14	101.3	10	101.7	28	100.3	19
大连	Dalian	103.0	1	102.4	29	102.1	21	101.4	7	102.2	12	100.4	13
长春	Changchun	102.0	21	102.9	13	101.9	28	100.5	30	101.9	20	99.8	32
哈尔滨	Harbin	102.5	6	102.6	24	101.4	35	100.6	27	101.9	20	100.7	4
上海	Shanghai	101.6	33	102.5	26	101.7	32	101.2	16	102.5	1	100.3	19
南京	Nanjing	102.4	9	103.1	7	102.4	8	101.5	4	102.2	12	100.6	6
杭州	Hangzhou	102.3	13	103.1	7	102.1	21	101.3	10	102.4	3	100.2	24
宁波	Ningbo	102.2	16	103.0	10	101.9	28	102.1	1	102.3	8	100.4	13
合肥	Hefei	102.0	21	102.9	13	102.3	14	101.7	2	102.4	3	100.0	30
福州	Fuzhou	101.5	34	102.5	26	102.4	8	100.6	27	102.4	3	100.2	24
厦门	Xiamen	101.8	28	103.0	10	102.5	5	101.2	16	101.8	24	100.2	24
南昌	Nanchang	102.3	13	102.8	16	102.5	5	101.0	22	101.8	24	100.6	6
济南	Jinan	102.6	5	103.3	3	102.4	8	101.5	4	101.4	33	100.6	6
青岛	Qingdao	102.1	19	103.3	3	102.4	8	101.5	4	102.0	18	100.5	11
郑州	Zhengzhou	102.4	9	103.1	7	102.3	14	101.1	18	101.2	34	99.4	36
武汉	Wuhan	101.9	26	103.2	6	102.4	8	100.6	27	102.3	8	100.4	13
长沙	Changsha	102.0	21	102.9	13	101.8	30	101.1	18	101.7	28	100.4	13
广州	Guangzhou	102.4	9	103.0	10	102.6	3	101.1	18	102.4	3	101.0	1
深圳	Shenzhen	102.8	3	103.4	1	102.3	14	100.9	24	102.3	8	100.8	2
南宁	Nanning	102.5	6	103.4	1	102.3	14	101.4	7	101.7	28	99.7	33
海口	Haikou	102.4	9	103.3	3	101.6	34	100.5	30	101.1	36	100.3	19
重庆	Chongqing	102.0	21	102.7	18	102.3	14	100.3	35	102.1	15	99.7	33
成都	Chengdu	101.4	35	102.8	16	102.5	5	100.5	30	102.4	3	100.2	24
贵阳	Guiyang	101.7	30	102.7	18	102.4	8	100.5	30	101.9	20	100.1	29
昆明	Kunming	101.7	30	102.3	31	103.1	1	100.2	36	101.7	28	100.8	2
拉萨	Lhasa	101.1	36	102.2	33	102.0	24	100.5	30	101.8	24	100.3	19
西安	Xi'an	101.9	26	102.7	18	102.1	21	101.7	2	102.2	12	100.0	30
兰州	Lanzhou	101.7	30	102.2	33	102.0	24	101.3	10	102.3	8	100.6	6
西宁	Xining	102.7	4	102.5	26	102.7	2	101.3	10	102.5	1	100.3	19
银川	Yinchuan	102.2	16	102.2	33	101.8	30	101.4	7	102.0	18	100.6	6
乌鲁木齐	Urumqi	102.2	16	102.0	36	100.9	36	101.3	10	101.6	32	100.2	24

附录10　全国及各省区市工业生产者出厂价格指数(2023年)

Producer Price Indices for Industrial Products by Provinces and Regions(2023)

(上年同月=100)　　(same month of preceding year=100)

地区	Region	全年 Annual Year	1月 January	2月 February	3月 March	4月 April	5月 May	6月 June	7月 July	8月 August	9月 September	10月 October	11月 November	12月 December
全　国	**National**	**97.0**	**99.2**	**98.6**	**97.5**	**96.4**	**95.4**	**94.6**	**95.6**	**97.0**	**97.5**	**97.4**	**97.0**	**97.3**
北　京	Beijing	99.2	99.2	99.7	99.2	98.6	99.0	98.2	98.9	99.4	99.6	99.7	99.8	99.4
天　津	Tianjin	96.4	99.4	97.9	95.2	95.5	93.4	91.8	94.0	96.5	98.3	98.5	98.1	98.3
河　北	Hebei	94.7	95.6	95.1	94.6	92.5	90.5	90.5	93.3	96.1	96.4	96.4	97.6	97.9
山　西	Shanxi	91.3	100.2	99.8	97.4	90.8	86.5	84.7	87.1	90.9	90.5	89.8	88.6	89.2
内蒙古	Inner Mongolia	92.1	98.5	96.3	93.5	90.6	89.0	86.6	89.0	92.4	93.2	93.2	91.7	92.2
辽　宁	Liaoning	96.6	101.1	100.0	97.9	95.5	94.4	91.8	92.5	96.0	97.6	98.1	97.0	97.3
吉　林	Jilin	98.1	100.0	99.1	98.6	98.1	97.5	97.7	97.8	98.6	98.9	98.4	97.1	98.6
黑龙江	Heilongjiang	95.7	101.9	100.2	96.0	94.3	92.6	89.2	90.3	95.0	96.2	98.3	97.7	98.0
上　海	Shanghai	99.7	101.4	100.8	100.5	99.9	99.3	98.3	98.7	99.7	99.7	99.6	99.1	99.3
江　苏	Jiangsu	96.7	98.2	97.7	97.2	96.5	95.5	95.0	95.6	96.7	97.2	97.0	96.8	96.7
浙　江	Zhejiang	97.3	99.1	98.6	97.7	97.0	96.2	95.6	96.5	97.3	97.8	97.7	97.2	97.1
安　徽	Anhui	96.6	98.2	98.1	97.1	96.5	95.4	94.7	95.3	96.6	97.1	97.1	96.6	96.9
福　建	Fujian	98.2	99.7	99.5	98.9	97.9	97.3	96.6	97.3	97.7	98.5	98.4	98.3	98.2
江　西	Jiangxi	96.6	98.4	98.1	96.7	95.7	94.5	94.1	96.2	97.4	97.7	97.2	97.0	96.6
山　东	Shandong	96.5	99.1	98.4	96.5	95.7	94.4	93.5	94.9	97.1	97.5	97.3	96.8	97.2
河　南	Henan	97.4	100.6	100.2	98.7	97.2	95.7	94.9	95.6	97.2	97.9	97.2	97.3	97.0
湖　北	Hubei	97.4	99.3	98.9	98.3	97.6	96.8	95.9	96.1	96.9	97.3	97.2	97.2	97.7
湖　南	Hunan	98.5	99.4	99.6	98.9	98.2	97.5	97.3	98.0	98.9	99.1	98.4	98.4	98.4
广　东	Guangdong	98.5	100.6	99.8	99.3	98.6	97.7	97.3	98.1	98.6	98.9	98.2	97.7	97.7
广　西	Guangxi	97.0	98.4	98.5	97.2	95.9	95.4	94.2	95.8	97.8	98.4	98.1	97.5	97.6
海　南	Hainan	97.3	104.3	101.4	98.7	96.7	96.0	90.3	90.3	95.3	98.1	99.9	99.4	98.5
重　庆	Chongqing	97.8	99.2	98.0	98.0	97.7	97.2	97.2	97.4	98.0	97.9	98.1	97.7	97.7
四　川	Sichuan	97.6	99.1	98.9	98.4	97.1	96.8	96.1	96.3	97.2	98.1	98.1	97.7	97.7
贵　州	Guizhou	98.1	100.0	99.0	99.0	97.7	95.9	96.5	96.8	98.2	98.6	98.5	98.5	98.2
云　南	Yunnan	96.7	98.1	97.8	96.6	95.7	93.8	93.0	95.2	97.2	98.2	98.6	97.9	98.1
西　藏	Xizang	101.1	103.2	103.5	101.0	100.1	97.9	98.4	102.6	101.8	103.4	101.0	100.7	99.6
陕　西	Shaanxi	94.9	99.1	98.7	96.3	93.2	93.3	91.2	92.7	94.1	95.1	95.6	94.9	95.1
甘　肃	Gansu	95.9	99.7	98.4	93.7	91.8	91.3	90.4	95.0	98.0	98.3	99.3	98.3	97.2
青　海	Qinghai	96.3	101.4	99.3	97.4	96.2	94.4	92.7	94.0	94.4	96.2	97.3	97.0	96.0
宁　夏	Ningxia	92.7	99.1	98.3	94.7	91.9	90.1	88.5	89.4	91.9	93.3	92.5	91.7	91.2
新　疆	Xinjiang	93.5	97.2	95.7	92.2	91.2	89.8	87.6	90.2	93.7	94.6	97.8	96.6	97.0

附录11 全国及各省区市工业生产者购进价格指数(2023年)
Purchasing Price Indices for Industrial Producers by Provinces and Regions(2023)

(上年同月=100) (same month of preceding year=100)

地区	Region	全年 Annual Year	1月 January	2月 February	3月 March	4月 April	5月 May	6月 June	7月 July	8月 August	9月 September	10月 October	11月 November	12月 December
全国	**National**	**96.4**	**100.1**	**99.5**	**98.2**	**96.2**	**94.7**	**93.5**	**93.9**	**95.4**	**96.4**	**96.3**	**96.0**	**96.2**
北京	Beijing	98.7	100.5	100.9	99.9	97.5	98.2	96.6	96.6	98.0	99.2	98.7	99.3	98.9
天津	Tianjin	96.0	100.6	98.9	97.4	94.9	93.1	91.4	92.0	94.7	96.5	97.5	98.1	98.1
河北	Hebei	93.8	97.5	97.4	96.1	92.2	89.4	88.4	90.2	93.1	95.3	95.6	95.7	95.9
山西	Shanxi	94.7	101.2	101.1	98.7	94.6	92.0	90.4	91.6	92.5	93.3	93.5	94.1	94.3
内蒙古	Inner Mongolia	93.0	99.4	99.9	97.3	93.6	90.6	85.4	87.4	90.9	94.0	92.5	92.2	93.6
辽宁	Liaoning	95.8	101.4	99.9	97.3	95.5	93.9	92.0	91.6	94.7	95.8	95.9	96.4	96.2
吉林	Jilin	98.9	101.2	101.4	101.4	100.5	99.3	98.4	97.1	98.8	97.5	97.3	96.8	97.2
黑龙江	Heilongjiang	97.5	104.4	103.4	101.2	98.6	96.3	94.5	93.8	97.3	97.1	95.7	94.4	93.7
上海	Shanghai	98.9	102.1	100.4	99.1	98.2	97.3	96.3	97.5	98.6	100.0	99.5	98.9	99.3
江苏	Jiangsu	96.4	99.1	98.7	97.7	96.3	94.9	93.6	94.1	95.6	97.0	96.9	96.6	96.7
浙江	Zhejiang	94.8	98.3	97.9	96.6	94.2	92.9	91.5	91.6	93.5	95.1	95.3	95.3	95.4
安徽	Anhui	95.1	97.6	97.3	96.5	94.8	93.4	92.2	93.4	94.9	95.9	95.4	94.9	95.4
福建	Fujian	96.2	99.5	98.8	97.3	95.8	95.0	93.6	94.2	95.4	96.2	96.1	96.1	96.9
江西	Jiangxi	95.8	101.1	100.5	99.1	96.6	94.3	91.7	92.6	94.1	95.2	95.3	94.5	94.6
山东	Shandong	97.0	100.9	100.1	98.9	96.9	95.4	94.4	94.7	96.3	97.2	96.9	96.4	96.6
河南	Henan	95.3	100.3	99.2	98.4	96.4	93.6	91.7	92.5	94.3	94.9	94.6	94.3	93.9
湖北	Hubei	95.9	99.8	99.7	98.3	97.0	94.7	93.5	92.6	93.8	95.5	96.0	94.9	95.5
湖南	Hunan	97.5	99.3	98.6	97.8	96.5	96.3	95.8	96.4	97.0	97.8	97.9	97.9	98.1
广东	Guangdong	97.6	100.5	100.1	99.1	97.5	96.2	96.2	96.6	97.3	97.4	97.2	96.7	96.7
广西	Guangxi	95.7	101.5	100.6	99.1	95.9	94.7	92.8	92.5	93.7	94.9	94.6	94.4	94.1
海南	Hainan	100.5	107.2	109.8	107.4	103.1	100.7	96.7	94.8	95.6	99.6	98.0	98.5	97.4
重庆	Chongqing	97.0	98.9	98.8	98.4	96.8	95.9	95.6	96.2	97.0	97.2	96.8	96.1	96.5
四川	Sichuan	97.1	101.2	100.5	100.0	98.2	96.9	94.9	93.9	95.4	96.3	96.5	95.8	95.7
贵州	Guizhou	95.7	103.8	101.6	100.2	97.0	94.0	92.3	92.3	93.1	93.9	93.7	93.7	93.0
云南	Yunnan	96.8	101.1	100.1	98.0	95.9	95.3	93.5	93.4	94.9	96.6	97.7	97.2	98.1
西藏	Xizang													
陕西	Shaanxi	94.3	100.9	99.7	96.4	93.7	92.3	90.4	90.3	93.6	93.9	93.5	93.4	93.7
甘肃	Gansu	92.5	99.4	97.1	93.5	91.1	89.3	87.0	88.8	90.8	93.0	93.6	92.8	94.3
青海	Qinghai	97.7	102.9	103.9	99.8	98.8	96.2	95.0	96.4	96.7	97.3	96.2	96.1	93.4
宁夏	Ningxia	94.1	102.3	101.5	98.1	94.0	92.5	89.4	88.3	91.4	93.2	94.0	92.9	92.8
新疆	Xinjiang	93.6	98.7	96.4	94.2	92.1	90.8	88.7	88.9	91.5	94.8	96.1	95.6	96.0

附录12 全国及各省区市工业生产者出厂价格指数
Producer Price Indices for Industrial Products by Provinces and Regions

(上年＝100) (preceding year=100)

地 区	Region	2015	2016	2017	2018	2019	2020	2021	2022	2023
全 国	**National**	**94.8**	**98.6**	**106.3**	**103.5**	**99.7**	**98.2**	**108.1**	**104.1**	**97.0**
北 京	Beijing	96.9	98.1	100.7	100.0	99.6	99.1	101.1	102.3	99.2
天 津	Tianjin	90.3	97.9	108.4	105.4	99.3	97.1	110.9	105.8	96.4
河 北	Hebei	89.1	99.9	115.0	106.2	100.2	98.5	116.4	100.5	94.7
山 西	Shanxi	87.7	96.8	119.4	106.7	99.7	96.7	130.2	111.4	91.3
内蒙古	Inner Mongolia	94.0	98.9	110.6	103.2	102.1	99.7	128.5	108.6	92.1
辽 宁	Liaoning	93.9	98.8	108.1	104.8	99.5	97.0	113.6	107.9	96.6
吉 林	Jilin	95.3	98.4	103.1	102.8	98.9	98.6	105.1	101.9	98.1
黑龙江	Heilongjiang	86.0	95.1	109.3	109.0	98.2	93.4	112.3	110.9	95.7
上 海	Shanghai	96.1	98.8	103.5	101.7	98.8	98.3	102.1	102.6	99.7
江 苏	Jiangsu	95.3	98.1	104.8	102.8	98.9	97.8	106.3	103.2	96.7
浙 江	Zhejiang	96.4	98.3	104.8	103.4	98.9	96.9	106.3	104.0	97.3
安 徽	Anhui	93.9	98.5	108.0	103.0	100.3	99.1	107.7	103.2	96.6
福 建	Fujian	97.0	99.1	104.1	102.8	100.6	98.4	104.9	102.9	98.2
江 西	Jiangxi	93.7	98.6	107.9	104.2	98.9	98.3	110.5	103.5	96.6
山 东	Shandong	95.2	98.5	105.5	103.7	99.7	98.1	110.3	105.1	96.5
河 南	Henan	95.4	99.0	106.8	103.6	100.2	99.2	107.8	105.0	97.4
湖 北	Hubei	96.7	99.0	105.6	104.2	100.2	99.1	104.1	103.4	97.4
湖 南	Hunan	96.3	98.9	105.8	103.2	99.6	99.0	105.9	102.0	98.5
广 东	Guangdong	96.8	99.4	103.3	101.8	100.2	99.0	103.4	103.0	98.5
广 西	Guangxi	97.0	99.1	107.6	103.2	99.3	99.4	108.9	102.5	97.0
海 南	Hainan	89.8	96.0	108.8	108.2	97.4	93.8	113.5	115.0	97.3
重 庆	Chongqing	97.2	98.6	104.1	102.1	99.8	99.1	103.2	102.3	97.8
四 川	Sichuan	96.4	98.9	106.5	103.6	100.4	98.8	105.9	102.8	97.6
贵 州	Guizhou	96.1	97.9	107.2	101.8	99.8	98.3	106.5	105.7	98.1
云 南	Yunnan	94.9	97.6	105.2	102.4	100.0	98.6	110.0	105.4	96.7
西 藏	Xizang	93.2	102.9	110.0	100.1	98.9	99.4	101.5	104.1	101.1
陕 西	Shaanxi	90.8	97.6	110.8	105.4	100.8	95.1	116.9	107.3	94.9
甘 肃	Gansu	87.0	94.9	114.5	109.5	98.3	93.9	116.4	110.9	95.9
青 海	Qinghai	93.1	98.5	116.7	104.8	98.5	96.6	114.5	112.2	96.3
宁 夏	Ningxia	93.7	99.1	112.1	107.3	99.4	96.9	119.9	111.1	92.7
新 疆	Xinjiang	82.4	94.5	113.7	111.2	98.5	91.6	119.4	112.3	93.5

附录13　全国及各省区市粮食作物播种面积、总产量

Sown Area and Total Output of Grain Crops by Provinces and Regions

地　区	Region	粮食播种面积(千公顷) Sown Area of Grain Crop(1000 hectares)				粮食总产量(万吨) Total Output of Grain Crop(10000 tons)			
		2023	2022	2023年比2022年增长 Increase Rate in 2023 over 2022		2023	2022	2023年比2022年增长 Increase Rate in 2023 over 2022	
				绝对数 Value	%			绝对数 Value	%
全　国	**National**	**118968.5**	**118332.1**	**636.4**	**0.5**	**69541.0**	**68652.8**	**888.2**	**1.3**
北　京	Beijing	89.5	76.7	12.8	16.7	47.8	45.4	2.4	5.3
天　津	Tianjin	390.0	376.7	13.3	3.5	255.7	256.2	-0.5	-0.2
河　北	Hebei	6455.2	6443.8	11.4	0.2	3809.9	3865.1	-55.2	-1.4
山　西	Shanxi	3161.0	3150.3	10.7	0.3	1478.1	1464.3	13.8	0.9
内蒙古	Inner Mongolia	6984.7	6951.8	32.9	0.5	3957.8	3900.6	57.2	1.5
辽　宁	Liaoning	3578.4	3561.5	16.9	0.5	2563.4	2484.5	78.9	3.2
吉　林	Jilin	5825.6	5785.1	40.5	0.7	4186.5	4080.8	105.7	2.6
黑龙江	Heilongjiang	14743.1	14683.2	59.9	0.4	7788.2	7763.1	25.1	0.3
上　海	Shanghai	127.2	122.8	4.4	3.6	101.9	95.6	6.3	6.6
江　苏	Jiangsu	5458.9	5444.4	14.5	0.3	3797.7	3769.1	28.6	0.8
浙　江	Zhejiang	1024.7	1020.4	4.3	0.4	638.8	621.0	17.8	2.9
安　徽	Anhui	7334.5	7314.2	20.3	0.3	4150.8	4100.1	50.7	1.2
福　建	Fujian	841.1	837.6	3.5	0.4	511.0	508.7	2.3	0.5
江　西	Jiangxi	3774.3	3776.4	-2.1	-0.1	2198.3	2151.9	46.4	2.2
山　东	Shandong	8387.9	8372.2	15.7	0.2	5655.3	5543.8	111.5	2.0
河　南	Henan	10785.3	10778.4	6.9	0.1	6624.3	6789.4	-165.1	-2.4
湖　北	Hubei	4707.0	4689.0	18.0	0.4	2777.0	2741.1	35.9	1.3
湖　南	Hunan	4763.5	4765.5	-2.0		3068.0	3018.0	50.0	1.7
广　东	Guangdong	2229.5	2230.3	-0.8		1285.2	1291.5	-6.3	-0.5
广　西	Guangxi	2834.7	2829.3	5.4	0.2	1395.4	1393.1	2.3	0.2
海　南	Hainan	273.6	273.0	0.6	0.2	147.0	146.6	0.4	0.3
重　庆	Chongqing	2025.9	2046.7	-20.8	-1.0	1095.9	1072.8	23.1	2.2
四　川	Sichuan	6404.0	6463.5	-59.5	-0.9	3593.8	3510.5	83.3	2.4
贵　州	Guizhou	2773.8	2788.7	-14.9	-0.5	1119.7	1114.6	5.1	0.5
云　南	Yunnan	4243.2	4211.0	32.2	0.8	1974.0	1958.0	16.0	0.8
西　藏	Xizang	194.6	192.6	2.0	1.0	108.9	107.3	1.6	1.5
陕　西	Shaanxi	3023.0	3017.5	5.5	0.2	1323.7	1297.9	25.8	2.0
甘　肃	Gansu	2710.9	2699.8	11.1	0.4	1272.9	1265.0	7.9	0.6
青　海	Qinghai	304.9	303.5	1.4	0.5	116.2	107.3	8.9	8.3
宁　夏	Ningxia	693.9	692.3	1.6	0.2	378.8	375.8	3.0	0.8
新　疆	Xinjiang	2824.8	2433.9	390.9	16.1	2119.2	1813.5	305.7	16.9
湖北居全国位次	**Order of Precedence of Hubei in the Country**	**11**	**11**			**11**	**11**		

注：此表中部分数据因四舍五入，分省合计数与全国数略有差异。

Note: Some data in this table may differ slightly from the national total due to rounding.

附录14 全国及各省区市粮食单位面积产量
Output of Grain Crop per Hectare by Provinces and Regions

单位：公斤/公顷 (kg/hectare)

地区	Region	粮食单位面积产量 Output of Grain Crop per Hectare		
		2023	2022	2023年比2022年增长 Increase Rate in 2023 over 2022(%)
全国	**National**	**5845.3**	**5801.7**	**0.8**
北京	Beijing	5340.6	5910.9	-9.6
天津	Tianjin	6556.7	6802.1	-3.6
河北	Hebei	5902.1	5998.1	-1.6
山西	Shanxi	4676.1	4647.9	0.6
内蒙古	Inner Mongolia	5666.4	5610.9	1.0
辽宁	Liaoning	7163.5	6976.1	2.7
吉林	Jilin	7186.4	7053.9	1.9
黑龙江	Heilongjiang	5282.6	5287.1	-0.1
上海	Shanghai	8010.1	7782.1	2.9
江苏	Jiangsu	6956.8	6922.9	0.5
浙江	Zhejiang	6234.1	6085.3	2.4
安徽	Anhui	5659.2	5605.7	1.0
福建	Fujian	6074.9	6073.2	
江西	Jiangxi	5824.4	5698.4	2.2
山东	Shandong	6742.2	6621.6	1.8
河南	Henan	6142.0	6299.1	-2.5
湖北	Hubei	5899.9	5846.0	0.9
湖南	Hunan	6440.7	6333.0	1.7
广东	Guangdong	5764.4	5790.9	-0.5
广西	Guangxi	4922.4	4924.0	
海南	Hainan	5373.8	5368.9	0.1
重庆	Chongqing	5409.3	5241.8	3.2
四川	Sichuan	5611.8	5431.4	3.3
贵州	Guizhou	4036.6	3997.0	1.0
云南	Yunnan	4652.1	4649.7	0.1
西藏	Xizang	5594.8	5573.6	0.4
陕西	Shaanxi	4378.7	4301.2	1.8
甘肃	Gansu	4695.4	4685.5	0.2
青海	Qinghai	3812.0	3534.8	7.8
宁夏	Ningxia	5459.1	5428.8	0.6
新疆	Xinjiang	7502.1	7451.0	0.7
湖北居全国位次	**Order of Precedence of Hubei in the Country**	**13**	**14**	

注：此表中部分数据因四舍五入，分省合计数与全国数略有差异。
Note: Some data in this table may differ slightly from the national total due to rounding.

附录15 全国及各省区市农产品生产者价格指数(2023年)
Producers Price Indices for Farm Products by Provinces and Regions(2023)

(上年＝100) (preceding year=100)

地区	Region	农产品生产者价格指数 Producers Price Indices for Farm Products	种植业产品 Planting Products	林业产品 Forestry Products	畜牧业产品 Animal Husbandry Products	渔业产品 Fishery Products
全国	**National**	**97.7**	**99.2**	**97.3**	**91.7**	**99.4**
北京	Beijing	99.7	102.1		94.6	103.9
天津	Tianjin	98.1	98.5		90.8	93.3
河北	Hebei	95.5	96.6	99.6	92.6	106.6
山西	Shanxi	101.6	104.9	100.5	95.6	100.3
内蒙古	Inner Mongolia	97.8	100.1	111.2	93.7	100.7
辽宁	Liaoning	98.8	99.5	86.1	98.0	103.5
吉林	Jilin	95.8	98.1	93.9	88.9	96.5
黑龙江	Heilongjiang	100.6	103.1	84.9	87.9	112.4
上海	Shanghai	98.4	95.9	95.5	93.3	110.8
江苏	Jiangsu	98.3	101.4	100.5	92.7	99.3
浙江	Zhejiang	101.2	100.8	97.1	90.2	107.0
安徽	Anhui	96.7	97.3	98.8	90.6	99.8
福建	Fujian	99.8	102.1	102.8	95.1	99.1
江西	Jiangxi	95.3	100.4	86.7	89.1	96.1
山东	Shandong	101.0	106.2	94.0	91.2	103.8
河南	Henan	91.4	100.0	99.7	84.9	90.1
湖北	Hubei	97.1	101.6	102.5	87.1	97.6
湖南	Hunan	97.6	99.7	105.0	94.4	95.9
广东	Guangdong	98.0	97.4	98.7	93.6	100.1
广西	Guangxi	97.1	100.1	95.9	90.1	96.8
海南	Hainan	98.2	102.0	90.9	89.0	103.5
重庆	Chongqing	97.5	100.4	99.1	92.5	100.7
四川	Sichuan	95.6	100.1	100.9	90.9	99.0
贵州	Guizhou	95.1	98.8	101.0	92.1	99.2
云南	Yunnan	98.8	104.7	93.2	89.8	99.5
西藏	Xizang					
陕西	Shaanxi	101.3	105.6	104.2	89.5	95.4
甘肃	Gansu	103.3	106.7		97.3	
青海	Qinghai	97.4	102.2		93.8	
宁夏	Ningxia	96.6	103.6		89.5	93.7
新疆	Xinjiang	102.4	106.2	105.0	91.7	97.6